Der Autor und sein Stil

Hans-Martin Gauger

Der Autor und sein Stil

Zwölf Essays

Deutsche Verlags-Anstalt
Stuttgart

CIP-Titelaufnahme der Deutschen Bibliothek

Gauger, Hans-Martin:
Der Autor und sein Stil: 12 Essays
Hans-Martin Gauger.
Stuttgart: Deutsche Verlags-Anstalt, 1988
ISBN 3-421-06384-2

© 1988 Deutsche Verlags-Anstalt GmbH, Stuttgart
Alle Rechte vorbehalten
Lektorat: Margot Adrion
Typographische Gestaltung: Brigitte Müller
Gesamtherstellung: Friedrich Pustet, Regensburg
Printed in Germany

Dem Andenken meines Freunds

Mazzino Montinari
1928–1986

Inhalt

»Schreibe, wie du redest!«
Zur Geschichte und Berechtigung
einer Stil-Anweisung 9

Dialekt als Muttersprache und als Stil
Johann Peter Hebel: »Die Vergänglichkeit« . . . 26

Der intensive Roman
Stendhal: »Le Rouge et le Noir« 47

Der vollkommene Roman. Oder: Stil als Inhalt
Flaubert: »Madame Bovary« 57

Nietzsches Stil
Beispiel: »Ecce homo« 81

Sprachbewußtsein in Fontanes »Stechlin« 111

Sprache und Sprechen im Werk Freuds 129

»Der Zauberberg« – ein linguistischer Roman . 170

Der Mann im Kind
Zum Stil von Sartres »Wörtern« 215

Der Stil Golo Manns 243

Helmut Schmidt über Sprache und Redestil . . 274

Lebensbericht – sprachlich 281

Veröffentlichungsnachweise 285

»Schreibe, wie du redest!«
Zur Geschichte und Berechtigung
einer Stil-Anweisung

Einleitendes

In Shakespeares »Viel Lärm um nichts« aus dem Jahr 1600 findet sich das abweichende Sprachverhalten eines Verliebten so gekennzeichnet: »Zuvor sprach er deutlich und zur Sache wie ein redlicher Mann und ein Soldat, jetzt aber hat er sich in Orthographie verwandelt – seine Wörter sind ein phantasiereiches Festmahl, jedes von ihnen ein fremdes Gericht«, »he was wont to speak plain and to the purpose, like an honest man and a soldier, and now is he turned orthography – his words are a very phantastical banquet, just so many strange dishes« (Act II, III, Arden Edition, S. 132). Auffällig ist hier besonders das Wort »Orthographie«, und es ist sehr bemerkenswert, daß das Gemeinte, nämlich die aufgeputzte, elaborierte, auch wohl undeutliche Sprechweise eines Verliebten mit *diesem* Ausdruck bezeichnet wird. Jene Sprechweise wird mit *geschriebener* Sprache, denn dies meint hier »Orthographie«, gleichgesetzt. Derjenige, der hier, einen anderen kennzeichnend, redet, will sagen: er hat sich in Schreiben verwandelt, er spricht schreibend. Und für das Geschriebene erscheint die kulinarische Metapher eines festlichen Mahls mit seltsamen, fremden Gerichten; das Wort verliert in solchem Sprechen seine instrumentelle Bindung und wird – jedenfalls für den, der es gebraucht – für sich selbst zum Genuß. Der Passus enthält implizit die Meinung: wie hier geredet wird, kann man allenfalls schreiben, nicht aber sprechen, und zum redlichen Mann gehört es, daß er deutlich und geradewegs auf die Sache gerichtet spricht. Schreibsprache also, einerseits, Sprechsprache andererseits und die heitere Warnung vor einem Übergreifen der ersteren auf die letztere.

Die Ausdrucksweise, die Shakespeare der Figur Benedick (es ist die

Hauptfigur) in den Mund legt, deutet auf eine Erscheinung, die die Sprachwissenschaft – und zwar gerade die »moderne« – verkannt, nicht zureichend gewürdigt hat. Es wurde nicht gesehen, daß die Schrift, daß Schreiben und Lesen und deren Verbreitung die Sprache und das Bewußtsein von ihr tief verändert haben. Walter J. Ong, dem wir das bisher beste Buch über den Gegenstand insgesamt verdanken (Orality and Literacy. The Technologizing of the Word, London, New York 1982), betont gleich auf der ersten Seite, Saussure, der »Vater der modernen Sprachwissenschaft«, habe zwar hingewiesen auf den Primat des Sprechens, aber für ihn seien Schrift und Schreiben doch nur »a kind of complement to oral speech«, er habe die Schrift nicht erkannt als etwas, das »die Versprachlichung verändert«, »a transformer of verbalization«. Demgegenüber Ong: das Geschriebene ist etwas ganz anderes als das Gesprochene; das Schreiben verändert das Sprechen total. In dem wichtigen Kapitel »Writing restructures consciousness« erklärt er unzweideutig: »Im Unterschied zu natürlichem, mündlichem Sprechen ist Schreiben völlig künstlich. Es ist unmöglich, ›natürlich‹ zu schreiben«, »By contrast with natural, oral speech, writing is completely artificial. There is no way to write ›naturally‹«. Gewiß ist diese Behauptung exzessiv, gewiß gibt es hier zumindest Gradunterschiede; nicht alles Geschriebene ist in gleicher Weise »künstlich«. Eben darum, um solche Unterschiede, geht es bei der stilistischen Anweisung »Schreibe, wie du redest!«

Zur Geschichte der Anweisung

Rund siebzig Jahre vor Shakespeare, 1535 vermutlich, äußert sich der spanische Humanist Juan de Valdés, Verfasser theologischer Schriften und eines bedeutsamen »Dialogs über die Sprache«, in eben diesem Sinn: »Der Stil, den ich habe, ist mir natürlich, und ohne jede Affektiertheit schreibe ich so, wie ich spreche; ich bemühe mich nur, Wörter zu benutzen, die das, was ich sagen will, gut bezeichnen, und ich sage es so einfach und deutlich, wie es mir möglich ist, denn mir scheint, daß die Affektiertheit in keiner Sprache gut ist«, »el estilo que tengo me es natural y sin afetación ninguna escrivo como hablo;

solamente tengo cuidado de usar de vocablos que sinifiquen bien lo que quiero dezir, y dígolo quanto más llanamente me es possible, porque a mi parecer, en ninguna lengua stá bien el afetación«. Was Juan de Valdés sagt, geht weiter als das, was Shakespeare den Benedick sagen läßt: nicht nur soll man nicht reden, wie man schreibt, sondern umgekehrt: man soll ohne Affektiertheit, mit Natürlichkeit, so schreiben, wie man redet. Juan de Valdés hat einige Jahre in Italien verbracht und seine stilistische Maxime wohl dort aufgenommen; so klar aber wie er hat sich, soweit ich sehe, kein Italiener seiner Zeit geäußert, auch nicht Baldassar Castiglione, der, an einigen Stellen seines berühmten »Buchs vom Höfling«, »Il libro del cortegiano« (1528), dem Spanier nahekommt.

Bei Martin Luther freilich, ebenfalls also in der ersten Hälfte des 16. Jahrhunderts, finden sich Äußerungen, die in dieselbe Richtung gehen. Sie sind aber doch anders einzuordnen. Bei ihm ist es mehr – gegenüber dem bloß Geschriebenen – die Hochschätzung, die Exaltierung des gesprochenen, lebendigen Worts, der lebendigen Stimme. Es ist dies übrigens eine alte Redeweise, deren Herkunft und Tradition zu erforschen wären: »lebendige Stimme«, »viva vox«.

Man wird hier an die berühmte Stelle aus dem »Sendbrief vom Dolmetschen« (1530) denken, wo von der »Mutter im Hause, den Kindern auf der Gassen, dem gemeinen Mann auf dem Markt« (in *dieser* Reihenfolge) die Rede ist und gesagt wird, man müsse »denselben auf das Maul sehen, wie sie reden, und danach dolmetschen«. Aber es gibt andere, noch deutlichere Stellen. Etwa: »Es ist ein großer Unterschied, etwas mit lebendiger Stimme oder mit toter Schrift an den Tag zu bringen« (Ein Sermon von dem ehelichen Stand, 1519); oder: »Evangelion aber heißt nichts anderes als eine Predigt und Geschrei von der Gnade und Barmherzigkeit Gottes, durch den Herrn Christus mit seinem Tod verdient und erworben; und ist eigentlich nicht das, was in Büchern steht und in Buchstaben gefaßt wird, sondern mehr eine mündliche Predigt und lebendiges Wort und eine Stimme, die da in die ganze Welt erschallt und öffentlich ausgeschrien wird, daß man's überall hört« (Epistel Sankt Petri, gepredigt und ausgelegt, 1523). Oder, wieder anders akzentuiert: »Es lernt jedermann sehr viel besser Deutsch oder andere Sprachen aus der mündlichen Rede, im Hause, auf dem Markt und in der Predigt, als aus den Büchern. Die Buchstaben sind tote Wörter, die mündliche Rede sind lebendige Wörter, die geben sich nicht so eigentlich und gut in die Schrift, als sie der Geist oder die Seele der Menschen durch den Mund gibt« (Von den letzten Worten Davids, 1543).

Seine Hochschätzung des Gesprochenen bringt Luther gar zu einer, wie mir scheint, gewagten These, denn es findet sich in der biblischen Welt, sehr im Unterschied zur griechischen, keinerlei Schriftskepsis, auch übrigens keinerlei Sprachskepsis (für beides ist Platon ein Beispiel). »Darum ist's gar nicht neutestamentlich, Bücher mit christlicher Lehre zu schreiben, sondern es sollten ohne Bücher an allen Orten gute, gelehrte, geistliche, fleißige Prediger sein, die das lebendige Wort aus der alten Schrift zögen und dem Volk ohne Unterlaß vorbleuten, wie die Apostel getan haben, denn ehe sie schrieben, hatten sie zuvor die Leute mit leiblicher Stimme bepredigt und belehrt, was auch ihre eigentliche apostolische und neutestamentliche Aufgabe war ... Daß man aber Bücher hat schreiben müssen, ist schon ein großer Abbruch und ein Gebrechen des Geistes, das die Not erzwungen hat, und ist nicht die Art des Neuen Testaments ...« (Kirchenpostille 1522). Diese und andere Äußerungen Luthers finden sich zusammengestellt in dem verdienstvollen, von Walter Sparn herausgegebenen Insel-Almanach: Martin Luther, Aus rechter Muttersprache (Frankfurt 1983). Luther – und Luther ist ja für die deutsche Sprache nicht irgend jemand – ist also ohne Zweifel ein Verfechter der Mündlichkeit; die Schrift ist ihm nur Notbehelf, und wie stark mündlich seine schriftliche Äußerung geprägt ist, zeigen die schönen angeführten Stellen.

Luther wollte für sich selbst einen individuellen Stil: »Denn ich hab's so gemacht, daß ich habe bemerkt sein wollen, und wer es liest, wenn jemand meine Feder und Gedanken gesehen hat, sagen muß: Das ist der Luther.« Noch radikaler wollte dies der südfranzösische Edelmann Michel Eyquem Sieur de Montaigne, dessen berühmte »Essais« ab 1571 geschrieben wurden. Die Wendung lautet hier schlicht: »une forme mienne«, »eine mir eigene Form«. Eine Äußerung von Montaigne zeigt, daß er sich des Unterschieds zwischen Schreiben und Sprechen noch nicht recht bewußt ist. Er scheint die Spannung, die Luther vor ihm so bewegte, nicht zu spüren. Oder aber er spürt sie und sucht, das Geschriebene dem Sprechen anzugleichen.

Seine Äußerung hierzu ist nicht ganz eindeutig: »Ich will, daß die Dinge das Übergewicht haben und daß sie dergestalt die Vorstellung dessen, der zuhört, erfüllen, daß er auf die Wörter gar nicht achtet. Das Sprechen, das ich liebe, ist ein einfaches und natürliches Sprechen, auf dem Papier ebenso wie im Mund; ein saftiges und kraftvolles, kurzes und gedrängtes Sprechen, nicht so sehr heikel bemüht und aufgeputzt als vielmehr heftig und brüsk... Eher schwierig als langweilig, von Affektiertheit entfernt, nicht Regeln folgend, abgerissen und kühn... nicht wie die Gelehrten, nicht wie die Prediger, nicht wie die Advokaten, sondern eher soldatisch, wie Sueton das Sprechen von Julius Cäsar nennt...«, »Je veux que les choses surmontent, et qu'elles remplissent de façon l'imagination de celuy qui escoute, qu'il n'aye aucune souvenance des mots. Le parler que j'ayme, c'est un parler simple et naif, tel sur le papier qu'à la bouche; un parler succulent et nerveux, court et serré, non tant délicat et peigné comme vehement et brusque ... plustost difficile qu'ennuieux, esloingné d'affection, desreglé, descousu et hardy ... non pedantesque, non fratesque, non pleideresque, mais plustost soldatesque, comme Suetone appelle celuy de Jules Caesar ...« (Buch I, Kapitel XXVI, Pléiade, S. 207). Das Verb »parler« wird also in gleicher Weise auf das Schreiben angewandt: »tel sur le papier qu'à la bouche«. Eigentümlich, daß sich auch bei Montaigne, wie in der angeführten Shakespeare-Stelle später, der Hinweis auf den Soldaten findet.

Der einflußreichste Grammatiker, den es je gegeben hat, war wohl der Franzose Claude Favre de Vaugelas. Ein Kapitel seiner »Remarques sur la langue française«, die schon lange vor ihrem Erscheinen im Jahr 1647 ihre Wirkung taten, handelt »Vom größten Irrtum, den es in Bezug auf das Schreiben gibt«. Hier heißt es: »Der größte Irrtum in Bezug auf das Schreiben ist es zu glauben, wie dies einige tun, daß man nicht so schreiben soll wie man redet ...«, »La plus grande de toutes les erreurs en matiere d'escrire, est de croire, comme font plusieurs, qu'il ne faut pas escrire comme l'on parle ...«. Hierher gehört auch, daß sich Vaugelas bei seiner Bemühung um die Etablierung einer sprachlichen Norm nicht primär an »les bons Autheurs«, sondern an einer gesprochenen Sprache, nämlich der des Hofs, orientiert. Freilich muß hier beachtet werden, daß das »Sprechen«, von dem Vaugelas und andere Autoren reden, keineswegs ein spontanes, natürlich hervorbrechendes Sprechen ist, das noch Montaigne vorschwebte, sondern ein im Sinne der äußerst weit getriebenen Konversationskultur dieses Jahrhunderts *gepflegtes*, um sich selbst bemühtes, ja sich geradezu an Schriftlichkeit orientierendes Sprechen. Trotzdem bleibt bestehen, daß auch hier, wenngleich in anderer Weise, das Ideal ein Zusammenfallen von Sprechen und Schreiben ist. Dies zeigt besonders anschaulich eine Äußerung des »arbiter elegantiarum« jener Zeit, Freund Pascals aus dessen mondäner Phase, nämlich des Chevalier de Méré: »Es ist dennoch gut, sich gleichsam vorzustellen, wenn man schreibt, daß man spreche, um nichts einfließen zu lassen, das nicht natürlich ist und das man in der Gesellschaft nicht sagen könnte. Und in gleicher Weise ist es gut, wenn man spricht, so zu tun als schreibe man, um nichts zu sagen, das nicht edel ist und nicht ein wenig Genauigkeit hat«, »Il est pourtant bon lors qu'on écrit de s'imaginer en quelque sorte qu'on parle, pour ne rien mettre qui ne soit naturel, et qu'on ne pûst dire dans le monde: et de mesme quand on parle, de se persuader qu'on écrit, pour ne rien dire qui ne soit noble, et qui n'ait un peu de justesse« (Chevalier de Méré, Œuvres complètes, Paris 1930, S. 70/71). Es geht den Sprachkritikern des französischen 17. Jahrhunderts um eine Verfeinerung des Sprechens im Sinne des Ideals vom »honnête homme« und um den Kult des Natürlichen beim Schreiben. Unter »naturel« ist nicht das Spontane zu verstehen, sondern die Realisierung gleichsam des allgemein Menschlichen, des der allgemeinen, nicht partikularisierten Natur des Menschen Entsprechenden. Insofern dürfen weder Schreiben noch Sprechen die Merkmale des »Niederen«, des Regionalen oder auch des Professionellen, des (im Sinne des 17. Jahrhunderts) »Pedantischen« zeigen.

Im deutschen Bereich findet sich die gesuchte Maxime überaus greifbar in einem Brief des sehr jungen Lessing aus dem Jahr 1743 (es ist der erste überlieferte Brief von Lessing). Der Brief ist an die Schwester gerichtet; Lessing war damals auf der Fürstenschule St. Afra in Meißen. Hier heißt es: »Geliebte Schwester! Ich habe zwar an Dich geschrieben, allein Du hast nicht geantwortet. Ich muß also dencken, entweder du kanst nicht schreiben, oder Du wilst nicht schreiben. Und fast wolte ich das erste behaupten. Jedoch ich will auch das andre glauben; Du wilst nicht schreiben. Beydes ist straffbahr. Ich kann zwar nicht einsehn, wie dieses beysammen stehn kann: ein vernünfftiger Mensch zu seyn; vernünfftig reden können, und gleichwohl nicht wißen, wie man einen Brieff aufsezen soll. Schreibe wie Du redest, so schreibst Du schön. Jedoch; hätte auch das Gegenteil statt, man könte vernünfftig reden, dennoch aber nicht vernünfftig schreiben, so wäre es für Dich eine noch größere Schande, daß Du nicht einmahl so viel gelernet« (G. E. Lessing, Gesammelte Werke, Leipzig 1857, S. 3/4). Die Stelle verrät im Blick auf jene Anweisung ein gewisses Schwanken. Was aber die Anweisung selbst betrifft, wird man kaum annehmen können, daß der damals knapp fünfzehnjährige Lessing ihr Urheber war. Sie dürfte Produkt des Unterrichts sein.

Tatsächlich lesen wir in der »Anweisung zu Teutschen Briefen« von Benjamin Neukirch, der 1729 starb: »Die wenigsten können sich überreden, daß man ebenso schreiben müsse, wie man redet. Daher befleißigen sie sich allezeit in ihren briefen auf etwas künstliches: ihre intention ist, dem leser etwas zu sagen, und gleichwol sagen sie es ihm so unverständlich, daß er ihre meynung offt nicht errathen kann... Wenn man redet, so muß man natürlich und deutlich reden: warum bemüht man sich denn unvernehmlich zu schreiben?« (B. Neukirch, Anweisung zu Teutschen Briefen, Nürnberg 1746, S. 538). Auch bei Gellert heißt es: »Wenn ich schreibe: so thue ich nur als wenn ich redte, und ich muß das Natürliche nicht bis zum Eckelhaften treiben« (C. F. Gellert, Briefe. Nebst einer praktischen Abhandlung von dem guten Geschmacke in Briefen, Leipzig 1751, S. 9). Ein besonders entschiedener Verfechter der Mündlichkeit im Geschriebenen bei gleichzeitiger Verbesserung der gesprochenen Sprache war der durch Werner Kraft und Uwe Pörksen wieder entdeckte Carl Gustav Jochmann, der von 1789 bis 1830 lebte und im Unterschied zu Lessing und Gellert kaum Einfluß übte. Jochmann erklärt: »Nicht also daß eine Sprache viel geschrieben, wohl aber daß sie gut gesprochen werde, ist hauptsächliche Bedingung der Kunst sie gut zu schreiben. Ein gutes Buch muß in des Ausdruckes buchstäblichem Sinne sich hören lassen. Verse, die nur geschrieben werden, sind selten des Lesens wert, und ein philosophisches Werk, das nicht auch gesprochen, einen vorteilhaften Eindruck auf jeden, der nur der Sprache mächtig ist, hervorbrächte, würde bei aller Vortrefflichkeit seines Inhaltes ein schlechtes bleiben, und müßte, um ein gutes zu heißen, in

China geschrieben sein« (C. G. Jochmann, Politische Sprachkritik. Aphorismen und Glossen, Stuttgart 1983, S. 60).

Es gibt aber auch Gegenstimmen. So bemerkt Schopenhauer: »Es ist ein falsches Bestreben, geradeso zu schreiben wie man redet. Vielmehr soll jeder Stil eine gewisse Spur der Verwandtschaft mit dem Lapidarstil tragen, der ja ihrer aller Ahnherr ist« (zitiert bei L. Reiners, Stilkunst. Ein Lehrbuch deutscher Prosa, München 1961, S. 286). Die radikalste Stellungnahme im Sinne der Maxime »Schreibe, wie du redest« findet sich bei Nietzsche. Es gibt von diesem sprachmächtigsten unter den Philosophen schreibskeptische Äußerungen: »Das Verständlichste an der Sprache ist nicht das Wort selber, sondern Ton, Stärke, Modulation, Tempo, mit denen eine Reihe von Worten geprochen werden; kurz die Musik hinter den Worten, die Leidenschaft hinter dieser Musik, die Person hinter dieser Leidenschaft: alles das also, was nicht geschrieben werden kann. Deshalb ist es nichts mit Schriftstellerei« (F. Nietzsche 1975, 10, S. 89, aus den »Nachgelassenen Fragmenten« von 1882). Nietzsche war entschieden für Annäherung des Geschriebenen an das Mündliche. In der kurzen, als Dekalog aufgebauten »Zur Lehre vom Stil« (10, S. 38/39) von 1882 heißt es »Man muß erst genau wissen: ›so und so würde ich dies sprechen und *vortragen*‹ – bevor man schreiben darf. Schreiben muß eine Nachahmung sein.«

Nietzsche bezieht den Begriff des Stils von vorneherein auf das Schreiben, und die erste Forderung, die er erhebt, lautet: »Der Stil soll *leben*.« Und Leben heißt für ihn Sprechnähe. Dies ist insofern bemerkenswert, als das Geschriebene, wie wir dies – mit theologischen Bezügen – noch bei Martin Luther fanden, seit alters in Zusammenhang gebracht wurde mit dem Tod. Walter J. Ong hebt es hervor und sieht darin »eines der erregendsten Paradoxe der Schriftlichkeit« (W. J. Ong 1982, S. 81), paradox, weil gerade die Totheit des Geschriebenen die Dauer des schriftlich festgehaltenen Gesagten verbürge. In der Tat – dies Selbstverständliche muß man sich klarmachen – liegt ja hierin die außerordentliche Leistung der Schrift: sie erlaubt es, daß das Gesagte den Bereich der Hörweite zwischen Sender und Empfänger verlassen kann, in räumlicher Hinsicht zunächst, dann aber vor allem in zeitlicher. Der »Chor der Toten«, von dem Conrad Ferdinand Meyer spricht, schwillt durch die Schriftlichkeit gewaltig an und gewinnt durch sie an Echtheit und Präzision. Er wird zum Wortlaut. Diese große Leistung der Schrift hat ihren Preis. Um diesen geht es hier.

Die Forderung nach Sprechnähe findet sich schließlich auch in vielen Stillehrbüchern, etwa in der ebenso viel gelesenen wie geschmähten »Stilkunst« von Ludwig Reiners. In zwei Kapiteln wird diese Forderung explizit zum Gegenstand, in dem Kapitel »Papierstil« und einem anderen, das charakteristischerweise wieder mit »Leben« überschrieben ist (L. Reiners 1961, S. 190–212, S. 263–287).

Gewiß sind all diese Stellen, die aber doch die historische Dimension des Problems umreißen, ein wenig »aufgerafft«. Sie bedürften der Vervollständigung und der behutsamen Interpretation innerhalb ihres jeweiligen Zusammenhangs. Natürlich ist in ihnen nicht immer dasselbe gemeint; sie reagieren auf Verschiedenes, stoßen sich an Verschiedenem und divergieren somit bereits hierin. Seit jeher gab es ja das »genus humile« und das »plane dicere«, den mittleren, neutralen, mit »ornatus« nicht versehenen Stil. Neu scheint, vom 16. und 17. Jahrhundert an, daß von hier aus zunehmend eine Verbindung hergestellt wird zum Mündlichen, zum »natürlichen« Sprechen. Vielleicht ist dies auch im Zusammenhang mit dem Buchdruck und der durch ihn bedingten Verbreitung des Lesens zu sehen. Unsere Maxime setzt einen Akt der Bewußtwerdung voraus, der in der eingangs angeführten Shakespeare-Stelle bereits greifbar wird: »nun hat er sich in Orthographie verwandelt«, »now is he turned orthography«.

Zur Berechtigung der Anweisung

Die sachliche Schwierigkeit der Forderung »Schreibe, wie du redest!« liegt schlicht darin, daß Schreiben nicht Reden ist. Schreiben kann, allein daher, nicht – jedenfalls nicht schlechthin – *wie* Sprechen sein. Die Frage kann somit nur lauten: wie ist das Wie der Anweisung zu fassen, damit sie einen berechtigten Sinn erhält? Bemerkenswert ist hier Nietzsches Formulierung »Schreiben muß eine Nachahmung sein«. Die Formulierung impliziert, daß lediglich »Nachahmung« möglich ist, daß also zunächst und überhaupt prinzipielle Diversität besteht. Das Wie der Anweisung kann nicht als Gleichsetzung, sondern nur im Sinne der Imitation des Sprechens in einem differenten Medium verstanden werden.

Von großer Hilfe für die Klärung des Verhältnisses zwischen gesprochener und geschriebener Sprache ist eine von Ludwig Söll vorgeschlagene doppelte Unterscheidung. Im Bereich des Mediums muß unterschieden werden zwischen dem Phonischen und dem Graphischen: zwei mögliche ins jeweils andere Medium transponierbare Formen der Realisierung für das Sprachliche. Sodann muß eine Unterscheidung *anderer* Art getroffen werden, und zwar hinsichtlich der sprachlichen Anlage, der kommunikativen »Konzeption« einer Äußerung, unabhängig – insoweit – vom Medium: das Gesprochene, das Geschriebene (L. Söll, Gesprochenes und geschriebenes Französisch, Berlin 1980, erstmals 1974, S. 11–43). Die erstere Unterscheidung bezieht sich also auf das Medium, die zweite auf die Konzeption. Das von der Konzeption und ursprünglichem Medium her Schriftliche kann akustisch realisiert, und das von der Konzeption und vom ursprünglichen Medium her Mündliche kann aufgeschrieben werden, und sei es nur im Sinn einer linguistischen Transkription. Weder brauchen sich das konzeptionell und das medial Schriftliche (das Graphische) noch das konzeptionell und das medial Mündliche (das Phonische) immer zu decken. Ich kann zum Beispiel im Phonischen konzeptionell schriftlich vorgehen und umgekehrt. Damit ist natürlich die Selbstverständlichkeit nicht bestritten, daß das Gesprochene dem Phonischen und das Geschriebene dem Graphischen in besonderer Weise zugeordnet sind. Jene doppelte Unterscheidung ist auch deshalb wichtig, weil es, was das Medium angeht, nur ein eindeutiges Entweder-Oder gibt, während im konzeptionellen Bereich von einer Art Kontinuum auszugehen ist; es gibt, konzeptionell gesehen und ganz unabhängig vom Medium, extreme Mündlichkeit und extreme Schriftlichkeit, gehend etwa von einem familiären Gespräch auf der einen Seite bis hin zu einem Gesetzestext oder einer Verwaltungsvorschrift auf der anderen. Meine Mitarbeiter Peter Koch und Wulf Oesterreicher sprechen in einem bemerkenswerten Aufsatz in dieser konzeptionellen Hinsicht von einer »Sprache der Nähe« und einer »Sprache der Distanz« (P. Koch/W. Oesterreicher, in »Romanistisches Jahrbuch« 1985, S. 15–43). Die Frage, inwiefern

Schreiben etwas anderes sei als Sprechen, muß, von diesen Unterscheidungen ausgehend, so formuliert werden: Weshalb führt das Medium Schrift zur Konzeption Schriftlichkeit? Inwiefern fällt das Sprachliche dadurch, daß es aufgeschrieben wird, einer Transformation im Sinne einer (mehr oder weniger ausgeprägten) Schriftlichkeit anheim?

Vom Medium her wäre zunächst zu präzisieren, daß wir hier keineswegs, das schlichte Entweder-Oder Ohr und Auge, akustisch und optisch vorfinden. Das Gesprochene erscheint ungleich komplexer als das Geschriebene; es ist eigentlich *bimedial* im Unterschied zu dem unimedialen Geschriebenen, denn während sich das Geschriebene nur an das Auge wendet, wendet sich das Gesprochene lediglich primär an das Ohr, dann aber auch, jedenfalls bei der facies-ad-faciem-Unterhaltung, wie die Linguisten sagen, der Unterhaltung also »von Angesicht zu Angesicht«, an das Auge. Alberto Gil und Hans Scherer unterscheiden in einer interessanten Analyse zusätzlich zu dem, was sich akustisch ereignet, Mireme (Blickverhalten), Mimeme (mimisches Verhalten), Gesteme (gestisches Verhalten), Proxeme (Näherungsverhalten) und Pantomimeme (Imitationsverhalten). Dies erscheint kompliziert, ist aber vermutlich noch nicht kompliziert genug (A. Gil/H. Scherer, Physis und Fiktion. Kommunikative Prozesse und ihr literarisches Abbild in »El Jarama«, Kassel 1984). Es besteht hier zwischen Sprechen und Schreiben, rein medial gesehen, eine Asymmetrie. Das Auge dominiert beim Lesen stärker und ausschließlicher als das Ohr beim Aufnehmen des Gesprochenen. Andererseits enthält das Geschriebene, schon rein medial, einen Appell an das innere Ohr, jedenfalls wenn es sich um Alphabetschrift handelt, deren Pointe ja eben darin besteht, daß sie Signifikanten und *nur* Signifikanten reproduziert. Dies hindert aber nicht, daß das Sprechen insgesamt komplexer, elusiver ist als das Schreiben, das sich gezwungen sieht, sich gleichsam auf das rein Sprachliche zurückzuziehen und auch von diesem rein Sprachlichen nicht alles, sondern eigentlich nur das Segmentelle abzubilden vermag.

Betrachtet man, vom Medium her, die Unterschiede zwischen dem Geschriebenen und dem Gesprochenen, sind zunächst die unvermeidbaren Defizienzen des Geschriebenen hervorzukehren. Es sind einerseits *materielle* Defizienzen, andererseits *inhaltliche*. Unter den materiellen verstehe ich akustische und optische Signifikanten, die im Geschriebenen nur fehlen können: Wechsel in der Stärke des Atemdrucks (dynamischer Akzent, »stress«), Wechsel in den Tonhöhenebenen (musikalischer Akzent, »pitch«), Wechsel der Tonhöhe im kontinuierlichen Sinn der sogenannten Intonation (»clause terminals«), Pausen. Hinzu kommen nun aber weitere materielle, in der Schrift so gut wie nicht reproduzierbare Elemente: Wechsel in der Lautstärke, Wechsel in der Geschwindigkeit der Artikulationsbewegungen, das komplexe Phänomen des Rhythmus, sowohl im Sinne des festgelegten Sprachrhythmus als auch in dem des individuellen und dann okkasionellen Sprechrhythmus, dann der individuelle Klang der Stimme, ihr okkasioneller Klang (weich, schroff, trocken, müde, schneidend, staccato und so fort), das Altersspezifische, das Geschlechtsspezifische der Stimme, dann das durch den Blick, den Gesichtsausdruck, die Gestik, den Grad der Annäherung und durch imitatives Verhalten Ausgedrückte. Schließlich – und ganz besonders – die akustisch optische Rückkoppelung, also die akustisch und optisch wahrnehmbare Reaktion des Hörers, die auf das Gesagte ständig zurückzuwirken vermag.

An inhaltlichen Defizienzen sind zu verzeichnen zumindest der als gemeinsam wahrgenommene situationelle Kontext, dann der wiederum als gemeinsam vorausgesetzte soziokulturelle Kontext. Es handelt sich hier um inhaltliche Elemente, weil es nicht um die objektiven, sondern um die *wahrgenommenen* Kontexte, also um psychische Größen geht. Es geht um Inhalte des Bewußtseins und um deren Realität. Sucht man nach einem veranschaulichenden Beweis für die Bedeutung dieses beträchtlichen Negativkatalogs (er umfaßt rund zwanzig Punkte), braucht man nur an den Spielraum eines Schauspielers zu denken: Wort für Wort steht fest, was Philipp im »Don Carlos« zu sagen hat, und doch: wie verschieden kann diese Figur, allein durch die genannten Mittel – »angelegt« sein, wie verschieden die Wirkung!

Es stellt sich hier für das Geschriebene zunächst die Aufgabe der Schaffung von Substituten für solche Defizienzen. Sodann muß man sich vergegenwärtigen, daß das Geschriebene, um die kommunikative Absicht zu erreichen, rein sprachlich gesehen – sonst hat das Geschriebene nichts zur Verfügung – einen höheren Aufwand benötigt. Dieser nötige höhere Planungsaufwand des Geschriebenen ist nun aber in einem so außerordentlichen Maß möglich, wie er zum Zweck des puren Verstandenwerdens keineswegs nötig wäre. Die medialen Rahmenbedingungen für das Geschriebene enthalten nicht nur Negativa, sondern auch bemerkenswerte Positiva: es steht im Normalfall mehr Zeit zur Verfügung, im Zusammenhang damit steht die durch die Schrift nicht nur ermöglichte, sondern auch *erzwungene* höhere Bewußtheit, hierzu kommt der eigentümliche Rückzug des Schreibenden auf sich selbst, der dem des Lesenden entspricht, genauer: der Schreibende zieht sich, sich von seiner Umwelt abwendend, zurück auf den realen oder fiktiven Adressaten, der Lesende zieht sich auf den Absender, dem er sich zuwendet, zurück.

Eine eigentlich rein technische Möglichkeit von enormer Bedeutung darf nicht übersehen werden: die Möglichkeit, im Geschriebenen, der Korrekturverwischung; korrigieren kann man sich gewiß auch beim Sprechen, man kann sich materiell verbessern, wenn man sich versprochen hat, und man kann in wiederholten Anläufen, was man sagt, zur Deckung bringen mit dem, was man eigentlich sagen will; aber eines kann man nicht: so tun nämlich, als hätte man sich nicht verbessert. Eben dies erlaubt das Schreiben und gibt ihm so – wiederum rein sprachlich – eine Intensität, die dem Gesprochenen, wenn es ohne Vorbereitung erfolgte, abgehen *muß*. Genauer: das Gesprochene bezieht seine mögliche Intensität anderswoher. Von hier aus wird deutlich, welche Möglichkeiten eine Rede hat, die als genau schriftlich vorbereitete (und bei dieser Vorbereitung auf mündliche Realisierung zielend) die Intensität des Schriftlichen mit der ganz anders gearteten Intensität des Mündlichen zusammenbringen kann. Die Frage, ob das Entstehen der Rhetorik, in der ersten Hälfte des fünften vorchristlichen Jahrhunderts, mit dem Aufkommen der Schriftlichkeit etwas zu tun habe, wurde noch nicht ernsthaft gestellt; für Walter J. Ong ist der Fall klar: »Rhetorik als reflektierende, organisierte Disziplin war und mußte eines der Produkte der Schrift sein«, »as a reflective, organized ›art‹ of science ... rhetoric was and had to be a product of writing« (W. J. Ong 1982, S. 9). Aber Ong sagt dies nur; er zeigt es nicht; darauf käme es an.

Sodann ist das Geschriebene gekennzeichnet durch Negativa, die sich positiv auswirken können oder die, je nachdem, so oder so bewertet werden mögen: der Druck, unter dem das Geschriebene steht, ist in aller Regel ungleich stärker als der, dem das Gesprochene im Normalfall unterliegt. Wir haben hier den Druck der Sprachnorm, dann den der Textart, den der Vorbilder, der literarischen Tradition – im Extremfall – insgesamt. Diesen Extremfall, zum Beispiel, veranschaulicht eine Äußerung von Botho Strauß: »Man schreibt einzig im Auftrag der Literatur. Man schreibt unter Aufsicht alles bisher Geschriebenen.« Strauß fügt aber – und dies ist glaubwürdiger – noch hinzu: »Man schreibt aber doch auch, um sich nach und nach eine geistige Heimat zu schaffen, wo man eine natürliche nicht mehr besitzt« (B. Strauß, Paare Passanten, München 1981, S. 103).

Die unterschiedlichen, allein schon medial gesetzten Rahmenbedingungen, die außerordentlichen Möglichkeiten, die diese Bedingungen eröffnen, führen nun, quasi automatisch, zu einer – kommunikativ gesehen – *Überschüssigkeit* des Planungsaufwands, sie führen zu sprachlicher Elaboriertheit, zu konzeptioneller Schriftlichkeit, zur fortschreitenden Trennung des Geschriebenen vom Gesprochenen, so daß schließlich, neben der weiter fortbestehenden Sprechsprache, zusätzlich eine Schreibsprache entsteht, die dann sogar, worauf bereits unsere Shakespeare-Stelle deutete, über das Sprechen selbst Gewalt zu gewinnen vermag.

Hier nun ist, in systematischer Hinsicht, in den medialen Bedingungen der Schriftlichkeit selbst, in dem, was aus ihnen für die Anlage des Sprachlichen folgt, als eine *Reaktion*, der permanente Ansatz für die stilistische Anweisung »Schreibe, wie du redest!«. Es gibt immer wieder in verschiedener Weise (je nach den spezifischen Bedingungen) die Disjunktion Sprechnähe und Sprechferne. Wenn nun aber einmal ein bestimmter Grad von Bewußtheit erreicht ist bezüglich des Unterschieds zwischen Gesprochenem und Geschriebenem, wird sich, in dieser Disjunktion, leicht diese Reaktion auf Unbeholfenheit im Geschriebenen einstellen: aber du kannst doch *sprechen,* kannst dich doch sprechend verdeutlichen, also mußt du doch auch schreiben können, wenn du nämlich einfach so schreibst, wie du sprichst. Was die Ubiquität dieser Reaktion angeht, ist zu beachten, daß die Kennzeichen des Geschriebenen wie auch insbesondere die des Gesprochenen zu einem sehr erheblichen Teil gar nicht sprachspezifisch, sondern universell sind.

Für die Ubiquität unserer Anweisung ein Beispiel (ich verdanke es Bert G. Fragner): Um das Jahr 1830 traten in Persien »Aufklärer« hervor; sie forderten unter anderem eine höhere Effizienz der Verwaltung; die Kanzleibeamten, hieß es, sollten in ihren Äußerungen auf den blumigen und metaphernreichen, aber inhaltsarmen Stil verzichten und fortan »so schreiben, wie sie reden«; diese Forderung war es, die der Kronprinzenwesir Qā'im-Maqām von seiner Residenz in Täbris aus erhob.

Gewiß macht es sich die Anweisung »Schreibe, wie du redest!« zu leicht, denn es ist alles andere als einfach, unter den Bedingungen der Schriftlichkeit mit dem – übrigens auch nicht immer leichten – Sprechen gleichsam bloß fortzufahren. In ihrem Kern geht es bei dieser Anweisung um Natürlichkeit. Diese zu erreichen oder nicht zu verfehlen, ist schwer. Und sie ist ja, für sich selbst, auch nicht ausreichend. Es kommt darauf an, *wer* natürlich ist. Davon aber abgesehen, bleibt richtig, was Pascal so formuliert: »Wenn man einen natürlichen Stil antrifft, ist man erstaunt und entzückt, denn man hat einen Autor erwartet und findet einen Menschen. Umgekehrt glauben diejenigen, die guten Geschmack haben, wenn sie ein Buch sehen, einen Menschen zu treffen und sind sehr überrascht, wenn sie auf einen Autor stoßen ...«, »Quand on voit le style naturel, on est tout étonné et ravi, car on s'attendait de voir un auteur, et on trouve un homme. Au lieu que ceux qui ont le goût bon, et qui en voyant un livre croient trouver un homme, sont tout surpris de trouver un auteur ...« (B. Pascal, Pensées, Paris 1961, S. 79/80).

Es war hier die Rede von einer stilistischen Norm für das Schreiben. Ist aber diese Ausdrucksweise nicht tautologisch? Ist, was wir »Stil« nennen, nicht primär eine Eigenschaft des Geschriebenen? Stil in dem doppelten Sinn des sich Einfügens in eine bestimmte Norm- und Formerwartung und in dem der persönlichen Eigenprägung: »style in the sense of what is distinguished and distinguishing« (E. B. White im exzellenten Bändchen W. Strunk, Jr./E. B. White, The Elements of Style, New York 1972, S. 59). Also: »distinguished« und »distinguishing«, Distinktion (Gehobenheit) und Distinktheit (Verschiedenheit).

Vom Wort her, etymologisch, liegt der Zusammenhang zwischen Stil und Schreiben buchstäblich auf der Hand (nota bene: wir sagen, vom Alphabet her gedacht, »buchstäblich« und meinen »wörtlich«). Das lateinische »stilus« meint zunächst etwas Landwirtschaftliches: einen spitzen Pfahl oder Stift, auch einen pflanzlichen Stiel, etwa einen Spargeltrieb; metaphorisch wird mit dieser Bedeutung der Schreibgriffel bezeichnet, jenes Utensil also, aus Metall, Holz oder Horn, mit den bekannten zwei Enden: eines zum Schreiben, ein anderes zum Verwischen (»stilum vertere«, »den Griffel umdrehen«, heißt »verbessern«). So wird also bereits im Utensil das, wie herausgestellt, entscheidende Element des Schreibens greifbar: die Möglichkeit der Korrekturverwischung. Eine weitere Metapher führt vom Schreibgerät zur Bedeutung »Schreibart«, »Stil«. Also zwei aufeinanderfolgende Metaphern: vom »Pfahl« zum »Schreibstift«, von diesem zur »Schreibart«.

Aber die Frage ist, ob unabhängig von der Etymologie ein historischer und fortdauernd systematischer Zusammenhang bestehe zwischen dem Schreiben und dem Phänomen »Stil«. Ist dies Phänomen bedingt oder gefördert durch Schriftlichkeit, durch die spezifische Verdinglichung des Gesagten, die die Tatsache, daß es *aufgeschrieben* wird, bewirkt? Das Geschriebene, das »mit der Hand Geschriebene«, »manu scriptum«, ist ja in *einer* Hinsicht ein wirkliches Ding. Und es ist Handarbeit. Dies gilt übrigens auch noch für das Typoskript und den Computer-Ausdruck. Freilich: es ist ein Ding spezifischer Art, einer Handarbeit anderer Art, etwa einer Perlenkette oder einer Spange, keineswegs gleichzusetzen. Hängt also »Stil« mit solcher Verdinglichung zusammen? Reden wir von »Stil« anderswo – im Blick auf Bauwerke, Musik oder auch Gesprochenes – letztlich in einem vom Schreibstil abgeleiteten Sinn? Ist Stil nicht primär ein Phänomen des Schreibens, der Schriftlichkeit? Ich will diese Fragen hier nur stellen. Klar jedenfalls ist dies: beim Sprechen zeigt sich weit unmittelbarer als beim Schreiben die *okkasionelle* Verfassung des Produzenten; beim Schreiben, das ja nahezu immer, verglichen mit dem Sprechen, etwas Zurechtgemachtes hat, zeigt sich mehr das Konstante, die konstante, auch im artifiziellen Sinn produzierte Eigenheit des Produzenten.

Stil in diesem Sinn, nämlich bewußt hergestellter Eigenprägung, meint die berühmteste und meistbemühte Äußerung über den Stil, nämlich die des Grafen Buffon: »Le style est l'homme même.« Mit diesem Satz aus seinem »Discours sur le style« aus dem Jahr 1753 sagte Buffon objektiv mehr als er subjektiv sagen konnte. Der Satz ist keinesfalls die ganze Wahrheit hinsichtlich des Stils, aber er ist wahr. Ein witziger Franzose, der Sprachwissenschaftler Pierre Guiraud, hat den Tatbestand so umschrieben: »Was immer Buffon auch sagen mag, der Stil ist der Mensch selbst«, »Quoiqu'en dise Buffon, le style est l'homme même«.

Das Thema dieses Aufsatzes ist Gegenstand eines von mir geleiteten Projekts innerhalb des Sonderforschungsbereichs »Übergänge und Spannungsfelder zwischen Mündlichkeit und Schriftlichkeit«, den die »Deutsche Forschungsgemeinschaft« im Oktober 1985 an der Universität Freiburg eingerichtet hat. Meine Mitarbeiter, denen ich wichtige Hinweise für diesen »vorlaufenden« Aufsatz verdanke, sind Eva-Maria Gissler und Eugen Bader.

Dialekt als Muttersprache und als Stil
Johann Peter Hebel: »Die Vergänglichkeit«

> »Denn, nicht wahr, nicht daß Hebel
> im Dialekt gedichtet hat, sondern daß
> der Dialekt in ihm dichterisch geworden ist,
> das ist das Entscheidende.«
> *Rainer Maria Rilke im Pariser Gespräch mit
> Carl Jacob Burckhardt und Lucien Herr.*

Hebels großer Ruhm ist seine Prosa: sehr viele – und sehr verschiedene – haben ihr gehuldigt: Hoffmannsthal, Benjamin, Kafka, Bloch, C. J. Burckhardt, Brecht, Böll, Goes, Canetti. Aber schon Goethe hat den »unschätzbaren Hebel« gepriesen. Hebels Prosa – das ist das »Schatzkästlein des Rheinischen Hausfreundes«, erschienen 1811: eine Sammlung von Kalendergeschichten, Kurzgeschichten unterhaltenden und belehrenden Stils für einen Landkalender, den Hebel redigierte (der Titel »Schatzkästlein« stammt, wie es scheint, von Verleger Cotta). Diese Geschichten entstanden von 1808 an, als Hebel schon achtundvierzig war. Aber bereits 1815 gab er die Redaktion des Kalenders auf; der Anlaß war geringfügig: katholische Kreise hatten an einer der Geschichten, »Der fromme Rat«, Anstoß genommen; die eigene Seite hatte Hebel nicht gestützt: man wollte Ruhe; zu einem geplanten zweiten Band des »Schatzkästleins« kam es nicht. Der zuletzt (1819) zum Prälat der evangelischen Landeskirche Badens, also zu deren höchster Würde, Avancierte schrieb dann noch die »Biblischen Erzählungen«. Dies ist Hebel eigentümlich: ein später, plötzlicher Aufschwung, bald danach Ermatten, Versiegen in amtlichen Geschäften, nicht klaglos, aber doch untragisch hingenommen. Bei Hebel dem Lyriker ist dies noch deutlicher. Die Lyrik ging seiner Prosa voraus. Die »Allemannischen Gedichte« (so die Schreibung der ersten Ausgabe) erschienen 1803. Hebel schrieb diese Mundartgedichte innerhalb eines einzigen Jahrs: Sommer 1800 bis Sommer 1801. Er war damals vierzig. Vorher gab es nur fingerübende Ansätze, die freilich als solche wichtig waren; schon einmal insbesondere, 1787, hatte er sich, von mittelhochdeutscher Lyrik angeregt, in der Mundart versucht: »Aber es wollte gar nicht gehen ...« (Werke, herausgegeben von Eberhard Meckel, Insel, 2, S. 417). Dann plötzlich, dreizehn Jahre später, ging es: »so etwas wie ein Wunder« (Meckel, S. 483). Sehr bald aber schon ging es nicht mehr; bereits im Februar 1802, noch *vor* Erscheinen also der Gedichte, schreibt er an Freund Hitzig: »Der alemannische Pegasus will nimmer fliegen ...« (Meckel, S. 243); die fünfte Auflage der Gedichte, 1820, brachte zusätzlich nur eine kleine Nachlese. Übrigens weigerte Hebel sich auch, diese Gedichte, wie Cotta dies angeregt hatte, in die Hochsprache zu übersetzen.

Zwei poetische Aufschwünge also innerhalb eines geschäftigen, geistlich-pädagogisch ausgerichteten Beamtenlebens; der als Lyriker, 1800 bis 1801; der als Erzähler, sieben Jahre später, langsamer auslaufend, von 1808 bis 1815. Hebels Erfolg war schon zu seinen Lebzeiten beträchtlich; die Gedichte rezensierten – überaus positiv – Jean Paul (1803) und Goethe (1804): der neue und der alte Gott – hier waren sie sich einig; Goethes Rezension freilich, ein Meisterwerk gerade auch in der eigentümlichen Beschränktheit ihrer Sicht, ist ungleich präziser (Meckel, S. 498–506).

Das Wunder dieser Mundartgedichte ist um so erstaunlicher, als Hebel kein Vorbild, keine Vorlage zur Verfügung stand; David Friedrich Gräters »Broga und Hermode oder Neues Magazin für die vaterländischen Altertümer der Sprache, Kunst und Sitten« war allenfalls Ermutigung (vgl. Hebels Brief an den Professor am Gymnasium zu Schwäbisch Hall vom 8. Februar 1802; Meckel, 2, S. 240–242). Das Wunder entsprang dem Heimweh des außerordentlichen Professors und »Oberhelfers« am Gymnasium zu Karlsruhe, der sich nach den Orten seiner Kindheit und seiner Wanderungen mit Freunden sehnte. Die Gegend, um die es geht, ist das badische Oberland (denn es gibt auch das schwäbische), somit das Markgräflerland: südlich von Freiburg, nördlich von Basel, nach Westen vom Rhein, nach Osten und – weiter oben – nach Norden vom Schwarzwald begrenzt. Dies also ist, wie Goethe sagt, »das Local«, von dem er anmerkt, daß es »dem Dichter äußerst günstig« sei. Seine aufzählende Kennzeichnung ist schön – Regionalität ohne »Blut und Boden«: »Heiterkeit des Himmels, Fruchtbarkeit der Erde, Mannichfaltigkeit der Gegend, Lebendigkeit des Wassers, Behaglichkeit der Menschen, Geschwätzigkeit und Darstellungsgabe, zudringliche Gesprächsformen, neckische Sprechweise, so viel steht ihm zu Gebot, um das was ihm sein Talent eingibt, auszuführen« (Meckel, S. 502; vgl. hierzu, was Goethe in »Dichtung und Wahrheit«, 2. Teil, 6. Buch, zum »oberdeutschen Dialekt«, seinem eigenen, apologetisch bemerkt).

Von all dem, was Goethe nennt, findet sich etwas in dem Gedicht »Die Vergänglichkeit«, das äußerlich nicht herausgehoben, ungefähr in der Mitte des Bändchens steht. Tatsächlich aber ragt es erratisch heraus: es ist ein sehr großes Gedicht (wenn Robert Minder »homerisch groß« sagt, so ist diesmal sein Pathos beinahe angemessen; Meckel, S. XVI). Die Übersetzung ins Hochsprachliche, die ich versuche, soll nur dem Verständnis des Originals dienen, weshalb sie nicht schön sein will, sondern bloß genau. Ich folge, was den Text angeht, der Ausgabe von Meckel; über deren Graphie, die weder der ersten Ausgabe noch der der Ausgabe von Altwegg entspricht, läßt sich streiten.

Die Vergänglichkeit

Gespräch auf der Straße nach Basel, zwischen Steinen und Brombach, in der Nacht

Der Bueb sait zuem Ätti: Fast allmool, Ätti, wenn mer's Röttler Schloß so vor den Auge stoht, se denk i dra, öb's üüsem Huus echt au emool so goht/Stoht's denn nit dört so schuudrig wie der Tod/im Basler Totetanz? Es gruuset aim,/wie länger as me's bschaut. Un üüser Huus, es sitzt jo wie ne Chilchli uf em Berg, un d'Fenster glitzern, es isch e Staat. Schwätz, Ätti, goht's em echterst au no so?/I main emool, es chönn schier gar nit sii.

Der Bub sagt zum Vater: Fast jedesmal, Vater, wenn mir das Röttler Schloß so vor den Augen steht, so denke ich daran, ob's unserem Haus wohl auch einmal so geht. Steht's denn nicht dort so schaurig wie der Tod im Basler Totentanz? Es graust einem, je länger man es anschaut. Und unser Haus, es sitzt ja wie ein Kirchlein auf dem Berg, und die Fenster glitzern, es ist ein Staat. Sag, Vater, geht's ihm zuletzt auch noch so? Ich meine immer, es könne fast gar nicht sein.

Dialekt als Muttersprache und als Stil

Der Ätti sait: Du guete Burst, 's cha friili sii, was mainsch?/'s chuunt alles jung un neu, un alles schliicht/im Alter zue, un alles nimmt en End,/un nüt stoht still. Hörsch nit, wie's Wasser ruuscht,/un sihsch am Himmel obe Stern an Stern?/Me maint, vo alle rüehr si kain, und doch/ruckt alles wyters, alles chuunt un goht./Jee, 's isch nit anderst, lueg mi a, wie d' witt. De bisch no jung; Närsch, i bi au so gsi,/jetzt würd's mer anderst. 's Alter, 's Alter chunt,/un wo n i gang, go Gresgen oder Wis,/in Feld un Wald, go Basel oder haim,/'s isch ainerlai, i gang im Chilchhof zue –/briegg alder nit! – un bis de bisch wie n i, e gstandne Maa, se bin i nümme do, un d'Schoof un Gaiße waiden uf mym Grab,/jo wegerli; un 's Huus wird alt un wüest;/der Rege wäscht der's wüester alli Nacht,/un d'Sunne blaicht der's schwärzer alli Tag,/un im Vertäfer popperet der Wurm./Es regnet no dur d'Bühni ab, es pfiift/der Wind dur d'Chlimse. Drüber tuesch du au/no d'Auge zue; es chömme Chindeschind/un pletze dra. Zletscht fuult's im Fundement,/un 's hilft nüt meh. Un wemme nootnoo gar zwaituusig zehlt, isch alles zemmekeit;/un's Dörfli sinkt no selber in sy Grab./Wo d'Chilche stoht, wo's Vogts un 's Heere Huus/goht mit der Zyt der Pflueg. –

Der Vater sagt: Du guter Bursch, es kann freilich sein, was meinst du? es kommt alles jung und neu, und alles schleicht dem Alter zu, und alles nimmt ein End, und nichts steht still. Hörst du nicht, wie das Wasser rauscht, und siehst am Himmel oben Stern an Stern? Man meint, von allen rühre sich keiner, und doch rückt alles weiter, alles kommt und geht. Ja, es ist nicht anders, schau mich an, wie du willst. Du bist noch jung; Hör (eigentlich: närrisch), ich war auch so, jetzt wird's mir anders. Das Alter, das Alter kommt, und wohin ich gehe, nach Gresgen oder Wies, in Feld und Wald, nach Basel oder heim, es ist einerlei, ich gehe dem Kirchhof zu – weine oder nicht! – und wenn du bist wie ich, ein gestandener Mann, so bin ich nicht mehr da, und die Schafe und Geißen weiden auf meinem Grab, ja wirklich, und das Haus wird alt und häßlich; der Regen wäscht's dir häßlicher jede Nacht, und die Sonne bleicht es dir schwärzer jeden Tag, und in der Vertäferung klopft der Wurm. Es regnet dann durch den Speicher hinunter, es pfeift der Wind durch die Risse. Darüber machst du auch noch die Augen zu; es kommen Kindeskinder und flicken daran. Zuletzt fault's im Fundament, und es hilft nichts mehr. Und wenn man schließlich gar zweitausend zählt, ist alles zusammengefallen; und das Dörflein sinkt dann selber in sein Grab. Wo die Kirche steht, wo das Vogtshaus und das Herrenhaus, geht mit der Zeit der Pflug. –

Der Bueb sait: Nai, was de saisch!

Der Bub sagt: Nein, was du sagst!

Der Ätti sait: Jee, 's isch nit anderst, lueg mi a wie d'witt!/Isch Basel nit e schöni, tolli Stadt?/'s sinn Hüüser drin, 's isch menggi Chilche nit/so groß, un Chilche, 's sinn in menggem Dorf/nit so viil Hüüser. 's isch e Volchspil, 's wohnt/e Riichtum drin, un mengge brave Heer,/un mengge, wo n i chennt ha, lyt schon lang/im Chrützgang hintern Münsterplatz un schlooft./'s isch aitue, Chind, es schlacht emool e Stund,/goht Basel au ins Grab, un streckt no do/un dört e Glid zuem Boden uus, e Joch,/en alte Turn, e Gibelwand; es wachst/do Holder druf, do Büechli, Tanne dört un Moos un Farn, un Raiger niste drin – 's isch schad derfür! – Un sinn bis dörthi d'Lüt/so närsch wie jetz, se göhn au Gspenster um./D'Frau Faste, 's isch mer jetzt, si fang scho a,/me sait's emool – der Lippi Läppeli,/un was waiß i, wer meh. Was stoßisch mi?

Der Bueb sait: Schwätz liisli, Ätti, bis mer über d'Bruck/do sinn un do an Berg un Wald verbei!/Dört obe jagt e wilde Jäger, waisch?/Un lueg, do niden in de Hürste seig/gwiß's Eiermaidli glege, halber fuul,/'s isch Johr un Tag. Hörsch, wie der Laubi schnuuft?

Der Ätti sait: Er het der Pfnüsel. Seig doch nit so närsch!/*Hüst, Laubi, Merz!* – Un loß die Tote goh; si tüen der nüt meh! – Jee, was han i gsait? Vo Basel, aß es au emool verfallt. – Un goht in langer Zyt e Wandersmaa,

Der Vater sagt: Ja, es ist nicht anders, schau mich an wie du willst! Ist Basel nicht eine schöne, herrliche Stadt? Es sind Häuser drin, es ist manche Kirche nicht so groß, und Kirchen, es sind in manchem Dorf nicht so viele Häuser. Es geht hoch her dort, es wohnt ein Reichtum drin, und mancher brave Herr, und mancher, den ich gekannt habe, liegt schon lange im Kreuzgang hinterm Münsterplatz und schläft. Es ist einerlei, Kind, es schlägt einmal eine Stunde, geht Basel auch ins Grab, und streckt noch da und dort ein Glied aus dem Boden heraus, ein Joch, einen alten Turm, eine Giebelwand; es wächst da Holunder darauf, da Buche, Tanne dort und Moos und Farn, und Reiher nisten darin – es ist schade darum! – Und sind bis dahin die Leute so närrisch wie jetzt, so gehen auch Gespenster um. Die Frau Faste, es kommt mir jetzt vor, sie fange schon an, man sagt's jedenfalls – der Lippi Läppeli, und was weiß ich, wer mehr. Was stößt du mich?

Der Bub sagt: Sprich leise, Vater, bis wir über die Brücke da sind und da an Berg und Wald vorbei! Dort oben jagt ein wilder Jäger, weißt du? Und schau, da unten im Gebüsch sei wohl das Eiermägdlein gelegen, halbfaul, es ist schon Jahr und Tag her. Hörst du, wie der Laubi schnauft?

Der Vater sagt: Er hat den Schnupfen. Sei doch nicht so närrisch! *Hüh, Laubi, Merz!* – und laß die Toten; sie tun dir nichts mehr! Ach, was habe ich gesagt? Von Basel, daß es auch einmal verfällt. – Und geht nach

ne halbi Stund, e Stund wyt dra
verbei,/se luegt er dure, lyt ke Nebel
druf,/un sait sym Kamerad, wo mit
em goht:/»Lueg, dört isch Basel
gstande! Selle Turn
seig d'Peterschilche gsi; 's isch schad
derfür!«

Der Bueb sait: Nai, Ätti isch's der
Ernst? Es cha nit sii!

Der Ätti sait: Jee, 's isch nit anderst, lueg
mi a, wie d'witt./Un mit der Zyt
verbrennt die ganzi Welt./Es goht e
Wächter uus um Mitternacht,/e
fremde Maa, me waiß nit, wer er isch;
er funklet wie ne Stern un rüeft:
*»Wacht auf!/Wacht auf, es kommt der
Tag!«* – Drob rötet si/der Himmel, un
es dundret überal,/zerst haimli,
alsgmach luut, wie sellemool,/wo
Anno sechsenünzgi der Franzos/so
uding gschosse het. Der Bode wankt,
aß d'Chilchtürn guuge; d'Glocke
schlagen a/un lütte selber Bettzyt wyt
un brait,/un alles bettet. Drüber
chunnt der Tag;/o, bhüet is Gott, me
braucht ke Sunn derzue:/der Himmel
stoht im Blitz un d'Welt im
Glast./Druf gschiht no viil, i ha jetz nit
der Zyt;/un endli zündet's a un brennt
un brennt,/wo Boden isch, un niemes
löscht. Es glumst/wohl selber ab. Wie
mainsch, siht's uus dernoo?

Der Bueb sait: O Ätti, sag mer nüt meh!
Zwor, wie goht's/de Lüte denn, wenn
alles brennt un brennt?

langer Zeit ein Wandersmann, eine
halbe Stunde, eine Stunde weit dran
vorbei, so sieht er durch, liegt kein
Nebel drauf, und sagt seinem
Kameraden, der mit ihm geht: »Schau,
dort ist Basel gestanden! Dieser Turm
war wohl die Peterskiche; es ist
schade darum!«

Der Bub sagt: Nein, Vater, ist's dir
Ernst? Es kann nicht sein!

Der Vater sagt: Ja, es ist nicht anders,
schau mich an, wie du willst. Und mit
der Zeit verbrennt die ganze Welt. Es
geht ein Wächter aus um Mitternacht,
ein fremder Mann, man weiß nicht,
wer er ist; er funkelt wie ein Stern und
ruft: *»Wacht auf! Wacht auf, es
kommt der Tag!«* – Darüber rötet
sich der Himmel, und es donnert
überall, zuerst heimlich, allmählich
laut, wie damals, als Anno
sechsundneunzig der Franzose so wild
geschossen hat. Die Erde bebt, daß die
Kirchtürme schwanken; die Glocken
schlagen an und läuten selbst die
Betzeit ein weit und breit, und alles
betet. Darüber kommt der Tag; o,
behüte uns Gott, man braucht keine
Sonne dazu: der Himmel steht im
Blitz und die Welt in hellem Licht.
Darauf geschieht noch viel, ich hab
jetzt keine Zeit dazu; und endlich
entzündet es sich und brennt und
brennt, wo Erde ist, und niemand
löscht. Es glimmt wohl von selbst ab.
Wie meinst du, sieht's aus danach?

Der Bub sagt: O Vater, sag mir nichts
mehr! Zwar, wie geht's den Leuten
denn, wenn alles brennt und brennt?

Der Ätti sait: He, d'Lüt sin nümme do; wenn's brennt, si sinn –/wo sinn si? Seig du fromm un halt di wohl;/geb, wo de bisch, un bhalt dy Gewisse rain!/Sihsch nit, wie d'Luft mit schöne Sterne prangt?/'s isch jede Stern verglüchlige ne Dorf,/un wyter obe seig e schöni Stadt;/me siht si nit vo do; un haltsch di guet,/se chunnsch in so ne Stern, un 's isch der wohl,/und findsch der Ätti dört, wenn's Gottswill isch,/un's Chünggi selig, d'Muetter. Öbbe fahrsch/au d' Milchstrooß uf in die verborgni Stadt, un wenn de sytwärts abeluegsch, was sihsch?/*e Röttler Schloß!* Der Belche stoht verchohlt,/der Blauen au, as wie zwee alti Türn,/un zwischedrin isch alles uusebrennt/bis tief in Boden abe. D'Wise het/ke Wasser meh; 's isch alles öd un schwarz/un totestill, so wyt me luegt. Das sihsch,/un saisch dym Kamerad, wo mit der goht: »Lueg, dört isch *d'Erde* gsi, un selle Berg/het Belche ghaiße! Nit gar wyt dervo/isch Wislet gsi; dört han i au scho glebt/un Stiere gwettet, Holz go Basel gfüehrt/un broochet, Matte graust un Liechtspöö gmacht/un gvätterlet bis an my selig End;/un möcht jetzt nümme hi.« – *Hüst, Laubi Merz!*

Der Vater sagt: Was, die Leute sind nicht mehr da; wenn's brennt, sie sind – wo sind sie? Sei du fromm und halte dich wohl; gib, wo du bist, und behalte dein Gewissen rein! Siehst du nicht, wie der Himmel mit schönen Sternen prangt? Es ist jeder Stern wie ein Dorf, und weiter oben soll eine schöne Stadt sein; man sieht sie nicht von hier; und hältst du dich gut, so kommst du auf so einen Stern, und es ist dir wohl, und du findest den Vater dort, wenn's Gottes Wille ist, und das Chünggi selig, die Mutter. Vielleicht fährst du auch die Milchstraße hinauf in die verborgene Stadt, und wenn du seitwärts hinunterschaust, was siehst du? *das Röttler Schloß!* Der Belchen steht verkohlt, der Blauen auch, wie zwei alte Türme, und zwischendrin ist alles ausgebrannt bis tief in die Erde hinein. Die Wiese hat kein Wasser mehr; es ist alles öd und schwarz und totestill, so weit man schaut. Das siehst du und sagst deinem Kameraden, der mit dir geht: »Schau, dort ist *die Erde* gewesen, und dieser Berg hat Belchen geheißen! Nicht sehr weit davon ist Wislet gewesen, dort habe ich auch schon gelebt und Stiere ins Joch gespannt, Holz nach Basel geführt und gepflügt, Wiesen gemäht und Lichtspäne gemacht und herumgewerkelt bis an mein seliges Ende; und möchte jetzt nicht mehr hin.« – *Hüh, Laubi, Merz!*

Folgen wir zunächst dem Gang des Gedichts. Ein erstes Stocken beim Untertitel: er ist, was das Räumliche angeht, merkwürdig genau: Straße in Richtung Basel zwischen Steinen und Brombach (beide Ortschaften kommen im Gedicht selbst nicht vor). Weshalb diese überschüssige Genauigkeit? Lassen wir – zunächst – die Frage offen. Der Junge beginnt das Gespräch. Es ist wirklich der *Beginn* eines Gesprächs und nicht so, daß wir plötzlich, in naturalistischer Manier, Zeuge eines Gesprächs würden, das schon einige Zeit angedauert hätte. Es ist ein Gespräch, das aus dem Schweigen, dem schweigenden Betrachten kommt. Angesichts der Ruine des Röttler Schlosses will der Junge wissen, ob das schöne elterliche Haus auch einmal so enden wird. Dies ist im Grund eine nicht sehr wahrscheinliche Frage: warum sollte ein Kind sie stellen? Es ist eine Frage von der Art, wie Erwachsene, Lehrer besonders, wünschen, daß man sie ihnen stelle, damit sie reden können, wovon sie reden wollen. Im Gedicht wird die Frage motiviert durch Furcht: »so schuudrig wie der Tod«, »Es gruuset aim«. Nun ist die Ruine, besonders im 18. Jahrhundert, als Auslöserin von Gedanken über Vergänglichkeit geläufig (vgl. für Frankreich R. Mortier, La poétique des ruines en France. Ses origines, ses variations de la Renaissance à Victor Hugo, Genf 1974). Das Gedicht insistiert hierauf nicht sehr: die Ruine ist nur Anstoß, beinahe – vom Dichter her gesehen – nur Vorwand für das Folgende.

Der Vater räumt den Zweifel sogleich aus: »alles nimmt en End«. Er nennt zunächst – »Hörsch nit, wie's Wasser ruuscht« – das Wasser, das neben ihnen rauscht (es ist das des *Wiese* genannten Flüßchens, von dem gegen Ende noch einmal die Rede ist). Dies Wasser ist ihm Zeichen der Vergänglichkeit; es wird aber als solches nicht herausgestellt. Überhaupt – dies ist wichtig –: das Abstraktum *Vergänglichkeit*, das den Titel gibt, kommt im Gedicht nicht vor. Der Vater nennt dann als Beispiel die Sterne, die sich bewegen, obwohl sie unbeweglich scheinen, dann spricht er von sich selbst, seinem Alter und Tod. Nun erst kommt er auf das Haus und schildert – sehr konkret – dessen allmählichen Verfall: als sein Ende – »isch alles zemmekeit« – wird das Jahr 2000 genannt. Hiermit eigentlich ist die Frage des Jungen beantwortet. Der Vater aber – »Geschwätzigkeit und Darstellungsgabe« – greift sogleich weiter aus: das ganze Dorf zerfalle, und dort – wieder die Konkretheit –, wo heute dessen stattlichste Bauwerke stehen, die Kirche, das Vogtshaus und das Herrenhaus, gehe schließlich – »mit der Zyt« – der Pflug. Dies ist die *erste* Bewegungsrichtung des Gedichts: fortschreitende Ausweitung, erst vom Haus zum Dorf, dann – breit ausgeführt – zur Stadt Basel, die in der Erzählung des Ätti wie die Stadt schlechthin erscheint, schließlich von Basel zur »ganzen Welt«.

Was zu Basel gesagt wird, wird unterbrochen – psychologisch reizvoll und sachlich interessant – durch einen sich auf die Situation des Gesprächs selbst beziehenden Exkurs (14 Verse), der die Funktion hat, das sonst rein narrative Gedicht – Narration im Blick auf die Zukunft – dramatisch zu verlebendigen: der Vater ängstigt den Sohn mit dem Vergnügen des wissenden Erwachsenen – »neckische Sprechweise« – durch den Hinweis auf umgehende Gespenster. Wie er aber sieht, daß der Sohn wirklich Angst bekommt, nimmt er, ohne sich freilich klar zu widerrufen, das Gesagte zurück (»loß die Tote goh;/ sie tuen der nüt meh!«): ein – sehr zurückhaltend eingesetztes – Stück Aufklärung. Dann – nach überaus geschickter, weil ganz unauffälliger, Überleitung: »Jee, was han i gsait?« – wird die Betrachtung über Basels Ende wieder aufgenommen. Der Stadt räumt der Vater – »es schlacht emool e Stund« – eine *längere* Frist ein als dem Dorf. Dort jedenfalls, wo jetzt Basel ist – »e schöni, tolli Stadt« –, ist schließlich nun nicht mehr der Landmann mit seinem Pflug, sondern wilde, vom Menschen nicht länger berührte Natur: »es wachst/ do Holder druf, do Buechli, Tanne dört ...« Sachlich bedauernd wird zweimal hierzu festgestellt: »'s isch schad derfür!« Schließlich aber – zweite Ausweitung – das Außerordentliche, schlechthin Unheimliche: nicht mehr allmählicher Verfall eines einzelnen – eines Menschen, eines Hauses, eines Dorfs, einer Stadt –, sondern Untergang der Welt als ganzer durch Anstoß *von außen*. Angekündigt wird er durch einen »fremden Mann« – »me waiß nit, wer er isch« –, der unvermutet mitternächtlich erscheint. Der redet nun hochsprachlich: »Wacht auf!/ Wacht auf, es kommt der Tag!« Der Einbruch des Fremden, des Ungeheuren also auch *sprachlich* markiert (es ist die einzige hochsprachliche Stelle des Gedichts; offenbar ist sie kein Zitat, der Anklang an Philipp Nicolais Choral »Wachet auf, ruft uns die Stimme« ist aber offensichtlich, auch der an biblische Stellen: etwa

Mt 24,42; 25,13; Mc 13,35–37; Röm 13,11–12; 1 Thess 5,4–7; ich verdanke die Hinweise meinem Freund Jörg Baur).

Der Jüngste Tag wird nun – konsequent – nicht in bezug auf (das bereits verfallene) Basel geschildert, sondern allgemein. Und er betrifft – dies ist wichtig – auch die Natur: »Der Belche stoht verchohlt ...« Die Schilderung von Einzelheiten bricht der Vater – »i ha jetzt nit der Zyt« – mit der rhetorischen Frage ab: »Wie mainsch, siht's uus dernoo?«. Nun gibt der Sohn dem Gespräch eine neue Richtung, und dies ist der *zweite* Gegenstand des Gedichts: wo sind, »wenn alles brennt un brennt«, die Menschen? Die Antwort des Vaters ist ausweichend indirekt: »Seig du fromm un halt di wohl ...« Das Thema Hölle, also, wird vermieden: auch dies, vielleicht, ein Element Aufklärung; ein solches liegt aber gewiß in der Betonung des Ethischen im Religiösen: »geb, wo de bisch, un bhalt dy Gwisse rain!« (keine Rede somit vom rechten Glauben: wichtiger als dieser ist das rechte Handeln). Von der anderen Welt spricht der Vater, als wäre sie ein Spiegel der ihm geläufigen: jeder Stern ist wie ein Dorf, und weiter oben – »me siht si nit vo do« – ist »e schöni Stadt«; auch hier also: viele Dörfer und die Stadt, nach der sie sich orientieren: das himmlische Basel. Wenn der Sohn auf einen solchen Stern komme, finde er dort den Vater wieder (»wenn's Gottswill isch«), das verstorbene Chüngi (der Name ist lautlich eine Variante zu *Kunigunde*, und gemeint ist wohl ein Schwesterchen) und die Mutter. Und wenn er dann einmal vielleicht (»öbbe«) hinauffahre in die Stadt, so sehe er weit unten – das Röttler Schloß (hier eine eigentümliche Verwendung des unbestimmten Artikels: »*e Röttler Schloß*«).

Rückkehr also zu Ausgang und Anlaß des Gesprächs und Zusammenfassung beider Themen: Verfall und Untergang einerseits, Schicksal der Menschen andererseits. Und was der Wanderer vorher zu Basel sagte – »Lueg, dört isch Basel gstande« –, sagt nun jener *andere* Wanderer im Blick auf die irdische Welt als ganze: »Lueg, dört isch *d'Erde* gsi ...«. Ein außerordentlicher Einfall, möchte man sagen: er geht aber zurück, ohne Zweifel, auf Ciceros »Somnium Scipionis«, in dem sich dies Motiv bereits findet und das Lateinlehrer Hebel natürlich kannte. Sogleich dann aber wieder die Wendung ins Kleine und Vertraute: »un selle Berg/ het Belche ghaiße! Nit gar wyt dervo/ isch Wislet gsi; dört han i au scho glebt ...« Der Blick also von oben, von der neuen Heimat auf die alte und – darauf kommt es an – Negierung der *alten* von der *neuen* her. Dies meint das klar abgesetzte und abschließende »un möcht jetz nümme hi« . . . Dann aber – ungeheuer in jedem Bezug – die Rückkehr, auf denkbar knappe, natürliche Weise hergestellt, aus weitester Ferne ins Allernächste, in die Situation selbst des nächtlichen Gesprächs »zwischen Steinen und Brombach«. Der hinzugesetzte antreibende Ruf an die Ochsen (oder sind es Pferde?) ist um so wirkungsvoller, *natürlicher*, als er nicht zum ersten Mal erscheint (er fand sich schon, aber nur einmal, in dem – ebenfalls situationsbezogenen – Exkurs zu den Gespenstern). Es ist dies – nicht nur vom Vater dem Jungen, sondern vom Dichter dem *Leser* gesagt – eine Bewegung wie »Schluß nun! Zurück zu dem, was vorliegt hier und jetzt!« (von fern erinnert dieser Schluß an die letzte Strophe von Valérys – sonst gewiß ganz verschiedenem – »Cimetière marin«: »Le vent se lève! . . . il faut tenter de vivre!«; auch etwas an Voltaires berühmtes »mais il faut cultiver notre jardin«, mit welchem der »Candide« endet).

Vieles wäre anzumerken zu diesem Gedicht. Es wäre zu fragen, ob dies wirklich – oder in welchem Sinn – ein »Gespräch« sei, wie der Untertitel sagt. Zu reden wäre vor allem von den meisterhaft »eingesetzten« Mitteln, die bewirken, daß dies fast rein erzählende Gedicht – und es erzählt ja zudem nur *einer* – Lebendigkeit gewinnt: da ist zunächst Verlebendigung durch Konkretheit, durch das exemplarische Einzelne; es ist da etwas – im besten Sinn – Lehrerhaftes: »un im Vertäfer popperet der Wurm«. Oder dann, nicht etwa: »alle Berge sind verkohlt«, sondern: »Der Belche stoht verchohlt, der Blauen au« usw.; dann, damit zusammenhängend, die ständige Anknüpfung – auch dies ein didaktisches Grundprinzip – an Bekanntes: »wie sellemool,/ wo Anno sechsenünzgi der Franzos/ so uding gschosse het«; schließlich die »Situierung« – vor allem durch den Gespensterexkurs und allein schon durch den Titel – dieser Erzählung; sie *ist* ja eigentlich eine kleine Szene, eine »inszenierte« Erzählung. Dann die erstaunliche »Leistung« (sit venia verbo) dieses Gedichts: daß es – gerade bei diesem dem Alltäglichen so fernstehenden Thema – *ganz* in der Lebenswelt des Bauern, im Bereich des ihm sofort Zugänglichen, bleibt, oder besser: sich diesen Bereich für dies Thema schafft; dies besonders hatte Goethe angezogen, und er formuliert es so schön wie

Dialekt als Muttersprache und als Stil 37

präzis: »der Verfasser ... verbauert, auf die naivste, anmuthigste Weise, durchaus das Universum; so daß die Landschaft, in der man denn doch den Landmann immer erblickt, mit ihm in unserer erhöhten und erheiterten Phantasie nur eins auszumachen scheint« (Meckel, 2, S. 501/502).

Dann die Rolle des Dialekts (der oberrheinischen Variante des Alemannischen) in diesem Gedicht: Heimweh beschwichtigend erregende *dichterische* Wiederholung, Wiederherstellung der Heimat. Hierzu die schöne, wahrhaft aufschließende von Meckel zitierte Stelle (Meckel, 2, S. 492/493): »'s het mi kei ›Mutter‹ gibore ... My Mütterli het mi gibore ...« Goethe sagt zur psychischen Funktion des Dialekts – eben dies liegt hier vor: »er ist doch eigentlich das Element, in welchem die Seele ihren Atem schöpft« (Dichtung und Wahrheit, 2. Teil, 6. Buch). Schließlich die von natürlicher, also gar nicht schulhafter Rhetorik geprägte Sprechweise *im Medium* dieses Dialekts, etwa die außerordentliche Und-Kaskade in ihrem schwingenden Rhythmus, mit der das Gedicht schließt: »un selle Berg ... un Stiere gwettet ... un broochet ... un Liechtspöö gmacht/ un gvätterlet ... un möcht jetzt nümme hi«. Ich will mich auf zwei Dinge beschränken: einmal auf den biographischen Hintergrund des Gedichts, wobei »Hintergrund« ein zu schwacher Ausdruck ist, denn es geht um mehr: um eine Veränderung der Wirkung durch das Hinzutreten biographischer Kenntnis; zum anderen auf die merkwürdige, ja höchst erstaunliche Zukunftsperspektive, die dies genau am Beginn des 19. Jahrhunderts entstandene Gedicht beherrscht.

Zwei Schwierigkeiten zunächst. Das Wort *Ätti*, das unter Umständen auch »Großvater« heißen kann, meint *hier* den Vater, obwohl der *Ätti* Genannte, in seiner ersten Äußerung besonders, aber auch allgemein von der Stimmung her, eher wie ein Großvater redet. Der Vater eines Knaben redet so nicht, und gewöhnlich ist es ja in der Tat nicht so, daß der Vater »nicht mehr da« ist, wenn der Sohn ein »gestandener Mann« genannt werden darf. Es bleibt da eine Merkwürdigkeit, um so mehr, als »Bueb« und »Ätti« – dem insgesamt Lehrhaften des Gedichts entsprechend – durchaus als Typen stehen. Es ist aber nichts zu machen: Hebel selbst definiert in dem Glossar, das er dem Bändchen anfügt, *Ätti* als »Vater« ... Sodann – dies ist wichtiger – ist eine bedeutsame Stelle nicht eindeutig auflösbar: die Stelle »un's Chünggi selig, d'Muetter«. Der neutrale Artikel wird alemannisch vor weiblichen Namen, besonders bei Mädchen und jüngeren Frauen, verwendet, und *Chünggi* erläutert Hebel selbst mit »*Kunigunda*«. Entweder »'s Chünggi« meint hier, wie ich lese, ein verstorbenes Schwesterchen, oder aber es meint die (in diesem Fall – im Gedicht – schon verstorbene) Mutter, die dann *Chünggi* hieße. Vom Text selbst her scheint es unwahrscheinlich, daß der Vater dem Sohn gegenüber von der Mutter mit dem Vornamen redet und diesen, wenn er es schon tut, dann auch noch erläutert. Sodann gibt es für meine Leseart, die also offenläßt, ob die Mutter des Gedichts noch lebt, ein entscheidendes biographisches Motiv.

Das ganze Gedicht nämlich ist autobiographisch bestimmt. Allerdings – dies ist künstlerisch, auch literarhistorisch bedeutsam – auf sehr *versteckte* Weise: wer von Hebels Biographie nichts weiß, erfährt nichts von ihr aus diesem Gedicht; man entnimmt ihm allenfalls, daß der Autor sich auskennt in der Gegend, um die es geht. Gewiß spürt man unmittelbar auch das Authentische der Empfindung: das Gedicht wirkt für sich selbst. Hierin aber ist es exemplarisch, daß es in der »Rezeption« eine *neue* Dimension gewinnt, wenn man erfährt, was biographisch hinter ihm steht. Hinter ihm steht die tote Mutter. Weil dies so ist, ist es überaus stimmig, daß im Gedicht selbst offenbleibt, ob die Mutter, die der Ätti nennt, noch lebt ... Daß es in dem Gedicht »Vergänglichkeit« in irgendeiner Weise um die Mutter geht, ist natürlich nicht neu: nur wurde die eigentümliche Art der Präsenz (oder Absenz) der Mutter, denn sie ist an- und abwesend zugleich, nicht deutlich gesehen.

Biographisch ist, knapp zusammengezogen, das Folgende bedeutsam: Hebels Eltern, beide im Dienst der Basler Patrizierfamilie Iselin-Ryhiner, heirateten im Juni 1759; im Mai 1760 wurde Johann Peter geboren; im Juni 1761 eine Schwester Susanne (*Sanneli*); einen Monat später, Ende Juli 1761, stirbt Hebels Vater und wenige Tage darauf, Anfang August, das Schwesterchen: beide also hat Hebel nicht gekannt; zwölf Jahre später, nun, in Hebels vierzehntem Jahr – und dies war gewiß das nachhaltigste Ereignis seines Lebens – stirbt seine Mutter (Hebels Alter – beginnende Pubertät – ist hier nicht unwichtig; man braucht nicht Freudianer zu sein, um dies zu verstehen); die

Mutter verlangt, wie sie das Ende fühlt, von Basel nach Hausen im Wiesental gebracht zu werden, woher sie stammte; am 16. Oktober 1773 holen sie Dorfvogt Maurer und der kleine Hans Peter mit einem Ochsenfuhrwerk aus Basel ab (Hans Peter war seit einigen Monaten nicht mehr bei der Mutter, sondern im Pfarrhaus in Schopfheim): sie stirbt während der Fahrt, nachmittags um 4 Uhr, zu Füßen des Röttler Schlosses, zwischen Brombach und Steinen ...

Das Gedicht ist also das eines Verwaisten. Das Oberland, die Heimat, von der das Karlsruher Exil – fast so hat er es empfunden – ihn trennt, ist Kindheit, ist *die Mutter*: die Mutter in ihm. Auf jenem Stern, von dem der Ätti redet, stellt nun der Waise die Familie wieder her: da ist der Ätti, den er nie gekannt hat und vielleicht darum älter macht, als er eigentlich sein dürfte (vielleicht vermischt er sich ihm auch mit Vogt Maurer), das Schwesterchen, von dem wohl oft die Rede war zwischen der Mutter und ihm, und die Mutter selbst ... Daß es zuerst (und fast ausschließlich) um die Mutter geht, zeigt – »lucus a non lucendo« –, daß sie *zuletzt* und äußerst lakonisch mit dem strikten Wortminimum genannt wird: »un findsch der Ätti dort, wenn's Gottswill isch,/ un's Chüngi selig, d'Muetter.« Wenn man dies *weiß*, ist diese Stelle – »d'Muetter« – unerhört; dann spürt man das Beben, das Ersticken gleichsam der Stimme: es ist da, nach der Stelle »'s Chüngi«, wie ein Bruch. Aber man muß dies wissen und kann es nur *von außen* erfahren ... Hebel übrigens – dies ist nicht unwichtig – konnte damit rechnen, daß die Leser, an die er dachte, wußten, was hier hereinspielt; die zugleich sachliche und stimmungsvolle Widmung der »Allemannischen Gedichte« lautet in der ersten Ausgabe: »Meinem lieben Freund Herrn Berginspektor Herbster und dann meinen guten Verwandten, Freunden und Landsleuten zu Hausen im Wiesental zum Andenken gewidmet von J.P.H.« (Dies war, in der ersten Ausgabe, der einzige Hinweis auf den Verfasser.)

Robert Minder sagt zu unserem Gedicht: »Die Mutter scheint diesmal zu fehlen, und doch schwebt ihr Geist ums Ganze« (Meckel, 1, S. XVI). Dies ist ungenau. Für den, der *ohne* Kenntnis des Biographischen liest, ist die Mutter nahezu abwesend: sie wird nur einmal genannt und da, möchte man meinen, nur der Vollständigkeit halber. Für den jedoch, der erfahren hat, was für den Dichter an nachhaltig

Erlebtem *hinter* dem Text und damit *in* ihm steht, ist die Mutter nicht bloß ein »ums Ganze schwebender Geist«, sondern sie ist dies Ganze selbst. Für ihn wird das Gedicht zum Zeichen, zum »Signifikanten«, für die Mutter. Die Mutter aber wird ihrerseits zum »Signifikanten« eines Heimwehs, das dann nicht mehr bloß das von Karlsruhe nach dem »Oberland« (!) ist ... Denn der Sinn dessen, was der Ätti sagt, ist die Aufhebung des Heimwehs nach der Kindheit von jener anderen, neuen und definitiven Heimat her: »un möcht jetz nümme hi ...« Gerade dorthin also, wohin der Karlsruher Professor sich sehnt, will jener künftige Wanderer *nicht mehr* hin.

Für den, der die autobiographischen Elemente kennt, gewinnt das Gedicht auf solche Weise eine neue, über das Ästhetische hinausgehende Dimension: es wird durch solche Kenntnis *ergreifend*. Andererseits verändert sich durch sie aber auch die ästhetische Wirkung, eben weil die Versteckheit des Autobiographischen dann *als solche*, in ihrer Keuschheit, möchte man sagen, erscheint. Es kann dann verglichen werden zwischen dem, was dasteht, und dem, was sich *zusätzlich* durch das Hinzutreten biographischen Wissens zeigt und – klärt. Zum Beispiel gibt der Dichter dem verstorbenen Schwesterchen nicht den »wirklichen« Namen (*Susanne*; die Mutter übrigens hieß in Wirklichkeit *Ursula*).

Vor allem aber klärt sich nun die sehr merkwürdige Genauigkeit der Ortsangabe des Untertitels: sie ist nun alles andere als überschüssig ... Weitere biographische Details (ich zähle nur auf): im Haus *Totentanz* Nr. 2 wurde Hebel geboren; in der *Peterskirche* wurde er getauft; der Berg *Belchen*, Ziel vieler Wanderungen Hebels, ist *das* Symbol des Freundeskreises, dem er angehörte und in dem er glücklich war, damals im Oberland, von 1781 an: »Belchismus« nannten die Freunde die Weltsicht, das Lebensgefühl, auch eine Art Geheimsprache, die sie verband (mit Freund Hitzig verfaßte Hebel 1791 ein »Wörterbuch des Belchismus«); 1796, »Anno sechsenünzgi«, am 29. Oktober, war Hebel Augen- und Ohrenzeuge, von dem Ort Haltingen aus, der Beschießung der österreichischen Schanzen durch die Franzosen (diese wird ihm also zum eschatologischen Vorzeichen: wie anders Goethes Reaktion auf die »Kanonade« von Valmy!); was schließlich den Ätti angeht, so war Hebels wirklicher Vater, Johann Jakob Hebel, für den Dichter doch nicht bloß ein Name: von ihm, der aus Simmern im Hunsrück, also *nicht* aus dem Badischen stammte und weit herumgekommen war, besaß Hebel ein vielerlei Aufzeichnungen enthaltendes »Taschenbuch«, aus dem er später, wie Eberhard Meckel hervorhebt, »manches in die Kalenderprosa übernahm« (Meckel, 2, S. 468). Wenn dies zutrifft, dann wäre da also auch in der Wirklichkeit, im Blick auf dies »Taschenbuch«, so etwas wie »Der Ätti sait« (Eberhard Meckel übrigens ist kein anderer als der, dem Sohn Christoph ein sehr bemerkenswertes, nachdenklich trauriges, vielleicht etwas hartes Buch gewidmet hat, denn dieser Vater hatte seinerseits einen Vater: »Suchbild. Über meinen Vater«, 1980: »Der Bueb sait zuem Ätti« ...).

Zusammenfassend. Es kommt auf ein Doppeltes an: ein literarisches Werk muß, jedenfalls im üblichen Fall, *für sich selbst* – also immanent – wirken; der Betrachter darf nicht von vornherein das *außerhalb* des Werks biographisch Eruierte in die Wirkung mischen; ich nehme hier »biographisch« im weitesten Sinn; zu ihm gehört dann auch die soziale Bedingtheit dessen, der schreibt; die biographische Kenntnis darf dann aber *zusätzlich*, so jedoch, daß sie getrennt bleibt und stets wieder abgezogen werden kann, in die Betrachtung gebracht werden: dabei kann es geschehen, daß sich ihr eine *neue* Dimension, die das *Ganze* verändert, erschließt; so stiftet im Falle unseres Gedichts die biographische Information den Signifikanten »Mutter«, der dann alles an sich zieht. Aus dem »Der Ätti sait« wird »D'Muetter sait«. Intensivierende Veränderung, also, der Wirkung eines Werks durch hinzutretendes biographisches Wissen, aber so, daß das Werk, in dem »eigentlich« davon nichts steht, als solches, in seiner immanenten, seiner eigenen, künstlerisch *hergestellten* Wahrheit und *deren* Wirkung, erhalten bleibt.

Nunmehr zum zweiten Punkt, der sehr bemerkenswerten Zukunftsperspektive, die dies Gedicht prägt. Es thematisiert – darauf stößt man nicht sofort – zwei ganz *verschiedene* Arten der Veränderung. Zunächst ist da der unentrinnbare Niedergang nicht nur des einzelnen Menschenlebens, sondern der des Zivilisatorischen überhaupt: Haus, Dorf, Stadt weichen der *Natur*; diese setzt sich schließlich – gegenüber dem von den Menschen Errichteten – sich selbst wiederherstellend durch. Sodann findet sich der durch transzendenten *äußeren* Anstoß bewirkte Untergang der Welt oder jedenfalls der

Erde als ganzer: es ist der Weltenbrand. Dieser verschont auch nicht die Natur: sie triumphiert hier nicht, wie zuvor, sondern wird hineingerissen ins Ende. Beide so verschiedenen Arten der Veränderung werden durch Hebel – geschickt, aber doch künstlich – durch den Satz: »Un mit der Zyt verbrennt die ganzi Welt« – harmonisiert. Der Weltuntergang ist ein christliches – und nicht allein christliches – Motiv. Es findet sich im Gedicht übrigens stark enttheologisiert; auch hierin liegt eine seiner Stärken; man denke nur an die vielen, in der Abfolge genau geregelten eschatologischen Details der »Offenbarung« des Johannes, die hier im Hintergrund steht: im Gedicht bleiben lediglich der fremde Wächter und das Ende in Feuer und Glut. Überaus geschickt, ja raffiniert ist des Ättis entschuldigendes »i ha jetz nit der Zyt« in diesem Zusammenhang. Daß sich *dies* Motiv findet, ist nicht überraschend. Sehr merkwürdig jedoch ist die Überzeugung, daß die Natur das ihr durch Menschenhand Entrissene – leider (»'s isch schad derfür«) – wieder an sich ziehe. Merkwürdig ist nicht zuletzt die Selbstverständlichkeit, mit der sich diese Überzeugung äußert.

Zunächst einmal ist sie natürlich, von heute aus geurteilt, eine groteske Fehleinschätzung: Bueb und Ätti würden sich wundern, wenn sie heute, den Grenzübergang der Autobahn passierend, am Eingang Basels die übereinandergelegten Straßenzüge und die großen Blöcke und Türme von Ciba-Geigy, Sandoz und Hoffmann-La Roche usw. erblickten; Reiher fänden sie allenfalls im Zoo ... Kaum geringer wäre gewiß ihr Erstaunen beim Wiedersehen mit Hausen im Wiesental. Also: die Entwicklung lief – jedenfalls was die *erste* Veränderung angeht – völlig anders. Doch ist dies – nämlich, daß Hebel sich hier täuschte – nicht so wichtig. Wichtiger ist, daß noch an der Wende vom 18. zum 19. Jahrhundert die Zukunft *so* gesehen wurde, so gesehen werden *konnte*. Das technische Zeitalter, die industrielle Revolution waren ja schon eingeläutet; die Überzeugung, daß der Fortschritt, gerade in der Verbindung von Technik und Wissenschaft, unaufhaltsam und irreversibel sei, war längst verbreitet; Condorcet zum Beispiel hatte sie überaus klar und (von heute aus gesehen) beinahe rührend formuliert; der »Modernismus«, wie der amerikanische Soziologie- und Kulturkritiker Daniel Bell ihn nennt, hatte sich längst, von der Mitte des 18. Jahrhunderts an, angebahnt:

jene neue Bewußtseinslage also, deren Ideologie die *Selbstverwirklichung* ist*.

In solcher Zeit also, »an des Jahrhunderts erstem Ende« (Schiller), *diese* Sicht auf das Kommende! Wobei, wie gesagt, vom Eschatologischen abzusehen ist. In Hebels Gedicht erscheint das Zivilisatorische gegenüber der Natur als Vorübergehendes, und durchaus wird dies mit Bedauern, wenn auch nicht mit einem sehr starken, gesehen: Schneisen, die der Mensch hineinschlägt in die Natur, die sich dann aber wieder – »do Büechli, Tanne dört« – das Menschenwerk überwuchernd schließen. Dem von Menschen Errichteten – sei es so prachtvoll wie Basel selbst – ergeht es zuletzt nicht anders als dem einzelnen Menschen: »es schlacht emool e Stund,/ goht Basel au ins Grab.« Die anthropomorphe Sicht – »alles schliicht/ im Alter zue« – ist offenkundig. Die Ruine des Röttler Schlosses wird zum Symbol menschlichen Tuns: man muß sich – »'s cha friili sii, was mainsch?« – darein schicken; zu Furcht, wie der Bub sie empfindet – »es gruuset aim« –, ist kein Anlaß. Nun mag uns Heutigen das Symbol als solches einleuchten, aber doch nur »sub specie aeternitatis«, auch wenn wir dies nicht unbedingt theologisch meinen. *So* jedoch erscheint es nicht im Gedicht: in ihm ist das Symbol gerade »sub specie temporis« gemeint, denn der allgemeine Untergang, das von außen einbrechende »solvet saeclum in favilla« folgt ja erst, für Hebel, am *Ende* der Zeiten, diesem gleichsam zyklisch wiederkehrenden Sieg der Natur und reißt dann auch diese ins allgemeine und definitive Ende hinein. Wir sind hier noch weit entfernt von der Furcht, die uns *heute* beherrscht, und die gerade der Anblick Basels, wie es *heute* ist, keineswegs zu beschwichtigen vermag: der Furcht, daß umgekehrt – »'s isch schad derfür!« – die Natur irreversibel beschädigt werde oder bereits worden sei durch Zivilisation. Eine in diese Richtung gehende Furcht stellt sich ja, in Ansätzen, schon bald nach Hebels Zeit, beim Bau etwa der ersten Eisenbahnen, ein.

---

* Hierzu M. Theunissen, *Selbstverwirklichung und Allgemeinheit. Zur Kritik des gegenwärtigen Bewußtseins*, Berlin 1982; zur Ideologie des Fortschritts und deren gegenwärtiger Krise vgl. W. Lepenies, *Wissenschaftskritik und Orientierungskrise*, in: *Der Mensch als Orientierungswaise? Ein interdisziplinärer Erkundungsgang*, Freiburg/München 1981, S. 67–106.

Es geht mir allein darum, die – zunächst verborgene – große Fremdheit dieser Sicht für *unser* Weltempfinden zu verdeutlichen. Dann auch um die Frage, ob diese Sicht nicht schon für Hebels Zeit, wenn auch in anderer Weise, eigentümlich fremd und verspätet war. Der Ätti hätte doch auch sagen können: natürlich, unser Haus zerfällt, eine Zeitlang wird man an ihm noch herumflicken, schließlich aber wird man es abreißen müssen, an seiner Stelle jedoch wird man ein größeres und schöneres bauen. Warum sagt er es nicht? Wäre nicht solche Auskunft der Entstehungszeit des Gedichts angemessener? Daß das Röttler Schloß – Anlaß des Gesprächs – Ruine wurde, konnte doch auch für den Ätti kein Problem sein: Bauwerke zerfallen, wenn die Menschen, aus diesem oder jenem Grund, das Interesse an ihnen verlieren... Dann in der Tat ergeben sich Siege der Natur... Solche hat Hans Egon Holthusen, auf der Suche nach einer der Wirkungsstätten Al Capones, des Hotels Lexington, in seinem faszinierenden Buch über Chicago evoziert (Chicago. Metropolis am Michigansee, München 1981). Auch im Areal des Tiergartens in Berlin läßt sich dergleichen beobachten; der spanische Schriftsteller Juan Goytisolo hat es vor kurzem, nach einem längeren Berlin-Aufenthalt, suggestiv und witzig beschrieben: »Die Zeit hat das verstorbene offizielle Berlin, dem betrunkenen Noah gleich, mit dem grünen Mantel der Barmherzigkeit und des Vergessens zugedeckt... die kompakte Struktur eines Bunkers hält der erstickenden Umarmung eines dichten Gestrüpps von Sträuchern, Efeu und Farnen nur mit Mühe stand; Schlingpflanzen und Bäume sprießen üppig auf den Balkonen einer urwaldartigen griechischen Gesandtschaft, in der als Botschafter allenfalls Tarzan zu vermuten wäre« (J. Goytisolo, »Berliner Chronik«, in der spanischen Tageszeitung *El Pais*, 19. August 1982, S. 7). Dies in der Tat kommt in die Nähe der Vision des Ätti vom künftigen Basel... Aber der Grund für den Zustand jenes Geländes ist, wie beim Röttler Schloß, spezifisch und leicht zu fassen.

Dreißig Jahre bevor Hebel die *Vergänglichkeit* schrieb, schrieb Oliver Goldsmith die umfängliche Elegie »The deserted village« (ich verdanke den Hinweis Elmar Schenkel). In diesem Gedicht schildert der Dichter bewegend, aber auch mit präziser, wenngleich wohl nicht durchweg zutreffender Sozialkritik, den Verfall eines Dorfs: Großgrundbesitzer (»One only master grasps the whole domain«), Luxus (»unwieldy wealth«, »cumbrous pomp«), zügellose Gewinnsucht (»the rage of gain«) haben das Dorf zerstört; und so ergibt sich auch hier – aber eben, im Unterschied zu Hebel, spezifisch und genau begründet – ein Triumph der Natur: »Wo einst die Hütte stand, wuchs nun der Weißdorn ...«

> Here as I take my solitary rounds,
> Admist thy tangling walks, and ruined grounds,
> And, many a year elapsed, return to view
> Where once the cottage stood, the hawthorn grew.

Bei Hebel also, fern jeder Sozialkritik, an der es doch sonst bei ihm wahrlich nicht fehlt, statisch und beinahe mythisch festgehalten, als Gesetz *alles* Menschlichen, Verfall – umfangen von der sich unaufhörlich wieder erschaffenden Natur; Verfall allein deshalb, weil alles, was der Mensch schafft, wie auch er selbst, verfällt ...

Die Frage ist natürlich, ob Hebel selbst dies so gesehen hat, oder ob er diese Sicht im Gedicht bloß »literarisch« für seinen Ätti in Anspruch nimmt. Die Frage ist nicht leicht zu beantworten; mir scheint, daß *beides* vorliegt: literarisierte (und dadurch steigernde) Aufnahme eines vom Dichter selbst wesentlich geteilten, jedenfalls – darauf kommt es an – nicht reflektierend in Frage gestellten Weltgefühls. Daß dies möglich war noch um die Wende vom 18. zum 19. Jahrhundert – vom Autor selbst her gesehen wie auch rezeptiv, von den Lesern her, an die der Autor dachte – scheint mir soziologisch und geistesgeschichtlich bemerkenswert.

Freilich: diese eigentümliche Zukunftsperspektive ist im Gedicht »eingebettet«: sie tritt nicht auffällig hervor, vor allem auch, weil sie zugedeckt, oder besser: weggeschoben wird durch den nachfolgenden, ganz anderen, radikaleren Untergang, den der hochsprachlich Redende verkündet. Die ernste, aber doch aufgeräumte, in ihrer distanzierten Behaglichkeit fast heiter wirkende Schilderung *dieses* Untergangs bringt in Hebels Gedicht, gerade für uns heute, unabhängig vom (im Gedicht ohnehin nur zurückhaltend eingesetzten) Religiösen, eine, man möchte sagen, brennende Aktualität. *Wir* lesen das Gedicht *anders* als der Berginspektor Herbster, damals, zu Hause im Wiesental. Andere Zeiten bewirken andere Lektüren: auch hierin ist dies Gedicht beispielhaft. Die Stelle »Der Belchen steht verkohlt«, »Der Belche stoht verchohlt« zum Beispiel läßt uns an anderes denken: an die ökologische Bedrohung. Und die beschwingte, triumphierende Frage, mit welcher der Ätti seine prospektive Erzählung beschließt, berührt unsere andere noch größere Furcht: die vor dem – nicht von außen angestoßenen, sondern vom Menschen selbst ins Werk gesetzten – Holocaust:

»Wie mainsch, siht's uus dernoo?«

Der intensive Roman
Stendhal: »Le Rouge et le Noir«

Was ist Intensität? Jedenfalls kein Ding, sondern mögliche Eigenschaft eines Dings, etwas an etwas; an etwas Materiellem oder Psychischem. Sigmund Freud gebraucht, für den psychischen Bereich, statt »Intensität« den deutschen Ausdruck – er liebte (auch gerade in der wissenschaftlichen Darlegung) deutsche Ausdrücke – »Besetzung«. Dies ist eine brauchbare Verdeutlichung: ein Inhalt wird »mit einem bestimmten Affektbetrag besetzt«, er erhält ein bestimmtes Quantum psychischer Energie. Eine räumliche Metapher also, wie dies, etymologisch, auch auf »Intensität« zutrifft (lateinisch *intensus*, »gespannt«, etwa von einem Bogen gesagt). Man kann die Ausdrücke »Intensität« und »Besetzung« neutral verwenden (geringe oder hohe Intensität, starke oder schwache Besetzung) oder, von vorneherein, im Sinne des *hohen* Grads. Um die letztere Verwendung – nur um diese – soll es hier gehen. Gegensatz des Intensiven ist übrigens nicht – hierzu könnte die Sprache verleiten – das Extensive; Intensität gibt es auch in der Extension, literarisch zum Beispiel bei Proust oder Dostojewski... Der Gegensatz ist das Laue, Leidenschaftslose, Brave und Zahme, das Konventionelle, das Mäßige und Mittelmäßige.

Gerade so – nämlich als gar nicht intensiv – empfand Henri Beyle (so hieß Stendhal eigentlich) seine Zeit, genauer: die Zeit nach seinem zweiunddreißigsten Jahr, nach 1815, nach Napoleons Fall. In dieser Zeit, der Restauration, spielt sein erster Roman, »Armance«, und auch sein zweiter, »Le Rouge et le Noir«, der sein erster großer ist. »Rot und Schwarz«, November 1830 erschienen, schrieb der schon Sechsundvierzigjährige in kurzer, intensiver Arbeit im Herbst 1829 in

Marseille, dann wieder, überarbeitend und erweiternd, im Frühjahr 1830 in Paris, übrigens nach einer intensiven Liebesaffäre mit Alberthe de Rubempré, einer Kusine des Malers Delacroix, und inmitten einer anderen, nicht weniger intensiven, mit Giulia Rinieri, einer Patrizierstochter aus Siena, die in Paris unter der Obhut des toskanischen Gesandten lebte.

Wo ist in diesem Roman Intensität? Zunächst im erzählten Geschehen: da ist – vom Erzähler her und durchaus auf den Leser von heute übergreifend – materielle und, vor allem, psychische Intensität. Sodann, damit zusammenhängend, bei den drei zentralen Figuren: nicht nur Julien Sorel, auch Mathilde ist ein intensiver Charakter, und in anderer Weise, zumindest gegen Ende des Romans, gilt dies auch für Madame de Rênal. Schließlich und vor allem ist Intensität in der Art, *wie* hier erzählt wird: im äußerst spezifischen Erzählstil dieses Erzählers.

Lassen wir das literarhistorisch Übliche beiseite: daß »Rot und Schwarz« drei reale zeitgenössische *faits divers* zugrunde liegen, vor allem der, Dezember 1827, in der *Gazette des Tribunaux* minuziös geschilderte Fall Antoine Berthet aus Beyles Heimat, der Dauphiné; daß der Roman viel Autobiographisches enthält; daß sich Beyle in die Figur Juliens projizierte als derjenige, der er hätte sein wollen (und also, in gewissem Sinne, *war*, denn immer ist man, in gewissem Sinne, derjenige, der man sein *will*, vor allem, wenn dies mit Intensität geschieht), Henri Beyle wollte hübsch sein und tüchtig, demnach erfolgreich bei Frauen *und* in der Männerwelt, eben so schuf er Julien Sorel; daß Madame de Rênal – dieser Autor, selbst schon Freudianer, ist ein Paradiesgarten für psychoanalytische Interpretation – viel mit Beyles Mutter zu schaffen hat; daß »in keinem früheren Roman zeitgeschichtliche, politische und soziale Bedingungen auf eine so genaue und reale Weise in die Handlung verwoben sind« (Erich Auerbach), woran sich die Frage knüpft, ob schon mit diesem Roman oder erst mit der *Bovary* Flauberts der literarische Realismus beginne; daß der Roman die politisch-soziale Stimmung der Restaurationszeit schildert (aber eigentlich tut er dies nicht; er macht uns – nebenher und unvollständig und innerhalb von »Fiktionalität« – deutlich, wie Beyle sie erlebte, was etwas ganz anderes ist; zudem: wenn uns die Restauration von 1815 interessiert, sollten wir dann nicht eher Bücher *anderer* Art lesen? warum dann – ausgerechnet – einen Roman?); daß der Roman lebt von der Beyleschen »Ursituation des Widerstands« gegen jene Zeit (Hugo Friedrich); daß er von einem intensiven (wiederum biographisch fundierten) Antiklerikalismus, vor allem dem Haß auf Heuchelei, bestimmt ist; daß Beyle noch ein Mann des 18. Jahrhunderts war; daß er die romantische Schreibweise haßte; daß Juliens Weg eine Bonaparte-Wiederholung ist (das Parvenu-Motiv: der Mann, der von unten kam); daß Beyles Vorliebe der sozial ungezähmten Tatkraft, dem Typus des Renaissance-Menschen und – auch insofern – dem Süden Europas galt und seiner »südlicheren, bräuneren, verbrannteren Sensibilität« (so Nietzsche, einer der frühesten »Beylisten«; lange vor Nietzsche war aber schon der alte Goethe Bewunderer Beyles); daß »Rot und Schwarz« nachlässig geschrieben sei (aber da *ist* keine Nachlässigkeit; es sei denn durch Intensität bedingte, und was heißt dann »Nachlässigkeit«?).

Man liest vieles zu früh. Es wäre nicht schlimm, wenn man das Frühgelesene wieder läse. Oft jedoch ist das Meisterwerk »abgehakt«: man weiß Bescheid (doch, ja, das kenn ich, das hab ich gelesen). In Wirklichkeit weiß man nicht – es zeigt sich, wenn man tatsächlich wiederliest –, was man seinerzeit, sechzehn- oder achtzehnjährig, gelesen hat. Am besten dran ist der *homo novus*, dem Juliens (und des Erzählers) Freundschaft erst bevorstehen. Rekapitulieren wir also.

Julien Sorel stammt aus Verrières, einem (fiktiven) Städtchen im Jura in der Nähe von Besançon: es ist die historische Landschaft der Franche-Comté. Er ist einfacher Herkunft, eines Zimmermanns Sohn: eine (vielleicht nicht kontingente) Christus-Analogie ... Wir treffen ihn achtzehnjährig: »Alle im Haus verachteten ihn; seinerseits haßte er die Brüder und den Vater; bei den Spielen am Sonntag, auf dem Platz, wurde er immer geschlagen.« – Jedoch: »es gab, wegen seines hübschen Gesichts, unter den Mädchen freundliche Stimmen«.

Ein alter Regimentsarzt, Relikt aus dem italienischen Feldzug Bonapartes, der sich nach Verrières zurückgezogen hatte, hat dem Jungen Latein und etwas Geschichte beigebracht; als er starb, hinterließ er ihm, neben dem Kreuz der Ehrenlegion, drei Dutzend Bücher. Juliens »Koran«, wie der Erzähler sagt, waren: das »Mémorial de

Sainte-Hélène«, eine Sammlung von Berichten der »Großen Armee«, Rousseaus »Confessions«. Um den Pfarrer zu gewinnen, hat Julien das ganze Neue Testament, auf lateinisch, versteht sich, auswendig gelernt; auch das Werk »Du pape« des intelligenten und bedeutsamen Reaktionärs Joseph de Maistre hat er studiert. Jedoch: »er glaubte an das eine Buch ebensowenig wie an das andere«. Schließlich: Julien will Priester werden. Denn er will nur eines: nach oben. Und die Kirche ist jetzt, da der Kaiser nicht mehr da ist, für einen jungen Mann seines Stands, dazu die einzige Möglichkeit. Dies also ist der Ausgang. Der Roman führt Julien über vier Stationen.

Erstens: Aufnahme, als Erzieher, in das Haus von Monsieur de Rênal, Bürgermeister von Verrières. Liebschaft mit der frommen, schönen und sanften, aber doch auch leidenschaftlichen Madame de Rênal. Schließlich, in Verrières, der drohende Skandal.

Zweite Station. Das Priesterseminar in Besançon: ein sehr geschlossener, dicht geschriebener Teil des Werks. Verstellung, Fortschritte in der Beherrschung dieser Kunst, durchgehende Verachtung für Lehrer und Mitzöglinge. Eine Ausnahme: Julien gewinnt den Abbé Pirard zum väterlichen Freund; Pirard vermittelt ihm eine Stelle als Privatsekretär bei einem hohen Herrn in Paris, dem Marquis de la Mole.

Dritte Station. Hôtel de la Mole. Mit »Hôtel« ist hier, wie auch sonst im älteren Französischen, das Palais (eines Adligen) in der *Stadt*, also Paris, gemeint. Das Hôtel de la Mole ist – so eine Kapitelüberschrift – für Julien der »Eintritt in die Welt«. Julien macht sich durch unauffällige Effizienz rasch unentbehrlich. Zudem wird er nun ein »homme du monde«, beinahe ein Dandy. Äußerst komplizierte Liebschaft mit der schönen, unkonventionellen, ja etwas wilden, vor allem aber *stolzen* Tochter des Marquis, Mathilde de la Mole. Mehr und mehr verfällt sie Julien: nicht nur, daß er hübsch ist, er ist vor allem *anders*, interessanter als die ihr zugedachten Männer *ihres* Stands. Julien gefällt die schöne, ihm ähnliche Mathilde auch. Stärker aber als bei Madame de Rênal ist hier auf seiten des mißtrauischen Julien der Wille zu herrschen. Dies gelingt ihm durchaus; nicht zuletzt mit der Hilfe einer »machiavellistisch« (aber nicht restlos) fingierten Liebe zu der Marschallin von Fervaques: »Sie hatte die Augen und den Blick«, bemerkt der Erzähler, »von Madame de

Rênal.« Die Beziehung Julien-Mathilde ist eine kühne, aufreizende, wahrhaft intensive Mischung seelischer Quälerei und, nicht nur bei Mathilde, seelischem Masochismus. Ein Kapitel endet so: »›Oh, Verzeihung, Freund‹, fügte sie hinzu und warf sich an seine Knie, ›verachte mich, wenn du willst, aber liebe mich, ich kann nicht leben ohne deine Liebe.‹ Und sie fiel, nun wirklich ohnmächtig, nieder. ›Da liegt sie‹, sagte Julien zu sich, ›diese stolze Frau liegt mir zu Füßen!‹« Schließlich – »›gut, entehre mich‹, sagte sie endlich mit einem Seufzer, ›es ist eine Garantie‹« – erwartet Mathilde ein Kind. Der Marquis, obwohl außer sich, willigt in die Ehe ein. Er macht Julien zum Leutnant und läßt ihn adeln; er heißt nun Monsieur le chevalier Julien de la Vernaye. »Die Änderung seines Namens erfüllte ihn mit lähmendem Erstaunen. ›Nun also‹, dachte er, ›nach alledem ist mein Roman zu Ende, und das Verdienst daran gebührt mir allein. Es ist mir gelungen, die Liebe dieser Frau, ein Monstrum an Stolz, zu gewinnen‹, fügte er, indem er Mathilde betrachtete, hinzu. ›Ihr Vater kann ohne sie nicht leben und sie nicht ohne mich.‹« So wieder am Schluß eines Kapitels. Juliens Roman geht aber weiter. Der Marquis hatte Erkundigungen eingeholt bei Madame de Rênal. Diese schreibt, unter dem Einfluß ihres Beichtigers, einen Brief, der Julien als skrupellosen Parvenu präsentiert; durch Verführung suche er sich einzunisten in Reichtum und Macht. Julien, würde man heute sagen, dreht durch; er eilt – dies wird auf einer einzigen Seite erzählt – nach Verrières und feuert in der Kirche, während der Priester die Hostie erhebt, zwei Schüsse auf Madame de Rênal.

Vierte Station. Das Gefängnis zu Verrières. Julien ist verwandelt. Er will nur noch eins: das würdige Ende. Beide Frauen besuchen ihn im Kerker. Madame de Rênal, die nur leicht verletzt wurde, haßt ihn keineswegs, vielmehr liebt sie ihn – hier zeigt sich *ihre* Intensität – wie nie zuvor, und sie erhält nun eindeutig den Vorzug. Julien sagt zu ihr (einer jener einfachen Beyle-Sätze): »Du mußt wissen, daß ich dich immer geliebt und daß ich nur dich geliebt habe.« Sie unternimmt alles, um ihn zu retten. Auch Mathilde, die Julien jetzt ermüdet, nicht zuletzt durch Eifersucht, und zu der er bloß noch höflich sein kann, kämpft um sein Leben. Vergebens: Urteil – zuvor die große anklagende Rede an die Geschworenen – Tod unter der Guillotine. Mathilde arrangiert ein außerordentliches Begräbnis (hier das unerhörte Detail mit dem geraubten Kopf: Intensität bis zum Ende); Madame de Rênal – Intensität auch hier, aber anders geartet – stirbt »drei Tage nach Julien ihre Kinder umarmend«. Mit diesen Worten schließt der Roman: ein Beispiel, ein letztes für den berühmten Lakonismus dieses Erzählers.

Ehrgeiz und Stolz sind in Julien intensiv angelegt. Ihre Intensität bedingen auch die Intensität seiner Verstellung. Aber auch Juliens Liebesverlangen ist intensiv. Jedoch: Ehrgeiz und Stolz instrumentalisieren die ihm entgegengebrachte Liebe als Mittel der Macht. Innerhalb seines durchweg ichbezogenen »grand dessein« geht es Julien, beinahe unwillkürlich, wenn es um Liebe geht, zunächst um Selbstbestätigung, schließlich um Herstellung von Hörigkeit. Der fatale Brief Madame de Rênals ist nicht Verleumdung, sondern Entlarvung. Man darf sich durch seinen blumig frömmelnden Heuchelton nicht täuschen lassen (wie angewidert, nicht nur aus Lakonismus, bricht der Erzähler den Brief mit einem »etc., etc., etc.« ab); der Brief sagt die Wahrheit: »mit Hilfe vollkommenster Verstellung und durch die Verführung einer schwachen, unglücklichen Frau suchte dieser Mann, sich eine Stellung zu verschaffen und etwas zu werden.« Zwar entspricht dies nicht dem Empfinden der »schwachen, unglücklichen Frau«, aber es trifft zu. Und es trifft: nach der Lektüre sagt Julien denn auch nur: »Ich kann Monsieur de la Mole nicht tadeln; er ist gerecht und klug. Welcher Vater würde die geliebte Tochter solch einem Mann überlassen! Adieu!« Indem Julien die Liebe, die ihm entgegengebracht wird, zum Mittel macht, vernichtet er zwar nicht seine eigene, denn er liebt wirklich (was immer dies heißen mag), aber er pervertiert sie.

Die Intensität seines Ehrgeizes mindert die – an sich gegebene – seines Liebesverlangens und Liebesgenusses. Dies zeigt, gleich zu Beginn, das Weitere ankündigend, die berühmte Szene mit der Hand in dem mit »Ein Abend auf dem Lande« überschriebenen Kapitel (Stendhal ist ein Meister der ironisch suggestiven Überschrift). Julien hat es sich zur »Pflicht« gemacht, zu erreichen, daß Madame de Rênal ihre Hand nicht mehr zurückzieht, wenn seine, was zufällig geschehen war, ihre berührt, und nimmt sich vor, dies genau um zehn Uhr, mit dem Glockenschlag, zu erreichen. Es gelingt: »Er war überglücklich.

Nicht, daß er Madame de Rênal geliebt hätte, sondern eine entsetzliche Qual hatte ihr Ende gefunden.« Zuvor schon (wieder am Kapitelende) hatte der Erzähler angemerkt: »Der Gedanke an eine zu erfüllende Pflicht (Ehrgeiz!) und der an die Lächerlichkeit oder vielmehr an das Gefühl der Unterlegenheit, dem er, im Fall des Mißlingens, ausgesetzt sein würde (Stolz), machte in seinem Herzen augenblicklich jedes Vergnügen zunichte.« Zwei Intensitäten also, von denen die eine die andere sie deformierend dominiert, ohne sie jedoch zu vernichten oder auch nur entscheidend zu zähmen. Nach der Tat, im Gefängnis, in dem nun eigentümlich entrückten Zustand Juliens, schwindet – »durch dies große Wort: ich werde sterben« – jeglicher Ehrgeiz, und nun bricht die Liebe sich ungehindert Bahn: »Jamais il n'avait été aussi fou d'amour.« Und die Liebe wird nun, was doch wohl, zumindest in ihrem Vollzug, zu ihrem Wesen, ihrer *Intensität* gehört, exklusiv: sie gilt nur der Einen, der *mütterlichen* Madame de Rênal. Das Ende dieses Romans ist auch, im Blick auf Intensität, sein Höhepunkt. Julien – daß er dem Leser so liebenswert erscheint, ist des Autors Geheimnis, seine »Leistung« – Julien war ziemlich dicht daran, zum Schurken zu werden: es ist da eine eigentümliche, eine *konträre* Analogie zum Tartuffe Molières (eine für diesen Roman und Stendhal überhaupt äußerst wichtige Figur). Der Autor hat Julien – für uns – gerettet.

Die Intensität von Madame de Rênal ist die der wahrhaft unbeirrbaren Beharrlichkeit und Unbedingheit ihrer Liebe. »Seit langem«, heißt es nach der Tat, »begehrte sie aufrichtig den Tod.« Der Brief an Monsieur de la Mole, ihr aufgezwungen durch ihren gegenwärtigen Beichtvater, hatte diesem durch ein zu lange währendes Unglück geschwächten Wesen den letzten Stoß versetzt. Das Unglück war die Abwesenheit Juliens; sie nannte es – Stendhal, der Psychologe mit Ingrimm – »*den Gewissensbiß*. Der Beichtvater, ein junger Geistlicher, eifrig und tugendhaft, gerade frisch angekommen aus Dijon, täuschte sich darin nicht.« Das heißt: er kannte den Grund des Unglücks der Madame de Rênal. Offenbar ebenfalls ein Psychologe.

Nietzsche spricht von Stendhal als »diesem letzten großen Psychologen« und bewunderte ihn aufs äußerste. Das Mütterliche – mit den Assoziationen von Schutz und Ruhe (»une tendresse simple, naïve et presque timide« wünscht sich Julien am Ende) – ist bei Madame de

Rênal unverkennbar. Das erste Wort, das Madame de Rênal an Julien richtet, wie sie ihn »äußerst blaß und verweint« am Tor ihres Anwesens erblickt, lautet: »Que voulez-vous ici, mon enfant?« Sie behält bis zum Ende etwas Unnahbares, Reines, geradezu Madonnahaftes; hierzu gehört sprachlich, daß sie nicht mit ihrem Namen, sondern stets nur »Madame de Rênal« genannt wird (nur einmal, soweit ich sehe, fällt ihr Name: Louise). Sie wird zur »Pietà«, die aber den Tod, die Hinrichtung (!) des Sohns nicht überlebt; sie stirbt nach drei (!) Tagen.

»Mit der Lebhaftigkeit und der Anmut, die ihr natürlich waren, wenn sie dem Blick der Menschen nicht ausgesetzt war«, tritt Madame de Rênal Julien zum ersten Mal entgegen. Ganz anders Mathilde: ihre »hochmütige Seele brauchte stets die Vorstellung eines Publikums und *der anderen*«. Bei Mathilde ist zunächst die Langeweile an ihrer Umwelt intensiv: an sich kalten und trockenen Herzens teilt sie Juliens (und des Autors) Liebe zu großherzigeren, leidenschaftlicheren, *intensiveren* Zeiten und Regionen. Und sie ist stolz; es ist dies ihre eigentliche Intensität, die Julien niederzuringen weiß: »bald besiegte ihr Interesse für Julien den Stolz, der, solange sie sich kannte, ihr Herz ausschließlich beherrscht hatte. Aber« – und in diesem Zusatz steckt Beyle, der Psychologe, ganz – »wenn auch leidenschaftliches Gefühl den Stolz besiegt hatte, so folgte ihr Herz doch den Gewohnheiten des Stolzes noch immer.« Bei ihr also schwemmt die Leidenschaft, durch Juliens arge Taktik hochgepeitscht, den Stolz, auch was dessen Gewohnheiten angeht, hinweg. Sie wird zuletzt – in einem äußerst masochistischen Sinn – zum Weibchen: »Du bist mein Herr, ich bin deine Sklavin, ich muß dich auf Knien um Verzeihung bitten dafür, daß ich mich auflehnen wollte ... strafe deine Sklavin streng, wenn sie sich auflehnen will.« Da schaltet sich unser Erzähler äußerst charakteristisch ein: »Aber es ist klüger, die Beschreibung eines solchen Grades der Verirrung und des Glücks zu unterdrücken.«

Dieser Erzähler, um nun von ihm, seinem Stil, zu sprechen, unterdrückt in der Tat vieles, und hier liegt *eine* seiner Intensitäten: er erzählt knapp, sprunghaft auslassend, keineswegs ohne Details, aber ohne auszumalen. Über die erste Liebesbegegnung (im engen Sinn) mit Madame de Rênal heißt es nur, nach der kurzen Schilderung des

Beginns: »Einige Stunden später, als Julien Madame de Rênals Zimmer verließ, hätte man, im Stil eines Romans, sagen können, daß ihm nichts zu wünschen übrig blieb« (es folgt der – in seinen Werken mehrfach wiederkehrende – Beylesche Schlüsselsatz »n'est-ce que ça?«: »Mein Gott! Glücklich sein, geliebt werden – ist es nur dies?«) Über die Hinrichtung, um nur *ein* weiteres Beispiel zu nennen, lesen wir bloß: »Alles spielte sich einfach, schicklich und, was ihn betraf, ohne jede Affektiertheit ab.« »Comme il insiste peu!« rief bewundernd André Gide. Und wirklich reizt dieser Erzähler – durchaus im doppelten Sinn dieses Worts – durch Auslassung: Reiz des Nichtgesagten, Nichtausgemalten, des bloß Angedeuteten; knisternde Leichtigkeit.

Eine andere Intensität liegt in der Differenz zwischen der Außerordentlichkeit des Erzählten und dem vom Autor vorgeschobenen Erzähler (denn der Autor schafft, wie wir längst alle wissen und doch oft vergessen, nicht nur seine Figuren, er wählt auch seinen Erzähler). Dieser Erzähler ist – ein gewaltiger Unterschied zu Flaubert – zunächst einmal unausgesetzt kommentierend präsent. Wie ist dieser Erzähler? Wie ist sein Stil? Da ist weltläufige Überlegenheit, »psychologischer Tiefblick« (so Goethes Formulierung, 17. 1. 1831, von Soret notiert), skeptische, sich nichts vormachende Unabhängigkeit, aber auch Bonhomie und ständige Bereitschaft zum Verstehen, wenn es um *wirkliches* Gefühl, um Liebe und Liebesverwirrung geht: ein Erzähler, der entspannt, ohne jede Schwerfälligkeit, mit einer eleganten und, man möchte sagen, unverschämten Trockenheit *berichtet.* Der Ton Voltaires aus dem Herzen Rousseaus.

Ein Drittes kommt hinzu. Beyle projiziert sich in Julien (zum Teil auch in Mathilde) als der, der er hätte sein wollen. Aber der vorgeschobene Erzähler ist natürlich, in stilisierter Form, doch auch wieder Beyle. Es stehen sich also zwei Selbstentwürfe des Autors gegenüber, von denen der eine, der Erzähler, den anderen mit intensiver, aber überlegener, also sich nicht an sein Objekt verlierender Sympathie betrachtet.

Diese Differenz im Identischen erzeugt eine weitere Intensität. Oder besser: sie trägt bei zu der komplexen, ganz unverwechselbaren Intensität dieses Erzählens insgesamt. Thomas Mann, um eine glückliche Formel nie verlegen, sagt in der »Entstehung des Doktor

Faustus«, daß »Le Rouge et le Noir« »den Eindruck erweckt, als hätte es vor ihm nie einen Roman gegeben«. Eigentlich aber müßte man weitergehen und sagen, daß er, während man sich ihm hingibt, den Eindruck erweckt, es gebe außer ihm überhaupt keinen Roman, als sei er der *einzige*. Er ist exklusiv, wie die Liebe, solange sie dauert.

Der vollkommene Roman. Oder: Stil als Inhalt
Flaubert: »Madame Bovary«

Berühmt ist der Beginn des berühmten Romans. Es wird geschildert, auf drei Seiten, wie der fünfzehnjährige Charles Bovary zum ersten Mal die Schule betritt: »Wir saßen an unseren Aufgaben, als plötzlich der Direktor hereinkam: ihm folgte ein *Neuer*, noch in bürgerlichem Anzug, und ein Schuldiener mit einem großen Pult. Wer schlief, wurde wach, und jeder sprang auf, als wäre er mitten in der Arbeit gestört worden.« Übrigens stellen sich gleich hier zwei Probleme der Übersetzung; wie häufig, hängen sie nicht mit der Sprache selbst, sondern mit dem Außersprachlichen zusammen: »Nous étions à l'étude«; *étude* meint hier etwas, das es im deutschen Schulbetrieb nicht gibt, nämlich, daß unter Aufsicht eines Lehrers Aufgaben gemacht werden; dann der Neue, von dem gesagt wird, er sei »als Bürger« gekleidet gewesen, »habillé en bourgeois«, das meint – auch dies begreift der deutsche Leser nicht sofort –: er hatte noch nicht die Schulkleidung an. Wir sind also schon bei den Sitten, *les mœurs*; »Mœurs de province« lautet der Untertitel der »Madame Bovary«.

Also erstens: keine Vorrede, keine Ortsbeschreibung als Einleitung, sondern Einsatz *medias in res* in beinahe schon naturalistischer Manier. Aber der Einsatz ist doch nicht an beliebiger Stelle, sondern genau an der, an welcher der Erzähler Charles zum ersten Mal erblickt. Wichtiger an diesem Einsatz ist aber sodann die erste Person Plural; »Wir« ist das erste Wort des Romans: »Nous étions à l'étude...« Dies nun ist merkwürdig, denn das »wir« kommt nur im ersten Kapitel des ersten der insgesamt drei Teile des Romans vor: dann ist das rätselhafte »wir« plötzlich und für immer verschwunden. Das erste Kapitel berichtet auf neun Seiten, sehr knapp, sehr ungleich akzentuierend, die frühe Geschichte Charles': zunächst die Szene beim Eintritt in die Schule; dann ein Rückgriff auf die Eltern; frühe Kindheit; Unterricht, erst durch die Mutter, dann den Pfarrer; schließlich die Aufnahme ins Gymnasium von Rouen. An dieser Stelle findet sich das »wir« zum zweiten und schon zum letzten Mal, nämlich in dem Satz: »Es wäre heute keinem von uns mehr möglich, sich an irgend etwas Besonderes an ihm zu erinnern.«

Dann: Studium der Medizin, Scheitern beim ersten Anlauf, Erfolg beim zweiten, Niederlassung als Arzt, genauer – denn dies ist etwas weniger – als »officier de santé«, in dem Ort Tostes; schließlich Verheiratung, von der Mutter arrangiert, mit einer ältlichen, dürren Witwe, namens Héloise – ausgerechnet Héloise! Dies alles im ersten Kapitel auf neun Seiten. Das »wir« des Erzählers hat natürlich die Funktion, die Erzählung – auf unauffällige Weise – in der Wirklichkeit zu verankern, um ihr Glaubwürdigkeit zu verleihen. Flaubert, der Realist: hier jedenfalls tritt er, wenngleich zurückhaltend, hervor. Es wird – so die Suggestion – tatsächlich Vorgefallenes erzählt: der Erzähler gehört der Welt, von der er berichtet, selbst an. Aber jenes »wir« ist doch ganz unbestimmt; es ist kein sich zur Person zusammenziehendes Ich; man kann ihm nur entnehmen, daß der Erzähler einer der Klassenkameraden von Charles Bovary war. Dann aber, wie gesagt, ist dieser Erzähler, noch im ersten Kapitel, ohne Spur und ohne daß man es eigentlich merkt, verschwunden, denn es wird von Dingen berichtet, die jener Klassenkamerad nicht wissen konnte; er konnte sie auch nicht erfahren haben durch Charles. Es erscheint der klassische Erzähler, der alles weiß und überall ist – Allwissenheit durch Ubiquität. Wir werden auf diesen klassischen Erzähler, den Flaubert in der »Bovary« spezifisch und vorbildlich für die Späteren abwandelt, zurückkommen müssen. Dies ist ja das erste, was ein Autor für sein Werk zu schaffen hat: den Erzähler, *seinen* Erzähler. Denn man muß unterscheiden zwischen dem Erzähler als einem fiktiven, der Erzählung selbst zugehörenden Element und dem Autor als empirischer Person.

Drittens ist an diesem Einsatz wichtig, daß er einen Rahmen schafft: die Geschichte beginnt mit Charles allein, und sie endet dann auch allein mit ihm. Das erste Kapitel und das letzte sind allein Charles gewidmet, und beide umfassen genau dieselbe Seitenzahl.

Der Roman ist die Geschichte der Emma Bovary; aber diese Geschichte ist erzählerisch eingebettet in die Geschichte Charles'. Der erste Eindruck, bereits im ersten Kapitel, ist der von Meisterschaft, von beinahe verächtlicher und darum fast schon irritierender Meisterschaft: eine raffinierte, detachierte, wie wegwerfende Lässigkeit mit dem Unterton (man glaubt, ihn zu hören): »so macht man das«.

Dies also ist der Beginn. Wo aber ist der wirkliche Beginn, der Beginn Flauberts als Schriftsteller, sein Beginn – denn dies ist dasselbe – als Autor der »Madame Bovary«? Wie kam es zu ihm? Eben diese Frage ist es, die sich Jean-Paul Sartre gestellt hat in seiner von ambivalentem Haß getriebenen monumentalen Biographie, und die er schließlich doch nicht ganz, doch nicht ohne Rest beantwortet hat. Sartres Titel lautet: »L'Idiot de la famille. Gustave Flaubert de 1821 à 1857.« Das Wort »Idiot« ist im Deutschen härter als im Französischen; sagen wir also lieber: der Dummkopf der Familie (»Familientrottel«, wie Hans Mayer vorschlägt, scheint nicht nur zu hart, sondern auch unangemessen humorig). Flaubert also, von 1821, dem Jahr seiner Geburt, bis 1857, dem Jahr des Erscheinens der »Madame Bovary«; der letzte, der vierte Band Sartres, der eine Analyse eben der »Bovary« bringen sollte, kam nicht mehr zustande. Was aber zustande kam, sind beinahe dreitausend Seiten gedrängter philosophisch, historisch, soziologisch bestimmter »existentieller Psychoanalyse«, die nun – so hat es Harald Weinrich einmal ausgedrückt – wie ein Alp, ein Nachtmahr lasten auf jeder Beschäftigung mit Flaubert, denn es ist in gleicher Weise ausgeschlossen, sie zu ignorieren und sich wirklich auf sie einzulassen. Zudem hatte Sartre schon früher Flaubert verschiedentlich zum Gegenstand eindringlicher Analysen gemacht, die immer auch Autobiographisches hatten, da Sartre das Werk – insbesondere die »Bovary« – aufs höchste bewunderte, aber den Typus des Schriftstellers haßte, den Flaubert paradigmatisch repräsentiert. Wo also ist der Beginn?

Der erste uns erhaltene Brief Flauberts ist aus seinem neunten Lebensjahr: er ist an einen Freund gerichtet. Hier heißt es unter anderem (und zwar in der fehlerhaften Graphie des »Dummkopfs«): »Ich werde Dir auch etwas von meinen Komödien schicken. Wenn Du willst, tun wir uns zusammen, um zu schreiben; ich schreibe

Komödien, und Du schreibst Deine Träume auf, und da Papa den Besuch einer Dame erwartet, die uns immer dumme Geschichten erzählt, werde ich diese aufschreiben.« Hier ist schon einiges vom Späteren da. Zunächst der unbedingte Wille zu schreiben, dann – sehr merkwürdig – die Orientierung an der Dummheit; eine Fixierung, die Flaubert immer beherrscht und der er schließlich sein letztes, postum erschienenes Buch, nämlich »Bouvard et Pécuchet«, als eigentliches Thema gewidmet hat; endlich haben wir bereits in diesem ersten Brief eine Freundschaft als Stütze, als Außenhalt gewissermaßen für seine Schriftstellerei; Freunde waren in der Tat für Flaubert zeitlebens wichtig, und zwei von ihnen, nämlich Maxime du Camp und Louis Bouilhet, verdankt er den wohl entscheidenden Anstoß. Die sogenannten »Jugendwerke« Flauberts, seine Arbeiten von 1831 bis 1845, also vom zehnten bis zum vierundzwanzigsten Jahr, umfassen rund fünfzig Titel (freilich sind eine Reihe davon bloße Schulaufgaben). Keine dieser Arbeiten hat Flaubert selbst veröffentlicht; er hat aber auch – denn er war, wie der spätere Goethe, ein Genie des Aufbewahrens – keine oder kaum eine von ihnen vernichtet. Diese Arbeiten sind nicht für sich selbst von Interesse; dies gilt auch noch für die Arbeit des Vierundzwanzigjährigen, die sogenannte erste »Education sentimentale« von 1845. Sie sind interessant, insofern sie motivisch, besonders von den durchhaltenden Obsessionen her, vieles präludieren; aber nicht für sich selbst. Denn erst mit »Madame Bovary« – also ziemlich spät – wurde Flaubert als Schriftsteller (und also überhaupt) er selbst. Hier haben wir nun so etwas wie einen, wenn nicht absoluten, so doch *relativen* Beginn.

Mitte September 1849 lud Gustave seine Freunde Maxime du Camp und Louis Bouilhet in sein Haus in Croisset. Dies Haus – leider blieb es nicht erhalten – lag am Ufer der Seine in der Nähe von Rouen. Flaubert lebte dort seit einigen Jahren, nach dem (ihn befreienden) Tod des lastenden Vaters, der ein weit berühmter Chirurg gewesen war, allein mit seiner Mutter. Die Familie hatte sich, nach einer medizinisch nicht völlig aufgeklärten Nervenkrise Gustaves, definitiv damit abgefunden, daß er sich nur noch dem Schreiben widmete. Damals, also 1849, war Flaubert fast achtundzwanzig. Er hatte soeben, in anderthalbjähriger Arbeit, ein umfangreiches Manuskript abgeschlossen. Dies Manuskript wollte er den beiden Freunden

Der vollkommene Roman. Oder: Stil als Inhalt 61

vorlesen, um ihre Meinung zu erfahren. Es trug den Titel »Die Versuchung des heiligen Antonius« und war in Thematik und Stil eine überaus ehrgeizige Arbeit, die – in lyrisch überhöhter Prosa – sozusagen alles, Gott und die Welt, zum Gegenstand hatte. Die Vorlesung dauerte vier Tage: es gab jeweils zwei vierstündige Sitzungen, eine erste von zwölf bis vier Uhr nachmittags, eine zweite von acht bis zwölf Uhr nachts. Es war ausgemacht, daß die Freunde erst, nachdem sie das *ganze* Manuskript gehört haben würden, Stellung nehmen sollten. Als es endlich soweit war, am vierten Tag gegen Mitternacht, kamen sie zu einem vernichtenden Urteil. Flaubert verteidigte sich die ganze Nacht hindurch. Schließlich gab er sich geschlagen: »Vielleicht habt ihr recht. Die Arbeit hat wohl all die Schwächen, von denen ihr redet. Aber diese Schwächen liegen in meiner Natur. Ich komme gegen sie nicht auf. Was soll ich tun?« Die Antwort der Freunde lautete: »Du sollst auf solch diffuse Themen verzichten, auf Themen, die du nicht bewältigen kannst. Du mußt ein banales Thema wählen, ein Thema, bei dem deine verhängnisvolle Tendenz zu schlechter Lyrik keinen Ansatzpunkt findet. Nimm etwas ganz Banales! Einen jener Vorfälle, wie sie im normalen bürgerlichen Leben vorkommen.« Am folgenden Tag konkretisierte Louis Bouilhet diese Anregung. Er wies Gustave hin auf die Geschichte eines Arztes, aus dem Dorfe Ry bei Rouen, der soeben gestorben war; die Frau dieses Arztes war schon ein Jahr zuvor, unter nicht ganz geklärten Umständen – vielleicht war es Selbstmord, gestorben und zwar nach zwei unglücklichen Liebschaften: eine mit einem Gutsbesitzer aus der Umgebung, eine andere mit einem Notarsgehilfen. Schon Flauberts erste Reaktion war positiv: »Quelle idée!« Es war dies die Stunde der Zeugung gewissermaßen des – in rein künstlerischer Hinsicht – vielleicht vollkommensten Romans der Weltliteratur. Den Bericht über jene Stunden verdanken wir den Erinnerungen von Maxime du Camp. Maxime war zu seiner Zeit ein erfolgreicher, auch übrigens ziemlich eitler Schriftsteller: gewiß würde er sich wundern, wenn er erführe, daß von ihm heute nur noch die Rede ist, weil er Flauberts Freund war. Auch wenn wir in Rechung stellen, daß er einiges eigenwillig akzentuiert, hat sein Bericht doch viel äußere und innere Wahrscheinlichkeit. Entscheidend sind drei Dinge.

Erstens: Die Geschichte, die dieser Roman erzählt, beruht auf

Wirklichkeit. Es ist die Geschichte der Arztfrau Delphine Delamare, geborene Couturier. Flaubert hat hier, was das Stoffliche angeht, wenig erfunden. Fast alle Figuren des Romans entstammen der Wirklichkeit: längst hat die Literaturwissenschaft ihre »richtigen« Namen ermittelt. Die »Madame Bovary« gilt als das klassische Exempel, als Urbild des realistischen Romans. Vielleicht beruht der Realismus dieses Romans gerade auch darauf, daß er tatsächlich Vorgefallenes erzählt. Jedenfalls hat er, wie er ist, die Erdenschwere, die Konsistenz, auch übrigens die Zufälligkeit, die Kontingenz, des Wirklichen.

Zweitens: »Madame Bovary« war für ihren Autor eine Auftragsarbeit, so etwas wie eine Schulaufgabe, ein Pensum. Der bis dahin nicht erfolgreiche Flaubert wollte erproben – hier kam großer Ehrgeiz herein –, wie er mit einer solchen Aufgabe zurechtkäme. Zur Stimmung, die Flaubert beherrschte, während er den Roman schrieb, gehörte offensichtlich das starke Element: »Die sollen sich wundern!«

Drittens: Die Erledigung dieser Auftragsarbeit brachte Flaubert – im ständigen Widerstand gegen seine bisherige Art zu schreiben – als Schriftsteller zu sich selbst. Mario Vargas Llosa, einer der großen hispanoamerikanischen Schriftsteller der Gegenwart, der der »Bovary« eine glänzende Studie gewidmet hat, formuliert dies so: »Flaubert begann in dem Augenblick ein großer Schöpfer zu werden, in dem er gegen jene lyrische, sentimentale und romantische Neigung reagierte, die seine ersten Arbeiten beherrscht. Für diese Reaktion war das Verdammungsurteil von du Camp und Bouilhet in jener endlosen, zermürbenden Nacht von Croisset hoch bedeutsam. Das Urteil der beiden Freunde war nicht nur ziemlich gerecht; es war vor allem nützlich: es verhalf Flaubert dazu, ein anderer Schriftsteller zu werden.«

Ein solcher Beginn, ausgelöst durch das Urteil von Freunden, ist in der Geschichte der Literatur gewiß singulär. Von nun an schrieb Flaubert, in den folgenden einunddreißig Jahren seines Lebens, nur noch Meisterwerke. Es sind insgesamt sechs: »Madame Bovary«, 1857; »Salammbô«, 1862; »L'Education Sentimentale«, 1869; »La Tentation de Saint Antoine«, dreimal überarbeitet, in definitiver Fassung 1874; »Trois Contes«, 1877; schließlich, postum erschienen und unvollendet, »Bouvard et Pécuchet«, 1881. Noch immer streiten sich Gelehrte und Liebhaber (zuweilen kommt ja beides zusammen), welchem dieser Werke der Vorrang gebühre: der »Bovary« oder der »Education«, welch letzterer viele den Vorzug geben, oder den »Trois Contes«, in denen Flaubert die mehreren Richtungen seiner Arbeiten eigentümlich resümiert, oder dem neuerdings ins Zentrum rückenden »Bouvard et Pécuchet«. Hinzu kommen die zahlreichen Briefe, die sich auszeichnen durch spontane, im Unterschied zu den Werken ganz unstilisierte Lebendigkeit, durch Wärme und durch gelegentlich ins Derbe und Vulgäre gehende Offenheit; vor allem aber zeigen sie eine enorme, robuste, zielsichere Gescheitheit. Nach dem Urteil Albert Thibaudets sind es »die bedeutendsten Schriftstellerbriefe des 19. Jahrhunderts«. Bemerkenswert ist sodann, daß die der »Bovary« folgenden Werke diese nicht einfach fortsetzen, sondern stets, so sehr bestimmte Motive rekurrieren, immer wieder Neues versuchen. Treffend merkt Thibaudet an: »Flauberts Werk ist nicht wie das Balzacs eine Welt, ist nicht zum literarischen Organismus, zum Kosmos zusammengeschlossen wie die ›Comédie Humaine‹ durch ihren Titel. Es schlägt bald diese, bald jene Richtung ein, unternimmt bald diesen, bald jenen Versuch. Hätte Flauberts Werk wie das Balzacs einen Gesamttitel, er würde nur, wie bei Montaigne, ›Essais‹ lauten können.«

Zurück zum September 1849. Flaubert begann mit der Arbeit an der »Bovary« nicht sofort. Von November 1849 bis Juni 1851 unternahm er, zusammen mit Maxime du Camp, eine lange ersehnte Reise in den Orient. Sie führte nach Ägypten, Palästina, Griechenland. Über Italien – Rom, Florenz, Venedig – und Deutschland kehrte er in die Normandie zurück. Aber die Geschichte der unglücklichen Delphine Delamare war, wie es scheint, während dieser langen Reise immer präsent. Beim Anblick des zweiten Nil-Katarakts soll Gustave plötzlich ausgerufen haben: »Heureka, ich hab's! Sie soll ›Emma Bovary‹ heißen.« Im Juni 1851 also kehrt er nach Croisset zurück. Über Beginn, Fortgang und Ende der Arbeit an »Madame Bovary« sind wir durch Flauberts Korrespondenz – erst mit seiner Freundin Louise Colet, dann mit Bouilhet – geradezu protokollarisch unterrichtet: auch dies ein singulärer Fall. Flaubert begann die Arbeit am 19. September 1851 und beendete sie am 30. April 1856 kurz vor

Mitternacht. Die Arbeit dauerte somit vier Jahre, sieben Monate und elf Tage. Als sie fertig war, war Flaubert fünfunddreißig. Für einen Roman von rund fünfhundert Seiten ist dies eine überaus lange Arbeitszeit, vor allem, wenn man in Rechnung stellt, daß Flaubert zwischen diesen beiden Daten fast unausgesetzt und meist geradezu fieberhaft gearbeitet hat.

Über Flauberts Arbeitsweise ist viel gesagt worden. Es mag genügen, erneut zu betonen, daß kaum ein Schriftsteller sich mehr angestrengt hat. Hugo Friedrich redet treffend von »Vollkommenheitsenergie«. Es ist da ein extrem intransigenter, ins Kultische gehender Kunstanspruch. Die Anstrengung richtet sich dabei in gleicher Weise auf die erschöpfende materielle Dokumentierung, auf die Komposition, die Verteilung und Gewichtung im Inhaltlichen, also auf die Makrostruktur, wie auch auf die Einhaltung einer ganz bestimmten, in sich differenzierten Erzählweise, die noch zu kennzeichnen sein wird, schließlich aber (und keineswegs zuletzt) auf die Mikrostruktur: die Genauigkeit der Wortwahl und den Rhythmus, die Musik der Sätze. Entscheidend aber ist nicht dies, ist *nicht* diese Anstrengung. Entscheidend ist, daß man dem fertigen Werk diese Arbeit nicht anmerkt. Hierher gehört die hervorgehobene lässige Selbstverständlichkeit, mit der dies Werk – darauf kommt es an – vor dem Leser steht. Flaubert hat hier eine neue, eine *zweite* Unmittelbarkeit erreicht. So läßt dieser Roman, aller außerordentlichen Anstrengung, die der Autor auf ihn verwandte, zum Trotz – dies ist das eigentlich Erstaunliche – den Leser keineswegs kalt. Der Roman erreicht vielmehr – nicht nur im Erotischen – überall atmosphärische Dichte: Sinnlichkeit. Überall drängt sich dem Leser der Eindruck überlegener Meisterschaft auf. Mit kaum vermeidbarem Ingrimm stellt er, im Blick etwa auf Autoren unserer Tage, immer wieder fest: da ist einer, der weiß, wie man dergleichen macht, einer vor allem, der die Grenzen kennt und nie überschreitet, die seinen Möglichkeiten gesetzt sind.

Hierfür ein Beispiel. Jean Améry wirft in einem interessanten und ergreifenden, aber doch auch eigentümlich blinden Buch über die »Bovary« dem Autor vor, daß er kein Herz gehabt habe für die kleinen Leute. Auch habe er aus bürgerlichem Hochmut die Fabrikschlote und alles, was damit zusammenhängt, am Eingang von Rouen

Der vollkommene Roman. Oder: Stil als Inhalt 65

übersehen. Aber eben: es könnte sein, daß sich Flaubert gerade hinsichtlich *dieses* Punkts seiner Grenzen bewußt war. Vielleicht wußte er, daß ihm gerade diese Welt, die ihm möglicherweise sympathischer (oder doch weniger unsympathisch) war als die bürgerliche, einfach weil es nicht die *seine* war, auch literarisch verschlossen bleiben mußte. Bei Flaubert gibt es nicht jene »Melancholie des Unvermögens«, die Nietzsche Brahms nachgesagt hat. Anspruch und Einlösung decken sich vollkommen. Und der Anspruch ist hoch. Zwei Dinge also: einmal daß dieser Roman das Produkt außerordentlicher Anstrengung ist, daß hier von Spontaneität nirgends die Rede sein kann; zum anderen, daß er den Eindruck des Spontanen dennoch hervorruft.

Noch eines, was mit dieser Arbeitsweise zusammenhängt. Flauberts Roman wirkt im Zusammenhang, im Ganzen; er wirkt weniger im Einzelnen oder durch Einzelnes. Zwar gibt es die großen Szenen, etwa den Ball auf Schloß Vaubyessard, oder Léons Abschied, oder die Landwirtschaftsausstellung, »les comices agricoles«, oder die Eroberung in der Kutsche, oder die Sterbeszene, aber die Bedeutung dieses Romans ist nicht so, durch das Vorzeigen einzelner Stellen, deutlich zu machen. Der Autor und Kritiker Lytton Strachey ist sehr im Recht, wenn er erklärt: »Flauberts Genie wirkt nicht durch plötzliches Aufblitzen (›sudden flashes‹), sondern allmählich, durch Akkumulation. Seine Wirkung gehört zu jener subtilen Art, die durch tausend Einzelheiten, durch eine Unzahl fein gewobener Fäden in uns eindringt und für immer in uns bleibt (›a thousand details, an infinitude of elaborated fibres‹).« Dies in der Tat liegt vor in der Unaufdringlichkeit, der lautlos persuasiven Zurückhaltung, der Kargheit dieser Schreibweise, der trockenen Schönheit dieser Prosa. Vielleicht liegt hierin, in dieser Schreibweise, auch die Modernität dieses Romans, oder einfach dies, daß er auch uns noch nahegeht und kaum etwas verloren hat, im Künstlerischen und Menschlichen, von seiner Virulenz.

Ich muß zunächst schlicht zu den Handlungselementen einiges sagen. Der Roman erzählt also zuerst nur von Charles – bis zu dessen Niederlassung als Arzt in dem Ort Tostes und seiner ersten Ehe. Im zweiten Kapitel dann die erste Begegnung mit Emma. Emma rückt rasch – es wäre interessant, den Übergang zu studieren – ins Zentrum:

der Roman wird dann *ihre* Geschichte. Emma wird eigentümlich beiläufig eingeführt: sie ist die Tocher des wohlhabenden, verwitweten Bauern Rouault, dessen gebrochenes Bein Charles kuriert. Erst bei einer zweiten, genauen Lektüre des Kapitels, die also das Folgende schon kennt, zeigen sich alle Details als signifikant. Nach dem plötzlichen Tod seiner Frau wirbt Charles um Emmas Hand. Und Emma, die sehr schöne Tochter des Bauern Rouault, wird nun die Frau des einfachen, gutmütigen, sozial in sich selbst ruhenden Landarzts. Sie wird Madame Bovary... Über ihre Ehe ist sie bald enttäuscht.

Emma hat eine eigentümliche Unruhe, einen eigentümlichen Drang zum Feineren und Höheren; sie ist soziokulturell ein »unruhiges Herz«, ein »cor inquietum«. Woher aber kommt der Tochter des gar nicht feinen Bauern Rouault diese Unruhe zum Feinen? Hier zum Beispiel – und dies ist ja eigentlich das zentrale, alles auslösende Motiv – hat der Roman etwas von der Kontingenz – »es war halt so« – der Wirklichkeit selbst. Er läßt hier – auch darin liegt eine seiner Stärken – einiges offen. Zwei Dinge lassen sich, aber nur indirekt, dem Erzählten entnehmen: erstens ist da die natürlichen Adel verleihende Schönheit, die Emma in ihrer Umgebung vereinzelt; zweitens die feine, eigentlich über dem ihr Zukommenden liegende Erziehung bei den Ursulinen: »Fräulein Rouault«, heißt es nur, »im Kloster, bei den Ursulinen, aufgewachsen, hatte, wie man sagt, *eine feine Erziehung* bekommen« – »Mlle Rouault élevée au couvent, chez les Ursulines, avait reçu, comme on dit, *une belle éducation.*« In diesem knappen, vielsagenden »comme on dit« steckt Flaubert, oder genauer, sein Erzähler, ganz. Im Zusammenhang mit dieser Erziehung dann bestimmte Lektüren, von denen rückblickend die Rede ist: »Paul et Virginie« von Bernardin de Saint-Pierre, Romane Walter Scotts, Chateaubriands »Der Geist des Christentums« und Lamartine werden genannt. Man hat hier oft auf die Analogie zum Don Quijote hingewiesen: auch dessen Ausbruch aus dem ihm Zugewiesenen ist ja bedingt durch Lektüre, durch Literatur; auch er lebt in einer durch Literatur produzierten irrealen Welt. Aber bei Emma Bovary ist diese Begründung doch weit schwächer, und die Bekämpfung einer bestimmten Art von Literatur ist nicht Flauberts Ziel, wie dies zumindest der Ansatz von Cervantes war. Kurz: es bleibt da – und, wie ich finde, gerade sehr realistischerweise – etwas Merkwürdiges, Erklärungsoffenes: Schönheit, Ursulinen und schlechte Lektüren, aber dann auch die Mediokrität – im Menschlichen und Professionellen – des Gatten, reichen nicht aus, um Emma auf ihren fatalen Weg zu bringen.

Dieser ist nun ziemlich geradlinig. Eine eher zufällig und herablassend zustande gekommene Einladung zu einem Ball auf Schloß La Vaubyessard wirkt auf diesen Drang zum gesellschaftlich Höheren und Feineren auf fatale Weise verstärkend. Dieser Ball, und dort vor allem die Figur des Vicomte, setzen Maßstäbe. Es folgt eine räumliche Veränderung, ein Umzug: Emmas schwankender Gesundheit wegen siedelt das Paar um nach dem als klimatisch günstiger beurteilten Ort Yonville-l'Abbaye. Die Stationen des Wegs sind nun die folgenden.

Erstens: Die Affaire mit Léon Dupuis, dem jungen, hübschen, etwas melancholischen Gehilfen des Notars. Aber es kommt – mangels Gelegenheit und Mut – zu nahezu nichts. Zudem verläßt der schüchterne junge Mann bald das Dorf, um in Paris zu studieren: Paris, nach dem Emma sich zeitlebens sehnt und das sie nie betreten wird. »Sie hatte« – so lautet einer der abgründigen, trostlos humorigen Sätze – »gleichzeitig den Wunsch, zu sterben und in Paris zu wohnen.«

Zweite Station: Liebschaft, nunmehr voll realisiert, mit dem sehr männlichen, aber windigen Gutsbesitzer Rodolphe Boulanger. Sie erlebt eine Zeit großen und wirklichen Glücks. Zum ersten Mal ist, was sie erfüllt, nicht bloße Illusion. Aber auch in dies Erleben mischt sich ihr erneut Literatur: »Immer wieder sagte sie sich: Ich habe einen Geliebten! Einen Geliebten! Und diese Vorstellung beseligte sie wie eine zweite Pubertät, die ihr zuteil geworden wäre. Endlich also sollte sie die Freuden der Liebe besitzen, jenes Fieber des Glücks, von welchem sie sich verzweifelt schon losgesagt hatte. Sie betrat nun ein wundersames Reich, in dem alles Leidenschaft, Ekstase, Sinnentaumel sein würde. Ein ungeheurer bläulicher Raum umgab sie, die Gipfel des Gefühls funkelten unter ihren Gedanken, und ihr alltägliches Dasein erschien erst in weiter Ferne, ganz tief unten, im Schatten, in den Zwischenräumen dieser Höhen. Und nun dachte sie an die Heldinnen der Bücher, die sie gelesen hatte, und diese lyrische Legion, alle diese Ehebrecherinnen begannen in ihrem Gedächtnis zu singen mit schwesterlichen Stimmen, die sie bezauberten. Sie wurde selbst gleichsam Bestandteil dieser Phantasie, wie sie nun die langen Träumereien ihrer Jugend verwirklichte und sich selbst eingereiht sah unter diese Liebenden, die sie zuvor so sehr beneidet hatte.« Aber Rodolphe zieht sich bald, ermüdet von ihrer ihn allzusehr beanspruchenden Leidenschaft, zurück. Dies führt zu einer Art Ernüchterung. Auch bei Emma. Der Erzähler vermerkt, und dies ist einer seiner kennzeichnenden Sätze: »Nach sechs Monaten befanden sie sich, einer gegenüber dem anderen, in der Situation zweier Verheirateter, die damit beschäftigt sind, ein sanftes häusliches Feuer am Leben zu halten« (die Übersetzungen der zitierten Stellen sind von mir).

Dritte Station: Emma in einem Zustand der Reue. Sie hofft, wieder Achtung vor Charles zu gewinnen, wenn er eine gewagte Operation, die Operation eines Klumpfußes, erfolgreich besteht. Es ist dies eine, eigentlich *die* zentrale Episode des Romans. Hier nämlich ergibt sich die Möglichkeit einer Umkehr. Die Operation aber mißlingt, und Charles ist nun – für Emma – definitiv erledigt.

Vierte Station: Emma wird nun selbst initiativ; sie reißt erneut Rodolphe hin; er verspricht ihr schließlich, mit ihr zu fliehen; wie aber die Stunde heranrückt, schreibt er einen tränenden Abschiedsbrief und verläßt fluchtartig das Dorf. Emma erkrankt.

Fünfte Station: Nach der Genesung führt Charles sie nach Rouen ins Theater. Dort trifft das Ehepaar durch Zufall Léon Dupuis wieder, den die Jahre in Paris von seiner früheren Schüchternheit befreit haben. Sie wird Léons Geliebte. Hier nun eine der großen Szenen des Romans: die stundenlange Fahrt, im verhängten Fiaker, durch das nachmittägliche Rouen – kaum je ist eine Szene dieser Art sinnlicher, kaum je aber auch zurückhaltender erzählt worden! Mehr und mehr reißt nun Emma die Initiative an sich: ihr latent »männlicher« Zug tritt nun offen hervor. Bald aber auch hier Ernüchterung, von Emma immer wieder niedergerungen. Wieder läßt der Erzähler sich spezifisch vernehmen: »Er war ihr ebenso zuwider wie sie ihm. Im Ehebruch fand Emma alle Plattheiten der Ehe wieder« – »Emma retrouvait dans l'adultère toutes les platitudes du mariage.«

Sechste Station: Ein neues Element kommt hinzu: das Geld. Extravagante Einkäufe, wachsende Schulden, schließlich drohende Pfändung ihrer und Charles' Habe. Der unheimliche Wucherer Lheureux

– insinuierend, sehr versteckt als Inkarnation des Teufels gezeichnet – beherrscht am Ende die Szene (er ist Gaskogner und appelliert so an ein landsmannschaftliches Vorurteil). Am Schluß, nachdem Léon sich zurückgezogen und Rodolphe sich geweigert hat zu helfen, ist Geld, fehlendes Geld, alles.

Siebtens: Emma nimmt Arsenikum, das sie in der Apotheke von Monsieur Homais entwendet. Sie stirbt nach langer Agonie, die der Erzähler in klinischer Exaktheit, man möchte sagen, rücksichtslos beschreibt: die Beschreibung aber ist – bei aller Genauigkeit – doch poetisch... Die kurze Nachgeschichte, nach dem ausführlich geschilderten Begräbnis, gilt dann, wie gesagt, wieder nur Charles. Er lebt nur noch, in dumpfer Regression, der Erinnerung an seine Frau. Jetzt erst erfährt er, durch Briefe, die er findet, von ihrer Untreue (übrigens nur von der mit Rodolphe). Aber auch dies ändert an seiner Liebe nichts. Er stirbt, nicht lange nach Emmas Tod, ohne greifbare Ursache.

Lassen wir die Figuren dieses Romans an uns vorüberziehen, so stellen wir fest, es ist eine graue, durchaus alltägliche, unheroische, eine mediokre Welt, die Flaubert entfaltet. Dies gilt für Charles; es gilt für den Apotheker Homais und seinen Gegenspieler, den Abbé Bournisien; es gilt für die beiden Liebhaber Rodolphe und Léon. Emma, natürlich, fällt heraus. Aber doch nicht in *jeder* Hinsicht. Sodann fallen zwei Figuren heraus aus der allgemeinen Mediokrität: nämlich der Wucherer Lheureux, hintersinnig als »marchand de nouveautés« bezeichnet, dann der scheußlich entstellte Blinde, der in Rouen vor der Abfahrt der Kutsche die Reisenden zu belästigen pflegt, und den der Erzähler – dies ist ein ungeheurer Einfall – ganz am Schluß, im Augenblick von Emmas Tod, mit einem seiner frivolen Liedchen noch einmal auftreten läßt. Der Blinde war nach Yonville gekommen, weil ihm Apotheker Homais für seine Schwäre eine Salbe versprochen hatte:

»Plötzlich vernahm man draußen auf der Straße das Klappern derber Holzschuhe und das Scharren eines Stocks. Eine Stimme erhob sich, eine heisere Stimme, die sang:

> Oft hat, vom Sonnenschein verführt,
> manch Mädchen Liebe schon verspürt

Emma richtete sich auf, wie ein Leichnam, den man galvanisiert, mit wirrem Haar, starren Augen, offenem Mund.

> Im Stoppelfeld, das frisch gemäht,
> Nanettchen in der Sonne steht.
> Sie steht gebückt, das süße Kind,
> und liest die Ähren auf geschwind

»Der Blinde!« rief sie. Sie brach in ein Lachen aus, ein gräßliches, wildes, verzweifeltes Lachen. Sie glaubte, das scheußliche Gesicht jenes Unglücklichen zu sehen, der sich in der ewigen Finsternis vor ihr aufrichtete wie ein schreckliches Gespenst.

> Er blies so stark, der böse Wind,
> und blies das Röckchen hoch dem Kind

Eine Konvulsion warf sie auf die Matratze zurück. Alle traten heran. Sie lebte nicht mehr.«

Der Blinde also ist Höllenbote – so wird es suggeriert; er ist aber auch, literarhistorisch gesehen, eine grausige Kontrafraktur des alten – und speziell romantischen – Motivs vom blinden Seher und blinden Sänger... Zwei Figuren somit, die herausfallen: romantische Residuen; der Blinde insbesondere hat ja etwas vom Glöckner, vom Quasimodo Victor Hugos. Sonst aber, wie gesagt, Mediokrität.

Gerade hierin ist der Roman modern, ja er ist insofern der erste moderne Roman. Zwar hat besonders Balzac schon vor Flaubert die bürgerliche und kleinbürgerliche Welt breit dargestellt, aber doch fast immer im Verein mit antithetischen Helden, die abweichen vom Gewöhnlichen entweder nach der Seite des Guten oder nach der des Bösen hin. Dies romantische Element – bei Balzac noch sehr virulent – fehlt also auch in der »Bovary« nicht ganz, aber ihr Eigentliches ist doch jene graue Mediokrität, die auch nicht bloß als Zubehör der bürgerlichen Welt oder der Provinz erscheint, sondern allgemeineren Charakter hat.

Man muß hier das Soziologische zwar beachten, darf aber an ihm nicht hängenbleiben. Letztlich ist der Stil dieses Werks (und zu

Der vollkommene Roman. Oder: Stil als Inhalt

diesem gehört auch sein Thema) bedingt durch das, was Hugo Friedrich »Daseinsekel« nennt. Insofern liegt sein Untertitel – »Sittenbild aus der Provinz«, »Mœurs de Province« – in genialer Weise neben der Sache: er ist in seiner ironischen Brechung zu sehen. Die Provinz Flauberts ist nicht die Frankreichs; sie ist die des Menschen, wie übrigens auch das Wort *bourgeois* für ihn kaum anderes ist als ein Synonym für *Mensch*. Am Ende seines Lebens schreibt er an George Sand: »Ich habe mich immer bemüht, zur Seele der Dinge vorzudringen und mich dort aufzuhalten, wo die größten Allgemeinheiten sind; ganz bewußt habe ich das Akzidentelle und Dramatische vermieden. Keine Monstren und keine Helden« – »pas de monstres et pas de héros.«

Antithetisch ist allenfalls Emma Bovary. Oft wurde sie so gedeutet. So sieht etwa Vargas Llosa in ihr ein Symbol der Freiheit, des Ausbruchs aus der Konvention, aus dem, was Flaubert als »bürgerlichen Stumpfsinn«, »la bêtise bourgeoise«, bezeichnete. Sie wage es, sich auszuleben. Und für Jean Améry ist der Roman – ein eigentümliches Mißverständnis – ein »Hohelied auf die Leidenschaft« oder gar »die Fleischlichkeit«. Nun ist die Figur der Emma Bovary ambivalent, und so gibt es gewiß Ansatzpunkte für solche Sicht. Gewiß gehört zu Emma jenes revoltierende Erleben, mit Wolf Biermann zu sprechen, »das kann doch nicht alles gewesen sein«. Natürlich gehört Offenheit zu dieser Figur. Andererseits wird sie vom Erzähler keineswegs glorifiziert. Zwar bricht sie aus, und auf diesem Ausbruch liegt sogar, vom Erzähler her, so etwas wie Sympathie. Jedoch: noch und gerade in ihrem Ausbruch bleibt Emma Gefangene jener Konventionen, jenes »Stumpfsinns«. Ihr Ausbruch trägt Züge des Spießerischen. Er ist geprägt durch das, was jemand sehr treffend ihr »kitschiges Bewußtsein« nannte, ein Bewußtsein, genährt durch schlechte, illusionierende Literatur. Flaubert selbst charakterisiert Emma außerhalb des Romans in einer Briefstelle so: »Sie ist ein verdrehter, perverser Charakter, eine Frau, angefüllt mit falscher Poesie und falschen Gefühlen.« Dies also muß beachtet werden: der Ausbruch Emma Bovarys aus bürgerlicher Konvention ist selbst durch solche Konvention, durch bürgerliche Klischees gekennzeichnet. Emma ist also selbst – und sie vielleicht erst recht – eine Spießerin. Das berühmte, viel bemühte und in der Tat faszinierende Wort des Autors

»Madame Bovary c'est moi« ist nicht im Sinn einer Sympathieerklärung zu verstehen.

Wie aber steht es mit Charles? »Charles Bovary, Landarzt. Portrait eines einfachen Mannes« lautet der Titel jenes Buchs von Jean Améry; es erschien 1978, wenige Wochen bevor sein Autor in einem Salzburger Hotelzimmer seinem Leben ein Ende setzte. Es ist ein – in seiner Mischung von Dichtung und Essay – merkwürdiges und ergreifendes, aber doch verfehltes Buch. Nach Améry wurde Flaubert der Figur des Charles nicht gerecht; er habe diesen »einfachen Mann« empörend mißhandelt. Améry kritisiert zweierlei. Erstens sei es überaus unwahrscheinlich, spreche gerade den literarischen, den realistischen Absichten Flauberts Hohn, daß Charles so rein gar nichts gemerkt habe. Zweitens habe Flaubert die Schlichtheit Charles' über Gebühr und Notwendigkeit zur schieren Dummheit gesteigert: er mache ihn zu einem »Jämmerling«, zum »geistigen Vieh«, wie Améry drastisch genug formuliert. Flaubert sei, ein Gefangener seiner sozialen Vorurteile, unfähig gewesen, einem schlichten Landarzt menschliche Achtung entgegenzubringen. Mit Emma hingegen habe sich Flaubert, passiv homoerotisch, wie er war, gänzlich identifiziert: »Ihr Exzeß ist der seine, ihre Mystik der Passion das Analogon zur mystischen Kunstverfallenheit des Dichters.« In der Verachtung für Charles zeige sich des Autors Haß auf den Bürger, der letztlich als Selbsthaß zu begreifen sei.

Die Frage ist: stimmt dies alles? Die Antwort kann nur lauten: es stimmt kaum. Charles erscheint im Roman gar nicht als verächtlich und lächerlich. Er ist einfach, aber sympathisch; eigentlich ist er die einzige sympathische Figur des Romans. Alles, was Améry an Positivem über Charles sagt, steht explizit oder implizit schon im Roman, bis hin zum ergreifenden »tu es bon, toi!«, das die Sterbende ihm noch zu sagen vermag. Vor allem ist an Amérys Kritik zu kritisieren, daß sie etwas Handgreifliches nicht sieht: nämlich, daß der Erzähler – und zwar als Erzähler – Charles Bovary gerade so brauchte, wie er im Roman ist. Wäre Charles anders, weniger einfach, mißtrauischer, schlauer, *sehender*, würde sich die übliche Dreiecksgeschichte ergeben haben mit Versteckspiel der Liebenden, detektivischen Elementen auf der Seite des Gatten, ehelichen Szenen und so fort. Flaubert wollte gerade keine banale Ehebruchsgeschichte schreiben. Emma sollte sich, was ihren Fall um so sprechender macht, nahezu ungestört durch Charles entwickeln können. Um Entwicklung, um Entelechie, um ungestörten Ablauf von innen her, geht es hier. Also brauchte der Erzähler den Charles als passive, die Handlung nicht bestimmende Figur. Und er erzählt die Geschichte so, daß die Figur *glaubhaft* erscheint, daß wir die Frage nach der Wahrscheinlichkeit, der vraisemblance – eine klassische Präokkupation der französischen Literatur – nicht einmal stellen. Dies hat Améry, weil er zu wenig auf den Roman und zuviel auf Flaubert, den Menschen, sah, *nicht* gesehen. Hinzu kommt die offenkundige Schwierigkeit, eine Figur, sie verselbständigend, herauszulösen aus dem Werk, dem sie »funktional« zugehört und in dem allein sie existiert. Dies ginge am ehesten noch bei einer Figur, die einen Typus darstellt, wie dies beim Apotheker Homais der Fall ist. Ein solcher Typus ist aber gerade Charles Bovary nicht: er ist nur eben – ein einfacher Mann, »un cœur simple«. Die Tragik der Geschichte ist, daß Emma mit der Liebe dieses »einfachen Herzens« nichts anfangen kann. Emma leidet ja, wie es einmal – ziemlich zu Beginn – heißt, sogar noch darunter, daß sie Charles – durch ihre schiere Präsenz – schon so glücklich macht. Erst nach ihrem Tod nimmt Charles' Liebe ganz unkonventionelle, unvernünftig unbürgerliche Züge an, die vielleicht auch ihr etwas wie gerührte Achtung abgezwungen hätten.

Flauberts Haß auf den Spießer konkretisiert sich vorzugsweise in einer zentralen Nebenfigur, der des Homais. Er ist in der französischen Welt zum Typus geworden wie Molières Tartuffe. Homais ist eigentlich ein säkularisierter Tartuffe, ein Tartuffe der Laizität. Stets führt der emsig bemühte Apotheker die »unsterblichen Prinzipien von 89« im Mund, und der Satz »Man muß mit seiner Zeit gehen«, »Il faut marcher avec son siècle«, ist bei ihm stehende Redensart. Er ist, wie er redet und agiert, in mancher Hinsicht ein negativer Verwandter des Lodovico Settembrini im »Zauberberg«: heruntergekommene Aufklärung, heruntergekommene bürgerliche Revolution; wobei zu beachten ist, daß Flaubert – von seiner Sicht aus – in Homais keinesfalls bloß das Zerrbild der Aufklärung verhöhnt. Die Art, wie er ihn zeichnet, mit – man möchte sagen – liebevollem Haß, läßt unschwer erkennen, daß Flaubert an die Aufklärung nicht glaubt. Homais und die Seinen triumphieren am Schluß, als Emma Bovarys

Tochter, die einzig Übriggebliebene, Arbeiterin wird in einer Baumwollspinnerei. Homais gilt der berühmte, knappe, an Schillersche Schlüsse gemahnende letzte Satz des Buchs: »Er hat soeben das Ehrenkreuz erhalten.«

Homais also ist ein Typus, der eine politische, soziale, ideologische Strömung repräsentiert. Zu dieser Figur, über deren Zeichnung er sich empört, erklärt Améry: »In ihm wird auf ungeheuerliche Weise die bürgerliche Aufklärung, das Erbe unserer Zivilisation, das unerläßliche Fundament einer jeden sozialistischen Utopie, ins Lächerliche gezogen. Homais ist, wenn wir uns seine Reden vornehmen und Wort für Wort analysieren, ein kluger Mann, der tatsächlich alle seine Mitbürger aus Yonville-l'Abbaye turmhoch überragt. Was immer er sagt, es hat Hand und Fuß ... Die hemmungslose Bösartigkeit der Ironie Flauberts wird uns deutlich in der diabolischen Kunst, den Apotheker einleuchtende und unabweisliche Wahrheiten solcherart aussprechen zu lassen, daß in ihnen, durch sie, die ganze bürgerliche Aufklärung, einschließlich der durch sie repräsentierten Ethik und wissenschaftlichen Weltauffassung, zum grotesken Geschwätz wird.« Améry wußte nicht, daß bereits Zola – und zwar entschieden überzeugender – in seinem Werk »Die drei Städte« die Figur des Homais umgewertet hat. Da heißt es in einem Dialog: »Ich finde heute bei vielen jene Angst, getäuscht zu werden, die dann schließlich zur Reaktion gegen jede Anstrengung führt, gegen die gesamte Arbeit des Jahrhunderts. Sie führt zum Ekel vor der Freiheit, zum Mißtrauen gegenüber der Wissenschaft, zur Negation der Zukunft. Monsieur Homais ist für sie das Schreckgespenst, der Gipfel des Lächerlichen, und die Furcht, ihm ähnlich zu sein, treibt sie zu jener Eleganz, die darin besteht, gar nichts zu glauben oder nur das Unglaubliche zu glauben. Sicher ist Monsieur Homais lächerlich, aber er bleibt wenigstens auf solidem Grund ... Wenn es banal ist, daß zwei mal zwei vier sind, so ist es doch richtig. Dies zu sagen ist viel weniger dumm als zum Beispiel an die Wunder von Lourdes zu glauben.«

An dem, was Zola und Améry zu Homais bemerken, ist einiges richtig. Tatsächlich ist hier Flaubert etwas sehr Ungewöhnliches gelungen: eine satirische Figur, die vieles, das meiste von dem enthält, was der Zeit (und zwar gerade ihrer Elite) teuer war, während sich sonst die Satire solcher Dinge bemächtigt, die bereits vor ihr als lächerlich gelten (zumindest in bestimmtem Milieu). Dies ist hier nicht der Fall. Sodann ist in der Tat, was der Apotheker sagt, im einzelnen durchweg vernünftig oder doch anhörenswert. Es sind eigentlich nur die Konnotationen, mit welchen Flaubert die Figur umgibt, die ihn lächerlich und unangenehm machen. Er – und mit ihm sein ganzer Clan – ist übrigens die *eigentliche* Gegenfigur zu Emma Bovary, und seine Gegenfigur ist gar nicht so sehr der gutmütige und beschränkte Abbé Bournisien, der viel besser wegkommt, weil – dies der sich aufdrängende Eindruck – für Flaubert sich Satire nach *dieser* Seite hin nicht lohnte; antiklerikal ist ja, in der Tat, bereits Homais ... In der Figur des Homais ringt Flaubert satirisch in sich selbst etwas nieder von sich selbst. Vielleicht beruht hierauf – darauf nämlich, daß sie ein Stück Selbsthaß vertritt – ihre singuläre, gleichsam aus der Erzählung herausspringende Lebendigkeit ...

Kommen wir nunmehr zurück zum fiktiven Erzähler des Romans. Ich habe davon gesprochen, daß zunächst, genau siebenmal, eine rätselhafte erste Pluralis erscheint – »Nous étions á l'étude ...« –, die sich alsbald auflöst in nichts. Dann, wie gesagt, haben wir den »klassischen«, den allwissenden Erzähler. Diesen aber wandelt Flaubert spezifisch ab. Er erscheint in zwei Formen: einmal – so finden wir ihn zumeist – als unsichtbarer, persönlich ungreifbarer Berichterstatter; zum anderen – dies ist entschieden seltener, und nur an bestimmten, entscheidenden Stellen tritt er so auf – als Moralist, und zwar als Moralist der spezifisch französischen Tradition (einer, der kaum je urteilt oder gar verurteilt, sondern der beobachtet und festhält, wie sich die Menschen faktisch verhalten). Der Berichterstatter berichtet einfach, ohne zu bewerten, was geschieht. Das heißt: er hält sich selbst zurück. Er hält sich zurück im Sinn der berühmten drei Negativkennzeichnungen: »Unpersönlichkeit«, »Unparteilichkeit«, »Unrührbarkeit« – »impersonnalité«, »impartialité«, »impassibilité«. Der Flaubertsche berichtende Erzähler weigert sich, als Person zu erscheinen (impersonnalité); er stellt sich nicht auf die Seite dieser oder jener Figur, er ergreift nicht Partei (impartialité); schließlich: er bleibt ungerührt, er überläßt Gerührtheit dem Leser (impassibilité). Vargas Llosa, der dies ziemlich überzeugend darlegt, ist im Recht, wenn er erklärt: »Der unsichtbare Berichterstatter hatte nie zuvor diese alles entscheidende Rolle, die er in diesem Roman erhielt, und keinem Autor vor Flaubert war es gelungen, so wirksame Techniken zu finden, die die Existenz des Erzählers vertuschen.« Daneben nun also der Moralist, der als solcher ausbricht aus der bloßen Berichterstattung: es sind kurze, allgemeine, in gewissem Sinn banale, meist peremtorische Einwürfe. Zum Beispiel, nach Emmas Tod, als Kapitelbeginn: »Immer, wenn jemand gestorben ist, befällt die Hinterbliebenen so etwas wie eine Betäubung, denn es ist so schwer, diesen Einbruch des Nichts zu begreifen und sich abzufinden mit ihm.« Oder etwa, weniger banal, als Rodolphe sich weigert, Emma finanziell zu helfen: »Er log nicht. Hätte er die dreitausend Franken gehabt, hätte er sie ihr gegeben, obschon es unangenehm ist, im allgemeinen, so schön zu handeln; eine Bitte um Geld ist von all den Windstößen, die auf eine Liebe treffen können, der kälteste und derjenige, der sie am ehesten entwurzelt.« Äußerungen dieser Art sind Abweichungen, ohne Zweifel, von jener »Unpersönlichkeit« des Erzählers, aber sie markieren doch nicht einen wirklichen Bruch. Sie erbringen nicht nur ein Element der Verlebendigung, sondern sie bilden – als Äußerungen des fiktiven Erzählers, keineswegs des Autors selbst – gleichsam den ideologischen Bezugsrahmen, von dem aus die Verhaltensweisen beurteilt werden.

Hinzu kommt, als technische Neuerung von größter Bedeutung für die Späteren, die Erfindung, gewissermaßen, des sogenannten »freien indirekten Stils«, »style indirect libre«, »erlebte Rede«. Es ist dies ein stark kontextbestimmtes Verfahren, das darin besteht, daß die Grenzen zwischen dem unsichtbaren allwissenden Erzähler und einer bestimmten Figur durch vorübergehende subtile Identifikation sich auflösen, so daß sich eine Art von »innerem Monolog« ergibt, und der Leser den Eindruck erhält, unmittelbar Zeuge dessen zu sein, was in dieser Figur emotional und gedanklich geschieht. Dies also geht deutlich schon in Richtung Joyce und Woolf. Es ist merkwürdig, daß sich Flaubert der Neuerung, die er hiermit einführte, gar nicht bewußt war. In seiner Korrespondenz jedenfalls, in der von so vielem die Rede ist, ist davon, soweit ich sehe, nicht die Rede. Es wäre übrigens zu untersuchen, ob sich nicht bereits vor allem bei Stendhal Ähnliches findet, bei einem Autor also, den Flaubert nicht hoch schätzte (vielleicht, weil er unter den unmittelbaren Vorgängern einzig als Pair zu betrachten ist).

Was will dieser Roman sagen? Hat er eine Botschaft? Ich wüßte nicht, wie sie zu formulieren wäre. Natürlich kann man sagen, daß er die Bedingung des Menschseins in der Gesellschaft zu präsentieren sucht, die »condition humaine«. Nicht im Sinne Montaignes oder Pascals, als biologisches, dann auch metaphysisch-ontologisches Ausgeliefertsein, als »misère de l'homme sans Dieu«, sondern im *sozialen* Sinn: Unmöglichkeit, unter den Bedingungen, wie sie nun einmal sind und bleiben, der Selbstverwirklichung, wenn nicht, wie im Fall Homais' und aller Seinen, Dummheit als Lebenshilfe, als Stifterin von Lebensfreude zur Seite steht. Denn dies muß man auch sehen: die menschliche Dummheit war für den »Dummkopf der Familie« ambivalent; es ist da eine wirkliche Faszination; Flaubert war von der Dummheit fasziniert im Sinne des Hasses *und* der Bewunderung. Aber die Vorführung der Bedingung des Menschseins ist nicht die Botschaft dieses Romans. Sie ist nicht, was er sagen will. Eigentlich will er gar nichts sagen. Seine Botschaft ist – er selbst; er selbst als Kunstwerk. Dieser Roman will sagen, was er *ist*. Insofern – aber nur insofern – ist er ein »Buch über nichts«, »un livre sur rien«, wie ein scharfsinniger Kritiker, Rousset, dies – an eine Formulierung Flauberts anknüpfend – ausgedrückt hat. Vielleicht wäre es besser zu sagen: er ist ein Buch über alles, über das Ganze, nämlich das Menschsein, denn er ist ja, als realistischer Roman, wie man zu sagen pflegt, mit Leben prall gefüllt und hat in jedem Augenblick einen präzis erfaßten Gegenstand. Aber dieser Gegenstand zählt nicht. Es zählt nicht das Was, sondern das Wie der formal künstlerischen Bewältigung. Es zählt der Stil. Man könnte auch sagen: die Form, der Stil (im weitesten Sinn) wird unter der Hand – unter der Hand Flauberts – zum eigentlichen und einzigen Inhalt. Von hier aus ist die Radikalität der Kunstbemühung Flauberts zu sehen: sie ist nichts Akzessorisches, sie ist nicht das sich einem vorliegenden Stoff noch Hinzufügende, sie ist das Zentrum selbst, und ihr fügt gewissermaßen der Stoff sich hinzu.

In diesem Zusammenhang ist, wie ich finde, die viel diskutierte Frage nach Flauberts Realismus zu stellen. Ist die »Bovary« ein realistischer Roman? Sie gilt ja herkömmlich als Urbild des realistischen Romans. Auch etwa für Jean Améry ist Flaubert, zähneknirschend gewissermaßen, »der größte realistische Erzähler des Jahrhunderts«. Heute ist es unter Literarhistorikern üblich, den Realismus Flauberts zu bestreiten. Dies aber scheint mir unzulässig: Flaubert ist – zumindest in der »Bovary« und, noch radikaler, in der »Education« – ein realistischer Erzähler. Richtig ist nur, daß er dies nicht in *jeder* Hinsicht ist, und daß er mit der Kennzeichnung »realistisch« nicht ausreichend gekennzeichnet ist. Zunächst ist es ganz offensichtlich, daß sich die »Bovary« gegen einen bestimmten Typ von Literatur wendet, den Flaubert, im Kontext seiner Überlieferung, als »romantisch« beurteilt. Dieser Literatur ging es, wie Flaubert sie sah, um den Aufbau einer fiktiven Welt, die *anders* sein sollte als die tatsächlich den Menschen umgebende und ihn bestimmende Wirklichkeit: Hervorkehren also des Nicht-Alltäglichen, des Abweichenden – nach der guten oder schlimmen Seite hin. In diesem Sinn sagt Emma zu Léon (und zwar in der frühen Phase ihrer Bekanntschaft): »Ich hasse die gewöhnlichen Helden und die gemäßigten Gefühle, wie sie in der Wirklichkeit vorkommen.« Bei Flaubert hingegen Insistenz auf dem Alltäglichen, dem Banalen und Mediokren, und, damit zusammenhängend, die Negation des Helden im romantischen Sinn. Zweitens scheint es mir von großer Bedeutung zu sein, daß die »Bovary« tatsächlich Vorgefallenes erzählt, etwas – dies war für Flaubert gewiß äußerst wichtig –, das die Dignität dessen hat, das nicht ersonnen wurde, sondern wirklich geschehen ist. Drittens, daß Flaubert die Wirklichkeit, das Tatsächliche haßte, ist richtig, aber natürlich kein Einwand gegen den Realismus-Charakter seines Werks; im Gegenteil: was bei Flaubert gegeben ist, ist gerade der vom Haß geweitete und geschärfte, vom Gegenstand des Hasses faszinierte, von ihm nicht loskommende Blick. Viertens gehört Realismus – als Einstellung – zum Stoff, zum zentralen Thema dieses Romans: der »Bovarysmus«, wie man ihn früh genannt hat, zu einem Teil gerade bedingt durch romantische, unrealistische Literatur, ist ja nichts anderes als die Weigerung, die Dinge zu nehmen, wie sie sind, die Verleugnung, mit Freud zu sprechen, des Realitätsprinzips. Der Anspruch, Wirklichkeit zu erfassen, Mimesis zu sein oder, mit Friedhelm Kemps schöner Formel, »ergriffenes Dasein«, ist für die Absicht – und zwar gerade die künstlerische Absicht – dieses Romans konstitutiv. Der Realitätsanspruch also ist das eine. Das andere ist, daß Wirklichkeit für Flaubert nichts anderes ist, nichts anderes sein *darf* als vorgegebenes (und als solches genau zu dokumentierendes) Material. Dieses muß ergänzt werden durch die Arbeit des Schriftstellers, durch Kunst. Flaubert hat hierfür eine einfache Formel: der Roman sei, sagt er, »geschriebene Wirklichkeit«, »du réel écrit« – hierin, im Schreiben, im Geschriebenen, im Formalen im weitesten Sinn, liegt das Entscheidende, das eigentliche Worumwillen des Werks. Dabei übrigens ist der Kunstanspruch Flauberts durch eine im Grund klassizistische Ästhetik bestimmt; also: nicht primär Gefühl, sondern Genauigkeit, Signifikanz jedes (und zwar gerade des äußeren) Details, nicht Spontaneität, sondern Arbeit; Arbeit, die dann auch noch, zuletzt – und dies ist ihr schwierigster Teil – ihre eigenen Spuren verwischt. Das Einzigartige bei Flaubert ist gerade die Verbindung eines radikalen Realitätsanspruchs mit einem ebenso radikalen Kunstanspruch, wobei zu diesem eben der haßerfüllte Respekt vor dem Realen gehört. Das Reale soll gleichzeitig respektiert und bewältigt werden – durch Kunst, durch Stil. Überaus deutlich wird an dieser Stelle die spezifische existentielle Bedingtheit dieser Art von – man möchte sagen – formalistischem, von *stilistischem* Realismus.

Die Kunst, auf die er die Leistungsethik der bürgerlichen Gesellschaft oder, psychoanalytisch gesehen, die des erfolgreichen Vaters übertrug, war für ihn die einzig mögliche Form der Rettung vor dem Leben. Am 4. September 1858 (in diesem Monat begann er mit der Niederschrift des »Salammbô«) heißt es in einem Brief an Mlle Leroyer: »Das einzige Mittel, das Dasein zu ertragen ist dies: sich betäuben in der Literatur wie in einer unaufhörlichen Orgie« – »comme dans une orgie perpétuelle«. Die Frage, wie es zu diesem Arrangement zwischen Leben und Kunstbemühung kam, zu dieser äußerst radikalen Kunstbemühung als einzig möglicher Selbstrettung, wäre ein anderes Thema. Es wäre das Thema Sartres. Dieser redet hier von einer »Neurose-Kunst«, die er in Zusammenhang bringt mit dem, was er die »objektive Neurose« des damaligen Bürgertums nennt. Für Sartre ist Flaubert der »spießerhassende Spießer«.

Dies mag in mehreren Hinsichten stimmen. Klar ist jedoch, daß, wer die »Madame Bovary« schrieb, zumindest in *einer* Hinsicht kein Spießer war. Und schließlich: die Frage, wie es zu diesem Roman kam, wie er möglich wurde, subjektiv und objektiv, ist gewiß interessant; entscheidend aber, wie immer er zustande kam, ist, daß er da ist. Wie er aber da ist, ist er ein Triumph, den der früh gealterte, nervenschwache, gewiß nicht eigentlich sympathische Eremit an der Seine – Tag für Tag, Nacht um Nacht mit Wörtern ringend wie Jakob, am Fluß, mit dem rätselhaften Mann – davongetragen hat. »Ich lasse dich nicht«, möchte man zitieren, »du segnest mich denn.« Der Segen der Wörter, der Sprache – er mußte teuer erkauft werden, aber er blieb nicht aus.

Nietzsches Stil
Beispiel: »Ecce homo«

Zur Frage des Stils

In »Ecce homo« kennzeichnet Nietzsche, *en passant*, seinen idealen Leser: »ein Leser, wie ich in verdiene, der mich liest, wie gute alte Philologen ihren Horaz lasen« (6, S. 305; ich zitiere nach der »Kritischen Studienausgabe, herausgegeben von G. Colli und M. Montinari, Berlin 1980). Versuchen wir hier, im Blick auf seinen Stil, Nietzsche so – also genau, mit Andacht zum Detail – zu lesen! Was aber ist Stil? Bekanntlich ist dies keine leichte Frage. Ich will nicht eine Definition an den Anfang setzen: einmal gibt es keine, auf die bloß zurückzugreifen wäre, zum anderen kann ich eine eigene nicht einfach in aller Kürze herleiten.

Soviel ist klar: beim Stil eines Autors geht es eher um die Form, das *Wie* des Gesagten, nicht jedoch – sicher jedoch nicht primär – um den Inhalt, das *Was*. Aber bereits eine solche Unterscheidung stellt vor ein bekanntes Problem. Einerseits können Was und Wie eines Texts tatsächlich getrennt werden; vorsichtiger gesagt: sie sind nicht untrennbar. Gerade auf solcher Trennbarkeit beruht, zu einem Teil, was wir Stil nennen: *eine* der Bedingungen seiner Möglichkeit ist, daß dasselbe *so* oder *so* gesagt werden kann. Wenn es nur *eine* Möglichkeit gäbe, etwas bestimmtes Vorliegendes zu sagen, wie dies in den Kunstsprachen, den Logikkalkülen, der Fall ist, gäbe es für Stil keinen Raum. Andererseits liegt natürlich in dem Begriff »dasselbe sagen« die ganze Schwierigkeit: sagt man dasselbe, wenn man es *so* sagt oder *so*? Ist das bestimmte Vorliegende klar zu trennen von der Art, wie es gesagt wird? Gewiß sind Form und Inhalt nicht in jeder Hinsicht auseinanderzuhalten. Nietzsche vertrat hierin eine radikale Position: »Den Stil verbessern – das heißt den Gedanken verbessern, und gar nichts weiter!« Und er fügt hinzu: »Wer dies nicht sofort zugiebt, ist auch nie davon zu überzeugen« (2, S. 610; der Satz findet sich auch, ohne den Zusatz, in den »Nachgelassenen Fragmenten«, Sommer 1883; 10, S. 398). Ludwig Reiners stellt diese Äußerung als Motto seiner bekannten »Stilkunst« voran (München 1961, erstmals 1943).

Nietzsche – und also mit ihm Reiners – gehen in dieselbe Richtung wie Faust gegenüber Famulus Wagner in der oft zitierten antirhetorischen Äußerung: »Such' Er den redlichen Gewinn!/ Sei Er kein schellenlauter Tor!/ Es trägt Verstand und rechter Sinn/ Mit wenig Kunst sich selber vor ... (V. 548–551). Ähnlich äußert sich bereits Descartes im Rückblick auf seine rhetorisch-stilistische Schulung am Jesuitenkolleg La Flèche (Discours de la méthode, Première partie, Ed. E. Gilson, Paris 1954, S. 48); wir finden hier, sehr früh, einen antihumanistischen Affekt: »Diejenigen, die am stärksten denken und die am besten ihre Gedanken verdauen, um sie klar und verständlich zu machen, können immer am besten überzeugen mit dem, was sie vortragen, auch wenn sie nur niederes Bretonisch sprächen und nie Rhetorik gelernt hätten.«

Diese Position ist interessant; sie ist berechtigt als Reaktion auf die andere, ihr entgegengesetzte, die Stil als etwas dem fertigen Gedanken bloß Hinzugesetztes betrachtet. Ich kann aber, was sie postuliert, zumindest nicht »sofort zugeben«, wie Nietzsche dies erwartet, bin also für sie schon verloren. Mit diesem Problem – einerseits Trennbarkeit von Inhalt und Form, andererseits doch nicht Trennbarkeit in *jeder* Hinsicht – muß sich, meine ich, schlicht abfinden, wer sich mit dem Stil eines Autors beschäftigt: er muß (und kann) mit ihr, wie es jetzt heißt, *leben*.

Die Trennbarkeit ist größer bei »nicht-fiktionalen« Texten als bei »fiktionalen«, die frei sind in ihrem inhaltlichen Was. Frei heißt hier: frei vom Zwang der äußeren Realität. Denn natürlich sind die Autoren fiktionaler Texte – in anderer Hinsicht – nicht frei in der Wahl ihrer »Gegenstände«. Wovon der fiktionale Autor schreibt, erlebt er selbst oft als Zwang, und oft mag ihm der Zwang, dem er faktisch unterliegt, auch unbewußt bleiben. Flaubert, zum Beispiel, schreibt: »Ich mache nichts von dem, was ich machen will! Denn man wählt seine Gegenstände nicht, sie drängen sich auf«, »je ne fais rien de ce que je veux! Car on ne choisit pas ses sujets, ils s'imposent« (Brief an G. Sand, 1. Januar 1869).

In dieser Hinsicht ist umgekehrt der Autor »nicht-fiktionaler« Texte freier: er braucht nicht von dem zu reden, wovon er redet; er braucht überhaupt nicht zu reden (wovon geringer Gebrauch gemacht wird). Bei einem »nicht-fiktionalen« Text jedoch ist das Gesagte gebunden an eine ihm *vorgegebene* Realität: sei es die Realität eines Sachverhalts oder die eines Gedankenzugs. Ein Historiker zum Beispiel darf nicht erfinden; er *muß* sagen, wie es sich mit dem Stück vergangener Wirklichkeit, das er sich – ohne Zwang – zum Gegenstand gesetzt hat, *tatsächlich* verhält (soweit dies mit den ihm zur Verfügung stehenden Mitteln möglich ist). Einem solchen Zwang hingegen unterliegt ein Dichter nicht: er darf, er *muß* erfinden. Dies gilt sogar für den Autor eines »realistischen« Romans. Meine These ist nun, daß die Trennbarkeit von Form und Inhalt dort ganz entschieden größer ist, wo der Formulierung die Wirklichkeit eines Sachverhalts oder eines Gedankens *vorgegeben* ist, als dort, wo dies *nicht* der Fall ist und sich unwillkürlich, sich gegenseitig bedingend Inhalt und Form in unentwirrbarer Weise durchdringen, so daß sie beinahe ununterscheidbar werden.

Für die Dignität dieses Problems ein knapper historischer Hinweis. Man kennt das vielzitierte Wort des Grafen Buffon: »Stil ist der Mensch selbst«, »le style est l'homme même«. In der Tat war der Verfasser der großen »Histoire naturelle« – im 18. Jahrhundert und weit darüber hinaus als Meister des Stils hochverehrt – auch einer der ersten Stiltheoretiker der neueren Zeit; dem Stil gilt seine berühmte Antrittsrede vor der »Académie française« (»Discours sur le style«, 1753). Schon er stand, wie seine Darlegungen deutlich zeigen, vor dem skizzierten Dilemma. Einerseits erklärt er: »Gut schreiben, heißt gleichzeitig gut denken, gut fühlen und gut wiedergeben; es heißt gleichzeitig Geist, Seele und Geschmack haben. Stil setzt Vereinigung und Betätigung aller geistigen Fähigkeiten voraus«, »Bien écrire, c'est tout à la fois bien penser, bien sentir et bien rendre; c'est avoir en même temps de l'esprit, de l'âme et du goût. Le style suppose la réunion et l'exercice de toutes les facultés intellectuelles«. Einheit, also, von Inhalt und Form. Dann aber sagt er auch wieder: »Nur die gut geschriebenen Werke werden zur Nachwelt übergehen: die Menge der

Kenntnisse, die Einzigartigkeit der Tatsachen, sogar die Neuheit der Entdeckungen sind keine sicheren Garanten für Unsterblichkeit; wenn die Werke, die sie enthalten, sich nur mit geringfügigen Gegenständen befassen, wenn sie ohne Geschmack, ohne Adel und Geist geschrieben sind, werden sie untergehen, denn Kenntnisse, Tatsachen und Entdeckungen kann man leicht ablösen und an eine andere Stelle bringen; sie gewinnen sogar, wenn geschicktere Hände sie ins Werk setzen. All dies gehört nicht zum Menschen selbst; Stil aber ist der Mensch selbst«, »Les ouvrages bien écrits seront les seuls qui passeront à la postérité: la quantité des connaissances, la singularité des faits, la nouveauté même des découvertes, ne sont pas de sûrs garants de l'immortalité; si les ouvrages qui les contiennent ne roulent que sur de petits objets, s'ils sont écrits sans goût, sans noblesse et sans génie, ils périront, parce que les connaissances, les faits et les découvertes s'enlèvent aisément, se transportent, et gagnent même à être mis en œuvre par des mains plus habiles. Ces choses sont hors de l'homme, le style est l'homme même«. Buffon sieht also sehr wohl, daß Stil mit »gutem Denken« zu schaffen hat, daß dieses – ganz im Sinn Nietzsches – zu den Voraussetzungen des Stils gehört. Dann aber wieder sieht er den Stil doch als etwas zu jenen ablösbaren Gehalten der Werke Hinzukommendes, als etwas vom Autor her, als dessen Eigenes, *Hinzugefügtes*, das er mit Begriffen wie »Geschmack«, »Adel« und »Geist« zu fassen sucht (über Buffon: W. Lepenies, Das Ende der Naturgeschichte, München 1976, S. 133–168; eines der Themen von Lepenies ist hier gerade die »Entliterarisierung«, also – im Sinn Buffons – Entstilisierung der Naturwissenschaft; Buffon repräsentiert noch – eindrucksvoll – die Einheit).

Um diesem Dilemma Rechnung zu tragen, unterscheide ich, was das Wie eines Textes angeht, zwei Arten von Elementen: erstens inhaltliche, oder besser formal-inhaltliche Elemente; zweitens formale, *rein* formale Elemente. Formal-inhaltliche Elemente sind solche, die sowohl als formal als auch als inhaltlich betrachtet werden müssen; sie sind formal, insofern sie, unabhängig von bestimmten Inhalten, immer wiederkehren; sie sind inhaltlich, insofern sie eben nicht nur formal sind, sondern beitragen zum Was des Gesagten. Hierzu gehört, zum Beispiel bei Nietzsche in »Ecce homo«, was ich die »Maßlosigkeit der Selbsteinschätzung« nenne und im letzten

Abschnitt des Aufsatzes behandle. Unter den rein formalen Elementen gibt es wiederum zwei Arten: erstens nicht-sprachliche, zweitens sprachliche.

Also: formale Elemente, die einen inhaltlichen Charakter haben, das Inhaltliche mitbetreffen, und *rein* formale, die vom Was des Gesagten leichter trennbar sind; unter den letzteren nicht-sprachliche Elemente und sprachliche. Sprachliche Elemente sind nur solche, die auf einer spezifischen Verwendung der Möglichkeiten beruhen, die eine bestimmte Sprache bereitstellt. Ich nehme hier also »sprachlich« in einem engen Sinn (es ist letztlich der einzig legitime): Verwendung, so oder so, der Möglichkeiten einer bestimmten, historisch gewordenen Sprache (also im Sinne der »langue« Saussures). Stil ist somit keineswegs nur ein sprachliches Phänomen. In ihm kommt Vieles und Verschiedenartiges zusammen. Er hängt zwar, wenn es um Texte geht, immer am Sprachlichen; er äußert sich in dessen *Medium*, aber er geht im Sprachlichen nicht auf. Zum Stil tragen, insbesondere bei einem »fiktionalen« Text, Elemente des *rein* Inhaltlichen bei, dann formal-inhaltliche Elemente, dann nicht-sprachlich formale Elemente, schließlich sprachliche Elemente. Also, schematisch zusammengefaßt:

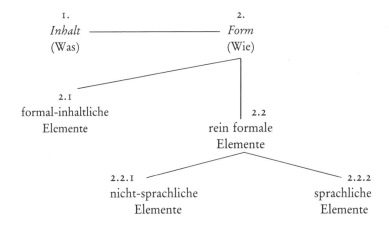

Desiderata zur Untersuchung von Nietzsches Stil

Nietzsche gilt als einer der größten Stilkünstler der deutschen Sprache. Sicher ist er unter den Philosophen – und nicht allein unter den deutschen – der sprachgewaltigste. Um so erstaunlicher ist, daß sein Stil zwar viel gerühmt, aber wenig untersucht wurde. Übrigens ist Nietzsche, was das Sprachliche angeht, nicht nur ein sehr großer Stilist; diese Kennzeichnung reicht nicht aus. Was darüber hinaus vorliegt, um einen Ausdruck Leo Weisgerbers zu gebrauchen, ist »Sprachmächtigkeit«. Damit ist die Fähigkeit eines einzelnen gemeint, natürlich immer auch durch geschichtliche Konstellation bedingt, auf die Sprache selbst und die Art, wie in ihr geschrieben wird, verändernd einzuwirken. »Sprachmächtige« Individuen lassen die Sprache, in der sie schreiben, in *verändertem* Zustand zurück. Für das Deutsche sind hier gewiß drei Namen zu nennen: Luther, Goethe und Nietzsche (Nietzsche selbst hätte auch Heine genannt; vgl. 6, S. 286). Hier jedoch soll es lediglich um Nietzsches Stil, nicht um seinen Einfluß auf die deutsche Prosa, gehen; ich brauche nicht hinzuzufügen, daß es sich auch in dieser Hinsicht nur um eine Skizze handelt. Zudem will ich mich auf den »Ecce homo« beschränken. Jedoch sollen drei Desiderata angemeldet werden.

Erstens. Nötig wäre eine umfassende und genaue Untersuchung von Nietzsches Stil, gerade auch in seiner Veränderung und Entwicklung von der »Geburt der Tragödie« bis zu »Ecce homo«. Daß der »Zarathustra« – stilistisch gesehen – eine Sonderstellung einnimmt, braucht nicht hervorgehoben zu werden.

Zweitens. Nötig wäre eine systematische Untersuchung von Nietzsches Selbstauffassung als Schriftsteller. Nietzsche hat sich hierzu verschiedentlich, zuletzt auch in »Ecce homo«, geäußert. Besonders interessant wäre die Aufdeckung eines Auseinanderfallens von Theorie und Praxis. Es könnte sein, daß Nietzsches Selbstauffassung nicht durchweg koinzidiert mit seinem schriftstellerischen Handeln. Dafür ein Beispiel. Am Schluß der »Götzen-Dämmerung« findet sich der Abschnitt »Was ich den Alten verdanke«. Hier erklärt Nietzsche: »Im Grunde ist es eine ganz kleine Anzahl antiker Bücher, die in meinem Leben mitzählen; die berühmtesten sind nicht darunter. Mein Sinn für Stil, für das Epigramm als Stil erwachte fast augenblicklich bei der Berührung mit Sallust. Ich habe das Erstaunen meines verehrten Lehrers Corssen nicht vergessen, als er seinem schlechtesten Lateiner die allererste Censur geben musste –, ich war mit Einem Schlage fertig. Gedrängt, streng, mit so viel Substanz als möglich auf dem Grunde, eine kalte Bosheit gegen das ›schöne Wort‹, auch das ›schöne Gefühl‹ – daran errieth ich mich. Man wird, bis in meinen Zarathustra hinein, eine sehr ernsthafte Ambition nach *römischem* Stil, nach dem ›aere perennius‹ im Stil bei mir wiedererkennen. – Nicht anders ergieng es mir bei der ersten Berührung mit Horaz [...] Den Griechen verdanke ich durchaus keine verwandt starken Eindrücke; und, um es geradezu herauszusagen, sie *können* uns nicht sein, was die Römer sind. Man *lernt* nicht von den Griechen – ihre Art ist zu fremd, sie ist auch zu flüssig, um imperativisch, um ›klassisch‹ zu wirken. Wer hätte je an einem Griechen schreiben gelernt! Wer hätte es je *ohne* die Römer gelernt!« (6, S. 154/155). Hier, glaube ich, schätzt sich Nietzsche unzutreffend ein: vielleicht steht sein Stil – ich kann dies hier nur behaupten – insgesamt den Griechen doch näher als den Römern. Vielleicht steht er dem verhaßten Plato näher als Horaz und Sallust ... Seine – überaus eindrucksvolle – Kennzeichnung einer Horazischen Ode paßt jedenfalls gar nicht auf seinen eigenen Stil: »Dies Mosaik von Worten, wo jedes Wort als Klang, als Ort, als Begriff, nach rechts und links und über das Ganze hin seine Kraft ausströmt, dies minimum in Umfang und Zahl der Zeichen, dies damit erzielte maximum in der Energie der Zeichen [...]« (6, S. 155).

Drittens. Nötig wäre fürs erste eine vollständige chronologisch angelegte Zusammenstellung der – recht verstreuten – Äußerungen Nietzsches zu Sprache und Stil (ich bin dabei, eine solche Zusammenstellung vorzubereiten). Die Sprachauffassung Nietzsches hat bisher mehr Interesse gefunden, und sie verdient dies Interesse durchaus (vgl. S. Sonderegger, Friedrich Nietzsche und die Sprache. Eine sprachwissenschaftliche Skizze, in: Nietzsche-Studien, 4 [1973] S. 1–29 und J. Albrecht, Friedrich Nietzsche und das »Sprachliche Relativitätsprinzip«, in: Nietzsche-Studien, 8 [1979] S. 225–244, und die Hinweise dort; bei Sonderegger auch eine interessante Stiluntersuchung der in »Ecce homo«, 6, S. 307/308, zitierten unerhörten Stelle aus »Jenseits von Gut und Böse«).

»Ecce homo«: Entstehung und Anlage

»Ecce homo« umfaßt in der »Kritischen Studienausgabe« etwas über hundert Seiten. Das Werk gehört zu den nachgelassenen Schriften; es liegt jedoch in abgeschlossenem Druckmanuskript vor (Nietzsches letztes Manuskript dieser Art). Es trägt den Untertitel »Wie man wird, was man ist« und ist eine Art Autobiographie. Eine Autobiographie übrigens, die sehr vieles verschweigt. Für Nietzsche hatte sie eine vorbereitende Funktion. Am 6. November 1888 schrieb er an seinen Verleger Naumann in Leipzig: »... wundern Sie sich jetzt über Nichts bei mir! Zum Beispiel, daß wir sobald die *Götzen-Dämmerung* in jedem Sinne erledigt ist, sofort einen neuen Druck beginnen müssen. Ich habe mich vollkommen davon überzeugt, noch eine Schrift nöthig zu haben, eine im höchsten Grade *vorbereitende* Schrift um nach Jahresfrist ungefähr mit dem ersten Buche der *Umwerthung* hervortreten zu können. Es muß eine wirkliche *Spannung* geschaffen sein – im anderen Falle geht es wie beim Zarathustra [...]« 14, S. 464). Auch im Vorwort – und zwar im ersten Satz – des Werkes tritt dies hervor: »In Voraussicht, dass ich über Kurzem mit der schwersten Forderung an die Menschheit herantreten muss, die je an sie gestellt wurde, scheint es mir unerlässlich, zu sagen, *wer ich bin.*« Und wenige Zeilen danach: »Unter diesen Umständen giebt es eine Pflicht, gegen die im Grunde meine Gewohnheit, noch mehr der Stolz meiner Instinkte revoltirt, nämlich zu sagen: *Hört mich! denn ich bin der und der. Verwechselt mich vor Allem nicht!*« Das Unternehmen, an das Nietzsche dachte, war die »Umwerthung aller Werthe« in vier Büchern, von denen das erste »Der Antichrist« hieß und dann später zur ganzen »Umwerthung« wurde (vgl. 14, S. 434). Nietzsche schrieb den vorbereitenden »Ecce homo« im Herbst 1888 in Turin. Er begann mit der Niederschrift am 15. Oktober 1888, also an seinem vierundvierzigsten Geburtstag, und beendete eine erste Fassung am 4. November 1888, also nicht einmal drei Wochen später. Montinari nennt diese Fassung die »Oktober-Fassung«. Es erfolgten dann, in mehreren Schüben, Umarbeitungen, Hinzufügungen und Weglassungen bis zum 2. Januar 1889 (Montinari hat dies im einzelnen dargelegt in 14, S. 464–470; hierzu auch sein Aufsatz »Ein neuer Abschnitt in Nietzsches ›Ecce homo‹«, in: M. Montinari, Nietzsche lesen, Berlin/New York 1980, S. 120–168). Übrigens gibt es auch so etwas wie einen »Ur-Ecce-homo«, eine Selbstdarstellung, in elf Abschnitte gegliedert, die Nietzsche während der Korrektur der »Götzen-Dämmerung« schrieb (sie ist veröffentlicht in 13, S. 615–632; vgl. 14, S. 464). Entscheidend für unseren Zweck ist, daß Nietzsche dies Werk in unglaublich kurzer Zeit niederschrieb, und daß diese Niederschrift in eine Zeit großer Hochgestimmtheit fiel. In dem Brief vom 6. November 1888 an Naumann, aus dem ich zitierte, schreibt Nietzsche (zwei Tage also nach Fertigstellung der »Oktober-Fassung«): »Nun war ich die letzten Wochen auf das Allerglücklichste inspirirt, Dank einem unvergleichlichen Wohlbefinden, das einzig in meinem Leben dasteht, Dank insgleichen einem wunderbaren Herbst und dem delikatesten Entgegenkommen, das ich in Turin gefunden habe. So habe ich eine *extrem schwere* Aufgabe – nämlich mich selber, meine Bücher, meine Ansichten, bruchstückweise, so weit es dazu erfordert war, *mein* Leben zu erzählen – zwischen dem 15. Oktober und 4. November *gelöst.*« Dies Motiv tritt auch in dem kurzen Abschnitt hervor, den er dem Werk, nach dem Vorwort, voraussstellte: »An diesem vollkommnen Tage, wo Alles reift und nicht nur die Traube braun wird, fiel mir eben ein Sonnenblick auf mein Leben: ich sah rückwärts, ich sah hinaus, ich sah nie so viel und so gute Dinge auf einmal. Nicht umsonst begrub ich heute mein vierundvierzigstes Jahr, ich *durfte* es begraben, – was in ihm Leben war, ist gerettet, ist unsterblich.«

Das Werk gliedert sich in vier Abschnitte: »Warum ich so weise bin« (hier spricht Nietzsche vor allem von seiner Herkunft), »Warum ich so klug bin« (hier geht es um seine Lebensweise, beginnend mit der Ernährung, um seine »Bildungserlebnisse« in Literatur und Musik), »Warum ich so gute Bücher schreibe« (hier geht Nietzsche der Reihe nach seine Bücher durch – insgesamt zehn – von der »Geburt der Tragödie« bis zu »Der Fall Wagner«; einleitend redet hier Nietzsche über seine Bücher im allgemeinen, über seine Leser, seinen Stil und seine Größe als Psychologe), schließlich – in neun Abschnitten, von denen der letzte nur aus zwei kurzen Sätzen, Frage und Antwort, besteht – »Warum ich ein Schicksal bin« (hier kennzeichnet Nietzsche seine Bedeutung im allgemeinen: er sieht sie in der Entlarvung der christlichen Moral als lebensfeindliche Dekadenz).

Einen überwältigenden Eindruck vermittelt die außerordentliche Faksimile-Edition, mit Transkription und Kommentar, des »Ecce homo«, die Karl-Heinz Hahn und Anneliese Clauss in der »Edition Leipzig« 1985 unter Mitwirkung von Mazzino Montinari veröffentlichten. Das Manuskript befindet sich im Goethe- und Schiller-Archiv in Weimar.

Kennzeichen dieses Stils:
Lebendigkeit, Sinnlichkeit, Klarheit,
Sachlichkeit, Sprachbewußtheit

Durch die fünf in dieser Überschrift genannten Züge läßt sich Nietzsches Stil in »Ecce homo« ziemlich vollständig umreißen. Sie entsprechen dem Eindruck, den die Schrift auf uns macht.

Lebendigkeit. Die Lebendigkeit von Nietzsches Stil liegt in der außerordentlichen Sprechnähe: es ist ein Parlandostil. Sogleich jedoch muß hinzugefügt werden, daß das Parlando, das Nietzsches Schreibweise ist, sich durch große Lebhaftigkeit auszeichnet. Es ist nicht das verhaltene, ruhig erörternde, gleichmäßig fließende Parlando etwa Sigmund Freuds. Nietzsches Parlando ist gekennzeichnet durch unausgesetztes, unregelmäßig-stoßartig drängendes Tempo. Dieses ist nicht künstlich erzeugt, sondern entspringt der Bewegtheit des Zustands, aus dem heraus er redet. Lebendigkeit, also, bewirkt einmal durch Sprechnähe, zum anderen dadurch, daß dies Sprechen seinerseits überaus lebendig ist. Dieser Stilzug entspricht genau Nietzsches expliziten Äußerungen zum Stil. In einem nachgelassenen, Lou Salomé gewidmeten Fragment von Juli/August 1882 hat Nietzsche dargelegt, daß Leben – »der Stil soll leben« – die wichtigste Forderung ist.

Sinnlichkeit. Dieser Zug von Nietzsches Stil beruht auf der Bildkräftigkeit seines Sprechens. Hierbei ist zu beachten, daß Nietzsche mit den Bildern vergleichsweise sparsam umgeht; der »Ecce homo« jedenfalls ist nicht »bilderwüthig und bilderwirrig« (so kritisiert Nietzsche im »Versuch einer Selbstkritik« die »Geburt der Tragödie«, (1, S. 14). Die wenigen Bilder, die sich im »Ecce homo« finden, sind genau »funktionalisiert«, und sie sind meist überraschend. Oft ist es so, daß *ein* Bild zu einem *anderen* führt. Über die »Morgenröthe« sagt Nietzsche: »Dass man von dem Buche Abschied nimmt mit einer scheuen Vorsicht vor Allem, was bisher unter dem Namen Moral zu Ehren und selbst zur Anbetung gekommen ist, steht nicht im Widerspruch damit, dass im ganzen Buch kein negatives Wort vorkommt, kein Angriff, keine Bosheit, – dass es vielmehr in der Sonne liegt, rund, glücklich, einem Seegethier gleich, das zwischen Felsen sich sonnt. Zuletzt war ich's selbst, dieses Seegethier: fast jeder Satz des Buchs ist erdacht, *erschlüpft* in jenem Felsen-Wirrwarr nahe bei Genua, wo ich allein war und noch mit dem Meere Heimlichkeiten hatte. Noch jetzt wird mir, bei einer zufälligen Berührung dieses Buchs, fast jeder Satz zum Zipfel, an dem ich irgend etwas Unvergleichliches wieder aus der Tiefe ziehe: seine ganze Haut zittert von zarten Schaudern der Erinnerung. Die Kunst, die es voraus hat, ist keine kleine darin, Dinge, die leicht und ohne Geräusch vorbeihuschen, Augenblicke, die ich göttliche Eidechsen nenne, ein wenig fest zu machen – nicht etwa mit der Grausamkeit jenes jungen Griechengottes, der das arme Eidechslein einfach anspiesste, aber immerhin doch mit etwas Spitzem, mit der Feder ...« (6, S. 329–330). Oder – es fällt schwer, sich hier zu beschränken – die Stelle, in der sich Nietzsche zu »Menschliches, Allzumenschliches« äußert: »Sieht man genauer zu, so entdeckt man einen unbarmherzigen Geist, der alle Schlupfwinkel kennt, wo das Ideal heimisch ist, – wo es seine Burgverliesse und gleichsam seine letzte Sicherheit hat. Eine Fackel in den Händen, die durchaus kein ›fackelndes‹ Licht giebt, mit einer schneidenden Helle wird in diese *Unterwelt* des Ideals hineingeleuchtet. Es ist der Krieg, aber der Krieg ohne Pulver und Dampf, ohne kriegerische Attitüden, ohne Pathos und verrenkte Gliedmassen – dies Alles selbst wäre noch ›Idealismus‹. Ein Irrthum nach dem andern wird gelassen aufs Eis gelegt, das Ideal wird nicht widerlegt – *es erfriert* ... Hier zum Beispiel erfriert ›das Genie‹; eine *Ecke* weiter erfriert ›der Heilige‹; unter einem dicken Eiszapfen erfriert ›der Held‹; am Schluss erfriert ›der Glaube‹, die sogenannte ›Überzeugung‹, auch das ›Mitleiden‹ kühlt sich bedeutend ab – fast überall erfriert ›das Ding an sich‹ ...« (6, S. 322–323).

Auch dieser Stilzug Nietzsches findet eine sehr genaue Entsprechung in dem, was Nietzsche selbst vom Stil fordert in dem genannten

Fragment: »Der Stil soll beweisen, daß man an seine Gedanken *glaubt*, und sie nicht nur denkt, sondern *empfindet*«; und dann: »Je abstrakter die Wahrheit ist, die man lehren will, um so mehr muß man erst die *Sinne* zu ihr verführen«, schließlich: »Der Takt des guten Prosaikers in der Wahl seiner Mittel besteht darin, *dicht* an die Poesie heranzutreten, aber *niemals* zu ihr überzutreten« (10, S. 39). Natürlich liegt die Sinnlichkeit von Nietzsches Stil nicht nur in seiner Bildkräftigkeit; sie liegt auch in der schwingenden Musikalität seines Parlando. Diese ist leicht zu spüren, aber schwer begrifflich zu fassen, auch weil sie vom Semantischen so schwer zu trennen ist. Man lese, unter diesem Gesichtspunkt, die außerordentlichen Sätze, mit denen Nietzsche die »Genealogie der Moral« kennzeichnet: »Die drei Abhandlungen, aus denen diese Genealogie besteht, sind vielleicht in Hinsicht auf Ausdruck, Absicht und Kunst der Überraschung, das Unheimlichste, was bisher geschrieben worden ist. Dionysos ist, man weiss es, auch der Gott der Finsterniss. – Jedes Mal ein Anfang der irre führen soll, kühl, wissenschaftlich, ironisch selbst, absichtlich Vordergrund, absichtlich hinhaltend. Allmählich mehr Unruhe; vereinzeltes Wetterleuchten; sehr unangenehme Wahrheiten aus der Ferne her mit dumpfem Gebrumm laut werdend, – bis endlich ein tempo feroce erreicht ist, wo Alles mit ungeheurer Spannung vorwärts treibt. Am Schluss jedes Mal, unter vollkommen schauerlichen Detonationen, eine neue Wahrheit zwischen dicken Wolken sichtbar« (6, S. 352). Zunächst also ein relativ langer, aus eher großen Bögen bestehender Satz. Dann ein kurzer, durch einen kurzen Einschub unterbrochener, leicht hingeworfener, nur gleichsam antippender Satz (»Dionysos ist, man weiss es, auch der Gott der Finsterniss«). Dann die wie aufzählende Kennzeichnung: zunächst ein einsilbiges Element (»kühl«), dann viersilbige (»wissenschaftlich, ironisch selbst«), dann zwei sechssilbige (»absichtlich Vordergrund«, »absichtlich hinhaltend«). Dann immer länger werdende Glieder und wieder zwei finite Verben, während der letzte Satz, erneut durch einen Einschub unterbrochen, der die großartige Prägung »vollkommen schauerliche Detonation« enthält, wieder ohne Verbum ist. Das Miteinander von Semantischem, Metaphorischem und wechselnd schwingendem Rhythmus bewirkt die berückende Sinnlichkeit dieser Stelle. Als eine Schwäche empfinde ich, nebenbei, daß die Zusammenstellung »vollkommen schauerlich« gegen Ende des Werks noch einmal erscheint: hier ist die Rede von dem »vollkommen schauerliche(n) Thatbestand, dass die *Widernatur* selbst als Moral die höchsten Ehren empfieng [...]« (6, S. 372). Eine solch kühne Zusammenstellung darf, ohne Selbstzitat zu sein, nicht ein zweites Mal erscheinen; hier gilt, muß gelten: *non bis idem.*

Klarheit. Wenn ich in bezug auf Nietzsches Stil von »Klarheit« spreche, so ist dies nicht allein im intellektuellen Sinn gemeint, den das Wort im Deutschen ausschließlich angenommen hat. Es ist hier auch im optischen und ästhetischen Sinn zu nehmen: große Helle, »großer Mittag«, um es mit Nietzsche selbst zu sagen. Klarheit also im Sinne des lateinischen *claritudo* oder *claritas*, wie er auch in den entsprechenden Wörtern der romanischen Sprachen erhalten blieb und im älteren Deutschen ebenfalls lebendig war (etwa in Luthers Übersetzung des Weihnachtsberichts: »und die Klarheit des Herrn leuchtete um sie« –, »dóxa kyríou«, »claritas Dei«; Lk 2,9). Überall nun – in dieser gedanklich emotionalen, kompositorischen, lexikalischen, syntaktischen Helle – Leserbezogenheit, Hörerbezogenheit, etwas durchgehend und drängend Kommunikatives, der unbedingte Wille, verstanden zu werden. Dabei ist die Kommunikation eher monologisch als dialogisch: man hat, während man liest, den unausgesetzten Eindruck, daß einem jemand gegenübersitzt, eindringlich auf einen einredet, jede Reaktion beobachtet, auf sie eingeht, ja sie vorwegnimmt. Auch dies entspricht genau Nietzsches Anweisung in dem Fragment »Zur Lehre vom Stil«; die zweite Anweisung lautet: »Der Stil soll *dir* angemessen sein in Hinsicht auf eine ganz bestimmte Person, der du dich mittheilen willst.« Man denkt hier an Karl Bühlers Unterscheidung zwischen »Ausdrucksfunktion« und »Appellfunktion« (Sprachtheorie. Die Darstellungsfunktion der Sprache, Stuttgart 1965, erstmals 1934, S. 30–33). Also: ein drängend kommunikativ orientiertes Monologisieren.

Sachlichkeit. Diese Kennzeichnung mag überraschen. Sie trifft auch nicht in jeder Hinsicht zu. Sie trifft aber in *einer* Hinsicht, nämlich im Blick auf die sachbezogene Knappheit dieses Stils. Dieser Stil ist in einem gewissen Sinn ganz unrhetorisch, wenn man unter dem Rhetorischen die Erscheinung versteht, daß die Schreibweise insgesamt, daß ihre sprachlichen Mittel überschüssig sind über das, was gesagt werden soll und auch über den emotionalen Impuls hinaus, der das Geschriebene bedingt: eine Art Verselbständigung, also, des Sprachlichen; das, was man in der Umgangssprache kennzeichnend »Worte machen« nennt. Gewiß ist dies nicht der einzig mögliche Begriff von »Rhetorik«, aber es ist ein nützlicher und notwendiger Begriff, weil es diese Erscheinung tatsächlich gibt. In diesem Sinn erklärt – sehr kategorisch – Ortega y Gasset: »Wem es gelingt, ohne Rhetorik zu schreiben, ist ein großer Schriftsteller: *tertium non datur*. Denn Rhetorik kann nicht Fülle oder Gesuchtheit bedeuten: es gibt füllige und gesuchte Stile ohne Rhetorik. Ich würde sagen: jeder ausdruckslose Stil oder jedes ausdruckslose Stilelement sind Rhetorik. Wenn die Wörter oder die Wendungen nicht ausschließlich der Notwendigkeit gehorchen, einen Gedanken, ein Bild oder ein Gefühl, die in der Seele des Autors lebendig gegenwärtig sind, wiederzugeben, dann bleiben sie wie tote Materie und sind die Negation des Ästhetischen ... Was führte denn dazu, daß diese leeren Vokabeln und Sätze gewählt wurden? Ganz offensichtlich der Wunsch, einem illustren Autor oder einer illustren Epoche ähnlich zu sein und die Leute glauben zu machen, daß man diese ist. Dies nämlich ist, in der Ethik wie in der Ästhetik, das Wesen der Sünde: für jemanden gehalten werden zu wollen, der man nicht ist. Und die Rhetorik ist die Sünde, die darin besteht, daß man sich selbst nicht treu ist, sie ist die Heuchelei in der Kunst« (so in einer Studie über den Schriftsteller Pío Baroja, in: El Espectador, 1, S. 146).

Setzt man eine solche Bestimmung voraus, dann ist Nietzsches Stil, jedenfalls in »Ecce homo«, denkbar unrhetorisch. Es ist da kaum etwas überschüssig über das hinaus, was gesagt wird, und über die Emotion hinaus, die den Text beherrscht. Keine Verselbständigung des Sprachlichen, eher Knappheit der sprachlichen Mittel. Diese Knappheit ist dabei leicht und flüssig. Man denkt an die Worte, mit denen Nietzsche Bizets »Carmen« kennzeichnet: »Diese Musik scheint mir vollkommen. Sie kommt leicht, biegsam, mit Höflichkeit daher. Sie ist liebenswürdig, sie *schwitzt* nicht. ›Das Gute ist leicht, alles Göttliche läuft auf zarten Füssen‹: erster Satz meiner Aesthetik« (6, S. 13). Gewiß treffen diese Sätze auf den Stil von »Ecce homo« nicht durchweg zu: es ist da keinesfalls durchweg Höflichkeit und Liebenswürdigkeit, obwohl sich in diese Richtung Gehendes findet;

es fehlt auch nicht ein Element des Angestrengten, des Angespannten. Jedenfalls ist die flüssige Leichtigkeit der Nietzscheschen Knappheit hervorzuheben: es ist keineswegs die bewußt reduzierte, gleichsam gemeißelte Knappheit gewisser römischer Schriftsteller, etwa des Tacitus. Viel näher ist er der Prosa Heines, den er selbst als Pair betrachtet (vgl. 6, S. 286). Was das »Worte machen« angeht, gibt es von Nietzsche selbst eine interessante Äußerung in einem kurzen, nur aus dieser Äußerung bestehenden Fragment (1884/1885): »Ich bin ein Worte-macher: was liegt an Worten! was liegt an mir!« (11, S. 349). Es ist aber nicht ganz klar, ob sich die Äußerung auf ihn selbst oder etwa auf eine Figur des »Zarathustra« bezieht; Nietzsche notiert die Stelle – offenbar war sie ihm wichtig – drei Jahre später in den Dionysos-Dithyramben noch einmal (13, S. 575). Übrigens stünde sie, als distanziert ironische Selbsteinschätzung (ich bin nicht viel wert, denn ich mache bloß Worte – und was sind schon Worte!), nicht notwendig im Widerspruch zu dem hier Geäußerten.

Sprachbewußtheit. Mit dieser Kennzeichnung meine ich die ständige Präsenz der Sprache und ihrer Mittel hinter dem Sprechen, den metasprachlichen Rückbezug, immer wieder hervortretend, des Sprechens auf die Sprache, die es bedingt. Es ist dies übrigens eine spezifische, sehr delikate Form der Sinnlichkeit eines Stils, und dieser Stilzug ist als einziger spezifisch modern: hier ist, bei Nietzsche, etwas ganz Neues. Die unausgesetzte Sprachbewußtheit von Nietzsches Stil bringt in ihn, nicht zuletzt, jenes Element des Angestrengten, von dem ich sprach, gelegentlich auch ein Element von spielerischem hanswursthaftem Unernst (vgl. 6, S. 365), der ebenfalls nicht der – auch stilistisch bedeutsamen – klassischen Römertugend der *gravitas* entspricht. Der nicht uninteressante Philosoph (oder Theologe) Christoph Schrempf, besonders um die Rezeption Kierkegaards verdient, schreibt in einer eigenwilligen, ziemlich ungerechten »Abrechnung mit Nietzsche« (1918): »Wo findet sich in seiner Rede eine wirklich gefällige Bewegung des Geistes und Gemüts? leichte Grazie? ruhige Würde? Eleganz ohne Selbstgefälligkeit? Auch kann Nietzsche nicht etwa, ohne selbst zu lachen, in anderen das befreiende Lachen erwecken. Er hat keinen Humor, nicht einmal Ironie, nur Witz. Er kann das Lachen nur rühmen, nicht lehren. Mit dem Tanzen verhält sich's kaum anders« (Von der Religion zum Glauben. Der

Weg Christoph Schrempfs. Ausgewählte Werke herausgegeben von Otto Engel, Stuttgart 1947, I, S. 524). Dies ist gewiß nicht einfach richtig, aber es ist auch nicht einfach unrichtig. Nur eben: »Gefälligkeit«, »leichte Grazie«, »ruhige Würde« waren nicht Nietzsches Sache. Sie gehörten jedenfalls nicht zu der schon spezifisch »modernen« Stimmung, zum Pathos, aus welchem heraus »Ecce homo« geschrieben wurde. In dem Werk selbst erklärt Nietzsche: »Einen Zustand, eine innere Spannung von Pathos durch Zeichen, eingerechnet das tempo dieser Zeichen, *mitzutheilen* – das ist der Sinn jedes Stils [...] *Gut* ist jeder Stil, der einen inneren Zustand wirklich mittheilt, der sich über die Zeichen, über das tempo der Zeichen, über die *Gebärden* – alle Gesetze der Periode sind Kunst der Gebärde – nicht vergreift« (6, S. 304). Wenn dies so ist – und dies ist eine interessante und gerade im Sinn Ortegas treffende Definition –, dann hat Nietzsche in »Ecce homo« stilistisch sein Ziel überaus genau erreicht.

Mittel der Verlebendigung

Von den Kennzeichen eines Stils sind die Mittel zu trennen, die ihnen entsprechen, die sie herbeiführen. Zur Lebendigkeit von Nietzsches Stil tragen bei: die Lockerheit der Komposition, die Kürze der Abschnitte, die Tatsache dieser Abschnitte überhaupt, die sich zumeist auf *einen* Gedankenzug beschränken, die Einsätze *medias in res* bei jedem Abschnitt, jedem Kapitel. Das Kapitel etwa »Warum ich so gute Bücher schreibe« beginnt so: »Das Eine bin ich, das Andre sind meine Schriften. – Hier werde, bevor ich von ihnen selbst rede, die Frage nach dem Verstanden- oder *Nicht*-verstanden-werden dieser Schriften berührt« (6, S. 298). Eine denkbar knappe Einleitung also, die einen Hinweis bringt auf das Vorausgegangene und die Ankündigung dessen, worum es im ersten Abschnitt des Kapitels gehen soll. Auch das abrupte, ins Leere ausschwingen lassende *Ende* der Abschnitte gehört hierher. Dann, natürlich, die ständigen Fragen an den Leser, die ihn direkt »angehen«. Etwa, in diesem Falle witzig: »– Hat Jemand, Ende des neunzehnten Jahrhunderts, einen deutlichen Begriff davon, was Dichter starker Zeitalter *Inspiration* nannten? Im andren Falle will ich's beschreiben –« (6, S. 339). Diese Stelle, die zugleich ein Beispiel für die Medias-in-res-Technik ist, denn sie leitet einen Abschnitt ein, zeigt, was Schrempf meinte; sie ist witzig auf eine unentspannte Weise: Witz, nicht aber »leichte Grazie«. Oder – wieder ein Beispiel für angespannten, angestrengten, ja grimassierenden Witz –: »Darf ich anbei die Vermuthung wagen, dass ich die Weiblein *kenne*? Das gehört zu meiner dionysischen Mitgift. Wer weiss? vielleicht bin ich der erste Psycholog des Ewig-Weiblichen« (6, S. 305). Zu erinnern wäre hier an das berühmte »Oder?« am Schluß der »Morgenröthe«: »Oder, meine Brüder? Oder? –«; nach Nietzsche, wie er in »Ecce homo« konstatiert, »das einzige Buch, das mit einem ›Oder?‹ schliesst ... (6, S. 330). Hierher gehören auch die eingeschobenen Interjektionen: »Aber die Deutschen sind canaille – ach! sie sind so gutmüthig ... (6, S. 362). Dann natürlich die Sperrungen (hier kursiv gesetzt), die sich zahlreich finden: sie sind Unterstreichungen und bedeuten – im Sinne der Nachahmung des Sprechens – insistierenden Akzent: »Die Circe der Menschheit, die Moral, hat alle psychologica in Grund und Boden gefälscht – *vermoralisirt* – bis zu jenem schauderhaften Unsinn, dass die Liebe etwas ›Unegoistisches‹ sein soll ... Man muss fest auf *sich* sitzen, man muss tapfer auf seinen beiden Beinen stehn, sonst *kann* man gar nicht lieben« (6, S. 305). Oder: »Der ›deutsche Geist‹ ist *meine* schlechte Luft: ich athme schwer in der Nähe dieser Instinkt gewordnen Unsauberkeit in psychologicis [...]« (6, S. 361). Zur Leben verleihenden kommunikativen Orientierung gehören die ebenfalls sehr zahlreichen drei Punkte, die bedeuten, daß der Autor sich weigert, pedantisch auszumalen; es wird da gleichsam bloß angetippt im Sinne eines Verständnis heischenden: ihr wißt schon, was ich meine ... Offenhaltendes Ausschwingenlassen des Gedankens. Der eben zitierte Satz zur Moral und zur Liebe ist dafür ein Beispiel. Besonders charakteristisch für Nietzsche und wiederum besonders sprechnah ist die Technik des fortschreitenden, sich korrigierenden Durchstoßens, wie ich sie nennen möchte. Hierfür zunächst einige Beispiele: »Nachdem der jasagende Theil meiner Aufgabe gelöst war, kam die neinsagende, *neinthuende* Hälfte derselben an die Reihe [...]« (6, S. 350); »Auf diesen beiden Wegen fiel mir der ganze erste Zarathustra ein, vor Allem Zarathustra selber, als Typus: richtiger, er *überfiel mich* ...« (6, S. 337); »Der Christ war bisher *das* ›moralische Wesen‹ ein Curiosum ohne Gleichen – und, als ›moralisches Wesen‹, absürder, verlogner, eitler, leichtfertiger, *sich selber nachtheiliger* als auch der grösste Verächter der Menschheit es sich träumen lassen könnte« (6, S. 371/372), »Und immer aus dem gleichen Grunde, aus ihrer innerlichsten *Feigheit* vor der Realität, die auch die Feigheit vor der Wahrheit ist, aus ihrer bei ihnen Instinkt gewordnen Unwahrhaftigkeit, aus ›Idealismus‹ ...« (6, S. 359; gemeint sind natürlich die Deutschen); »Ich erst habe die Wahrheit *entdeckt*, dadurch dass ich zuerst die Lüge als Lüge empfand – roch ...« (6, S. 366). Was hier vorliegt, ist dies: der Autor stößt durch eine Korrektur dessen, was er gerade gesagt hat, zu dem durch, was er *eigentlich* meint oder zu dem, worauf es ihm *eigentlich* ankommt, wobei nicht selten ein triumphierender Unterton mitschwingt etwa des Inhalts: das sitzt! (die von Schrempf gerügte Selbstgefälligkeit). Die insistierende Akzentuierung, nachahmende Unterstreichung, gehört natürlich hierher: oft wird das eigentlich Intendierte unterstrichen. Die besondere Sprechnähe dieses Verfahrens liegt darin, daß das Geschriebene nicht nur das *eigentlich* Gemeinte oder Gewollte enthält, sondern auch das *noch nicht* Befriedigende und somit den Vorgang der Korrektur selbst. Also eine Lebendigkeit bewirkende Abbildung dessen, was Kleist in seinem außerordentlichen Aufsatz »die allmähliche Verfertigung der Gedanken beim Reden« nennt. Nietzsches Schreiben ist ein Reden, und sein Reden ist (was die Lebendigkeit steigert) in der Tat ein »wahrhaftes lautes Denken«: »Die Reihen der Vorstellungen und ihrer Bezeichnungen gehen nebeneinander fort, und die Gemütsakten für eines und das andere, kongruieren. Die Sprache ist alsdann keine Fessel, etwa wie ein Hemmschuh an dem Rade des Geistes, sondern wie ein zweites, mit ihm parallel fortlaufendes Rad an seiner Axe. Etwas ganz anderes ist es, wenn der Geist schon, vor aller Rede, mit dem Gedanken fertig ist.« Bei Nietzsche handelt es sich ziemlich eindeutig um den ersteren Fall. Er läßt sich aber andererseits vom Sprachlichen nicht fortreißen, sondern dieses bleibt der Ausdrucksabsicht untergeordnet. »Es liegt ein sonderbarer Quell der Begeisterung für denjenigen, der spricht«, sagt Kleist, »in einem menschlichen Antlitz, das ihm gegenüber steht; und ein Blick, der uns einen halb ausgedrückten Gedanken schon als begriffen ankündigt, schenkt uns oft den Ausdruck für die ganze andere Hälfte desselben.« Nietzsche fehlte, wie man weiß, auch damals in Turin, zur Zeit jenes »delikatesten Entgegenkommens«, von dem er in dem Brief an Naumann schrieb, ein solches Gegenüber als »Quell der Begeisterung«. Seine dem Sprechen überaus nahe Schreibweise jedoch ist so, als habe er sich ein solches Gegenüber *imaginiert*. Sie wird dadurch um so ergreifender; dieser Einsamste schreibt so, als habe er den Rat, den Kleist, ein anderer Einsamer, gibt, jederzeit befolgen können: »Wenn du etwas wissen willst und es durch Meditation nicht finden kannst, so rate ich dir, mein lieber, sinnreicher Freund, mit dem nächsten Bekannten, der dir aufstößt, darüber zu sprechen...«

Äußerungen von Sprachbewußtheit

Die eigentümliche Sinnlichkeit von Nietzsches Stil liegt, wie gesagt, in der Musikalität seiner Schreibweise, also seines Sprechens und in der spezifischen Metaphorik. Der »Zarathustra« sei, erklärt er mit Emphase, eine »Rückkehr der Sprache zur Natur der Bildlichkeit« (6, S. 344). Jedenfalls versteht er es in beinahe verführerischer Weise – dies zeigt gerade auch »Ecce homo« –, das Abstrakte *sinnlich* zu sagen. Auffallend die Metaphorik aus dem Bereich der Minerale: »diamantene Schönheit« (6, S. 333), »granitne Sätze« (6, S. 333), »smaragdenes Glück« (6, S. 345). Dann die Farben: »An diesem vollkommenen Tage, wo Alles reift und nicht nur die Traube braun wird [...]« (6, S. 263), *azurne* Einsamkeit« (6, S. 343); ich erinnere auch an die schöne Stelle über Bizet aus »Der Fall Wagner« (es geht natürlich um »Carmen«): »Ich beneide Bizet darum, dass er den Muth zu dieser Sensibilität gehabt hat, die in der gebildeten Musik Europa's bisher noch keine Sprache hatte, – zu dieser südlicheren, bräuneren, verbrannteren Sensibilität... Wie die gelben Nachmittage ihres Glücks uns wohlthun!« (6, S. 15). Im übrigen gehen Gesteins- und

Farbmetaphorik auch ineinander über: »Mein ganzer Zarathustra ist ein Dithyrambus auf die Einsamkeit, oder, wenn man mich verstanden hat, auf die *Reinheit* ... Zum Glück nicht auf die *reine Thorheit*. – Wer Augen für Farben hat, wird ihn diamanten nennen –« (6, S. 276). Diese Metaphorik paßt natürlich zu der Wendung ins Physiologische, die besonders die späten Schriften kennzeichnet. Nietzsches Metaphorik, in ihrer Entwicklung und wechselnden Akzentuierung, wäre einer gesonderten Untersuchung wert.

Hier soll kurz zusammengestellt werden, wie sich in Nietzsches Stil die – so spezifisch moderne – Sprachbewußtheit, diese reflexive Sprachbezogenheit äußert. Zunächst sind die lautlichen Anklänge zwischen verschiedenen Wörtern zu nennen, die Nietzsche oft instrumentalisiert: lautliche Nähe (oft liegt die Differenz nur in *einem* Phonem) im Dienst des Semantischen; anders ausgedrückt: die Signifikate der Wörter und Wendungen werden stimuliert durch die Signifikanten, die sich, entgegen dem, was normalerweise beim Sprechen geschieht, *als solche* vordrängen. Beim normalen Sprechen, und zwar gerade beim angestrengten, der Sache hingegebenen Sprechen treten weder die Signifikanten noch die Signifikate als solche ins Bewußtsein sowohl des Sprechenden als auch des Hörenden. Vom akustischen oder graphischen Zeichen geht die Aufmerksamkeit sogleich über zu den durch diese Zeichen intendierten Sachen (vgl. H.-M. Gauger, Sprachbewußtsein und Sprachwissenschaft, München 1976, S. 161–162). Beispiele: »Dies ist der Ausnahmefall, in welchem ich, gegen meine Regel und Überzeugung, die Partei der ›selbstlosen‹ Triebe nehme: sie arbeiten hier im Dienste der *Selbstsucht, Selbstzucht*« (6, S. 294); »Aber jedenfalls als ein Satz der erheblichsten Folgen, fruchtbar und furchtbar zugleich und mit jenem *Doppelblick* in die Welt sehend, welchen alle grossen Erkenntnisse haben ...« (6, S. 328); »das *aggressive* Pathos gehört ebenso nothwendig zur Stärke als das Rach- und Nachgefühl zur Schwäche« (6, S. 274; die Prägung »Nachgefühl« ist eine treffende Übersetzung, eine Lehnübersetzung von »ressentiment«); »gar nicht zu reden von den Allerwelts-Philosophen, den Moralisten und andren Hohltöpfen, Kohlköpfen [...]« (6, S. 305); »Euch, den kühnen Suchern, Versuchern und wer je sich mit listigen Segeln auf furchtbare Meere einschiffte [...]« (6, S. 303; ein Zitat aus »Zarathustra«). Einige dieser Beispiele gehören auch zur Technik des korrigierenden Durchstoßens: die lautlichen Anklänge werden instrumentalisiert im Sinn solchen Durchstoßens zum eigentlich Gemeinten. Daneben finden sich, eng damit verwandt, Neubildungen – spielerische, gelegentlich kalauerhafte Inanspruchnahmen des Lautlichen: »Bei allen sogenannten, ›schönen Seelen‹ giebt es einen physiologischen Übelstand auf dem Grunde, – ich sage nicht Alles, ich würde sonst medicynisch werden« (6, S. 306); »das allerletzte Gedicht zumal, *an den Mistral,* ein ausgelassenes Tanzlied, in dem, mit Verlaub! über die Moral hinweggetanzt wird, ist ein vollkommner Provençalismus.« (6, S. 334). Auch Eigennamen werden so verwendet, zum Beispiel der von Liszt: »ich selber war *eigenhändig* Zeuge, wie man in Leipzig, zu Ehren eines der echtesten und deutschesten Musiker, im alten Sinne des Wortes deutsch, keines blossen Reichsdeutschen, des Meister *Heinrich Schütz* einen Liszt-Verein gründete, mit dem Zweck der Pflege und Verbreitung *listiger* Kirchenmusik...« (6, S. 358); oder (über Stendhal): »ganz unschätzbar mit seinem vorwegnehmenden Psychologen-Auge, mit seinem Thatsachen-Griff, der an die Nähe des grössten Thatsächlichen erinnert (ex ungue Napoleonem –)« (6, S. 286). Auch Alliterationen finden sich nicht selten und ebenfalls mit einer bestimmten – im einzelnen oft schwer greifbaren – semantischen Ladung: »Das Genie des Herzens, das die tölpische und überraschte Hand zögern und zierlicher greifen lehrt [...]« (6, S. 307/308; Nietzsche zitiert hier aus »Jenseits von Gut und Böse«). An derselben Stelle auch ein Satz, in dem sich Alliteration und Reim verbinden: »Das Genie des Herzens, von dessen Berührung Jeder reicher fortgeht, nicht begnadet und überrascht, nicht wie von fremdem Gute beglückt und bedrückt, sondern reicher an sich selber [...]«, dann gleich wieder alliterierend: »von einem Thauwinde angeweht und ausgehorcht, unsicherer vielleicht, zärtlicher zerbrechlicher zerbrochener, aber voll Hoffnungen [...]« (6, S. 308). Nicht selten ist auch das Verfahren, undurchsichtig gewordene Bildungen oder Wendungen neu zu beleben, sie wieder durchsichtig zu machen, sie wieder zu reduzieren, für das Bewußtsein des Lesenden, auf ihre Signifikanten: »Man darf keine Nerven haben... Auch an der Einsamkeit *leiden* ist ein Einwand, – ich habe immer nur an der ›Vielsamkeit‹ gelitten...« (6, S. 297). Ein, übrigens, erschütternder Satz. Oder betrachten wir, was Nietzsche an einer

Stelle mit der Wendung »gutheißen«, die wir ja nur noch im Sinn von »billigen« gebrauchen, macht: »Es ist Nichts, was ist, abzurechnen, es ist Nichts entbehrlich – die von den Christen und andren Nihilisten abgelehnten Seiten des Daseins sind sogar von unendlich höherer Ordnung in der Rangordnung der Werthe, als das, was der Décadence-Instinkt gutheissen, *gut heissen* durfte« (6, S. 311).

Also, immer wieder ein genaues, gleichsam überbelichtendes Hinsehen auf das Wort als solches, auf die Wendung als solche. Ein Denken gewissermaßen von der Sprache her: Sprachdenken (zum Begriff des »Sprachdenkens«, über den noch nachgedacht werden müßte, C. Kühnhold, Der Begriff des Sprunges und der Weg des Sprachdenkens. Eine Einführung in Kierkegaard, Berlin, 1975 und – ganz anders geartet – U. Erckenbrecht, Sprachdenken, Anregungen zu einer emanzipatorischen Sprachtheorie, Kronberg, 1974). Zur Sprachbewußtheit von Nietzsches Stil gehören auch die vielen, meist sehr treffenden Neubildungen, denn jede Neubildung, jede überraschende Bildung lenkt die Aufmerksamkeit zu einem Teil von der Sache weg auf sich selbst: »vermoralisiren« (6, S. 305), »vergütigen« (6, S. 301; »aber wohin ich komme, hier in Turin zum Beispiel, erheitert und vergütigt sich bei meinem Anblick jedes Gesicht«), »nierenprüfen« (6, S. 362; »Das Erste, worauf hin ich mir einen Menschen ›nierenprüfe‹ ist, ob er ein Gefühl für Distanz im Leibe hat [...]«). Nebenbei: zur Sprachbewußtheit gehören nicht nur die zahlreichen Unterstreichungen, die ebenfalls zur Lebendigkeit beitragen, sondern auch die sehr zahlreichen Wörter und Wendungen, die in Anführungszeichen gesetzt werden. Dann etwa: »beärzteln« (6, S. 266); auch diese Neubildung verwendet Nietzsche in durchstoßendem Sinn als Steigerung: »Jene Energie zur absoluten Vereinsamung und Herauslösung aus gewohnten Verhältnissen, der Zwang gegen mich, mich nicht mehr besorgen, bedienen, *beärzteln* zu lassen [...]«. Oder, ein Zitat aus »Zarathustra« in »Ecce homo«: »euch, den Räthsel-Trunkenen, den Zwielicht-Frohen, deren Seele mit Flöten zu jedem Irrschlunde gelockt wird [...]« (6, S. 303). Oder: »Die Antwort auf einen solchen Dithyrambus der Sonnen-Vereinsamung im Lichte wäre Ariadne ...« (6, S. 348).

Die Komposita bei Nietzsche verdienten eine eigene Betrachtung; Nietzsche handhabt dies so bemerkenswerte Instrument der deutschen Sprache (im Unterschied jedenfalls zu den romanischen Sprachen, wo es fast ganz fehlt) auf virtuose Weise. Nur Thomas Mann, der in dieser Hinsicht viel von Nietzsche gelernt hat, ist ihm darin gleichzustellen. Bemerkenswert ist, daß Nietzsche diese Komposita meist – durchaus aber nicht immer – mit einem Bindestrich versieht: manchmal stehen Bildungen mit Bindestrich und solche ohne ihn direkt nebeneinander: »Die Deutschen haben endlich, als auf der Brücke zwischen zwei décadence-Jahrhunderten eine force majeure von Genie und Wille sichtbar wurde, stark genug, aus Europa eine Einheit, eine politische und *wirtschaftliche* Einheit, zum Zweck der Erdregierung zu schaffen, mit ihren ›Freiheits-Kriegen‹ Europa um den Sinn, um das Wunder von Sinn in der Existenz Napoleon's gebracht [...]« (6, S. 360; vgl. 6, S. 368, wo unmittelbar nebeneinanderstehen »Existenzbedingungen« und »Existenz-Bedingung«). Weitere Beispiele: »Idioten-Urtheil« (6, S. 359), »Freiheits-Gefühl« (6, S. 340), »Entselbstungs-Moral« (6, S. 332), »*Junker-Philosophie*« (6, S. 301), »Winkel-Luft« (6, S. 303), »Heroen-Cultus« (6, S. 300), »Gymnasial-Bildung« (6, S. 306), »Stimmvieh-Rechte« (6, S. 306), »Versucher-Gott« (6, S. 307; diese Bildung ist eigentlich undeutsch und einem französischen Kompositionstyp nachgebildet; der Kompositionstyp *A ist B*, also in diesem Fall: dieser Gott *ist* ein Versucher, ist im Deutschen kaum möglich; vgl. H.-M. Gauger, Untersuchungen zur spanischen und französichen Wortbildung, Heidelberg 1971, S. 144–149). Interessant sind auch die adverbiell determinierenden Komposita wie »Das Heimlich-Rachsüchtige« (6, S. 303); »dass die Menschheit bisher in den *schlechtesten* Händen war, dass sie von den Schlechtweggekommenen, den Arglistig-Rachsüchtigen, den sogenannten ›Heiligen‹, diesen Weltverleumdern und Menschenschändern, regiert worden ist« (6, S. 331; das Beispiel kann auch wieder für die Durchstoßtechnik stehen); »einem Gesetzgeber, einem Weisen, einem Gelehrten, einem Frommen, einem Göttlich-Abseitigen alten Stils« (6, S. 338). Interessant ist sodann der Typus, in dem ein Substantiv adverbiell determiniert, etwa in der zuvor angeführten Stelle: die »Räthsel-Trunkenen«, die »Zwielicht-Frohen« (6, S. 303). Es wäre interessant, vom sprachwissenschaftlichen Standpunkt aus die Komposita Nietzsches innerhalb der Geschichte der Komposition im Deutschen zu untersuchen: es gibt ja hier eine Entfaltung, und möglicherweise hat gerade Nietzsche, der »Sprachmächtige«, zu dieser Entfaltung entscheidend beigetragen. Auch diese Komposita jedenfalls, die sich bei Nietzsche in so großer Zahl finden, tragen bei zu jenem Eindruck von Sprachbewußtheit: eine Sprachbewußtheit, also, beim Schreibenden, die sich auf den Lesenden, der hier eher Hörender ist, überträgt. Diese Sprachbewußtheit, noch einmal, führt zu einer eigentümlichen Angespanntheit: der Blick ist stets *zugleich* auf die gemeinte Sache gerichtet *und* auf das sprachliche Instrument; eine unnormale, später, wie angedeutet, gerade für die »moderne« Dichtung (ab Rimbaud) kennzeichnende Insistenz auf den Signifikanten. Es geht hier im übrigen um die Frequenz, um einen Unterschied des Grades, der schließlich qualitativen Charakter gewinnt.

Eine Anmerkung noch zu den Fremdwörtern und den fremden Wörtern in »Ecce homo«. Sehr häufig sind die Fremdwörter nicht, was natürlich der Vermeidung akademischen Jargons, für Nietzsche überhaupt kennzeichnend, entspricht. Vor Fremdwörtern scheut Nietzsche aber keineswegs zurück, vielmehr setzt er sie ein mit einem subtilen Gefühl für ihren stilistischen Wert: »Um einen Begriff von mir als Psychologen zu geben, nehme ich ein curioses Stück Psychologie, das in ›Jenseits von Gut und Böse‹ vorkommt [...]« (6, S. 307); »*Menschliches, Allzumenschliches*, dies Denkmal einer rigorösen Selbstzucht [...]« (6, S. 327); »Dieser Mangel an Partei zwischen Gegensätzen! diese stomachische Neutralität und ›Selbstlosigkeit‹!« (6, S. 358); »Jede Gebrechlichkeit der Seele schliesst aus davon, ein für alle Male, selbst jede Dyspepsie: man muss keine Nerven haben, man muss einen fröhlichen Unterleib haben« (6, S. 302/303). Von den Fremdwörtern, die einen wechselnden Grad von Eindeutschung in Phonetik und Graphie zeigen, sind die fremden Wörter zu unterscheiden, die ohne Veränderung als solche gebraucht werden. Hier zeigt sich nun überall Nietzsches Nähe zum Französischen. Vor allem die mehr oder weniger unübersetzbaren Schlüsselwörter dieser Sprache für den geistig psychologischen Bereich sind Nietzsche wichtig (zu diesen Schlüsselwörtern: M. Wandruszka, Der Geist der französischen Sprache, Hamburg 1959; hier wird mehrfach auf Nietzsche hingewiesen): »Ich halte diese Rasse nicht aus, mit der man immer in schlechter Gesellschaft ist, die keine Finger für nuances hat

– wehe mir! ich bin eine nuance –, die keinen esprit in den Füssen hat und nicht einmal gehen kann...« (6, S. 362); oder, gleich danach: »Mein ganzes Leben ist der Beweis de rigueur für diese Sätze. Umsonst, dass ich in ihm nach einem Zeichen von Takt, von délicatesse gegen mich suche. Von Juden ja, noch nie von Deutschen« (6, S. 363); »Ich habe gegen Alles, was heute noblesse heisst, ein souveränes Gefühl von Distinktion [...]« (6, S. 268); »Die ›Nothstände‹ aller Art überhaupt als Einwand, als Etwas, das man *abschaffen* muss, betrachten, ist die niaiserie par excellence, ins Grosse gerechnet [...]« (6, S. 368). Auch für das Atmosphärische, das fremde Wörter schaffen, auch fremde Namen, hat Nietzsche viel Sinn: »Ich fürchte, ich habe einmal, um schlechten Gerüchen aus dem Wege zu gehn, im palazzo del Quirinale selbst nachgefragt, ob man nicht ein stilles Zimmer für einen Philosophen habe. – Auf einer loggia hoch über der genannten piazza, von der aus man Rom übersieht und tief unten die fontana rauschen hört, wurde jenes einsame Lied gedichtet, das je gedichtet worden ist, das *Nachtlied*« (6, S. 340/341).

Ausschreitungen

Ist der »Ecce homo« nicht, auch stilistisch gesehen, verglichen mit Nietzsches früheren Schriften, eine Radikalisierung? Kommt er nicht in ihm, im Blick auf Schreibweise, dem »Ideal seiner Absicht« (Herder) am nächsten? Ich will die Frage nur stellen. Man mag hier an den Untertitel von »Ecce homo« denken: »Wie man wird, was man ist«. Überhaupt ist dies Durchstoßen zu sich selbst eine bei Nietzsche immer wiederkehrende Figur. Über »Menschliches, Allzumenschliches« schreibt er im »Ecce homo«: »Es heisst sich ein Buch für *freie* Geister: fast jeder Satz darin drückt einen Sieg aus – ich habe mich mit demselben vom *Unzugehörigen* in meiner Natur freigemacht.« Und dann: »Denn Voltaire ist, im Gegensatz zu allem, was nach ihm schrieb, vor allem ein grandseigneur des Geistes: genau das, was ich auch bin. – Der Name Voltaire auf einer Schrift von mir – das war wirklich ein Fortschritt – zu mir ...« (6, S. 322).

Was das Deutsche und die Deutschen angeht, ist die Schrift, wie auch andere Schriften Nietzsches, von einer eigentümlichen Spannung beherrscht. Einerseits ist sie bestimmt durch eine tiefe Abneigung gegen alles Deutsche. Vor allem in dem Kapitel über »Der Fall Wagner« tritt dies hervor. Es sei ihm hier letztlich nicht darum gegangen, »einen Cagliostro der Musik« zu entlarven, vielmehr handle es sich um einen »Angriff auf die in geistigen Dingen immer träger und instinktärmer, immer *ehrlicher* werdende deutsche Nation« (6, S. 357). Es folgen an Schärfe nicht zu überbietende Ausfälle gegen die Deutschen. Andererseits ist von diesem Haß, dessen Ambivalenz offensichtlich ist, die deutsche Sprache ausgenommen. Vielmehr ist die Schrift indirekt gekennzeichnet durch eine tiefe Bindung an die deutsche Sprache, durch den Willen, die Möglichkeiten dieser Sprache voll zur Geltung zu bringen. Dies tritt, zumindest an einer Stelle, auch ganz explizit und mit Stolz, hervor: »es hat nie Jemand mehr von neuen, von unerhörten, von wirklich erst dazu geschaffnen Kunstmitteln zu verschwenden gehabt. Dass dergleichen gerade in deutscher Sprache möglich war, blieb zu beweisen: ich selbst hätte es vorher am härtesten abgelehnt. Man weiss vor mir nicht, was man mit der deutschen Sprache kann, – was man überhaupt mit der Sprache kann –« (6, S. 304). Dann aber wieder Sätze wie: »Deutsch denken, deutsch fühlen – ich kann Alles, aber *das* geht über meine Kräfte ...« (6, S. 301).

Eine weitere eigentümliche Spannung muß herausgestellt werden. Einerseits sagt Nietzsche, daß er eigentlich gar nicht verstanden werden will. Dies Motiv gehört zu seinem Selbstverständnis: »Ich selber bin noch nicht an der Zeit, Einige werden posthum geboren. – Irgend wann wird man Institutionen nöthig haben, in denen man lebt und lehrt, wie ich leben und lehren verstehe [...] Aber es wäre ein vollkommner Widerspruch zu mir, wenn ich heute bereits Ohren *und Hände* für *meine* Wahrheiten erwartete: dass man heute nicht hört, dass man heute nicht von mir zu nehmen weiss, ist nicht nur begreiflich, es scheint mir selbst das Rechte« (6. S. 298). Ähnlich heißt es auch in der »Götzen-Dämmerung« und zwar im letzten Abschnitt der »Streifzüge eines Unzeitgemässen«: »Man fragt mich öfter, wozu ich eigentlich *deutsch* schriebe: nirgendswo würde ich schlechter gelesen, als im Vaterlande. Aber wer weiss zuletzt, ob ich auch nur *wünsche*, heute gelesen zu werden? – Dinge schaffen, an denen umsonst die Zeit ihre Zähne versucht; der Form nach, *der Substanz nach* um eine kleine Unsterblichkeit bemüht sein – ich war noch nie bescheiden genug, weniger von mir zu verlangen« (6, S. 153; nebenbei: auch Nietzsche trennt hier, wie man sieht, Form und Inhalt). Soviel zum Einerseits. Ihm widerspricht eklatant zunächst einmal die Praxis von Nietzsches Stil: die Klarheit, das Drängende, die immer schriller verständnisheischende Maßlosigkeit. Aber auch explizit tritt das umgekehrte Motiv hervor. Der berühmte letzte Satz des Werks lautet: »– Hat man mich verstanden? – *Dionysos gegen den Gekreuzigten* ...« (6, S. 374). Auch der Brief vom 6. November 1888, an Naumann gerichtet, wäre erneut heranzuziehen. Hier sagt er über den »Ecce homo«: »Ich glaube, das wird gehört werden, vielleicht zu sehr ... Und dann wäre Alles in Ordnung« (6, S. 465). Schrempf spricht von Nietzsches »unwiderstehlichem Drang, sich zu expektorieren« (ibid., 4, S. 77). Dies könnte man auch positiver sagen: hinter diesem Drang steht der unbedingte Wille, gehört und *verstanden* zu werden (zudem expektoriert Nietzsche nicht nur: er verhüllt, wie gesagt, in dieser eigentümlichen Autobiographie auch sehr vieles).

In diesen Zusammenhang, diese *Spannung* gehört auch hinein, was ich mit einem gewiß kritisierbaren Ausdruck die »Maßlosigkeit der Selbsteinschätzung« nenne. Ich nannte einleitend diesen Zug des »Ecce homo« als Beispiel für einen *inhaltlichen* Zug des Stilistischen. Es ist ein formal-inhaltlicher Zug: er ist inhaltlich, insofern er – und zwar in hohem Maß – das Inhaltliche des Gesagten mitkonstituiert; er ist formal, insofern er bei den verschiedensten Anlässen hervortritt und in einem formalen Sinn Nietzsches Selbsteinschätzung kennzeichnet. Ich stelle, ziemlich wahllos, einige Beispiele zusammen: »Es scheint mir eine der seltensten Auszeichnungen, die Jemand sich erweisen kann, wenn er ein Buch von mir in die Hand nimmt, – ich nehme selbst an, er zieht dazu die Schuhe aus, – nicht von Stiefeln zu reden ...« (6, S. 298; es ist dies ein Beispiel für die gelegentlich gequälte, unheitere, unvoltairianische Angestrengtheit von Nietzsches Witz); »Es ist eine Auszeichnung ohne Gleichen, in diese vornehme und delikate Welt einzutreten, – man darf dazu durchaus kein Deutscher sein [...]« (6, S. 302; wieder hier also der ambivalente Haß gegen die Deutschen); »Diese Schrift von noch nicht 150 Seiten, heiter und verhängnisvoll im Ton, ein Dämon, welcher lacht –, das Werk von so wenig Tagen, dass ich Anstand nehme, ihre Zahl zu nennen, ist unter Büchern überhaupt die Ausnahme: es giebt nichts Substanzenreicheres, Unabhängigeres, Umwerfenderes, – Böseres« (6, S. 354; Nietzsche schrieb dies über die »Götzen-Dämmerung«, ein Beispiel wieder für die Technik des Durchstoßens), »Mein Begriff ›dionysisch‹ wurde hier *höchste That*; an ihr gemessen erscheint der ganze Rest von menschlichem Thun als arm und bedingt. Dass ein Goethe, ein Shakespeare nicht einen Augenblick in dieser ungeheuren Leidenschaft und Höhe zu athmen wissen würde, dass Dante, gegen Zarathustra gehalten, bloss ein Gläubiger ist und nicht Einer, der die Wahrheit erst *schafft* [...] das ist Alles das Wenigste und giebt keinen Begriff von der Distanz, von der *azurnen* Einsamkeit, in der dies Werk lebt [...] Man rechne den Geist und die Güte aller grossen Seelen in Eins: alle zusammen wären nicht im Stande, Eine Rede Zarathustras hervorzubringen« (6, S. 343); »[...] sie [die Deutschen] sollen nie die Ehre haben, dass der erste *rechtschaffne* Geist in der Geschichte des Geistes, der Geist, in dem die Wahrheit zu Gericht kommt über die Falschmünzerei von vier Jahrtausenden, mit dem deutschen Geiste in Eins gerechnet wird« (6, S. 361); »*Umwerthung aller Werthe*: das ist meine Formel für einen Akt höchster Selbstbesinnung der Menschheit, der in mir Fleisch und Genie geworden ist. Mein Loos will, dass ich der erste *anständige* Mensch sein muss, dass ich mich gegen die Verlogenheit von Jahrtausenden im Gegensatz weiss ...« (6, S. 365); »Ich bin bei weitem der furchtbarste Mensch, den es bisher gegeben hat; dies schliesst nicht aus, dass ich der wohlthätigste sein werde« (6, S. 366); »Wenn ich den tiefsten Gegensatz zu mir suche, die unausrechenbare Gemeinheit der Instinkte, so finde ich immer meine Mutter und Schwester, – mit solcher canaille mich verwandt zu glauben wäre eine Lästerung auf meine Göttlichkeit« (6, S. 268); »Dergleichen ist nie gedichtet, nie gefühlt, nie *gelitten* worden: so leidet ein Gott, ein Dionysos« (6, S. 348; über das »Nachtlied« aus »Zarathustra«); – »Die *Entdeckung* der christlichen Moral ist ein Ereigniss, das nicht seines Gleichen hat, eine wirkliche Katastrophe. Wer über sie aufklärt, ist eine force majeure, ein Schicksal, – er bricht die Geschichte der Menschheit in zwei Stücke. Man lebt vor ihm, man lebt nach ihm ...« (6, S. 373). Auch gerade im Blick auf Stilistisches finden sich in »Ecce homo« Maßlosigkeiten: »in Anbetracht, dass die Vielheit innerer Zustände bei mir ausserordentlich ist, giebt es bei mir viele Möglichkeiten des Stils – die vielfachste Kunst des Stils überhaupt, über die je ein Mensch verfügt hat« (6, S. 304); über Heinrich Heine: »Und wie er das Deutsche handhabt! Man wird einmal sagen, dass Heine und ich bei weitem die ersten Artisten der deutschen Sprache gewesen sind – in einer unausrechenbaren Entfernung von Allem, was blosse Deutsche mit ihr gemacht haben« (6, S. 286); »mit einem Dithyrambus wie dem letzten des *dritten* Zarathustra, ›die sieben Siegel‹ überschrieben, flog ich tausend Meilen über das hinaus, was bisher Poesie hiess« (6, S. 305); »Die mächtigste Kraft zum Gleichniss, die bisher da war, ist arm und Spielerei gegen diese Rückkehr der Sprache zur Natur der Bildlichkeit« (6, S. 344); Nietzsche bezieht sich hier auf den »Zarathustra« und meint natürlich die Gleichnisse Jesu: eine, möchte man sagen, sich nur schlecht oder eigentlich gar nicht verbergende Huldigung dieser Gleichnisse.

Diese Liste von Beispielen zu *diesem* Äußerungstyp in »Ecce homo« ist keineswegs erschöpfend. Man muß sich zunächst klarmachen, daß diese Äußerungen in der Tat außerordentlich weit gehen. Es sind, wie Thomas Mann formuliert, »hektische, von entgleitender Vernunft zeugende Ausschreitungen des Selbstbewußtseins« (Nietzsches Philosophie im Lichte unserer Erfahrung, in: Th. Mann, Neue Studien, Frankfurt 1948, S. 121). Zur Maßlosigkeit dieser Äußerungen gehören insbesondere die Christus-Analogien; eine solche liegt ja bereits im Pilatus-Zitat des – für eine Autobiographie – aberwitzigen Titels. Was nun jedoch speziell die Maßlosigkeit der Selbsteinschätzung im Literarisch-Stilistischen angeht, ist anzunehmen, daß womöglich mancher Schriftsteller in der Versuchung war, derartige Dinge zu sagen (im wissenschaftlich akademischen Bereich findet sich Analoges). Vielleicht gehört solche Omnipotenzphantasie zum Kreativen. In diese Richtung geht die eigentümlich aufrichtige Anmerkung Thomas Manns zu Äußerungen Nietzsches dieser Art: »Natürlich muß es ein großer Genuß sein, dergleichen niederzuschreiben, aber ich finde es unerlaubt« (ibid., S. 121/122). Nietzsche jedoch schreibt dies tatsächlich nieder: er durchstößt hier in der Tat eine Wand; es ist da ein – wie endlich erlöstes und erlösendes – Abwerfen von Scham, ein Durchbruch, möchte man sagen, zur Freiheit der Raserei. Der eigentliche (Nietzsche selbst verborgene) Sinn dieser Äußerungen ist, psychologisch gesprochen, daß Nietzsche gehört, daß er endlich, endlich *verstanden* werden will. Man muß diese Äußerungen ernst nehmen: sie gehören unmittelbar zu dem, worum es Nietzsche geht. Schließlich: diese Äußerungen sind das einzig »verrückte« Element dieser Schrift. Deren hohe Faszination liegt auch und gerade in dem einzigartigen Nebeneinander von äußerster Luzididät und solchen »Ausschreitungen«. Thomas Mann spricht von einer »Gefühlsmischung«, die sich einstelle beim Leser: »die Mischung von Ehrfurcht und Erbarmen... Es ist das tragische Mitleid mit einer überlasteten, über-beauftragten Seele, welche zum Wissen nur berufen, nicht eigentlich dazu geboren war und, wie Hamlet, daran zerbrach; mit einer zarten, feinen, gütigen, liebebedürftigen, auf edle Freundschaft gestellten und für die Einsamkeit gar nicht gemachten Seele, der gerade dies: die tiefste, kälteste Einsamkeit, die Einsamkeit des Verbrechers, verhängt war...« (ibid., S. 114).

Man möchte, im Blick auf »Ecce homo«, nicht von stilistischer Meisterschaft sprechen: es wäre wie eine Versündigung am Geist dieser Schrift, an dem Leiden, das sie bedingte. Was von ihr ausgeht, gerade auch stilistisch, ist Faszination... Eine Faszination, die sich erhöht, zusätzlich, durch das, was wir wissen von der Stelle, die sie einnimmt im Leben dessen, der sie schrieb. Sicher trifft zu, was Montinari in seiner Studie zur Entstehungsgeschichte von »Ecce homo« bemerkt: »Sein ›schriftstellerisches Bewußtsein‹ hat Nietzsche ganz zuletzt verloren«; und wohl auch dies: »Die Turiner Katastrophe kam, als Nietzsche wortwörtlich mit allem fertig war« (Nietzsche lesen, Berlin/New York 1982, S. 132, S. 118).

Sprachbewußtsein
in Fontanes »Stechlin«

Dubslav zu Czako: »Mit der ewigen Veranda, das is nichts; unter der Markise steht die Luft wie ne Mauer, und ich muss frische Luft haben. Vielleicht erstes Zeichen von Hydropsie. Kann eigentlich Fremdwörter nicht leiden. Aber mitunter sind sie doch ein Segen. Wenn ich so zwischen Hydropsie und Wassersucht die Wahl habe, bin ich immer für Hydropsie. Wassersucht hat so was kolossal Anschauliches« (S. 92/93; ich zitiere nach der Ausgabe des Romans in der Manesse-Bibliothek, o. J.). Also, zunächst: Dubslav ist wortempfindlich, und er erklärt hier *eine* Richtung dieser bemerkenswerten Empfindlichkeit. Bemerkenswert ist sie, weil der Major a. D. nichts weniger ist als ein Intellektueller oder ein Literat. Bei diesen ist solche Empfindlichkeit weniger überraschend. Sodann, was die Richtung seiner Wortempfindlichkeit angeht: er ist an sich *gegen* Fremdwörter. Daß dies nicht wirklich stimmt, daß hier sprachliches Handeln und Selbsteinschätzung auseinanderfallen, werden wir sogleich sehen. Schließlich: er ist in diesem speziellen Fall dafür, weil ihm das deutsche Wort in einem unangenehmen Sinn zu »anschaulich« ist. In der Tat: *Hydropsie* ist für den, der nicht griechisch kann, ein undurchsichtiges Wort; es benennt, sagt aber nichts aus. Demgegenüber ist die Zusammensetzung *Wassersucht* ein durchsichtiges Wort: es ist im Bewußtsein der Sprechenden an den beiden Wörtern *Sucht* und *Wasser* »festgemacht«; es ist ein sprechendes Wort, das also nicht nur nennt, sondern über das Benannte auch etwas sagt: Sucht nach Wasser. Hierin, in der Durchsichtigkeit, liegt das »Anschauliche« des Worts. Dubslav hat Interesse, solche »Anschaulichkeit« in einem Augenblick humoristisch zurückzuweisen, in dem er Czako auf eine, wie er sagt, von der

»Vermählungsstelle« des Rheins und des Mains kommende Bocksbeutelflasche vorbereitet. Es ist in diesem Zusammenhang unerheblich, daß das vom Wort *Wassersucht* über jene Krankheit Ausgesagte oder Angedeutete medizinisch eher ungenau und irreführend ist. Es genügt, daß dies Wort nicht nur nennt, wie es die Aufgabe *jedes* Wortes ist, sondern bereits etwas sagt.

Vielleicht bedarf es doch nicht notwendig eines linguistisch deformierten Blicks, damit im *Stechlin* Stellen wie diese auffallen. Sie sind in diesem Roman häufig und geradezu ein Stilzug: es findet sich in ihm immer wieder ein eigentümliches Insistieren auf dem Sprachlichen; ein Unterbrechen, immer wieder, des Redens über Sachen durch ein Reden über Sprachliches. Dies gilt für einige Figuren des Werks – besonders für Dubslav, Adelheid, Rex, Czako, Woldemar –, es gilt aber auch für den Autor selbst, korrekter ausgedrückt: für den – zum Werk selbst konstitutiv gehörenden – implizit vorgeschobenen Erzähler, den fiktiven Autor, der sich freilich in *diesem* Fall vom wirklichen besonders wenig unterscheidet. Ich lasse die Frage beiseite, ob dieser Stilzug für den »Stechlin«, verglichen mit den anderen Romanen Fontanes, spezifisch ist; im »Stechlin« jedenfalls ist sprachlich-metasprachliche Insistenz, wenn auch natürlich nicht ganz gleichmäßig, beinahe überall.

Der Roman beginnt sogleich, schon in seinem zweiten Satz, sprachlich: Präsentierung, Entfaltung eines Namens. »Der Stechlin« heißt der geheimnisvolle, den Zusammenhang des Kleinen mit dem Großen symbolisierende See (»wenn es weit draussen in der Welt, sei's auf Island, sei's auf Java, zu rollen und zu grollen beginnt ... Dann regt sich's auch hier ...«). »Stechlin« heißen aber auch der Wald um den See herum, das Dorf an seiner Südspitze und das dazugehörende Herrenhaus. Schließlich – »wie denn alles hier herum den Namen Stechlin führte« – heißt auch der Schloßherr so. Weitere sprachliche Hinweise folgen alsbald. Dubslav von Stechlins große Gesprächsfreudigkeit wird herausgestellt (»Er liess sich gern was vorplaudern und plauderte selber gern«, S. 10). Insistiert wird auch auf seinem Groll gegen seinen »pommerschen Namen«, er hat etwas gegen »Namensmanscherei« (»Was ein Märkischer ist, der muss Joachim heissen oder Woldemar ... Wer aus Friesack is, darf nicht Raoul heissen«, S. 11). Die Bodenständigkeit Dubslavs wird also sprachlich, vom Protest gegen seinen Namen her, signalisiert; übrigens heißt ja sein Sohn wirklich Woldemar. Woldemar kommt später (S. 192) auf Dubslavs Ärger über seinen Namen (und also auf den über seinen Vater) zurück. Es folgt eine synonymische Erörterung Dubslavs, ob Schloß Stechlin ein »Schloß« sei oder ein »Haus«; Dubslav ist natürlich für »Haus«, der ganze erste Abschnitt aber, der die Welt *du côté de chez* Dubslav zum Gegenstand hat, heißt »Schloß Stechlin«. Diese Diskussion wird, viel später, noch einmal gestreift (S. 471). In dem Gespräch zwischen Baruch Hirschfeld und seinem »zweideutigen« Sohn Isidor werden lexikalische und syntaktische Eigentümlichkeiten jüdischer Sprechweise angedeutet (»Aber Vaterleben ...«, Vermeidung der sogenannten Klammer durch Vorwegnahme des Partizips: »Is doch der Vater von seinem Grossvater gefallen in der grossen Schlacht bei Prag und hat gezahlt mit seinem Leben«, S. 14). Hier findet sich auch, was sich den ganzen Roman hindurch immer wieder findet: die Verkürzung von *ist* zu *is*, also phonetische Genauigkeit, Angleichung an norddeutsch umgangssprachliche Lautung. Dann kommt wieder eine wortempfindlich-synonymische Erörterung Dubslavs (es geht um die Frau des Oberförsters Katzler, eine Prinzessin, eine Ippe-Büchsenstein): »und die Frau, das heisst die Gemahlin (und Gemahlin is eigentlich auch noch nicht das rechte Wort), die erwartet wieder« (S. 19). Woldemar sagt später ganz ähnlich in bezug auf dieselbe Figur: »Ich sage ›vermählen‹, weil ›sich verheiraten‹ etwas plebejisch klingt« (S. 110/111). Auch in der Wortwahl findet sich viel Umgangssprachliches. Gundermann, so Dubslav, ist »eigentlich bloss ein Klutentreter« (*Klute* heißt »Erde«, »Dreck«, gemeint ist also »Bauer«); oder, zum Diener Engelke – so schließt das erste Kapitel –: »Und gib Brosen auch 'nen Kornus und funfzig Pfennig ... Knaps ihm nichts ab« (S. 19/20). Nota bene: *Kornus* wie *Schampus*, *funfzig* nicht *fünfzig*; auch der Dativ *Brosen* (der Briefträger heißt *Brose*) ist hier nicht archaisierend, sondern norddeutsch umgangssprachlich. Dann, im zweiten Kapitel, Czako zu Rex (dieser hatte die Kastanienallee, durch die sie ritten, mit einem »Kirchenschiff« verglichen): »Ich finde die Wendung etwas trivial für einen Ministerialassessor« (S. 21). Dann Woldemar zu Czako, der sich bei dem Wort »Findlinge« aufgehalten hatte: »Wenn Ihnen das Wort anstössig ist, so können Sie sie auch Monolithe nennen. Es ist merkwürdig, Czako, wie hochgradig verwöhnt im Ausdruck Sie sind, wenn Sie nicht gerade selber das Wort haben ...« (S. 22). Es ließe sich von Seite zu Seite weiterzitieren ... Übrigens beginnt auch der zweite Abschnitt, »Kloster Wutz«, der in den – innerhalb der Stechlin-Welt – so verschiedenen Raum *du côté de chez Adelheid* führt, metasprachlich. Die Herren werden von der »Domina« mit diesen – doch wohl etwas überraschenden Worten empfangen: »Ich habe dein Telegramm ... erst um ein Uhr erhalten. Es geht über Gransee, und der Bote muss weit laufen. Aber sie wollen ihm ein Rad anschaffen, solches wie jetzt überall Mode ist. Ich sage Rad, weil ich das fremde Wort, das so verschieden ausgesprochen wird, nicht leiden kann. Manche sagen ›ci‹, und manche sagen ›schi‹. Bildungsprätentionen sind mir fremd, aber man will sich doch auch nicht bloßstellen« (S. 118). Das »fremde Wort« (*Velociped*) wird also gar nicht genannt, weil die Domina sich nicht festlegen will (weder auf »tsiped« noch auf »schiped«: diese beiden Möglichkeiten sind gemeint; »tschiped« ist wohl norddeutsch schwierig).

Eine genaue und systematische Untersuchung der sprachlich-metasprachlichen Elemente im »Stechlin« könnte in zwei verschiedene Richtungen gehen: einmal könnte sie sich als Beitrag zur Interpretation des Romans verstehen, Untersuchung also der Funktion dieser Elemente *im Werk*; zum anderen könnte sie *linguistisch* sein, Untersuchung demnach jener Elemente als literarische *Belege* für mögliche außerliterarische Sprachverwendung, dann auch für außerlinguistisches (oder vorlinguistisches) Sprachbewußtsein. Hier sollen nach beiden Richtungen einige Hinweise gegeben werden.

Zunächst ist hervorzuheben, daß in diesem Roman, in dem ja eigentlich nur zwei Dinge »passieren« – eine Eheschließung und ein Tod –, sehr viel gesprochen wird. Der Wert, das Humanum des Gesprächs wird auch eigens betont, und zwar – dies ist wichtig – von der eigentlichen Identifikationsfigur des Autors. Dubslav möchte – was ihn kennzeichnet – von Woldemar gleich wissen, ob die mitgebrachten Freunde »ausgiebig und plauderhaft« seien. Als Woldemar bejaht, fährt er fort: »... ich bin sehr dafür; Schweigen kleid't nicht jeden. Und dann sollen wir uns ja auch durch die Sprache vom Tier unterscheiden. Also wer am meisten red't, ist der reinste Mensch« (S. 30). Das Stichwort heißt »plaudern«; hierzu gehört das schöne, heute, wenn es je gebräuchlich war, ungebräuchliche Adjektiv »plauderhaft«. Kurz vor seinem Ende bekennt sich Dubslav im Gespräch mit Pastor Lorenzen erneut dazu: »Habe ja, wie Sie wissen, ne natürliche Neigung zum Ausplaudern, zum Plaudern überhaupt, und Kortschädel, der sich im übrigen durch französische Vokabeln nicht auszeichnete, hat mich sogar einmal einen ›Causeur‹ genannt« (S. 560).

Was meint im »Stechlin« *plaudern*? Wenn wir, was man heute mit einem jener praktischen, nur von außen her metaphorisch kennzeichnenden angelsächsischen Ausdrücke *small talk* nennt, als ein dialogisches, auf die reine Sozialfunktion reduziertes, also inhaltlich *gleichgültiges* Sprechen bestimmen, so hat das »Plaudern« im Stechlin zweifellos mit *small talk* nicht wenig zu tun: eine gewisse Beliebigkeit, Austauschbarkeit im Inhaltlichen ist zu verzeichnen; auch fehlt bei den Sprechenden *fast* immer eigentliches Engagement (anders ist es nur bei dem kennzeichnenderweise gerade als »lustige Figur« angelegten Wrschowitz). Anderseits: das Inhaltliche ist dennoch, genauer besehen, nicht gleichgültig; es hat oft, wenngleich oft nur indirekt, *doch* Gewicht. Liegt nicht der Reiz jenes »Plauderns« gerade im bloß Allusiven, im beredt Ungesagten, im Nachdruck des Beiläufigen? »Plaudern« meint in der Stechlin-Welt ein zugleich höfliches, also Schranken einhaltendes, und doch ganz ungezwungenes, um thematische Konsistenz wenig bemühtes, sich nie wirklich engagierendes, vielmehr immer ein wenig detachiertes, ganz und gar unverbiestertes Sprechen. Bei diesem geht es – hierin liegt der wichtige Unterschied zum *small talk* – gerade auch um das Vortragen (und Anhören) »freier Meinungen«. Über Dubslav: »Er hörte gern eine freie Meinung, je drastischer und extremer, desto besser« (S. 9). Dubslav selbst läßt der Autor sagen, daß ihm »nichts so verhasst« sei, wie einem Menschen, der gern ein freies Wort spricht, die Kehle zuzuschnüren. »Ich rede selber gern, wie mir der Schnabel gewachsen ist« (S. 79). Dubslav hat überhaupt nicht, wie seine Schwester, »das märkisch Enge, das Misstrauen gegen alles, was die Welt der Schönheit oder gar der Freiheit auch nur streifte« (S. 122). Anderseits aber haben Meinungen für ihn eigentlich doch bloß ›Unterhaltungswert‹. Die Nähe zum *small talk*, die sich daraus ergibt, hängt mit der gutmütigen Skepsis Dubslavs zusammen. Gleich zu Beginn heißt es ja von ihm, daß er – auch dies übrigens ist vom Sprachlichen, vom

Graphischen her gesagt – »seinem ganzen Wesen nach überhaupt hinter alles ein Fragezeichen machte« (S. 9). Es gibt in dem Roman einen vielfach abgewandelten Typ rekurrierender Äußerungen, den man als »Dubslavismus« bezeichnen darf: es ist so, oder eigentlich, es ist nicht so. Beispiele: »Versteht sich, lieber Gundermann. Was ich da gesagt habe ... Wenn ich das Gegenteil gesagt hätte, wäre es ebenso richtig« (S. 36). Oder: »Übrigens sag ich das in aller Reverenz. Denn ich bin kein Frondeur. Fronde ist mir grässlich und passt nicht für uns. Bloss mitunter, da passt sie vielleicht doch« (S. 449). Oder: »Es heisst immer, der Adel gehöre auf seine Scholle ... Das ist auch richtig. Aber etwas ganz Richtiges gibt es nicht. Und so muss ich denn sagen ...« (S. 446).

Solche Äußerungen – viele ließen sich zitieren – sind erheiternd. Man sollte aber den melancholischen Schatten nicht übersehen, der über ihnen, dem »Plaudern« im Stechlin insgesamt, hängt. Es ist da eine diffuse Trauer, die etwas zu tun hat mit dem spezifischen Gesprächsstil dieses Romans. In der das Werk kennzeichnenden beiläufigen Manier sagt Melusine, unmittelbar vor Beginn des Abschnitts »Sonnenuntergang«, zu Dubslav über die Baronin Berchtesgaden: »Eine reizende Frau, Herr von Stechlin, die grad Ihnen ganz besonders gefallen würde. Glaubt eigentlich gar nichts und geriert sich dabei streng katholisch. Das klingt widersinnig und ist doch richtig und reizend zugleich« (S. 473). Hiermit ist – indirekt – auch über Dubslav etwas ausgesagt, denn gerade er »glaubt eigentlich gar nichts«. Was bleibt, ist Haltung, Form, Stil. Er selbst sagt zu der frommen Prinzessin Ermyntrud (und schließt damit, was der Autor seine »Bekenntnisrede« nennt): »was sind die richtigen Worte? Wo sind sie?« (S. 503). Lorenzen sagt es in seiner schlichten, bewegenden Trauerrede positiver, meint aber schließlich nichts anderes: »Er hatte vielmehr das, was über alles Zeitliche hinaus liegt, was immer gilt und immer gelten wird: ein Herz« (S. 577). Was einer sagt und meint, ist eigentlich unerheblich; es kommt darauf an, wie einer *ist*. Nicht Meinungen zählen, es zählt die Person. Auf diese »Philosophie« läuft es hinaus: sie hat mit dem spezifischen liebenswürdig urbanen Stechlin-Plaudern viel zu tun.

Ein bestimmtes Gespräch des Romans weicht von solchem Plaudern ganz ab: das außerordentliche Gespräch zwischen Lorenzen und

Melusine (Kapitel 29) stößt unvermittelt vor (Melusine: »dass ich sie von jenem Tag an auch herzlich liebe«; (S. 411). Es erreicht augenblicklich, atmosphärisch und inhaltlich, Intensität. Hier redet ohne Zweifel Fontane als er selbst. Hier steht der für einen Autor hoch in den Siebzigern großartige Satz: »Alles Alte, soweit es Anspruch darauf hat, sollen wir lieben, aber für das Neue sollen wir recht eigentlich leben« (S. 413/414). Und dann – kennzeichnend wiederum die halb zurücknehmende Relativierung –: »Eine neue Zeit bricht an. Ich glaube, eine bessere und eine glücklichere. Aber wenn auch nicht eine glücklichere, so doch mindestens eine Zeit mit mehr Sauerstoff in der Luft, eine Zeit, in der wir besser atmen können« (S. 418/419). Sätze, niedergeschrieben in einer Zeit, die man nunmehr seit langem die »gute alte« nennt. Man liest diese – von der Intention her – ganz unmelancholischen Sätze (es sind fast die einzigen des Buchs) gerade heute mit besonderer Melancholie ... Von *ihrer* Zeit sagt Melusine, was Freud entzückt hätte: »Unser ganzer Gesellschaftszustand, der sich wunder wie hoch dünkt, ist mehr oder weniger Barbarei« (S. 441–442). In der Tat konstatiert Freud nach Ausbruch des ersten Kriegs mit bitterem Humor, es sei unberechtigt, enttäuscht zu sein über das »unkulturelle Benehmen« der Menschen im Krieg; zur Beunruhigung gebe es keinen Grund: »In Wirklichkeit sind sie nicht so tief gesunken, wie wir fürchten, weil sie gar nicht so hoch gestiegen waren, wie wir's von ihnen glaubten« (Zeitgemässes über Krieg und Tod, 1915, in: S. Freud, Studienausgabe, IX, 44, Frankfurt 1974). Glaubte Fontane an die »neue Zeit«? Dubslav jedenfalls läßt er nicht daran glauben. Zweifellos hängt dessen spezifische »Plauderhaftigkeit« mit der Perspektivenlosigkeit seiner Welt – »was sind die richtigen Worte?« – zusammen. Übrigens wird ja auch diese Perspektivenlosigkeit, die liebenswürdig stilvolle inhaltliche Leere des Majors a. D., vom *Sprachlichen* her formuliert. Es heißt nicht: was soll ich glauben? wo ist Wahrheit?, sondern: »was sind die richtigen Worte? Wo sind sie?« Das Inhaltliche wird ins sprachlich Formale verschoben, als ginge es, was ja gewiß nicht der Fall ist, um ein sprachlich formales Problem. Sodann: auch jenes im Roman singuläre, eigentlich ganz »unplauderhafte« Gespräch Lorenzen/Melusine wird unter »Plaudern« subsumiert: »auf dem Wege zum Schloss plauderten beide weiter, wenn auch über sehr andere Dinge« (S. 419).

Die Angleichung der Dialoge an tatsächlich mögliches umgangssprachliches Sprechen, und zwar norddeutsch-märkischer Prägung, haben wir hervorgehoben. Sie ist das formale Komplement der Tendenz im Inhaltlichen zum »Plaudern«, zu dessen ungezwungener Natürlichkeit: die Figuren sollen so sprechen wie wirklich vorkommende Menschen ihres Stands. Es ist da ein »naturalistisches«, bereits in Richtung Gerhart Hauptmanns gehendes Element. Die Bewunderung Fontanes für Hauptmanns frühes »sociales Drama« »*Vor Sonnenaufgang*« (1889) paßt hierher: »Er gibt das Leben, wie es ist ... er tut nichts zu, aber er zieht auch nichts ab ...« (Brief an seine Tochter, zit. bei Thomas Mann, Gerhart Hauptmann, Rede am 9. 11. 52, Gütersloh 1953, S. 18). Nur ist zu sagen, daß Fontane, was jene Angleichung angeht, quantitativ und auch qualitativ sehr zurückhaltend vorgeht: er chargiert nicht, er deutet bloß an, beiläufig, so daß die Angleichung nie als Bemühung, *als Absicht* hervortritt (da ist der Unterschied zum Naturalismus!). Sie zeigt sich lexikalisch, phonetisch, morphologisch und syntaktisch.

Lexikalisch – sehr viele Beispiele wären zu nennen – etwa: »Früher war ich nich so fürs Pimpelige« (S. 481); oder, nachdem Dubslav seine Schwester darauf aufmerksam gemacht hat, daß sie im Kirchenbuch als »Adelhaide«, nicht als »Adelheid«, wie sie sich nennt, eingetragen ist: »Das Schluss-e' ist bei der schlechten Wirtschaft in unserem Hause so mit drauf gegangen. Die Stechline haben immer alles verurscht.« Adelheid protestiert: »Ich bitte dich, wähle doch andere Worte.« Darauf Dubslav – und hier wird er, was kaum je vorkommt, beinahe heftig (es geht aber indirekt um den ihm teuren Namen ›Melusine‹): »Warum? Verurscht ist ein ganz gutes Wort. Und ausserdem, schon der alte Kortschädel sagte mir mal, man müsse gegen Wörter nicht so streng sein und gegen Namen erst recht nicht, da sitze manch einer in einem Glashause« (S. 435). *Phonetisch* sind besonders die Reduktionen zu nennen: *is, nen, ne, un (und), nich, nu, red't (redet), wie'n, so'n* usw. Dubslav schreibt übrigens sogar so (Fontane läßt seinen Helden also genauso verfahren wie er selbst als Autor es tut): »... ein richtiger Märker hat Augen im Kopf und is beinah so helle wie'n Sachse« (S. 378). *Morphologisch*: hier wären Plurale wie etwa »Luxusse« (»Gefühlsluxusse, Gesinnungsluxusse und, wenn es sein muss, auch Freiheitsluxusse«, S. 28) oder »Kompaniechirurgusse« (S. 487) zu nennen, oder Komparative wie »je piker sie werden, desto mehr Prinzen kommen hinein« (S. 28; es geht um die Gardedragoner), oder Kasusabweichungen wie (es spricht der Gendarm Uncke): »... der Junge red't immer vons ›Prinzip‹« (S. 405). Auch Spontanbildungen gehören hierher, wie das schöne »verbebeln«: »Richtige Prinzen können sich das leisten, die verbebeln nicht leicht« (S. 28); oder »pastoren«: »Jeder Schulmeister schulmeistert an seinem Pastor herum, und jeder Pastor pastort über seinen Schulmeister« (S. 96). Was die *Syntax* angeht, so ist sie in den Dialogen – Parataxe herrscht vor – immer der Umgangssprache überaus nahe. Die Sätze – wir verzichten auf Beispiele, denn sie finden sich überall – sind außerordentlich sprechbar und stehen da wie der Wirklichkeit abgelauscht. Jedoch (um noch einmal Fontane über Hauptmanns »Vor Sonnenaufgang« zu zitieren): es »spricht sich in dem, was dem Laien einfach als abgeschriebenes Leben erscheint, ein Mass von Kunst aus, wie es nicht grösser gedacht werden kann«. Gewiß ist dies, im Blick auf den »Stechlin« (wie auch im Blick auf Hauptmann), allzu hyperbolisch gesagt: klar ist jedoch, daß es bei solcher Imitation des *wirklich* Gesprochenen um Kunst, um Literatur, nicht um bloße Reproduktion, nicht um »abgeschriebenes Leben« geht.

Sprachbewußtsein äußert sich im Roman vor allem als äußerste Wortempfindlichkeit. Manchmal ist diese nur beim Autor als ein gleichsam augenzwinkerndes Einverständnis mit dem Leser. Über Dubslav: »Er erkundigte sich nach ihren nächtlichen Schicksalen, freute sich, dass sie ›durchgeschlafen‹ hätten ...« (S. 75). Hier sind es nur die Anführungszeichen, die solche Empfindlichkeit signalisieren, wobei gar nicht klar ist, woran sie sich stößt (ist dies Wort eine Eigentümlichkeit des Majors?). Wortempfindlichkeit ist aber dann besonders bei den Figuren. Woldemar wundert sich über das Verb »uzen« im Mund seiner Tante. Diese erklärt sich rechtfertigend: »daran ist auch unser guter Fix schuld. Der ist alle Monat mal nach Berlin rüber ... dann bringt er so was mit ...« (S. 147). Ein anderes Beispiel (Dubslav spricht): »Kirchlich mag es ja falsch sein, was ich da so sage; aber was sie jetzt ›sittlich‹ nennen (und manche sagen auch ›schönheitlich‹, aber das is ein zu dolles Wort), also was sie jetzt sittlich nennen ...« (S. 499). Zuvor hatte Armgard das »dolle« Wort ganz ernsthaft gebraucht: »Wohin er blickt, überall vermisst er das

Schönheitliche« (S. 441). Die Wortbewußtheit, die hier hervortritt, ist etwas allgemein, keineswegs bloß literarisch Bedeutsames, denn der Autor will ja gerade, daß der Leser sie auch realisiere von seinem eigenen Sprachbewußtsein her.

Die Wortbewußtheit kann sich auf diachronische Differenzen, auf die von der Sprachwissenschaft viel zu wenig beachtete Diachronie *in* der Synchronie, dann aber besonders auf diatopische (regionale) und diastratische (schichtspezifische) Differenzen beziehen. Diachronisch: Dubslav bezeichnet die Plaidrollen der jungen Herren »etwas altmodisch als ›Mantelsäcke‹« (S. 23). Einmal werden die alten Wörter von Dubslav ausdrücklich gelobt, wobei das Ineinander von Wort und Sache überaus treffend ist (denn es geht ja nicht bloß und nicht eigentlich um Wörter, wenn man die alten – oder neuen – Wörter liebt): »Bringe mir lieber einen Roman; früher in meiner Jugend sagte man Schmöker. Ja, damals waren alle Wörter viel besser als jetzt. Weisst du noch, wie ich mir in dem Jahre, wo ich Zivil wurde, den ersten Schniepel machen liess? Schniepel is auch solch Wort und doch wahrhaftig besser als Frack. Schniepel hat so was Fideles: Einsegnung, Hochzeit, Kindtaufe« (S. 480). Das Wort wird also festgemacht an seinen Assoziationen; Engelke fügt eine weitere hinzu: »Gott, gnädiger Herr, immer is es doch auch nicht so. Die meisten Schniepel sind doch, wenn einer begraben wird.« Unmittelbar danach sagt Dubslav (immer noch zu Engelke): »Früher würd' ich gesagt haben ›zeitgemäss‹; jetzt sagt man ›opportun‹« (S. 480). Soviel zu den diachronischen Differenzen. Auch diatopische werden genannt, solche also, die sich beziehen auf die Verteilung sprachlicher Elemente im Raum: »Ja Schulze Kluckhuhn, unsereinem ist so was leider immer verschlossen oder, wie die Leute hier sagen, verpurrt« (S. 401). Was das Platt angeht, so spricht Dubslav es nicht, auch nicht, wo es zu erwarten wäre, im Gespräch mit dem betrunkenen alten Tuxen (S. 307/308) oder der alten Buschen (Kapitel 38). Er zitiert es gleichsam nur: »Gut. Leuchtet mir ein. ›Et muss rut‹, sagt ihr ... Aber womit wollt ihr's ›rut‹-bringen?« (S. 512). Dasselbe gilt für den »Hexenspruch«: »Dat Woater nimmt dat Woater weg« (S. 513). Dagegen spricht Diener Engelke mit der kleinen Agnes platt, wie auch diese mit ihm (S. 569/570). Mit Dubslav wiederum spricht Agnes nicht platt. Das Platt ist also Signum der »kleinen Leute«, derjenigen, die nach seinem Tod über Dubslav sagen: »He wihr so wiet janz good« (S. 576). Das Diatopische geht hier also über – Fontane beobachtet dies ganz richtig – ins Vertikale, ins Schichtspezifische (Diastratische): die Verwendung der Regionalsprache, die Gebundenheit an sie, ist schichtspezifisch. Dies ist in der Sprachwelt, die der »Stechlin« meint, so. Anderswo kann es anders sein (anders ist es, zum Beispiel, in »Buddenbrooks«, wo der Konsul freundlich herablassend mit seinen Arbeitern platt redet, was von diesen auch anerkannt wird). Ein weiteres Beispiel für diastratische Differenzierung, die – im Unterschied zur zuvor genannten – expliziert wird (in einer Parenthese): die Prinzessin nennt ihren Mann, den Oberförster, wenn sie über ihn spricht, Katzler: »sie nannte ihn unter geflissentlicher Vermeidung des allerdings plebejischen ›mein Mann‹, immer nur bei seinem Familiennamen« (S. 500). Den Umschlag des Diastratischen ins sogenannte Diaphasische, in »Stilebene«, zeigt die folgende, ebenfalls explizite Stelle (Dubslav spricht): »ich sehe, wir müssen uns was Neues ausbaldowern. Das is nämlich ein Wort aus der Diebssprache; soweit sind wir nu schon« (S. 546).

Zum Diastratisch-Diaphasischen gehört auch das hinsichtlich der Fremdwörter verschiedentlich Implizierte und Explizierte. Man vergleiche die zuvor genannte Stelle, in der es um die Synonymie von »opportun« und »zeitgemäss« ging, die Engelke nicht versteht. Dubslav sagt, auch er verstehe sie »nicht so recht«; dann zu Engelke: »Und du, du warst ja nich mal auf Schulen« (S. 480). Übrigens ist Dubslav nicht so sehr gegen Fremdwörter als vielmehr gegen ihren modisch gedankenlosen und prätentiösen Gebrauch. Die Schwester wirft ihm nicht ohne Grund anläßlich des Worts »petrefakt« – »Ich verstehe das Wort nicht und wünsche nur, dass es etwas ist, dessen du dich nicht zu schämen hast« – gerade seine Neigung zu Fremdwörtern vor: »ich weiss, du liebst dergleichen ...« (S. 434). Dubslav hatte zu ihr gesagt: »Ich gelte schon für leidlich altmodisch, aber du, du bist ja geradezu petrefakt.« Sehr schön ist auch die Stelle, an der Dubslav das Wort »celest« gebraucht, sich aber sogleich erkundigt, ob es angeht: »›Und so gewiss die Vorstellung, die ich mit dieser lieben Flasche hier verbinde, für mich persönlich was Celestes hat ... kann man Celestes sagen?‹ ... Lorenzen nickte zustimmend, ›so gewiss hat die Vorstellung, die sich für mich an diese Globsower Riesenbocksbeutelflaschen knüpft, etwas Infernalisches‹« (S. 100; sehr ähnlich, zum Wort *Stimulus*, S. 73).

Die Allergie Dubslavs (und des Autors) richtet sich gegen das Modische, gegen »abgedudelte Phrasen« (S. 109), zum Beispiel gegen den berühmten Gundermann, zu dem Czako anmerkt: »Dreimal hab' ich ihn sagen hören: ›Das wäre wieder Wasser auf die Mühlen der Sozialdemokratie.‹ So was sagt kein anständiger Mensch mehr, und jedenfalls setzt er nicht hinzu: ›dass er das Wasser abstellen wolle‹. Das ist ja eine schreckliche Wendung« (S. 104). Damit ist über den »Klutentreter« Gundermann, dessen Sprache stratisch und phasisch herausfällt aus der des Kreises insgesamt, alles gesagt: mehr ist, gerade im Sinn des Autors, nicht hinzuzufügen. Linguistisch interessant und zutreffend ist an den diachronischen, diatopischen, diastratischen und diaphasischen Differenzierungen des Romans ihre gegenseitige Verschränkung: man kann, im Roman und in der sprachlichen Wirklichkeit, oft die eine nicht klar absetzen von der anderen. Für die sprachliche Wirklichkeit hat dies besonders Mario Wandruszka gezeigt (Die Mehrsprachigkeit des Menschen, München 1979).

Zur Sprachbewußtheit des Romans gehören auch die Namen der Figuren. Nicht nur, daß sie passend, suggestiv gewählt wurden (*Melusine, Krippenstapel, Lorenzen, Kortschädel, Engelke, Buschen, Uncke, Wrschowitz*); Thomas Mann hat, auch in dieser Hinsicht, viel von Fontane gelernt. Nebenbei: der Name *Peeperkorn* aus dem »Zauberberg« stammt offensichtlich – ist schon jemand darauf gekommen? – aus dem »Stechlin« (wie der Name *Buddenbrook* aus »Effi Briest«): hier ist von einem Gutsbesitzer (*van dem*) *Peerenboom* die Rede (S. 279), der aus der Gegend von Delft in die Mark gezogen ist und, wie Mynheer Peeperkorn, aus Java stammt und Kaffeehändler war. Thomas Mann bewahrt also – *Peerenboom/Peeperkorn* – Silbenzahl, Anlaut und Vokalfolge*. Was den »Stechlin« angeht, so wird

---

* In einem Brief (27. 1. 1980) – ich hatte ihn um seine Meinung zu der Vermutung gefragt – schrieb mir Peter de Mendelssohn zustimmend: »Der ›Stechlin‹ war ein großes Lieblingsbuch von Thomas Mann. Er hat es sein ganzes Leben lang immer wieder gelesen, konnte es wohl so ziemlich auswendig. In einem seiner Notizbücher aus den Anfängen des ›Zauberberg‹ hat er

immer wieder auf den Namen, auf ihrem passenden Charakter insistiert. Woldemar notiert in sein Tagebuch: »Es bleibt mit den Namen doch eine eigene Sache; die Gräfin ist ganz Melusine und die Komtesse ganz Armgard« (S. 174). Letztere assoziiert er – er kennt sonst keine Frau dieses Namens – mit der Armgard im »Tell«, genauer: mit einer Schauspielerin, dem »Fräulein Stolberg« in dieser Rolle. Adelheid vermutet zu Recht, daß Dubslav der Name Melusine gefällt (S. 434) – »Kann ich beinah sagen«, meint er –, und sie äußert schließlich erregt: »diese Melusine ist eben eine richtige Melusine« (S. 436). Oder Dubslav: »Alle Lehrer sind nämlich verrückt. Ich habe hier auch einen, an dem ich meine Studien gemacht habe; heisst Krippenstapel, was allein schon was sagen will« (S. 77). Oder der Erzähler selbst: »ein Freiherr von der Nonne, den die Natur mit besonderer Rücksicht auf seinen Namen geformt zu haben schien« (S. 282). Hierher gehört natürlich auch das geschärfte Bewußtsein für »unsere guten alten Namen: Marwitz, Wakenitz, Kracht, Löschebrand, Bredow, Rochow ...« (S. 27). In Fontanes Gedicht »Adlig Begräbnis« aus der kurzen Serie »Märkische Reime« tritt solches Bewußtsein fast kultisch, wenngleich natürlich gebrochen, hervor:

> Ein Ribbeck, ein Stechow, ein Zieten,
> Eine Rathenow, ein Quast,
> Vorüber an Scheunen und Mieten
> Auf den Schultern schwankt die Last.
> . . . .
> Eine dreizehner Landwehrfahne
> Der alte von Bredow trug,
> Und Hans Rochow von Rekahne
> Schloss ab den Trauerzug.

sich den Namen einer englischen Pianistin namens Gertrude Pepperkorn notiert, die er wohl in München, wo sie Konzerte gab, gehört hatte. Das hatte ich mir vorgemerkt, aber Ihre Version hat mindestens ebenso viel für sich, wenn nicht einiges mehr. Es kommt wohl eines zum anderen.« Thomas Mann hätte also den Namen *Peerenboom* nach der Vorlage des Namens *Pepperkorn* umgeformt. Daß *Peerenboom* primär ist, scheint evident, denn hier haben wir ja nicht nur *Namensähnlichkeit, sondern bereits ein Stück* der Identität Mynheer Peeperkorns: »Kolonial-Holländer, ein Mann von Java, ein Kaffeepflanzer« (7. Kapitel, Abschnitt »Mynheer Peeperkorn«).

Das Jahr dreizehn (»dies Anno dreizehn, das wir mit den Russen zusammen durchgemacht haben«) ist ja auch in Dubslavs Erinnerung überaus wichtig: »das war doch unsre grösste Zeit« (S. 64). Also nicht – dies ist, nicht ganz ohne Ranküne, der Sinn des Superlativs – das glorreiche 1870. Nietzsche hätte schwerlich widersprochen. Nicht weniger sprechend, was Sensibilität für Namen angeht, ist Fontanes großartiges Gedicht *An meinem Fünfundsiebzigsten*, das also in die Stechlin-Zeit fällt. Hier sagt Fontane von sich selbst:

> Du bist der Mann der Jagow und Lochow,
> Der Stechow und Bredow, der Quitzow und Rochow...

Was fremde Sprachen angeht, so ist die genaue Wiedergabe der den Unterschied vokalischer Längen und Kürzen ignorierenden Redeweise von Wrschowitz hervorzuheben: »Serr gutt, serr gutt« (S. 459); »Der Deutsche lüggt, wenn er höflich wird« (S. 462), was übrigens Wrschowitz als »Sprichwort« ausgibt (bekanntlich stammt das Wort aus Faust II); »Krittikk« (S. 352). Zur Sprache kommt sodann – sehr explizit und genau – die Verdrängung des Französischen als gesellschaftlich-kulturelle Zweitsprache durch das Englische. Dubslav: »Sagt man noch Déjeuner à la fourchette?« Woldemar antwortet: »Kaum, Papa. Wie du weisst, es ist jetzt alles englisch.« Dubslavs Kommentar: »Natürlich. Die Franzosen sind abgesetzt. Und ist auch recht gut so, wiewohl unsre Vettern drüben erst recht nichts taugen. Selbst ist der Mann.« Hier im letzten Satz, wird – sprachlich – die Emanzipation (oder geht dies zu weit?) des Deutschen *neben* dem Französischen und Englischen, die Etablierung also des Deutschen Reichs signalisiert. Dubslav möchte aber dann – erneut die vertraute Stechlin-Relativierung –, wie er Rex die Schlüssel reicht, doch gleich wieder wissen, »wie Krammetsvögel auf französisch heisst« (S. 94–95). Domina Adelheid ist auch in diesem Punkt entschieden konsequenter; sie verweist dem Neffen die Wendung »ein gewisses je ne sais quoi« streng: »Sage nichts Französisches. Das verdriesst mich immer. Manche sagen jetzt auch Englisches, was mir noch weniger gefällt« (S. 149). Im Blick auf das letztere trifft sie also doch mit dem Bruder zusammen.

Ein weiterer Zug muß erwähnt werden, denn auch er gehört zur

Sprachbewußtheit des Romans: die starke, auf den ersten Blick kaum auffällige Präsenz des Literarischen. Immer wieder wird, ganz beiläufig und unprätentiös, Gemeinsamkeit des Besitzes ohne weiteres voraussetzend, *zitiert*, übrigens oft – dies gehört zur Beiläufigkeit – ungenau und nicht immer durch explizite Einführung oder auch bloß Anführungszeichen gekennzeichnet: Goethe (überwiegend), Schiller, Shakespeare, auch Luther. Einige Beispiele: »Ins Innere der Natur dringt kein erschaffener Geist« (S. 38); »Es heisst freilich, ›im engen Kreis verengert sich der Sinn‹« (S. 40); »Aber Vernunft ist immer nur bei wenigen« (S. 62); »sie will Taten sehen« (S. 72); »Mit unserer eignen Kraft ist nichts getan ...« (S. 74); »Hier steh ich, ich kann nicht anders« (S. 76); »Und ob die Welt voll Teufel wär'«; »›Lasst mich dicke Leute sehn‹, oder so ähnlich« (S. 99); »aber bei Lichte besehen, ist es bloss das alte: ›Du glaubst zu schieben und du wirst geschoben‹« (S. 377); »Gewiss, Herr von Stechlin. Es wächst der Mensch mit seinen grösseren Zwecken« (S. 449). Auch Heine wird einmal genannt: »Das ist ja schlimmer als der Heinesche Asra« (S. 87; es geht um die »Ermordung« der Drohne, die die Bienenkönigin befruchtet hat). Wie selbstverständlich – von uns heute aus gesehen – Kenntnis vorausgesetzt wird, zeigt eine Bemerkung Dubslavs, der ja gewiß kein Literaturbesessener ist, wie die folgende: »Wenn ich von Wrangel spreche, mein' ich natürlich nicht unseren ›Vater Wrangel‹, der übrigens auch keinen Spass verstand, sondern den Schillerschen Wrangel ...« (S. 89), also den, der im »Wallenstein« – in einer grandiosen Szene – auftritt (»Wallensteins Tod«, 1,5). Goethe erscheint auch – sehr signifikativ – in der prägnant sprechenden Überschrift des letzten Teils: »Verweile doch. Tod. Begräbnis. Neue Tage«. Wichtig ist hier dies: diese Textstücke gehören gewissermaßen, wie Sprichwörter und Redensarten, zum Sprachbesitz selbst. Sie sind Teil der Sprache, die der Autor und seine Figuren mit seinen – von ihm vorausgesetzten Lesern – teilen: Bildungsbürgertum, gewiß. Insofern gehören auch diese – offenen oder verdeckten – Zitate zum Metasprachlichen im »Stechlin«.

In Ingrid Mittenzweis Buch »Die Sprache als Thema, Untersuchungen zu Fontanes Gesellschaftsromanen« (Bad Homburg, Berlin, Zürich 1970) findet sich natürlich auch ein Kapitel über den »Stechlin«. Im »Spiel-raum« dieses Romans, so Mittenzwei, »etabliert sich die Sprache« (S. 166). Die Autorin verweist zustimmend auf Hans-Heinrich Reuter; für diesen war der »Stechlin« »die großartigste und kühnste Reverenz vor der Sprache als *Sprache*, die der deutsche Roman bis dahin erlebt hat« (Fontane, München 1968, II, S. 859). Diese Formulierungen sind erstens sehr ungenau, zweitens sehr überzogen. Ungenau: bei dem, was diese Formulierungen vernünftigerweise meinen können, geht es nicht um Sprache als *Sprache* (als Sprachbesitz), sondern um Sprechen, um Sprachäußerungen (vgl. H.-M. Gauger, »Sprachbewußtsein und Sprachwissenschaft«, München 1976, S. 11 – 20); diese linguistisch (und also auch literaturkritisch) fundamentale Unterscheidung wird hier ignoriert; es käme an – bei »Sprache als Thema« – nicht auf Sprechen als solches, sondern auf Sprechen über Sprache (als Sprachbesitz). Die durch die Sprache, die »Alltagssprache« selbst bedingte Konfusion zwischen Sprache als *Sprechweise* und Sprache als *Sprachbesitz* trübt der Literaturwissenschaft nicht selten den Blick. Man redet von der »Sprache Goethes« und meint dessen Sprechweise und macht sich unzureichend klar, daß man nur *dies* meinen kann. Überzogen: so viel in diesem Roman gesprochen wird, so viel in ihm Metasprachliches, also über die Sprache Gesprochenes, erscheint, so ist doch keineswegs Sprache sein »eigentliches Thema« (S. 178); keineswegs ist »die Bewegung des ›Stechlin‹ eine Bewegung der Sprache« (S. 173), was immer dies heißen soll. Davon abgesehen ist die Grenze zwischen Sprechen und Handeln, auf der in Mittenzwei im übrigen klugen Buch so insistiert wird (es passiert nichts, es wird bloß gesprochen), fließend: zwar ist Sprechen nicht schlechthin Handeln, wie leider die gegenwärtige Linguistik zum Teil, im Anschluß an eine bestimmte »Philosophie«, postuliert; Handeln und Sprechen sind aber auch nicht schlechthin entgegengesetzt. Gerade die in ihrer fast sprachlosen Implizitheit so bewegende Verlobung Woldemars und Armgards ist dafür ein hervorragendes Beispiel: die (bei aller motivierenden Vorbereitung) unvermittelt hervorbrechende Äußerung der »errötenden« Armgard – dies paralinguistische Element ist hier eigentlich das sprechendste – »Sie werden mich eifersüchtig machen«, Woldemars nachsetzende, knappe Frage, »Wirklich, Komtesse?«, Armgards bestätigendes »Vielleicht«, das hier gerade etwas ganz anderes meint als »vielleicht«, es aber nicht sagt, sind Wirklichkeit schaffende Sprechhandlungen.

Schließlich gibt es in dem – immer mehrschichtigen – Roman nicht nur Exaltierungen, sondern auch Negierungen des Sprechens. Zum Beispiel, wie beim Essen der Konservativen im »Prinzregenten«, nach der mißglückten Wahl, der Entschluß gefaßt wird, den ebenso beharrlich wie eindrucksvoll schweigenden Herrn von Alten-Friesack präsidieren zu lassen; die Begründung ist die: »ob er nun sprechen könne oder nicht, das sei, wo sich's um eine Prinzipienfrage handle, durchaus gleichgültig. Überhaupt, die ganze Geschichte mit dem ›Sprechenkönnen‹ sei ein moderner Unsinn. Die einfache Tatsache, dass der Alte von Alten-Friesack dasässe, sei viel, viel wichtiger als eine Rede...« (S. 291/292). Gerade auch dies gehört – und gewiß nicht am Rande – zur ›Philosophie‹ dieses Romans. Richtig ist allein – dies war unsere These –, daß im »Stechlin« auffällig – in Quantität und Qualität – Sprachliches zum Thema wird und daß gerade dies zur ›Machart‹ dieses Romans gehört. Das Sprachliche gehört, ähnlich – aber in anderer Weise – wie im »Zauberberg«, zu seiner spezifischen Atmosphäre.

Der funktionale Sinn des Metasprachlichen oder, allgemeiner, des Sprachbewußtseins im »Stechlin« ist nicht leicht und nicht eindeutig auszumachen. Er darf aber wohl im Zusammenhang mit der genannten Perspektivenlosigkeit der Stechlin-Welt gesucht werden: diese Welt ist gekennzeichnet, in ihrem vielfältigen Reden, durch eine eigentümliche Vergleichgültigung des Inhaltlichen: kaum je wird in ihm ernsthaft gefragt, von den bezeichneten Ausnahmen Gundermanns und Lorenzens abgesehen, ob etwas stimmt oder nicht. Es herrscht, obschon von »neuen Tagen«, »neuer Zeit« die Rede ist, zumindest was Dubslav angeht, abendliche, abschiednehmende Stimmung (»Sonnenuntergang« heißt der vorletzte Teil). Und beim Helden, den der Autor mit soviel Sympathie bedenkt, herrscht gutmütiger, stilvoller Indifferentismus. In solcher Stimmung, wenn sie sich in urban geselligem Zirkel ereignet, können die Wörter, kann das Sprachliche als solches wichtiger werden als sonst: die den Sachen entzogene Aufmerksamkeit wendet sich dem Sprachlichen zu, das sonst, in seiner fraglosen »Zuhandenheit« (Heidegger), beim Sprechen über Sachen nicht Gegenstand bewußter Aufmerksamkeit wird. Der Akzent rückt insgesamt vom *Was* auf das *Wie* und damit auch auf *die Sprache*. Dem Spiel mit der Sprache wird so, um an Mittenzwei anzuknüpfen, Raum geschaffen, ein Spiel, das dann, rein als solches, eigene Schwerkraft gewinnt. Das Bemerkenswerte ist freilich, daß das Sprechen im »Stechlin« bei aller Bewußtheit doch so unbekümmert, so spontan, so wenig stilisiert ist. Auch hier überzieht Mittenzwei erheblich: es kann nicht die Rede davon sein, daß im Stechlin-Plaudern »die Worte unerbittlich und eingehend geprüft werden, ob sie die richtigen sind« (S. 172): dann wäre das Plaudern kein Plaudern mehr. Und Dubslav sagt denn auch ganz explizit das genaue Gegenteil: »man müsse gegen Wörter nicht so streng sein« (S. 435). So habe schon der alte Kortschädel gesagt. Und dieser – oft und an entscheidender Stelle zitiert – ist ja stets sein eigentlicher Gewährsmann.

In dieser Richtung wird die Antwort zu suchen sein. Ganz eindeutig wird sie aber kaum ausfallen können: es bleibt hinsichtlich des Sprachbewußtseins im »Stechlin« ein nicht auflösbarer Rest: etwas Kontingentes. Es ist eben da. Es braucht, nicht anders als in der Wirklichkeit selbst, auch in der fingierten Wirklichkeit eines Romans nicht alles *notwendig* so sein, wie es ist: eine rechtfertigende Literaturbetrachtung ist nicht weniger verfehlt als eine rechtfertigende Linguistik. Es ist verfehlt, immer zeigen zu wollen, daß die jeweils betrachteten Sprachen notwendig sein müssen wie sie sind und daß bewunderte Literaturwerke nicht anders sein können als sie angetroffen werden. Was, nach Ockham, von Gott gilt, in bezug auf die Welt, gilt, in bezug auf sein Werk, für den literarischen Autor: »er hätte es gleichwohl anders einrichten können«, »aliter tamen potuit ordinare«. Oder auch: ordinari.

Sprache und Sprechen im Werk Freuds

Einleitendes:
Zur gegenwärtigen Überschätzung des Sprachlichen

Man kennt die Vexierbilder der Art: wo ist die Katze? Die Katze ist auf versteckte Weise, etwa in eine Landschaft, eingezeichnet, so daß man sie zunächst nicht sieht. Hat man sie aber erblickt, geschieht es, daß man nur noch die Katze sieht ... Ähnliches geschieht heute in nicht wenigen Bereichen mit der Sprache. Ihre große Bedeutung, das Interesse, das sie in vieler Hinsicht verdient, sind lange unerkannt geblieben. Nachdem die Sprache aber endlich in den Blick getreten ist, besteht Gefahr, daß man nur noch und überall Sprache sieht und geneigt ist, nahezu jede Thematik auf Sprachliches oder ein Problem des Sprachlichen zu reduzieren. Gerade als Sprachwissenschaftler fühlt man sich da oft zu dem Bekenntnis gedrängt: »Ich kann das *Wort* so hoch unmöglich schätzen.«

In der Tat ist in einigen Disziplinen und längst auch in der allgemeinen gebildeten Redeweise zu konstatieren, was man schlicht eine ›Überschätzung‹ des Sprachlichen nennen muß. Für nicht wenige Disziplinen ist das Thema Sprache wichtig geworden, und hinsichtlich jener allgemeinen Redeweise ist zu bemerken, daß häufig sachliche Probleme als solche der Sprache deklariert werden oder von vornherein, unausgesprochen, erscheinen. Für Frankreich gilt das übrigens noch mehr als für den deutschen Bereich. Unter den wissenschaftlichen Disziplinen ist hier zunächst die Philosophie zu nennen. Es ist bekannt, daß – unter allen anderen Themen – dem Sprachthema »am eindeutigsten und überzeugendsten ... die Schlüsselstellung in der gegenwärtigen Philosophie zukommt«[1]. Das Sprachproblem erscheint hier weithin im Sinne einer *prima philosophia*. Dabei ist zu beachten, daß dies für philosophische Richtungen gilt, die unter sich ganz verschieden sind, ja sich zum Teil gegenseitig ignorieren: es gilt für die von Carnap bestimmte formalsprachlich konstruktive Richtung des logischen Empirismus, es gilt für den frühen wie den späten Wittgenstein; es gilt für die vom letzteren ausgehende sprachanalytische Philosophie, die Philosophie der Umgangssprache (»ordinary language philosophy«); es gilt für die Phänomenologie, für Heidegger und die hermeneutische Philosophie, schließlich für die »transzendentalphilosophische« Sprachreflexion, bei Cassirer, Apel, Habermas und anderen: eine ins Sprachliche gewendete Modifikation der klassischen Transzendentalphilosophie. Eine Tendenz zum Sprachlichen hin ließe sich auch für andere Disziplinen behaupten: die Theologie, die Anthropologie, die Soziologie, die Psychologie, die Literaturkritik. Übrigens tritt die Tendenz auch in der Literatur selbst hervor. Man braucht nur an Namen wie Beckett, Ionesco, Celan, Handke, Canetti zu denken. Von der Linguistik aus gesehen, die für die Sprache in besonderer Weise zuständig ist, ist festzustellen, daß die Aufnahme des Themas »Sprache« in die Erkenntnisbemühung dieser Disziplinen in zweierlei Weise erfolgt: entweder die Bemühungen der Linguistik um das Objekt Sprache werden mehr oder weniger ignoriert, oder aber, was mir als ungleich bedenklicher erscheint, man betrachtet eine bestimmte Richtung innerhalb der Linguistik ohne weiteres als die Linguistik schlechthin.

Was jene allgemeine Ausdrucksweise angeht, von der ich sprach, so ist sie ein interessantes Symptom: warum stellt man – in eigentümlich verengender Formulierung – so häufig als Problem der Sprache, des Sprachlichen hin, was in Wirklichkeit ein Problem ganz anderer, umfassenderer Art ist? Zwei Beispiele. Erstens: Ein Theologe schreibt: »Die Erhöhung des Herrn soll uns zur Sprachschule der Hoffnung werden!«[2] Zweitens: In »Universitas« schreibt Ludwig Raiser zum Problem der Generationen unter anderem: »Das Verstehen setzt eine Bereitschaft zum Lernen voraus, das oft damit beginnen muß, wieder eine gemeinsame Sprache für die beide Seiten bedrückenden Probleme und die Möglichkeiten ihrer Bewältigung zu finden.« Und etwas später heißt es: »Der Versuch einer Auseinandersetzung kann auch scheitern, weil eine Brücke der Verständigung, oft schon in der Sprache, nicht mehr erkennbar ist.«[3] Belege für eine solche Ausdrucksweise lassen sich heute überall finden. Ich halte diese Ausdrucksweise für falsch. Die Sprache der Hoffnung ist keine andere Sprache als die der Resignation: beide benutzen *dieselbe* Sprache. Die Hoffnung *ist* etwas anderes als die Resignation, und weil sie etwas anderes *ist*, spricht sie, falls sie überhaupt spricht, anders. Ihr Sprechen ist *inhaltlich* anders als das der Resignation; aber eine andere Sprache braucht, wer aus der Resignation in die Hoffnung tritt, nicht zu lernen. Auch die Schwierigkeiten der Verständigung oder der rationalen Auseinandersetzung unter verschiedenen Generationen beruhen nicht auf dem Fehlen einer gemeinsamen Sprache. Die angeführte Stelle meint dies auch nicht im Ernst: sie meint etwas Umfassenderes und Gravierenderes, nämlich die Verhärtung, die Verstockung auf beiden Seiten, die bewirkt, daß man nicht mehr miteinander reden, sich nicht mehr verständigen, sich nicht mehr streiten kann. Würde diese zugleich intellektuelle und affektive Verstockung (und alles, was mit ihr zusammenhängt) durchbrochen, ergäbe sich alles übrige und gewiß das Sprachliche von selbst. Ich halte eine solche Ausdrucksweise für gefährlich, weil sie – ungewollt oder gewollt – einerseits das Sprachliche mystifiziert, andererseits das Inhaltliche verharmlost: die sachliche Problematik wird von der inhaltlichen Ebene, zu der sie gehört, auf die bloß formale des Sprachlichen geschoben. Denn Sprache ist Form, nicht Inhalt. Inhaltlich ist erst das Sprechen, der Text, die Äußerung: hier erscheint ein Inhaltliches sprachlich ausgedrückt. Die Sprache selbst ist, wie Eugenio Coseriu sagt, »das Unschuldigste«[4]. Ist sie dies? Hierüber wäre zu reden. Harmlos jedenfalls ist die Sprache nicht. Nun handelt es sich bei jener Wendung zum Sprachlichen gewiß um ein komplexes Phänomen. Es ist klar, daß manches differenzierend hinzuzufügen wäre. Es kam mir jedoch, gerade in dieser Einleitung zum Thema »Sprache bei Freud«, darauf an, gegenüber der modischen und schon beinahe rituellen Insistenz auf dem Sprachlichen, gegenüber solchem sprachlichen Reduktionismus, mein Unbehagen an dieser Art von Sprachkultur wenigstens fragmentarisch zu artikulieren: Sprachliches ist, wo Menschliches ist, fast überall; aber das Sprachliche ist nicht alles. Obschon Sprache, wie gerade auch Freud sagt, zur Bedingung des Menschen gehört, ruht sie doch einem anderen, sie Umgreifenden und ihrerseits Bedingenden auf. Ich werde im Blick auf die Beziehungen zwischen Sprache und Es davon sprechen.

Ich habe gegen die allgemeine Überschätzung des Sprachlichen auch deshalb Stellung bezogen, weil sie gerade in der gegenwärtigen Psychoanalyse überstark hervortritt. Es gibt gerade in ihr die Tendenz, nahezu alles »von der Sprache her« zu begreifen. Dies gilt für die Psychoanalyse selbst, als Praxis und als Theorie, es gilt aber auch für ihr Objekt, die Psyche. Innerhalb dieses Bemühens findet sich dann auch der Versuch, bestimmte Elemente der modernen Sprachwissenschaft in die Psychoanalyse hereinzuholen. Von einer wirklichen Assimilation kann dabei jedoch, soweit ich sehe, in keinem Fall gesprochen werden: es ist eine äußerliche Rezeption. Bei Jacques Lacan, der hier an erster Stelle zu nennen ist, handelt es sich um Elemente des klassischen Strukturalismus, bei dem Nordamerikaner Marshall Edelson um solche der Linguistik Chomskys. Das ebenso faszinierende wie schwer zugängliche Universum der Arbeiten Lacans ist der bisher radikalste Versuch, die Psychoanalyse und die Psyche selbst »von der Sprache her« zu begreifen.[5]

Ich will mich aber hier auf Freud beschränken. Somit steht dieser Versuch – um einen Versuch handelt es sich in der Tat – unter dem allgemeinen Vorbehalt: vorausgesetzt, die Dinge verhalten sich tatsächlich so, wie Freud sie sieht. Dies heißt also: wenn Freud recht hat, ist von der Linguistik her, wie ich sie verstehe, dieses und dieses zu sagen. Dies ist mein Ansatz. Im übrigen ist es klar, unabhängig davon, wie man Freud innerhalb der Psychoanalyse beurteilt, daß die Frage, was die Linguistik von der Psychoanalyse lernen kann, zunächst und vor allem an das Werk Freuds zu richten ist. Meine Fragestellung ist somit die folgende: Was kann die Sprachwissenschaft von der Psychoanalyse, von ihrer Praxis und ihrer Theorie, über die Sprache und über das Sprechen lernen? Es geht also gerade nicht darum, die Psychoanalyse von der Sprache (oder der Linguistik) her zu begreifen. Ich will nicht, wie Lacan und andere dies versuchen, Freud mit Hilfe der Linguistik zu sich selbst verhelfen.

Es gibt in diesem Zusammenhang die These – Edelson äußert sie unmißverständlich –, daß Freud weitergekommen wäre, besonders in seiner Theorie, wenn er bereits auf die Ergebnisse der modernen Linguistik hätte zurückgreifen können, also etwa Chomsky, der sich übrigens auf Freud beruft, schon gekannt hätte. Prinzipiell ist dergleichen nicht auszuschließen; ich glaube es aber in diesem Fall nicht und rechne auch diese These zu jener Überschätzung des Sprachlichen, von der die Rede war.[6] Ich meine, daß hier zunächst einmal schlicht zu respektieren ist, daß Freud sich in *keiner* seiner Arbeiten zusammenhängend über Sprachliches geäußert hat. Eine Ausnahme machten hier allenfalls die kurze Schrift »Über den Gegensinn der Urworte« aus dem Jahr 1910, in welcher Freud einem Sprachwissenschaftler, Karl Abel, zum Opfer fiel, und die – allerdings wichtige – sehr frühe, noch voranalytische und darum nicht in die »Gesammelten Werke« aufgenommene Studie »Zur Auffassung der Aphasien« von 1891.[7] Daß Freud sich nicht zusammenhängend über Sprache geäußert hat, ist symptomatisch. Es beweist keineswegs, daß Freud die Zusammenhänge zwischen Sprache und Psychoanalyse für unwichtig hielt; aber es zeigt, daß er hier nichts übermäßig Problematisches fand. Sonst hätte er, der auf Vollständigkeit viel Wert legte, zumindest im Sinn einer Arrondierung, dies Thema ohne Zweifel aufgegriffen. Allein von hier aus erscheint es als außerordentlich schwierig, die Bemühungen von Jacques Lacan, die das Sprachliche ganz ins Zentrum rücken, als »Rückkehr zu Freud« zu verstehen, wie er sie selbst verstanden haben wollte.

An welchen Stellen wird bei Freud das Thema ›Sprache‹ bedeutsam? Die Psychoanalyse ist, wie man weiß, eine Praxis und eine Theorie. Als *Theorie* geht es der Psychoanalyse um Beschreibung: Sie sucht rekonstruierend zu beschreiben, wie dasjenige ist, was man Psyche nennt. Von hier aus weitet sich die psychoanalytische Theorie zu einer Art Weltanschauung. Letztlich geht es auch ihr um jene Frage, die, nach Kant, die Philosophie »in weltbürgerlicher Bedeutung« zusammenfaßt, die Frage: Was ist der Mensch?[8]

Im Zentrum steht die Beschreibung, die Theorie, des »psychischen Apparats«, wie Freud sich – in (für ihn charakteristischer) naturwissenschaftlicher Metaphorik – ausdrückt. Innerhalb dieser Theorie, dieser »Metapsychologie«, wie Freud auch sagt, wird die Sprache insofern wichtig, als sie beteiligt ist – und zwar in entscheidender Weise – am Aufbau des psychischen Apparats. Es gibt hier in jedem einzelnen der drei von Freud unterschiedenen Bezirke, dem Ich, dem Über-Ich, dem Es, bedeutsame Verbindungen zur Sprache. Es ist also notwendig, diese Verbindungen, wenigstens skizzenhaft, aufzuzeigen. Als *Praxis* bemüht sich die Psychoanalyse, in die Psyche zum

Zweck ihrer Veränderung, ihrer Heilung, mit Hilfe eines spezifischen Verfahrens einzugreifen. Dies spezifische Verfahren besteht darin, daß gesprochen wird. Es geht also für unseren Zusammenhang um die Frage, was aus dem therapeutischen Einsatz des Sprechens und – indirekt – der Sprache zu lernen ist. Die Bedeutung des Sprachlichen ist somit für beide Bereiche der Psychoanalyse, ihre Praxis und ihre Theorie, unabweisbar. Ich greife einen dritten Punkt heraus, der weniger das Inhaltliche als vielmehr Freuds Denkstil, auch die Art seiner Darstellung, betrifft: die eigentümliche Insistenz auf dem Sprachlichen, die heuristische und argumentative Verwendung sprachlicher Tatbestände, die in gewissem Sinn zu der eingangs kritisierten Tendenz gehört. Ich beginne mit diesem letzteren Punkt, gehe dann über zur therapeutischen Verwendung des Sprechens und komme schließlich zum Zusammenhang von Sprache und psychischem Apparat: Sprache und Ich, Sprache und Über-Ich, Sprache und Es.

Zu Freuds Stil ist schon viel gesagt worden. Er zeichnet sich aus durch ein klares, kultiviertes, zumindest scheinbar müheloses, etwas altväterliches Parlando, das im Sinne der »klassischen Dämpfung« (Leo Spitzer über Racine) alles Grelle, Aufgeregte, Herausfallende meidet. Treffend spricht Thomas Mann, im Blick auf Freud, von der »Kultur des mittleren, unaufgeblasenen Worts, das seine Kraft im Mäßigen sucht«[9]. Bemerkenswert ist auch Freuds immer wieder hervortretendes affektiv und ästhetisch reizbares Verhältnis zum Sprachlichen, das übrigens auch fremde Sprachen, das Englische, Französische, Italienische, die klassischen Sprachen mit einbezog. Schließlich will ich auch nicht eingehen, obgleich es indirekt zum Thema gehört, auf Freuds – noch nicht gebührend gewürdigte – außerordentliche Leistung als Schöpfer einer neuen Terminologie. Er hat hier – in auffallender und gewiß symptomatischer Abweichung vom Sprachgebrauch der Medizin – fast durchweg gängige deutsche oder bereits gängige fremde Wörter gewählt und diesen eine spezielle Bedeutung gegeben: Verdrängung, Widerstand, Abfuhr, Übertragung, Verschiebung, Verdichtung, Versagung, Trauer, Zensur, Fixierung, Sublimierung und so weiter. Interessanterweise hat dies Verfahren Freuds seiner internationalen Wirkung keinerlei Abbruch getan.[10]

Heuristisch-argumentative Verwendung von Sprachlichem

Was die heuristisch-argumentative Verwendung von Sprachlichem angeht, ist in Freuds Denkstil, in seiner Argumentation, etwas Auffallendes, besonders wenn man die Häufigkeit dieser Verwendung in Rechnung stellt. Ich meine die Berufung auf sprachliche Tatbestände zur Erhärtung von sachbezogenen Aussagen, die Benutzung der Sprache als Zeugin für Wahrheit. Ein Beispiel: Freud zufolge enthält der Traum stets ein Element der Wunscherfüllung. Bei der Darlegung dieser These erklärt Freud unter anderem: »Im Sprachgebrauch liegt ... eine Ahnung davon, daß die Wunscherfüllung ein Hauptcharakter des Traumes ist ... Bekannte Sprichwörter sagen: das Schwein träumt von Eicheln, die Gans vom Mais; oder fragen: wovon träumt das Huhn? von Hirse ... So viele Redewendungen scheinen dasselbe anzudeuten, wie ›traumhaft schön‹, ›das wäre mir im Traum nicht eingefallen‹, ›das habe ich mir in meinen kühnsten Träumen nicht vorgestellt‹. Es liegt da eine offenbare Parteinahme des Sprachgebrauchs vor. Es gibt ja auch Angstträume und Träume mit peinlichem oder indifferentem Inhalt, aber sie haben den Sprachgebrauch nicht angeregt. Er kennt zwar ›böse‹ Träume, aber der Traum schlechtweg ist ihm doch nur die holde Wunscherfüllung. Es gibt auch kein Sprichwort, das uns versichern würde, das Schwein oder die Gans träumen von Geschlachtetwerden.«[11] Ein zweites Beispiel: Freud spricht, in einer seiner Arbeiten über Moses, anläßlich der biblischen Berichte, von bestimmten »Textentstellungen« und erklärt: »Man möchte dem Worte ›Entstellung‹ den Doppelsinn verleihen, auf das es Anspruch hat, obwohl es heute keinen Gebrauch davon macht. Es sollte nicht nur bedeuten: in seiner Erscheinung verändern, sondern auch: an eine andere Stelle bringen, anderswohin verschieben. Somit dürfen wir in vielen Fällen von Textentstellung darauf rechnen, das Unterdrückte und Verleugnete doch irgendwo versteckt zu finden, wenn auch abgeändert und aus dem Zusammenhang gerissen.«[12] Hier wird also, wenngleich eher versuchsweise, in das Verb »entstellen« etwas hineingelesen, was an sich, das heißt (kann nur heißen) für das Bewußtsein der Sprechenden, gar nicht in ihm enthalten ist. Konkret geht es bei Freuds heuristisch-argumentativer Verwendung des Sprachlichen um vier Elemente:

– erstens um Sprichwörter: »Das Schwein träumt von Eicheln«;
– zweitens um Redewendungen: »Das wäre mir im Traum nicht eingefallen«;
– drittens um die Verwendung von Wörtern, welcher ein Hinweis entnommen wird auf ihre Bedeutung: *Traum* für sich selbst wird in der Sprache – das heißt: durch die Sprechenden – nur in bezug auf Positives verwendet, woraus folgt, daß der Traum »von der Sprache selbst« als positiv im Sinn einer Wunscherfüllung bewertet wird;
– viertens bezieht sich Freud auf durchsichtige Wörter: abgeleitete oder zusammengesetzte Wörter; Wörter also, die nicht undurchsichtig sind, wie zum Beispiel *Baum* oder *Haus*, sondern aus denen man etwas heraushören oder in die man etwas hineinlesen kann, wie zum Beispiel das abgeleitete Wort *Entstellung*[13].

Es geht hier also durchweg um Elemente der Sprache, die bereits als solche – im Unterschied zu den übrigen – etwas aussagen oder jedenfalls als Aussagen interpretierbar sind.

»Das Nennen«, sagt Mario Wandruszka, »ist den Wörtern anvertraut, das Sagen den Sätzen.« Sätze gehören nicht zur Sprache, sondern erst zum Sprechen; zur Sprache – als Sprachbesitz – gehören nur die abstrakten Modelle von Sätzen, die Satzbaupläne; diese jedoch, da sie lexikalisch leer sind, sagen noch nichts. Hier aber, in den genannten vier Gruppen von Elementen, haben wir Elemente des Sprachbesitzes, die schon reden, die schon etwas sagen. Eugenio Coseriu spricht hier treffend von »wiederholter Rede«, wobei er freilich den Begriff etwas enger faßt. Im Grunde gehören aber auch die »durchsichtigen Wörter« hierher, weil sie nicht bloß nennende, sondern auch schon sagende Wörter sind. Sie nennen und sagen zugleich.[14]

Die Etymologie darf hier ebenfalls genannt werden. »Etymologie« meint – etymologisch – bekanntlich: Lehre vom Wahren (*tò étymon* = das Wahre). Wahrheit hat immer mit dem Sagen zu tun; sie ist eine Eigenschaft von Sätzen. Die Etymologie kann in der Tat als ein Versuch verstanden werden, Wörter, die nichts mehr sagen, durch den Rekurs auf ihre – dem normalen Sprachbewußtsein nicht präsente – Geschichte, wieder zum Reden zu bringen. So, wenn Martin Heidegger das griechische *alétheia* (Wahrheit) sagen läßt: Wahrheit, das heißt das, was mit diesem Wort gemeint ist, ist *a-létheia*, also

Unverborgenheit, Lichtung.¹⁵ Auch Freud zieht gelegentlich Etymologien heran. Auch er sieht im Sprachgebrauch, wie er sagt, »nichts Zufälliges, sondern den Niederschlag alter Erkenntnis, der freilich nicht ohne Vorsicht verwertet werden darf«¹⁶. Der Zusatz ist wichtig; Freud verwendet in der Tat sprachliche Tatbestände im Sinn eines – noch zu überprüfenden – ersten Hinweises, einer Denkhilfe. Auch behält das Verfahren bei Freud etwas Lockeres, Spielerisches, das bei Heidegger gänzlich fehlt. Ich glaube jedoch, daß auch Freud – im Ganzen – hier schon zu weit geht. Die Gefahr der Verdinglichung der Sprache ist hier groß: sie wird ihrem Substratum, den in einem bestimmten Zeitraum koexistierenden, mit ihr oder in ihr sprechenden Subjekten, entzogen; ihr wird, als einer die Zeiten überdauernden geschichtlichen Größe, ein Subjekt unterstellt, das – gleichsam unabhängig von den sprechenden Subjekten – in ihr denkt. Hier handelt es sich um mehr und anderes als um bloße ›Überschätzung‹ der Sprache. Der Wert des Heideggerschen Philosophierens beruht nicht auf jener Hypostasierung der Sprache; er besteht trotz dieser. Man darf sich von der Sprache, wie von allem Möglichen, heuristisch auf Spuren helfen lassen, man darf sie aber nicht für sich denken lassen wollen, denn eben dies kann sie, »das Unschuldigste«, nicht. Faktisch geschieht in solchen Fällen denn auch unausweichlich dies, daß man in die Sprache etwas hineinliest, daß man, wie im Fall der Deutung von ›Wahrheit‹ als ›Unverborgenheit‹, die Sprache sagen läßt, was man selbst gern sagen möchte. Das Verfahren hat etwas von Erschleichung. Die Sprache spricht nicht. Dem Irrtum Heideggers – dieser Irrtum ist nicht originell: er hat eine lange Geschichte – ist auch Freud ein Stück weit erlegen.¹⁷

Sprechen als Therapeutikum

Die analytische Behandlung besteht darin, daß gesprochen wird. Sie ist, wie sich schon Anna O., jene berühmte erste, fremdsprachlich begabte Patientin von Breuer und Freud, ausdrückte, eine »talking cure«. Freud selbst erklärt: »In der analytischen Behandlung geht nichts anderes vor als ein Austausch von Worten zwischen dem

Analysierten und dem Arzt.«[18] Die Therapie ist: sprechen und sprechen lassen; oder – treffender – sprechen lassen und sprechen, denn es dominiert das Sprechen des Analysierten. Man muß sich, von Freuds Ausgangspunkt (Gehirnanatomie) und der wissenschaftlichen Umgebung her, in der er arbeitete, das Revolutionäre dieser einzig auf Sprechen abgestellten Therapie deutlich machen. Es kontrastiert ja diese Behandlung bis heute auf das schärfste mit nahezu jeder ärztlichen Behandlung *anderer* Art. Beim Arzt, den wir aufsuchen, ist es so, daß er erstens möglichst wenig sprechen läßt und zweitens auch selbst wenig spricht. Wenn dies übertrieben ist, so ist es gewiß nicht stark übertrieben. Merkwürdig ist, daß die – zumeist kurze – Veranstaltung, bei der dies nur durch knappe Sätze unterbrochene Schweigen stattfindet, »Sprechstunde« heißt: Sollte nicht auch hier, möchte man fragen, die Sprache eine verborgene Weisheit enthalten?

Drei Tatsachen sind in diesem Zusammenhang wichtig. Erstens, daß diese Behandlungsmethode im Sprechen besteht, wobei das Schweigen als eine – sehr verschiedenartig begründete – Modifikation des Sprechens zu gelten hat: alles vollzieht sich hier im Medium des Sprechens.[19] Zweitens ist die spezifische Art dieses Sprechens bedeutsam: die Sprechsituation ist geprägt durch Widerstand, durch Übertragung und Gegenübertragung. Äußerlich gesehen ist sie durch eine eigentümliche thematische Ungebundenheit gekennzeichnet. Die tiefere, dem Patienten meist unbewußte Einheit des Sprechens in der Behandlungsstunde besteht in der Verbundenheit der Themen mit der Krankheit, wegen der der Patient den Arzt aufgesucht hat. Drittens ist der Wandel bedeutsam, der sich in der therapeutischen Verwendung des Sprechens, während der frühen Entwicklung der Psychoanalyse, vollzogen hat. Zunächst verwendete Freud, unter dem Einfluß von Charcot, die Hypnose: Der Patient spricht in hypnotischem Zustand und findet sich dabei, dem Arzt gegenüber, gerade was sein Sprechen anbelangt, in extrem untergeordneter Situation. Dies Verfahren hat Freud aufgegeben und durch ein anderes ersetzt, bei welchem der nichthypnotisierte Patient durch drängende, suggestive Fragen – etwa im Sinne eines Verhörs – nach Einfällen befragt wird. Aber auch dieses Verfahren wurde bald aufgegeben, und zwar zugunsten der sogenannten »freien Assoziation«: Hier fehlen sowohl die Hypnose als auch das suggestive

Drängen nach Einfällen, es herrscht allein die »psychoanalytische Grundregel«: der Patient verpflichtet sich, »mit seinem Analytiker ganz aufrichtig zu sein, nichts von dem mit Absicht zurückzuhalten, was ihm in den Sinn kommt«[20]. Dieser Wandel in der therapeutischen Verwendung des Sprechens kann gekennzeichnet werden als die schrittweise Herstellung einer, zumindest der Tendenz nach, *partnerschaftlichen* Gesprächssituation: »ein Gespräch«, sagt Freud selbst, »zwischen zwei gleich wachen Personen«[21]. Es braucht nicht hinzugefügt zu werden, daß diese spezifische Situation faktisch durch ein prekäres Gleichgewicht gekennzeichnet ist: einerseits dominiert in diesem »Gespräch« gewiß – einfach kraft seiner Rolle – der Arzt; andererseits dominiert der Patient, insofern nämlich, als im wesentlichen *ihm* die Wahl des Themas vorbehalten bleibt, und als dieses Thema – direkt oder indirekt – fast ausschließlich er selbst und seine Krankheit ist.

Zu diesem Stilwandel ist zunächst zu sagen, daß er aus Gründen der Zweckmäßigkeit erfolgte. Freud erschienen die »freie Assoziation« und – damit verbunden – die »frei schwebende Aufmerksamkeit« auf seiten des Arztes als das am ehesten zum Erfolg führende Verfahren. Zum anderen jedoch kann vielleicht gesagt werden, daß er, mit der Herstellung jener quasi *partnerschaftlichen* Gesprächssituation, einem dem Sprechen selbst konstitutiven Zug gefolgt ist. Ich weiß nicht genau, wieweit dieser Gedanke, den ich dem Theologen Scharfenberg entnehme, trägt.[22] Aber es darf wohl gesagt werden, daß die Sprache im Sprechen ihre Möglichkeiten nur dann entfalten kann, wenn die Situation des Gesprächs im vollen Sinn – und dies heißt auch im Sinne annähernder Gleichberechtigung beider Teilnehmer – gegeben ist. Findet sich ein Teilnehmer in seiner Stellung reduziert, reduziert sich auch sein Sprechen im Blick auf den ihm an sich verfügbaren Sprachbesitz. Ähnliches gilt auch für den überlegen Partner: Auch er ist sprachlich reduziert.

Die therapeutische Verwendung des Sprechens und der skizzierte Wandel innerhalb dieser Verwendung können durch zwei Termini Freuds recht vollständig umrissen werden: »Abfuhr« und »Erledigung«. »Abfuhr« meint, daß ein, wie Freud drastisch sagt, »eingeklemmter Affekt« durch affektgeladenes Sprechen, durch eine Art von verbalem Sich-Abreagieren, befreit wird; ein Phänomen, das wir auch aus dem Alltagsleben kennen. »Erledigung« meint, daß eine dominierend (aber nicht ausschließlich) intellektuelle Verarbeitung stattfindet, die sich nicht im Sinne des bloßen Sich-Abreagierens auf Sprache stützt; ein komplexer Vorgang, in dem der Begriff des »Verstehens« zentrale Bedeutung erhält: »Wir wollen den Patienten«, sagt Freud, »in den Stand setzen, seine unbewußten Wunschregungen bewußt zu erfassen.« Oder: »Unsere erste Absicht war ja, die Störungen des menschlichen Seelenlebens zu verstehen, weil eine merkwürdige Erfahrung gezeigt hatte, daß hier Verständnis und Heilung beinahe zusammenfallen, daß ein gangbarer Weg von dem einen zum anderen führt.«[23] Es ist jedoch wichtig festzuhalten, daß, wenn sich auch, beim späteren Freud, das Gewicht zugunsten der »Erledigung« verändert hat, das Moment der »Abfuhr« gleichwohl seine Bedeutung behält. Später hat sich für den Vorgang insgesamt der direkt das Sprachliche aufnehmende Begriff der »Verbalisierung« durchgesetzt: das mit der Sprache bisher Unverbundene, ihr nicht Erreichbare, wird mit Sprache, das heißt: mit Wörtern, zusammengebracht und damit zu verstehender Aneignung geführt: eine Erlösung durch Sprache.[24]

Die spezifische Art der therapeutischen Verwendung des Sprechens verdient besonderes Interesse innerhalb der gegenwärtigen Diskussion um den sogenannten »pragmatischen« Ansatz in der Sprachtheorie, die »pragmatische Wende« in der Linguistik. Die Verwendung des Sprechens in der analytischen Behandlung zeigt, daß die schlichte Gleichsetzung von Sprechen und Handeln, wie sie für die linguistische Pragmatik kennzeichnend ist, nicht angeht, daß differenziert werden muß. Natürlich handelt es sich letztlich um eine Frage der Definition. Aber die Gleichsetzung von Sprechen und Handeln sagt über die Natur des Sprechens nichts mehr aus, wird rein tautologisch, wenn der Handlungsbegriff zu weit gefaßt wird. Wenn wir Handeln als ein von einem Subjekt ausgehendes, mit einer Intention verbundenes Geschehen definieren, das in der Wirklichkeit eine Veränderung herbeiführt oder herbeizuführen sucht, so lassen sich vier Arten des Sprechens unterscheiden:

Erstens: Es gibt ein Sprechen, das eigentliches Handeln ist. Etwa das »Ja« auf die offizielle Frage an den Gewählten: »Nehmen Sie die Wahl an?« Oder auch ein beinahe inhaltloses Sprechen – im Sinne des *small talk* –, das etwa der Wiederaufnahme einer abgebrochenen menschlichen Beziehung gilt.

Zweitens: Es gibt ein Sprechen, das ganz in Handlung eingebettet ist und völlig aufgeht in ihr. Etwa die kurzen Anweisungen des Chirurgen an die Assistierenden, also etwa: »Pinzette«, »Tupfer« und so fort.

Drittens: Es gibt ein Sprechen, welches das genaue *Gegenteil* des Handelns, nämlich das Aushängen des Handelns ist. Jung sagte einmal treffend: »Sein ist schwieriger und wird daher gern durch Worte ersetzt.«[25] Dies entspricht dem volkstümlichen Erlebnis des Sprechens oder doch einer Seite davon, etwa in dem Satz »die reden ja nur« oder »mehr Taten, weniger Worte«. Ludwig Uhland hat diese bedeutsame Form des Sprechens in einer kurzen Ballade, »König Karls Meerfahrt«, zum Thema gemacht. Das Schiff Karls mit den zwölf Pairs gerät in einen schweren Sturm, und nun tut jeder, in dieser bedrohlichen Lage, einen nutzlosen, ihn kennzeichnenden Spruch:

> Es war Herr Gui, ein Ritter fein,
> Der fing wohl an zu singen:
> Ich wollt' ich wär' ein Vögelein,
> Wollt' mich zu Liebchen schwingen.

Oder der Erzbischof:

> Erzbischof Turpin seufzte sehr:
> Wir sind die Gottesstreiter:
> Komm, liebster Heiland, über das Meer
> Und führ uns gnädig weiter.

Anders verhält sich Karl. Von ihm heißt es bloß, und damit schließt das Gedicht:

> Der König Karl am Steuer saß;
> Der hat kein Wort gesprochen:
> Er lenkt das Schiff mit festem Maß
> Bis sich der Sturm gebrochen.

Ich will den literarischen Rang dieses Werkes nicht überschätzen. Aber, was ich meinte mit Sprechen als Gegenteil von Handeln, kommt in ihm sehr klar zum Ausdruck.

Viertens: Es gibt ein Sprechen, das – hinsichtlich seiner psychischen Funktion – so etwas wie ein Quasihandeln, ein Surrogat für Handeln ist. Freud erklärt: »In der Sprache findet der Mensch ein Surrogat für die Tat, mit deren Hilfe der Affekt nahezu ebenso abreagiert werden kann.« Und er spricht auch davon, daß »sich die Tat zum Wort ermäßigte« und daß dies »in mancher Hinsicht einen kulturellen Fortschritt« bedeutet.[26] Sprechen also als Surrogat für Handeln. Die dritte und vierte Form des Sprechens, Sprechen als Nicht-Handeln und Sprechen als Handlungssurrogat, sind nun für das analytische sprachliche Arrangement charakteristisch: sie werden in ihr radikalisiert. Hier wird, in bewußter Absprache, ein im tatsächlichen Leben in dieser Reinheit nicht vorkommender Freiraum geschaffen, in dem ausschließlich und – bei allem Affektaufwand folgenlos für die Wirklichkeit außerhalb des Gesprächs – gesprochen wird. In diese Richtung zielt etwa die Vorschrift, daß während der Behandlung keine Entscheidungen mit Handlungscharakter getroffen werden sollen: weder soll eine Ehe geschlossen noch eine geschieden werden und so weiter. Dies meint auch, daß in der Behandlung all das vermieden werden soll, was unter dem Stichwort »agieren«, also eben handeln, zusammengefaßt wird. Es soll – negativ gesehen – ausschließlich gesprochen werden. Gerade hierbei aber tritt nun – im positiven Sinn – das Sprechen in seiner Möglichkeit als Handlungssurrogat ins Recht: es wird *sprachlich* agiert. Das heißt: es wird agiert und doch auch wieder gerade nicht. Sprechen als entlastender Handlungsersatz, als *Ersatzhandlung*.

Entscheidend ist für unseren Zusammenhang dies: die psychoanalytische Behandlung tut hier nicht etwas vom Sprechen in der Lebenswelt prinzipiell Verschiedenes; sie radikalisiert nur zwei Formen des alltäglichen Sprechens und deren psychische Funktionen. Insofern kann gerade die linguistische Pragmatik aus der therapeutischen Verwendung des Sprechens in der analytischen Behandlung Wichtiges lernen. Sprechen ist nicht einfach Handeln; es darf dem Handeln nicht undifferenziert gleichgesetzt werden. Hier gilt's, wie Lessing zu sagen pflegte, zu unterscheiden.

Sprache und Ich

Nunmehr zur Theorie, also zum Zusammenhang zwischen der Sprache und dem Aufbau des sogenannten »psychischen Apparats«. Zunächst zu Sprache und Ich. Ich setze ein bei der Unterscheidung von *bewußtem* und *unbewußtem* Psychischen. Diese Unterscheidung hängt eng zusammen einmal mit der Unterscheidung jener drei Systeme innerhalb des Psychischen, zum anderen mit der Sprache.

Es ist bekannt, daß in geistesgeschichtlicher Hinsicht die Entdeckung des Unbewußten durch Freud entscheidend gewesen ist: Freud hat die klassische Sicht, die von der Vorherrschaft des Bewußtseins ausging, gebrochen. Durch diese Sicht, die bei Descartes besonders greifbar hervortritt, ist nahezu die ganze philosophische Tradition bestimmt: Ich, Bewußtsein, Denken sind identisch. Freuds Ansatz kann – so gesehen – mit dem von Marx verglichen werden; was bei Marx die ökonomischen Strukturen sind, ist bei Freud die Grundschicht der Triebe; Walter Schulz: »Beide Denker entdecken die Ohnmacht der bloßen Vernünftigkeit. Sie stehen nun vor der Schwierigkeit, das Nichtvernünftige einerseits als die eigentlich bestimmende Macht anzuerkennen und es andererseits doch der Herrschaft des Vernünftigen unterwerfen zu wollen.«[27]

In jedem Augenblick gibt es im Wachzustand der Psyche bewußte und unbewußte Inhalte. Unter den unbewußten Inhalten gibt es zwei Arten: erstens nicht-bewußtseinsfähige unbewußte Inhalte; zweitens bewußtseinsfähige unbewußte Inhalte. Die nicht-bewußtseinsfähigen unbewußten Inhalte nennt Freud »unbewußt« im systematischen Sinn. Die bewußtseinsfähigen unbewußten Inhalte nennt er »unbewußt« im deskriptiven Sinn. Er spricht hier auch vom System des »Vorbewußten«. Dies System besteht also aus der Gesamtheit der bewußtseinsfähigen, deskriptiv gesehen jedoch nur zumeist und vielleicht dauernd unbewußten Inhalte. Deskriptiv bewußt ist allein, was, für einen bestimmten Augenblick, in »die Enge des Bewußtseins« getreten ist, wie Freud im Anschluß an Herbart formuliert: der normale Zustand des Psychischen ist – deskriptiv gesprochen – die Unbewußtheit. Das Verhältnis der Systeme des Es, Ich und Über-Ich zu den Kriterien »Vorbewußt« und »Unbewußt« ist komplex. Nicht-bewußtseinsfähig sind nicht allein die Inhalte des Es; nicht-bewußtseinsfähig sind auch weite Bereiche des Über-Ich und des Ich.

Wodurch unterscheiden sich nun aber bewußtseinsfähige von nicht-bewußtseinsfähigen Inhalten? Die Antwort lautet: durch sprachliche, genauer worthafte Besetzung. Sie fehlt im Fall der nicht-bewußtseinsfähigen, der im systematischen Sinn unbewußten Inhalte. Der bewußtseinsfähige Inhalt besteht in der Dingvorstellung, verbunden mit einer ihr zugehörenden Wortvorstellung. Der Begriff ›Wort‹ ist hier zu klären. Für die Linguistik ist das Wort die Einheit von Lautung und Inhalt (oder Bedeutung). In der handlichen, sich auf den sprachlich vorgegebenen Unterschied zwischen aktivem und passivem Partizip berufenden Terminologie Saussures: die Einheit von Signifikant (Lautung) und Signifikatum (Inhalt). Für Freud ist ›Wort‹ also lediglich das, was die Linguistik als ›Signifikant‹ bezeichnet: die bewußtseinsmäßige Repräsentanz einer Lautung. Diese Auffassung – eine im wesentlichen terminologische Angelegenheit – entspricht im übrigen der volkstümlichen, außerlinguistischen, die ebenfalls Wort und Lautung gleichsetzt.

Eine bewußtseinsfähige Vorstellung kommt also dadurch zustande, daß eine Sachvorstellung durch eine Wortvorstellung besetzt wird oder – anders gesagt – daß eine Sachbesetzung durch eine Wortbesetzung gleichsam »übersetzt« wird. Freud erklärt: »Mit einem Male glauben wir nun zu wissen, wodurch sich eine bewußte Vorstellung von einer unbewußten unterscheidet... Die bewußte Vorstellung umfaßt die Sachvorstellung plus der zugehörigen Wortvorstellung, die unbewußte ist die Sachvorstellung allein. Das System Ubw (des Unbewußten) enthält die Sachbesetzung der Objekte ... das System Vbw (des Vorbewußten) entsteht, indem diese Sachvorstellung durch die Verknüpfung mit den ihr entsprechenden Wortvorstellungen übersetzt wird. Solche Übersetzungen, können wir vermuten, sind es, welche eine höhere psychische Organisation herbeiführen...«[28] Dies heißt: die Bewußtseinsfähigkeit eines Inhalts hängt ab von seiner eventuellen sprachlichen Besetztheit. Also: das Phänomen des Bewußtseins insgesamt ist bedingt durch Sprache. Insofern nun das Bewußtsein für den Menschen, für die Hominisation des Tiers, als konstitutiv betrachtet werden muß, ist der Mensch, also jene »höhere psychische Organisation«, wie Freud sich unpathetisch im Sinne jener »Kultur des mittleren Worts« (Th. Mann) ausdrückt, durch Sprache bedingt: Sprache ermöglicht den Menschen, und zwar über das Phänomen des Bewußtseins. Diese »höhere psychische Organisation« nennt Freud (mit einem ebenfalls unpathetischen Ausdruck) »Sekundärvorgang« und stellt diesem den »Primärvorgang«, die Denkweise des Es, gegenüber.

›Bewußtsein‹ ist nun ein sehr belasteter Begriff; ich meine damit Ichbewußtsein, Selbstbewußtsein, also jene zugleich einfache und durchaus rätselhafte Tatsache, daß sich das Ich seiner selbst bewußt ist oder doch – jedenfalls im wachen Zustand – jederzeit werden kann, auch daß es von sich selbst nicht loskommt. Rätselhaft ist das so verstandene Bewußtsein als Erleben selbst, dann aber auch als Objekt philosophischen und wissenschaftlichen Erkennens. Freud selbst spricht von der »unvergleichlichen, jeder Erklärung und Beschreibung trotzenden Tatsache des Bewußtseins«[29]. Natürlich ist diese Tatsache ein komplexes Phänomen. Zu diesem Phänomen gehört vor allem auch, daß der Mensch sich gleichsam spalten, sich selbst als so und so verstehen, sich zu sich selbst so und so verhalten kann, ja, daß er – das »nicht-festgestellte Tier« – eigentlich gar nichts anderes als dies Selbstverhältnis ist: »ein Verhältnis«, wie Kierkegaard sagt, »das sich zu sich selbst verhält«[30]. Oder, in den Worten eines Philosophen unserer Zeit, Walter Schulz: »Der Mensch ist als rückbezügliches Wesen seinen Trieben aber nicht so ausgeliefert wie das Tier. Der Mensch vermag, sich zu sich selbst zu verhalten, und zwar in der Weise intentionaler Freiheit. Dies tut er de facto und dauernd und durchaus in einer alltäglichen und unphilosophischen Form. Das besagt: ob wir uns philosophisch als Deterministen oder Interdeterministen ausgeben, das ändert nichts daran, daß wir so handeln, als ob wir frei wären. Das Bewußtsein, Richtungen bestimmen und einschlagen zu können, und dies eben tun zu müssen – dies Könnensbewußtsein begleitet uns ständig, und zwar in der ganzen Breite möglicher Aspekte.« Schulz verwirft alle Theorien, die dies «Phänomen des naiven Selbstverständnisses«, wie er sagt, nicht zum Ausgang nehmen.[31]

Gerade darum, um das Bewußtsein als naives Phänomen, geht es in unserem Zusammenhang: dies Bewußtsein ist durch Sprache bedingt und kann, von Freud ausgehend, insgesamt als sprachhaft bezeichnet werden: *Sprachhaftigkeit des Bewußtseins.* Dies meint: wo immer in der Psyche Sprachbesitz ist, ist potentiell – im Sinn des Vorbewußten – Bewußtsein. Bewußt ist, was gesagt werden könnte. Der sehr alte Gedanke, daß die Sprache den Menschen zum Menschen macht, seine eigentliche *differentia specifica* darstellt, läßt sich von Freuds Ansatz her erhärten und präzisieren: Die Sprache macht den Menschen zum Menschen, indem sie jene »höhere psychische Organisation«, das ichhafte Bewußtsein, herbeiführt. Denn gerade dies, daß der Mensch sich als Ich begreifen kann, »erhebt ihn«, wie schon Kant sagt, »unendlich über alle anderen auf Erden lebende Wesen«[32].

Von der Linguistik her wäre die genannte Formel »Sprachhaftigkeit des Bewußtseins« nun gerade umzukehren; sie trifft auch umgekehrt zu: »Bewußtseinshaftigkeit der Sprache«. Sprache kommt in der Tat nur vor, ist überhaupt nur, insofern sie einem Bewußtsein zugehört, das ihre Elemente zusammenhält und ihnen Einheit verleiht, das heißt zum Sprachbesitz *von* jemand macht. Sprache ist ja nicht irgendwo; sie ist immer Sprache *von* jemand. Die Einheit der Sprache, oder einfach: die Sprache, gründet im sprechenden Subjekt. Ich habe versucht, diesen einfachen, aber sehr vernachlässigten Tatbestand durch den Begriff der »Bewußtseinskopräsenz« zu fassen. »Kopräsenz« bezieht sich dabei auf ein Doppeltes: einmal auf die sprachlichen Elemente, auf ihr Miteinander in einem Bewußtsein; zum anderen bezieht sich der Begriff auf die Bewußtseine (*sit venia plurali*), die zu einem bestimmten Zeitpunkt, also etwa heute, als Sprachgemeinschaft, koexistieren und – mehr oder weniger – dieselben sprachlichen Elemente besitzen. Bewußtseinshaftigkeit der Sprache meint aber nicht bloß dies, daß die Sprache durch Bewußtsein bedingt ist, sondern auch, daß sie die beiden hauptsächlichen Charaktere des Bewußtseins teilt: Intentionalität und Reflexivität. Die Sprache ist, wie das Bewußtsein, auf etwas gerichtet, das *nicht* sie selbst ist (sie ist intentional); und sie ist, wie das Bewußtsein, potentiell reflexiv: der Sprechende kann sich auf sein Sprechen selbst zurückbeziehen: es gibt metasprachliche Reflexion und metasprachliches Sprechen – auch und gerade in der Alltagssprache. Das Vorbewußte, der Bereich des prinzipiell Bewußtseinsfähigen, wenngleich faktisch ganz oder fast ganz Unbewußten, ist also, heideggerisierend gesprochen, das Haus der Sprache. In ihm sind jene beiden Hauptbestandteile der

Sprache in irgendeiner Form »niedergeschrieben«: die Wörter, das Lexikon und die (morphosyntaktischen) Regeln. Dies hieße für die Sprachbeschreibung (insofern sie nicht historisch ist), daß ihre eigentliche Aufgabe die Explikation des Impliziten ist; systematisches Aufdecken von Vorbewußtem: wo Vorbewußtes war, möchte man in Anlehnung an eine berühmte Formel Freuds sagen, soll – für den Linguisten (natürlich nur für diesen) – Bewußtes werden. Konkret hieße dies, daß sich die Sprachbeschreibung im Zuge jener detektivischen Explikation an dem – mehr oder weniger latenten – Bewußtsein der Sprechenden von ihrer Sprache orientieren muß. Als notwendig erscheint mir in der Tat eine bewußtseinsorientierte Sprachuntersuchung, die die Sprache vom Standpunkt der Sprechenden aus beschreibt, *für* welche sie Sprache ist.[33]

Wir haben hier also eine wirkliche Dialektik: Bewußtsein, Ich kommt in der Psyche durch Sprache, durch den Einzug der Sprache, zustande, käme jedenfalls ohne Sprache *nicht* zustande; andererseits ist es umgekehrt gerade das Bewußtsein, das die Sprache zu dem macht, was sie ist.

Eine Anmerkung zu Freuds Auffassung vom Wort. Sie ist für die Linguistik alles andere als uninteressant. Sie findet sich schon in der frühen Aphasiestudie und kehrt später kaum verändert wieder. Das Wort ist für Freud eine psychische »Überbesetzung«, also eine doppelte Besetzung: sie ist Besetzung, gewissermaßen derselben psychischen Stelle, durch zwei Vorstellungen: Wortvorstellung plus Sachvorstellung. Unter »Wortvorstellung« versteht Freud eine Vorstellung des Wortkörpers, also des Signifikanten. Sie ist ein Assoziationskomplex, in dem das Akustische dominiert. Dies paßt gut zu Saussures Bestimmung des Signifikanten als »Klangbild«, »image acoustique«. Freud unterscheidet differenzierend: Klangbild, Lesebild, Schriftbild, Bewegungsbild. Entscheidend ist jedoch, daß es sich hier um einen »abgeschlossenen Vorstellungskomplex« handelt. Demgegenüber ist die Sachvorstellung, das Signifikatum, nach Freud ein »offener Assoziationskomplex«. In diesem dominieren eindeutig visuelle Elemente; hinzu kommen akustische, taktile und kinästhetische. Freud sieht im Wortinhalt, den er, wie schon Aristoteles, als Inhalt des Bewußtseins – »en te psyché pathémata« – begreift, ein Konglomerat von Erinnerungsspuren an Sachbilder. Dies paßt nun kaum zu Saussures Bestimmung des Signifikatums als »Begriff« (»concept«). Entscheidend (und für die Linguistik bemerkenswert) ist an dieser Sicht erstens, daß der Wortinhalt als dominant *visueller* Natur behauptet und zweitens, daß er als *offen*, als prinzipiell unabschließbar angesetzt wird.

Beides stünde dem strukturellen Ansatz in der semantischen Beschreibung klar entgegen, denn dieser geht aus, muß ausgehen, erstens von der begrifflichen Natur des Wortinhalts und zweitens von seiner zumindest relativen Abgeschlossenheit. Eine »offene Struktur« wäre ein Widerspruch in sich selbst, da das Adjektiv negierte, was essentiell zu dem durch das Substantiv Gemeinten gehört.[34]

Mir scheint Freuds Auffassung vom Wort im Kern zuzutreffen, denn in der Tat ist der Wortinhalt weder ein Begriff noch ein Bild, sondern etwas dazwischen, etwas an beidem Partizipierendes. Dies zwischen Bild und Begriff Liegende oder sich Bewegende, sich weder mit dem einen noch dem anderen Deckende, ist eben, was der – auch von Freud gebrauchte – Ausdruck »Vorstellung« meint. Die Wortinhalte der natürlichen Sprache sind keine Begriffe; sie bieten dem Denken Ansätze, Anreize für mögliche Verbegrifflichung; nicht mehr. So gilt für die Alltagssprache in der Tat, was Mephisto, in der Schülerszene, von der Sprache der Wissenschaft behauptet und freilich dort, nur allzu oft, ebenfalls gilt. Der Schüler hatte eingewendet:

> Doch ein Begriff muß bei dem Worte sein.

Darauf Mephisto:

> Schon gut! Nur muß man sich nicht allzu
>   ängstlich quälen;
> Denn eben, wo Begriffe fehlen,
> Da stellt ein Wort zur rechten Zeit sich ein.

Sprache und Über-Ich

Das Über-Ich ist der Bereich der Psyche, der die Eltern repräsentiert, die Elternrepräsentanz. Durch die Etablierung dieser das Ich beobachtenden und beurteilenden Instanz ergibt sich eine weitere, gravierende Spaltung des Ichs. Das Über-Ich, teils bewußt, teils unbewußt, entsteht auf dem Weg der Identifizierung. Das Kind möchte sein, wie die Eltern sind, es nimmt diese in sich auf: die Eltern werden verinnerlicht, »internalisiert« (wobei später auch andere Figuren an die Stelle der Eltern treten können). Durch das Über-Ich fließt nun – darin liegt seine außerordentliche Bedeutung – das »Soziale« in das Individuum ein, woraus sich dessen enorme Macht über das Individuum erklärt. Die Eltern orientierten sich ja, in ihrem Verhalten zum Kind, ihrerseits an ihrem *eigenen* Über-Ich. Freud: »So wird das Über-Ich des Kindes eigentlich nicht nach dem Vorbild der Eltern, sondern des elterlichen Über-Ichs aufgebaut: es erfüllt sich mit dem gleichen Inhalt, es wird zum Träger der Tradition, all der zeitbeständigen Wertungen, die sich auf diesem Wege über Generationen fortgepflanzt haben.«[35]

Das Über-Ich ist diejenige Instanz, die sich am spätesten herausbildet: vom fünften/sechsten Lebensjahr bis zum zehnten/elften; das zehnte/elfte Lebensjahr ist interessanterweise gerade auch der Zeitpunkt, an dem die sprachliche Maturation zum Abschluß kommt. Der Begriff des *mos maiorum*, der für die klassische römische Welt solch zentrale Bedeutung besaß, gibt, was hier gemeint ist, präzise wieder, wobei man – im Sinne Freuds – an den eigentümlichen, aber schließlich nicht überraschenden Doppelsinn von *maiores* erinnern möchte: erstens die Vorfahren, zweitens die Größeren. Dem *mos maiorum* ähnlich, geradezu als Kopie, ist im nordamerikanischen Bereich die – eine Sache verwerfende oder legitimierende – Berufung auf die *Founding Fathers*.

Wo sind die Zusammenhänge zwischen Sprache und Über-Ich? Zunächst sind bemerkenswerte Analogien festzustellen: beide, Sprache und Über-Ich, werden von der Umwelt übernommen, beide kommen von außen her in das Individuum hinein, beide markieren den Einbruch des Gesellschaftlichen ins zunächst bloß Biologische, beide sind historisch geworden, unterliegen historischem Wandel und sind gerade insofern spezifisch menschlich. Beide sind weithin unbewußt. Auch die Art des Erwerbs ist dieselbe: beide werden erworben durch Internalisierung aufgrund unbewußter Identifizierung. Nicht um Nachahmung, wie linguistisch oft behauptet, geht es hier, sondern um Identifizierung: in ihr sieht Freud, wie er sagt, »den intensivsten und folgenschwersten Wunsch der Kinderjahre«[36]. Dies zeigt übrigens, daß es ganz falsch ist zu sagen, Freud habe das Soziale zugunsten des Individuellen unterschätzt; das Individuum erscheint vielmehr bei ihm von vornherein als sozial. Ein Teil des frühkindlichen »Wie-die Eltern-sein-Wollens« ist gewiß das »Sprechen-Wollen-wie-sie«. Auch beim Spracherwerb kommt es, kaum anders als beim Aufbau des sonstigen Verhaltenskodex, zu Verboten und Anweisungen: so darfst du nicht, so mußt du. Jedenfalls ist dies Element auch hierbei nie ganz abwesend, wenngleich der Druck weniger stark sein mag. Er kann aber auch hier stark sein. Besonders greifbar tritt dies, zum Beispiel, bei den sogenannten »schlimmen Wörtern« hervor, für deren mögliche Sprengkraft Kinder, wie man weiß, früh eine präzise Intuition entwickeln. Bei der elterlichen Beurteilung dessen, was als lexikalisch »schlimm« zu gelten hat, kommt natürlich sofort und massiv die soziale Differenzierung herein. Jeder erinnert sich an Sätze wie »so etwas sagen nur ganz schlimme Leute« oder Ähnliches (wobei es in der Tat nicht leicht ist, in der Erziehung – oder was man so nennt – auf dergleichen ganz zu verzichten).

Zusammenhänge zwischen Sprache und Über-Ich lassen sich in doppelter, entgegengesetzter Richtung ausmachen. Es gibt Züge der Sprache und des Verhältnisses der Sprecher zu ihrer Sprache, die vom Über-Ich her zu begreifen sind und von ihm her verständlicher werden. Umgekehrt kann der Spracherwerb als Vorläufer des Über-Ichs gesehen werden, so daß, vom Spracherwerb her, Züge des Über-Ichs deutlicher werden. Ich lasse diesen letzten Aspekt beiseite. Freud selbst hat, soweit ich sehe, weder in dieser noch in jener Richtung, die Zusammenhänge zwischen Über-Ich und Sprache thematisiert. Ich kann hier nur einige Hinweise geben.

Erstens: Zur Sprache gehört essentiell Norm.

Zweitens: Es gibt auch in der Sprache Idealbildung und so etwas wie Gewissen.

Drittens: Der Mensch findet sich an seine Muttersprache in rational nicht auflösbarer Weise gebunden.

Viertens: Das Verhältnis des Sprechenden zu seiner Muttersprache ist durch Täuschung bestimmt: muttersprachliche Selbsttäuschung.

Zur Norm. Wenn Sprache als Teil des Über-Ichs, als von diesem ergriffen, aufgefaßt wird, dann wird unmittelbar verständlich, daß so etwas wie Norm – ganz unabhängig von sozialer Schicht – essentiell zur Sprache gehört. Es geht hier immer, um welches Milieu es sich auch handelt, um einen Prozeß der Anpassung. Sprechen heißt immer: so wie andere sprechen, so wie die anderen der Gruppe, zu der man gehört, sprechen *müssen*. Frei nach Sartre: *la langue, c'est les autres*. In der Sprache gilt, wie im übrigen Verhaltenskodex, die »normative Kraft des Faktischen«: der faktische Sprachgebrauch einer Gruppe ist für jedes einzelne Individuum – im Sprechen innerhalb dieser Gruppe – *eo ipso* sprachliche Norm. Komplexer wird die Situation, wenn, wie dies in unseren Bereichen der Fall ist, zu dieser ersten unmittelbaren Norm, zeitlich nur wenig später einsetzend, eine zweite Norm, im Sinne der *Hochsprache*, hinzukommt. Diese ist, wie Wandruszka sagt, eine »transregionale und transsoziale Kultursprache«, eine »alle Schichten einer Gesellschaft verpflichtende Bildungssprache«[37]. Man achte hier auf das Partizipium »verpflichtend«: eben darum geht es, um das über-ich-hafte Element Zwang, das hierin steckt. Jene erste, unmittelbare Norm erscheint uns dann, gegenüber der zweiten, zusätzlich auferlegten, wie Natur; was in der Redensart »sprechen wie einem der Schnabel gewachsen ist« sehr treffend, wenngleich natürlich von der Sache her falsch, zum Ausdruck kommt. Richtiger ist da Dantes berühmte Bestimmung der Volkssprache, in »De vulgari eloquentia« (1303/1304), als diejenige Sprachform, die »wir ohne jede Regel, die Amme nachahmend, empfangen« (»quam sine omni regula nutricem imitantes accipimus«). Nicht die Mutter also, sondern die Amme ist hier interessanterweise das Maß.[38]

Die Sprache wird uns somit in mehrfacher Hinsicht zur Norm, wobei das Über-Ich jeweils hereinspielt: es gibt die unmittelbare, als solche nicht bewußte, gleichsam natürliche Norm, und es gibt die zusätzliche, kulturelle, als solche oft überaus stark und sogar mit Leidensdruck empfundene Norm. In einem frühen Monolog von

Karl Valentin läßt er die neureiche Gattin eines, wie es heißt, »hiesigen Großkaufmanns« so sprechen: »Alles könn man uns kaffa, beinand san ma, daß's zwischen der Burgoassi und uns koan Unterschied gibt. – Blos's Maü wenn ma aufmacha, dann san ma verlorn, dann hauts uns naus der Rolln, zwega der Haidhauser Grammatik.«[39] Die klassische literarische Gestaltung des Themas ist natürlich George Bernard Shaws »Pygmalion«. Mr. Higgins hat übrigens einen wirklichen Linguisten, nämlich Henry Sweet, zum Vorbild.

Es gibt auch im Bereich der Sprache so etwas wie Idealbildung. Es ist zu beobachten, daß wir, was doch nicht selbstverständlich ist, im Blick auf Sprachliches Begriffe verwenden, die aus dem Bereich des Moralischen kommen. Wir sprechen von sprachlicher Zucht oder Disziplin, von sprachlichen Vorbildern, auch direkt von sprachlichem Gewissen. Hierzu gehört, daß wir – und dies ist nicht bloßes »Bildungsbürgertum« – unsere Sprache uns gegenübersehen als einen reichen, einzuholenden Schatz, als verpflichtendes Erbe, als Patrimonium. Das Goethesche »Was du ererbt von deinen Vätern hast, Erwirb es, um es zu besitzen!« scheint die Haltung, zu der wir uns bezüglich unserer Sprache gefordert sehen oder von der wir uns schwer lossagen können, genau wiederzugeben. Wir erleben unsere Sprache nicht als etwas, mit dem wir nach freiem Gutdünken schalten und walten könnten; wir erleben sie als Macht, die uns bindet.

Das ist nicht bloß etwas beim Schriftsteller, oder bei gewissen Schriftstellern, Hervortretendes, vielmehr radikalisiert hier der Schriftsteller einen Aspekt, der prinzipiell zum gebildeten Sprachverhältnis gehört. Thomas Mann schreibt 1937, in dem berühmten Brief an den Bonner Dekan: »Das Geheimnis der Sprache ist groß; die Verantwortlichkeit für sie und ihre Reinheit ist symbolischer und geistiger Art, sie hat keineswegs nur künstlerischen, sondern (nota bene!) allgemein moralischen Sinn, sie ist die Verantwortlichkeit selbst, menschliche Verantwortlichkeit schlechthin ...« Daß solche Gedankengänge gefährlich sind, jedenfalls in die Nähe des Gefährlichen kommen, braucht nicht betont zu werden. Gefährlich und mehr als dies wird es jedenfalls, wenn Leo Weisgerber 1966 (noch 1966!) in einem Aufsatz »Vorteile und Gefahren der Zweisprachigkeit« geradezu das Recht des Menschen auf Einsprachigkeit proklamiert, es gleichsam in die Charta der Menschenrechte aufgenommen sehen will und etwa erklärt: »Die Trübung des sprachlichen Gewissens führt nur zu leicht zum Erschlaffen des Gewissens insgesamt«.⁴⁰ Albert Schweitzer, der Elsässer, wäre ein schlagendes Beispiel für solche Erschlaffung. Ich zitiere dergleichen nur als Symptom für jene verbreitete, natürlich nicht auf den deutschen Bereich beschränkte Tendenz, Sprache und Gewissen zusammenzubringen. Sie ist, je nach ihrem Motiv, so oder so zu beurteilen.

Die Tatsache, daß die Sprache vom Über-Ich ergriffen wird, macht vor allem die eigentümliche, rational nicht greifbare außerordentlich starke Bindung an die ›Muttersprache‹ verständlich. Niemand vermag, seine Sprache als ein beliebiges Instrument der Kommunikation zu betrachten, was sie, rational gesehen, doch ganz ohne Zweifel ist. Ich kann meine Sprache nicht betrachten, als wär's kein Stück von mir. Einige früher sehr bekannte, heute verschollene Verse Max von Schenkendorfs bringen das Gemeinte anschaulich zum Ausdruck:

> Muttersprache, Mutterlaut,
> wie wonnesam, so traut!
> Erstes Wort, das mir erschallet,
> süßes, erstes Liebeswort,
> erster Ton, den ich gelallet,
> klingest ewig in mir fort.
>
> Sprache, schön und wunderbar,
> ach, wie klingest du so klar.
> Will noch tiefer mich vertiefen
> in den Reichtum, in die Pracht;
> ist mir's doch, als ob mich riefen
> Väter aus des Grabes Nacht.
>
> Ach, wie trüb ist meinem Sinn,
> wenn ich in der Fremde bin,
> wenn ich fremde Zungen üben,
> fremde Worte brauchen muß,
> die ich nimmermehr kann lieben,
> die nicht klingen als ein Gruß!

Diese Verse erscheinen uns als töricht bis zur Unerträglichkeit. Unleugbar jedoch treffen sie ein bedeutsames Stück unserer psychischen Wirklichkeit. Sie haben – auf fast schmerzhafte Weise – recht. Heinrich Heine hat dasselbe ausgedrückt, im »Wintermärchen«, wie er von Frankreich her die deutsche Grenze erreicht; er bringt ein Element rationaler Distanzierung herein, meint aber dieselbe Wirklichkeit wie Schenkendorf:

> Und als ich an die Grenze kam,
> Da fühlt ich ein stärkeres Klopfen
> In meiner Brust, ich glaube sogar
> Die Augen begunnen zu tropfen.
>
> Und als ich die deutsche Sprache vernahm,
> Da ward mir seltsam zumute
> Ich meinte nicht anders, als ob das Herz
> Recht angenehm verblute.

Hiermit sind wir bereits beim vierten Punkt, der muttersprachlichen Täuschung, die darin besteht, daß die Klänge, Wörter und Formen der *eigenen* Sprache als besonders schön, reich, angemessen erscheinen. Wir stoßen hier auf das sehr alte Problem der Motivation. Schon Plato hat im »Kratylos« die Frage nach der »Richtigkeit der Namen« als unangemessen – zumindest implizit – zurückgewiesen. Wandruszka unterstreicht die Tatsache, »daß die große Mehrzahl unserer Wörter nicht notwendig, sondern zufällig gerade so lauten, wie sie lauten«. Und fügt hinzu: »Dieser Gedanke widerstrebt uns zutiefst.« Nun, die Auffassung der Sprache als Teil des Über-Ichs macht verständlicher, *weshalb* uns dieser Gedanke widerstrebt, widerstreben *muß*, weshalb »für uns«, wie Wandruszka zu Recht betont, »alle Dinge mit Notwendigkeit gerade so heißen, wie sie in unserer Sprache heißen«. Dieser Gedanke, für den Linguisten selbstverständlich, käme für den Sprechenden einer beträchtlichen Verunsicherung, einer Art Selbstaufgabe gleich. Hier zeigt sich die ich-stärkende Funktion des Über-Ichs: es gibt dem Sprechenden auch sprachlich »Außenhalt« und damit eine zwar irrationale, aber doch notwendige Sicherheit: sprachliches Urvertrauen.[41] Dies ist das positive Element jener sprachwissenschaftlich (und auch sonst oft) ärgerlichen »muttersprachlichen Selbsttäuschung«.

Dies unvermeidliche irrationale Stück im Verhältnis des Menschen zu seiner Sprache müssen wir als Faktum anerkennen. Die mehr oder weniger scharfen Auseinandersetzungen oder Reizbarkeiten um sprachliche Minoritäten – Galizier, Basken, Katalanen in Spanien; Okzitanen, Bretonen, Elsässer sowie ebenfalls Katalanen und Basken in Frankreich; Frankophone in Québec; Wallonen und Flamen in Belgien; Tiroler in Italien; Waliser in England; sogenannte Sachsen und sogenannte Schwaben in Rumänien (Sachsen in Siebenbürgen, Schwaben im Banat) –, all diese Auseinandersetzungen haben etwas ebenso Irrationales wie Unvermeidbares.

Gewiß ist es die Aufgabe der Sprachwissenschaft, wie Wandruszka sagte, »hier zu klären, zu reinigen, zu entgiften, zu entkrampfen«. Gerade aber die Hereinnahme des psychoanalytischen Begriffs »Über-Ich« kann dabei *zusätzlich* hilfreich sein: er zeigt, daß im Verhältnis der Menschen zu ihrer Sprache eine tiefe, weithin unbewußte Bindung angesetzt werden muß, die rationaler Argumentation nicht zugänglich ist. Zu rationalem Verhalten gehört es gerade auch, das Irrationale, dort wo es sich als letztlich unauflösbar zeigt, als solches anzuerkennen und in Rechnung zu stellen.

Sprache und Es

Nunmehr zum letzten Punkt, dem Zusammenhang von Sprache und Es, dem ältesten, zum Somatischen hin, wie Freud dies konzipiert, offenen »Bezirk« oder »System« der Psyche. Das Es enthält, wie aus dem Dargelegten hervorging, nur Sachbesetzungen, also reine Sachbesetzungen *ohne* die zugehörigen Wortbesetzungen. Das Es ist somit ein wortloser Bereich; es ist aber nicht sprachlos: vielmehr eignet ihm eine besondere, primitivere, oder – wie Freud auch sagt – »archaische« Ausdrucksweise; sie wird im Traum und in der neurotischen Symptombildung manifest. Diese letztere, gerade in sprachlicher Hinsicht besonders interessant, lasse ich beiseite. Die Ausdrucksweise des Es ist die des sogenannten »Primärvorgangs«, der einen primitiveren Modus des Denkens darstellt (Freud: »der infantile Typus der Denkarbeit«). Ihm fehlen wesentliche Elemente, die für den »Sekundärvorgang«, das gewöhnliche, bewußte, mehr oder minder »logische«, an Sprache gebundene Denken kennzeichnend sind.

Aus der Sicht, daß das Es bloße Sachbesetzungen ohne Wortbesetzungen enthält, ergäbe sich eine Erklärung für die Macht der verdrängten Es-Inhalte über das Individuum. Die verdrängten Inhalte stammen aus der frühen Kindheit, aus einer Zeit also, in der das Individuum nicht – oder allenfalls bloß ganz ansatzweise – in der Lage war, die auf es wirkenden, zum Teil außerordentlich starken Eindrücke mit Worten zu verknüpfen und damit wenigstens ein Stück weit zu bewältigen. Die Eindrücke dieser so entscheidenden Zeit bleiben also sprachlich unbesetzt und erhalten gerade dadurch ihre ungreifbare Macht. Überraschenderweise klingt diese Erklärung bei Freud, soweit ich sehe, nirgends an.

Ich unterscheide nun, im Anschluß an den Terminus »Sekundärvorgang«, einerseits *Sekundärsprache* und meine damit die Normalsprache, andererseits die *Ausdrucksweise des Es*, die also dem »Primärvorgang« entspricht. Sie kann nicht als »Sprache« bezeichnet werden: sie ist nur, wie Freud zumeist sagt, eine *Ausdrucksweise*; eigentlich ist sie nicht einmal dies, sondern nur der Ansatz zu einer solchen. Es geht mir nun darum, diese Ausdrucksweise in ihren spezifischen Verfahren genauer zu umreißen, und zwar durch einen Rekurs auf den Traum, genauer die *Traumarbeit*.

Bekanntlich unterscheidet Freud zwischen den »latenten Traumgedanken« und dem »manifesten Traum«. Der »manifeste Traum«, dasjenige, woran wir uns aufwachend erinnern, ist, was die sogenannte »Traumarbeit« aus dem »latenten Traumgedanken« gemacht hat. Das Verhältnis von manifestem Traum und Traumgedanken wird von Freud gleichsam philologisch gesehen: der manifeste Traum ist eine Übersetzung. Die latenten Gedanken beziehungsweise der Text, der sie formuliert, ist das Original: er ist sekundärsprachlich gefaßt. Wir haben im Traum also *einen* Inhalt in zwei verschiedenen Ausdrucksweisen. Die latenten Gedanken sind sekundärsprachlich; im manifesten Traum hingegen findet sich das »Original« der latenten Gedanken in eine eigentümliche Bildersprache, also eine Ausdrucksweise anderer Art, übersetzt. Ausdrücklich spricht Freud von einem »Bilderrätsel«, einem »Rebus«; einzelne Wörter des latenten Textes oder Gruppen von Wörtern werden gewissermaßen bildlich inszeniert: »Bei der Traumarbeit«, sagt Freud, »handelt es sich offenbar darum, die in Worte gefaßten latenten Gedanken in sinnliche Bilder, meist visueller Natur umzusetzen.«[42] Freud deutet diese »Umsetzung« im Sinne einer »formalen Regression«: die Form regrediert auf die primitive Ausdrucksweise des Es.

Die Traumarbeit, die dies bewerkstelligt, erbringt drei Leistungen. Erstens beseitigt sie den Wunsch, den die latenten Gedanken enthalten, indem sie ihn halluzinatorisch erfüllt. Die zweite Leistung der Traumarbeit besteht darin, daß sie die Wunscherfüllung entstellt. Diese Traumentstellung, also die Entstellung sowohl des latenten Wunsches als auch seiner halluzinatorischen Erfüllung, geschieht unter dem Druck der vom Über-Ich ausgehenden »Zensur«. Auch hier haben wir somit eine Analogisierung zu einer in gewissem Sinn »philologischen« Tätigkeit. Die dritte Leistung der Traumarbeit, der Freud übrigens keine große Bedeutung zumißt, besteht in der »sekundären Bearbeitung«: die einzelnen Elemente des in die entstellend-wunscherfüllende bildliche Darstellung übertragenen latenten Texts werden, vom Vorbewußten aus, mehr schlecht als recht, in halbwegs rationale Ordnung gebracht.

Natürlich ist die zweite Leistung der Traumarbeit, die Traumentstellung, für unseren Zusammenhang von besonderem Interesse: sie arbeitet mit Hilfe dreier Verfahren: Verdichtung, Verschiebung, Verbildlichung. Die *Verdichtung* besteht darin, daß die Übersetzung der latenten Gedanken in den manifesten Traum eine sehr stark verkürzende, gleichsam nur anspielende Übersetzung ist (insofern unterscheidet sie sich von der gewöhnlichen Übersetzung, die in aller Regel länger ist als ihr Original). Diese Verkürzung geschieht nicht so sehr durch Auslassung von Elementen, als vielmehr durch Herstellung einer Erscheinung, die wir sprachwissenschaftlich als »Polysemie« kennen: ein Zeichen steht für zwei oder mehr Dinge. Freud spricht von »Verdichtung« oder »Überdeterminierung«: »Jedes der Elemente des Trauminhalts erweist sich als überdeterminiert, als mehrfach in den Traumgedanken vertreten.« Im Traum wird eine zum Teil enorme Polysemie gestiftet, so in den bekannten »Mischpersonen«

des Traums, in denen eine einzige Person mehrere Personen in sich vereinigt, oder in den eigentümlichen »Mischwörtern«, jenen zum Teil phantastischen »Wortklumpen«, die im Traum erscheinen (ein Beispiel Freuds: »Maistollmütz« steht für »Mais«, »toll«, »mannstoll«, »Olmütz«; das Element »Mais« steht seinerseits für »Polenta«, »Meißen«, »Miss« und »mies«).[43]

Das zweite Verfahren der Traumentstellung ist die *Verschiebung*; sie ist das stärkste Mittel der Zensur. Sie kann in einer Anspielung bestehen: ein Teil des gemeinten Ganzen steht für das Ganze, oder umgekehrt das Ganze für einen Teil desselben. Auch dies findet sich im sekundärsprachlichen Sprechen: es ist die Figur der Metonymie. Besonders jedoch äußert sich die Verschiebung in der Verlagerung des psychischen Akzents: der Nachdruck liegt, im manifesten Traum, an anderer Stelle als in den latenten Gedanken. Dies finden wir wiederum auch im alltäglichen Sprechen: das, was faktisch, dem Wortsinne nach, gesagt wird, ist ja oft etwas anderes als das, was man tatsächlich meint oder sagen will (etwa wenn ein Kind, bei Tisch, den Wunsch nach einem zusätzlichen Würstchen durch die Mitteilung zum Ausdruck bingt: »Ich hab' noch Senf«).

Besonders wichtig für unseren Zusammenhang ist das dritte Verfahren, die *Verbildlichung*; sie geschieht auf zwei Wegen: einmal okkasionell, zum anderen durch ein konstantes Vokabular, die sogenannte »Symbolik«. Die Symbolik ist, nach Freud, »eine alte, aber untergegangene Ausdrucksweise..., von welcher sich auf verschiedenen Gebieten Verschiedenes erhalten hat«[44]. Diese von Freud als überindividuell, ja übersprachlich aufgefaßte »elementare Grundsprache« bezeichnet nur wenige Dinge: den Körper, Eltern, Geschwister, Kinder, Geburt, Tod, Genitalien, Geschlechtsakt. Wir finden also durchaus nicht nur Sexualsymbole, sie stellen aber doch »die übergroße Mehrzahl« dar.

Hier finden wir nun wieder eine Erscheinung, die auch in der Sekundärsprache eine bedeutsame Rolle spielt: die Synonymie. Die Symbole des Traums, besonders die sexuellen, sind in der Tat durch enorme Synonymie gekennzeichnet: man findet da einerseits die bekannten Stöcke, Schirme, Stangen, Waffen, Gießkannen, Wasserhähne, Bleistifte und so weiter, andererseits die bekannten Flaschen, Taschen, Kisten, Schränke, Türen, Öfen und so weiter. Die Symbole erlauben also der Traumdeutung – innerhalb gewisser Grenzen – »konstante Übersetzungen«. Ich kann hier auf dies schwierige und, wie Freud selbst gesteht, »merkwürdigste Kapitel der Traumlehre« nicht länger eingehen. Ich weise nur auf einen Punkt noch hin. Die Traumsymbole sind Zeichen, und zwar sind sie – im Unterschied zu den meisten Zeichen der Sekundärsprache – insgesamt *motiviert*: das als Symbol fungierende Ding ist Symbol aufgrund einer Ähnlichkeit, einer (zumeist visuell bestimmten) Vergleichbarkeit mit dem Bezeichneten.

Soviel zur Traumentstellung durch Verdichtung, Verschiebung und Verbildlichung, wobei hinsichtlich der letzteren zu unterscheiden ist zwischen *okkasioneller* Verbildlichung und Verbildlichung durch die *konstanten* Elemente, das feste Lexikon der *Symbolik*. Mich interessieren hier nun besonders die Ansätze für die okkasionelle Verbildlichung der latenten, sekundärsprachlich gefaßten Gedanken. An welchen Elementen der Sekundärsprache setzt die Verbildlichung an? Es sind die folgenden sprachlichen Elemente zu nennen: *erstens* bildliche Redensarten und Sprichwörter; *zweitens* Homophonien oder Quasihomophonien zwischen Wörtern; *drittens* durchsichtige Wörter oder Wörter, die auf irgendeine Weise durchsichtig zu machen sind, (»durchsichtige« Wörter: ein Terminus von mir; Wörter, die durchsichtig sind auf andere Wörter hin, auf das – oder die – was sie materiell und semantisch *in sich selbst* enthalten). Ich nenne einige Beispiele von Freud selbst. Zunächst für die Darstellung der bildlichen Redensart. Jemand träumt von sich selbst als von einer überlebensgroßen Statue. Dies verbildlicht die – an sich bereits bildliche, aber als solche verblaßte – Wendung »groß dastehen vor jemandem«. Der erfüllte Wunsch lautet: Ich stehe groß da. Oder ein anderes Beispiel mit eigentümlich reflexiver Struktur. Jemand wird im Traum nach einem Namen gefragt, der ihm nicht einfällt; dies meint oder realisiert die sekundärsprachliche Wendung: »Das fällt mir nicht im Traume ein.«

Charakteristisch ist hier, wie man sieht, ein eigentümliches Wörtlichnehmen der Wendung. Dies Wörtlich- oder geradezu Buchstäblichnehmen des Signifikanten tritt vor allem bei der Verwendung der Homophonien hervor. Ein Beispiel: Eine Patientin träumt von ihrem (kürzlich verstorbenen) Vater, wie er dasteht und sagt: es ist ein Viertel zwölf, es ist halb zwölf, es ist drei Viertel zwölf... Die Deutung knüpft an eine Äußerung der Patientin an, nach welcher am Vortag jemand zu ihr gesagt hat: der *Urmensch* lebt in uns allen fort. Freud: »Das gab eine ausgezeichnete Gelegenheit für sie, den verstorbenen Vater wieder einmal fortleben zu lassen. Sie macht ihn also im Traum zum ›*Uhrmenschen*‹...«[45] Hier, bei *Urmensch* und *Uhrmensch*, handelt es sich um Homophonie. Darum geht es auch bei dem schönen – von Plutarch und Artemidorus aus Daldis überlieferten – antiken Beispiel, auf welches sich Freud hierbei berufen kann. Alexander der Große träumte, während der Belagerung der Stadt Tyrus (322 v. Chr.), von einem tanzenden Satyrn. Der Traumdeuter Aristandros zerlegte, unter völliger Absehung vom geträumten Bild, den Wortsignifikanten »sátyros« in: »sa Týros«; also: »dein (ist) Tyrus« (wieder die verhüllte Wunscherfüllung). Freud: »Die Deutung, die gekünstelt genug aussieht, war unzweifelhaft die richtige.«[46]

Diese Beispiele haben, wie Freud selbst anmerkt, etwas von der Art schlechter Wortwitze, von Kalauern. Man wird dies, nicht anders als die Merkwürdigkeiten der Symbolik, akzeptieren müssen. Schließlich zwei Beispiele zum dritten Ansatzpunkt in der Sekundärsprache für die bildliche Inszenierung der Traumentstellung, die durchsichtigen oder durchsichtig zu machenden Wörter. Ich zitiere: »Der Träumer *zieht eine* (bestimmte, ihm bekannte) *Dame hinter dem Bett hervor.* Er findet selbst durch den ersten Einfall den Sinn dieses Traumelements. Es heißt: er gibt dieser Dame den Vorzug. Ein anderer träumt, *sein Bruder stecke in einem Kasten.* Der erste Einfall ersetzt Kasten durch *Schrank,* und der zweite gibt darauf die Deutung: der *Bruder schränkt sich* – gemeint ist das Finanzielle – *ein.*«[47]

Hier werden also sogar Wörter (*vorziehen, sich einschränken*), die für das Bewußtsein der Sprechenden gar nicht durchsichtig sind, durch die Traumarbeit *durchsichtig* gemacht. Es kommt hier also ein »Sprachwissen« zur Anwendung, das im wachen Sprechen gar nicht zu Verfügung steht beziehungsweise dort als – störend oder witzig – neben der Sache liegend gelten müßte. Fassen wir schematisch das Dargestellte zusammen:

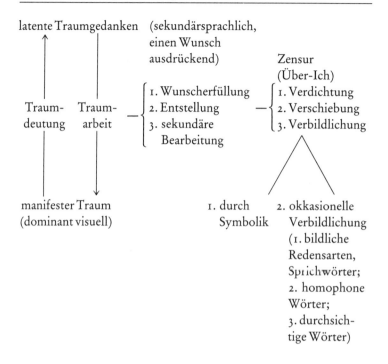

Ich stelle nun, von dem Gesagten und von anderen Elementen der Darlegungen Freuds – in der »Traumdeutung« und anderswo – ausgehend, die Kennzeichen der eigentümlichen Ausdrucksweise des Es, die im manifesten Traum hervortritt, kurz zusammen. Diese Ausdrucksweise ist, wie Freud sagt, »primitiver« als die Sekundärsprache, weil ihr syntaktische Elemente fehlen: sie besteht lediglich aus Elementen, denen in der Sekundärsprache die Wörter entsprächen. Faktisch sind es jedoch keine Wörter, da eine feste Signifikant-Signifikat-Verbindung fehlt. Die Signifikanten dieser Ausdrucksweise sind insgesamt motiviert, und zwar auf visuellem Wege. Diese Ausdrucksweise ist gekennzeichnet durch hohe Polysemie und enorme Synonymie. Die Zahl der Signifikata, damit der erreichbaren Designata, ist gering. Ein besonders interessanter, alogischer Zug dieser Ausdrucksweise, von dem noch nicht gesprochen wurde, ist die Abwesenheit der Verneinung – diese Ausdrucksweise kann nicht verneinen – und die Abwesenheit des Satzes vom Widerspruch: ein Signifikant steht hier oft für zwei konträre Signifikata. Freud: »in der Traumsprache sind die Begriffe noch ambivalent, vereinigen in sich entgegengesetzte Bedeutungen ...«[48] Besonders auffällig und bedeutsam schließlich ist die Dominanz des Signifikanten über das Signifikatum: wir finden eine Verdinglichung des Signifikanten, die ihn gleichsam verselbständigt und opakisiert, ihn also als Zeichen vernichtet. Es ist da die Tendenz, daß der Signifikant nicht mehr für etwas anderes steht als er selbst, sondern gerade für sich selbst: eben dies meine ich mit »Opakisierung«. Freud selbst erklärt: »Worte werden vom Traum ... häufig wie Dinge behandelt und erfahren dann dieselben Zusammensetzungen wie die Dingvorstellungen.«[49] Dies also die Kennzeichen der »Sprache«, der *Ausdrucksweise* des Es.

Worin unterscheidet sich nun aber die Sekundärsprache von dieser Ausdrucksweise? Zunächst verfügt sie nicht nur über ein Vokabular, sondern auch über eine Syntax, über syntaktische Regeln, über Kombinatorik. Sie ist, wie Karl Bühler sagt, ein »zweiklassiges System«.[50] Bühler sieht in diesem »zweiklassigen« Charakter der Sprache, im Neben-, besser: Miteinander von Lexikon *und* Syntax, zu Recht ihre spezifische Differenz (sie ist, neben der sogenannten »zweifachen Gliederung« in Phoneme und Morpheme, der entscheidende Unterschied zu den Zeichensystemen der Tiere). Zur Syntax gehören natürlich auch die logische Rede erst ermöglichenden Partikel, wie »nein« (beziehungsweise »nicht«), »und«, »oder«, »weil«, »also« und so fort. Sodann sind die Signifikanten der Sekundärsprache akustisch und nicht visuell; ihre Motivation tritt außerordentlich stark zurück; die »Opakisierung« wird ganz marginal, dies heißt: der Signifikant ist wirklich dies, und es dominiert das Signifikatum; der instrumentelle Charakter des Zeichens tritt hervor, in eins damit – was sehr bedeutsam ist – die bewußtseinsmäßige Unterscheidung zwischen Wort und gemeintem Ding; die Polysemie – nicht natürlich im Sprachbesitz, aber im Sprechen, in der Rede selbst – wird kontextuell und situationell aufgehoben; die Synonymie wird stark reduziert. Die Zahl der erreichbaren Signifikata ist nun – rein numerisch zumindest – unbegrenzt, es entsteht – dies ist die entscheidende Leistung – unbegrenzte Disponibilität.

Es ist gar kein Zweifel: die Unterschiede zwischen der Ausdrucksweise des Es und der Sekundärsprache sind erheblich, qualitativ und quantitativ. Andererseits – darauf kommt es mir an – sind eine Reihe von Zügen der Ausdrucksweise des Es auch für die Sekundärsprache kennzeichnend: sie bleiben in ihr *erhalten*, werden aus ihr nicht schlechthin eliminiert. Was bleibt? Es bleibt, trotz starker Arbitrarisierung, die Motivation im Lexikon ein bedeutsames Phänomen; es dominiert auch in der Sekundärsprache das Lexikon über die Syntax, insofern im Lexikon das Eigentliche der Sprache, ihre nach außen gerichtete Intentionalität, verankert ist; die Synonymie, ein eigentlich irrationales, jedenfalls nicht eigentlich rationales Phänomen, behält große Bedeutung;[51] die bildliche Ausdrucksweise, die Metaphorik, auch die Metonymie, treten lediglich zurück: sie bleiben sehr bedeutsam. Auch ist hinsichtlich der sogenannten »inklusiven Oppositionen« gesagt worden, daß »die besondere Logik der Sprache ... den Widerspruchssatz nicht kennt« (Coseriu): so kann ein Wort wie »Tag« im Sinn von Gegenteil zur »Nacht«, aber auch im Sinn von »24 Stunden«, also unter Einschluß gerade der Nacht, gebraucht werden.[52] Freilich: es sind eben zwei verschiedene Bedeutungen des Signifikanten »Tag«.

Schließlich zeigt sich verschiedentlich, in bestimmten Situationen, in einer Art Regression, auch die »Opakisierung« des Signifikanten, das Hängenbleiben an ihm, seine Verdinglichung. Hier ist das Wortspiel zu nennen, das heitere und das ernste (denn es gibt auch ernste, wie zum Beispiel Matth. 16, 18: »Du bist Petrus, und auf diesen Felsen – will ich meine Gemeinde bauen«). Natürlich gehört hierhier der Wortwitz, der Kalauer, dessen intellektuelles Prestige – merkwürdigerweise – im Französischen ungleich höher ist als bei uns. Wenn etwa der Lehrer zu dem Schüler Clément sagt: »Clément, vous êtes un sot, un Clément sot«, so gilt dergleichen dort als geistreich und fein. Übrigens dringen in der letzten Zeit in der Sprache der Werbung auch bei uns die Kalauer nach vorn: »Ohrlaub« (über eine Stereo-Anlage), »schuhverlässig«, »Golf im Schafspelz«, »wanderbares Österreich«. Im angelsächsischen Bereich setzte – wie anders – die Tendenz schon früher ein: »There is no Camparison« (über einen Aperitiv).

Im Wortwitz erleben wir so etwas wie eine Befreiung aus den

logisch-grammatischen Zwängen der Sprache, und diese hängt gerade mit jener – im normalen Ernstfall des Sprechens – unerlaubten Entgleisung zusammen, welche die Konzentration auf den Wortkörper, das Hängenbleiben in ihm, ist. Freud spricht geradezu von »Wortlustgewinn«[53]. In diesem Zusammenhang kann wohl auch angeführt werden, daß das literarische, poetische Sprechen sich insofern absondert, als in ihm das Sprachliche selbst Eigengewicht erhält und dabei gerade auch der Signifikant-Teil des Sprachlichen bedeutsam wird. Dies zeigt sich besonders greifbar etwa im Reim und den rhythmischen Auflagen. Roman Jakobson sagt zur poetischen Funktion, sie bestehe in der »Einstellung zum Text als solchem, der Konzentration auf den Text um seiner selbst willen«, »focus on the message for its own sake.«[54] Schließlich darf, da die Lyrik dem Singen nahesteht, vielleicht die These gewagt werden, daß sich in der Instrumentalmusik die völlige Emanzipation der Zeichen vom Signifikatum vollzogen hat, der Durchbruch zum Spiel im reinen Reich reiner Signifikanten. Das sprechende Nichtsprechen der Musik ...

Gewiß sind dies nur knappe Hinweise, die breiterer Ausführung und vielfältiger Differenzierung, auch weiterer Exemplifizierung bedürften. Meine These ist – zusammengefaßt – die folgende: die sogenannte natürliche (besser: historische) Sprache ist, wie sie ist – diachronisch (in einem umfassenderen Sinn) gesehen – ein Abkömmling der älteren, primitiver gearteten Ausdrucksweise des Es, jener Noch-nicht-Sprache, jener Sprache im Ansatz. Viele Elemente von dieser sind auch in der Sprache erhalten und haben in ihr wechselnd hervortretende Bedeutung. Das Es ist für das Ich, was das Somatische für das Es ist. Dies gilt auch für die Ausdrucksweise des Es im Blick auf die Sprache des Ichs. Diese gehört einerseits – und zwar, wie gezeigt, konstitutiv – zum Vorbewußten, zum Ich; andererseits aber ruht sie einem Anderen, Älteren, Dunkleren, sie Umgreifenden auf. Dies trifft für die Phylogenese der Sprache zu, es gilt aber auch für die einzelne Sprache synchronisch. Von ihrem »Wesen« her ist die Sprache in ihrer komplexen und schwankenden Doppelnatur zu begreifen: sie ist zugleich Abkömmling und Überwinder des Triebs.[55] Darum kann sie therapeutisch der »Abfuhr« *und* der »Erledigung« dienen (nicht nur, übrigens, in der therapeutischen Behandlung!). Die Herkunft der Sprache ist in ihrem »Wesen« – in jeweils synchronischer Sicht – aktuell präsent. Die Sprache ist, um es mit einer schönen, der biblischen Genesis entlehnten Formel Thomas Manns aus den Josephsromanen zu sagen, gesegnet mit dem »doppelten Segen«: »mit dem Segen von oben und dem Segen der Tiefe, die unten liegt«. Oder: unsere Sprachen sind letztlich *auch* (neben anderem) aus dem Stoff, aus dem die Träume sind ... Der Gedanke, daß gerade die Sprache, die zum Menschlichsten des Menschen, seiner spezifischen Differenz, gehört, ihrerseits Triebhaftes in sich enthält, ist wichtig. Er wäre wichtig, zum Beispiel, in der Diskussion um das »Sprechen« und »Verstehen« der Computer. Sprache gehört nicht schlechthin zum Kognitiven oder Rationalen (was immer dies sei): sie enthält auch das – uns auch sonst bekannte – *Tier im Menschen*. Sie ist gesegnet auch mit dem »Segen der Tiefe«.

Anmerkungen

1 H. Fahrenbach, Zur Problemlage der Philosophie. Eine systematische Orientierung, Frankfurt 1975, S. 46.
2 K. Lehmann, Jesus Christus unsere Hoffnung. Freiburg i. Br. 1976, S. 82.
3 L. Raiser, Umgang der Generationen – ein Problem unserer Gesellschaft, in: Universitas, 32. Jg. (1977), S. 381.
4 E. Coseriu, Sprache, Strukturen und Funktionen. Tübingen 1970, S. 133: »Das Sprechen kann zwar wahr oder falsch, genau oder ungenau, klar oder unklar sein; es kann Lüge oder Betrug, bloßes Gerede oder leeres Geschwätz sein, nicht aber so die Sprache. Die Sprache als solche ist das Unschuldigste, da sie gegenüber ihren Verwendungen im Sprechen völlig unbestimmt ist.«
5 J. Lacan, Ecrits I, II. Paris 1966, 1971; zu Lacan etwa J.-M. Palmier, Lacan. Paris ³1972 oder H. Lang, Die Sprache und das Unbewußte, Frankfurt 1973; M. Edelson, Language and Interpretation in Psychoanalysis. New Haven/London 1975. Zu nennen ist auch das interessante Buch von P. Ricoeur, De l'interprétation, Essai sur Freud. Paris 1965 (auch deutsch).
6 Vgl. M. Edelson: »he had no access to modern semiology or linguistics« (S. 20); oder: »linguistics may provide psychoanalysis with an appropriate metalanguage for a theory of interpretation in psychoanalysis« (S. 62). Der Zusammenhang von Sprache und Psychoanalyse ist in den letzten Jahren verschiedentlich gewürdigt worden. Zu nennen sind

zusätzlich: G. Bittner, Sprache und affektive Entwicklung. Stuttgart 1969; G. Jappe, Über Wort und Sprache in der Psychoanalyse. Frankfurt 1971; J. Scharfenberg, S. Freud und seine Religionskritik als Herausforderung für den christlichen Glauben. Göttingen 1968; A. Lorenzer, Kritik des psychoanalytischen Symbolbegriffs. Frankfurt 1970; ders., Über den Gegenstand der Psychoanalyse oder: Sprache und Interaktion. Frankfurt 1973; ders., Sprachzerstörung und Rekonstruktion, Frankfurt 1970; S. und H.C. Goeppert, Sprache und Psychoanalyse. Reinbek 1973; dies., Redeverhalten und Neurose. Reinbek 1975.

7 Vgl. S. Goeppert, Die Funktion der Sprache in Freuds »Zur Auffassung der Aphasien«, in: Jahrbuch der Psychoanalyse, Beiheft 2. Bern 1974. Zum »Gegensinn der Urworte« sehr treffend schon E. Benveniste, Remarques sur la fonction du language dans la découverte freudienne (1956) in: ders., Problèmes de linguistique générale. Paris 1966, S. 75-87.

8 I. Kant, Werkausgabe (W. Weischedel). Frankfurt 1968, III, 447f. (Logik).

9 Th. Mann, Freud und die Zukunft (1936), in: S. Freud, Abriß der Psychoanalyse. Frankfurt 1953, S. 221f. Zu Freud als Schriftsteller: W. Muschg, Freud als Schriftsteller, in: W. Muschg, Die Zerstörung der deutschen Literatur. Bern 1958, S. 303-347 (erstmals 1930); W. Schönau, S. Freuds Prosa, Literarische Elemente seines Stils. Stuttgart 1968; W. Jens, Freuds Briefe, in: W. Jens, Zueignungen. München 1963, S. 63-68. Den Ausdruck »klassische Dämpfung« verwendet Leo Spitzer in bezug auf den Stil Racines.

10 Vgl. hierzu – sehr gut – U. Pörksen, Zur Terminologie der Psychoanalyse, in: Deutsche Sprache, 3 (1973), S. 7-36, und ders., Zur Metaphorik der naturwissenschaftlichen Sprache, dargestellt am Beispiel Goethes, Darwins und Freuds, in: Neue Rundschau 89 (1978), S. 64-82, jetzt, ausführlicher, in: U. Pörksen, Deutsche Naturwissenschaftssprachen. Historische und kritische Studien. Tübingen 1986.

11 S. Freud, Gesammelte Werke, XI, S. 129f.

12 S. Freud, Gesammelte Werke, XVI, S. 144.

13 Hierzu: H.-M. Gauger, Durchsichtige Wörter. Zur Theorie der Wortbildung. Heidelberg 1971, besonders S. 159ff.; auch ders., Die durchsichtigen Wörter des Französischen, in: ders., Sprachbewußtsein und Sprachwissenschaft. München 1976.

14 Von hier aus wäre dann auch die in Anmerkung 4 zitierte Äußerung Coserius zu korrigieren: hinsichtlich jener Elemente ist die Sprache nicht völlig »unschuldig«, denn hier redet sie – schon vor jeder einzelnen Äußerung – rein als Besitz.

15 M. Heidegger: »Wenn wir *alétheia* statt mit ›Wahrheit‹ durch ›Unverborgenheit‹ übersetzen, dann ist diese Übersetzung nicht nur ›wörtlicher‹,

sondern sie enthält die Weisung, den gewohnten Begriff der Wahrheit im Sinne der Richtigkeit der Aussage um- und zurückzudenken in jenes noch Unbegriffene der Entborgenheit und der Entbergung des Seienden« (Vom Wesen der Wahrheit). Nota bene: entscheidend ist hier das »wir übersetzen«. In der Tat: hier redet Heidegger, nicht die Sprache oder das Griechische selbst.

16 S. Freud, Gesammelte Werke, XI, S. 95.
17 Einen Höhepunkt solchen »Sprachdenkens« markiert das – für das gesamte Mittelalter grundlegende – Werk Isidors von Sevilla (gest. 636). Zum Prinzipiellen: M. Wandruszka, Etymologie und Philosophie, in: ders., Wörter und Wortfelder. Tübingen 1970, S. 107-122, und U. Erckenbrecht, Sprachdenken, Anregungen zu einer Emanzipatorischen Sprachtheorie. Kronberg 1974.
18 S. Freud, Gesammelte Werke, XI, S. 9.
19 Zum Schweigen die besonders wichtige Arbeit von J. Cremerius, Schweigen als Problem der psychoanalytischen Technik, in: Jahrbuch der Psychoanalyse, VI (1969), S. 69-103.
20 S. Freud, Gesammelte Werke, XIV, S. 213; vgl. V, S. 5f.
21 S. Freud, Gesammelte Werke, V, S. 5.
22 Vgl. J. Scharfenberg, op. cit., 4. Kapitel; G. Jappe, op. cit., 1. Kapitel.
23 S. Freud, Gesammelte Werke, XV, S. 156. Hierzu G. Bittner, op. cit., S. 15ff., und G. Jappe, op. cit., S. 1-18.
24 Zur Verbalisierung vgl. G. Jappe, op. cit., 1. und 5. Kapitel, S. und H.C. Goeppert, Redeverhalten und Neurose, S. 153 (hier das Zitat aus Fliess, 1949).
25 Zit. (aus einem Brief) bei W. Schneider, Wörter machen Leute. Magie und Macht der Sprache, München 1976, S. 233.
26 S. Freud, Gesammelte Werke, I, S. 87.
27 Philosophie in der veränderten Welt. Pfullingen 1972, S. 674; hier ein vorzügliches Kapitel »Die Psychoanalyse und ihre Auswirkungen«.
28 S. Freud, Gesammelte Werke, X, S. 300.
29 S. Freud, Gesammelte Werke, XVII, S. 79.
30 S. Kierkegaard, Die Krankheit zum Tode. Reinbek 1962, Werke, IV, S. 13.
31 W. Schulz, Der Einzelne und die anderen, in: Praxis der Psychotherapie, XXI (1976), S. 155.
32 Zit. bei W. Schulz, op. cit., S. 154.
33 Ich habe diesen Ansatz dargelegt in: Wort und Sprache, Sprachwissenschaftliche Grundfragen. Tübingen 1970, und in: Sprachbewußtsein und Sprachwissenschaft. München 1976.
34 Vgl. hierzu H.-M. Gauger, Sprachbewußtsein und Sprachwissenschaft. München 1976, S. 132ff.

35 S. Freud, Gesammelte Werke, XV, S. 73.
36 S. Freud, Gesammelte Werke, VII, S. 227.
37 M. Wandruszka, Interlinguistik, Umrisse einer neuen Sprachwissenschaft. München 1971, S. 112.
38 Dante, De vulgari eloquentia, I, 1.
39 K. Valentin, Kreszenz Hiagelgwimpft, in: ders., Gesammelte Werke. München 1961, S. 14.
40 In: Wirkendes Wort, 1966, S. 79.
41 W. Schulz: »Der Mensch braucht immer Außenhalte, und diese Außenhalte findet er eben in den Institutionen« (Philosophie, S. 451). Eine dieser Institutionen (»den einzelnen umgreifende Ordnungen«) ist die Muttersprache.
42 S. Freud, Gesammelte Werke, XI, S. 183.
43 S. Freud, Gesammelte Werke, II/III, S. 302.
44 S. Freud, Gesammelte Werke, XI, S. 169.
45 S. Freud, Gesammelte Werke, XI, S. 242.
46 S. Freud, Gesammelte Werke, XI, S. 243.
47 S. Freud, Gesammelte Werke, XI, S. 119; vgl. hierzu das Kap. VI der »Traumdeutung« (Bd. II/III der Gesammelten Werke), besonders Abschnitt F (»Beispiele – Rechnen und Reden im Traum«).
48 S. Freud, Gesammelte Werke, VIII, S. 403.
49 S. Freud, Gesammelte Werke, II/III, S. 302. Die Deutung der Sprache des (manifesten) Traums im Sinne eines Hervortretens der primärprozeßhaften Ausdrucksweise, wie sie hier vorgelegt wurde, wäre zu ergänzen durch den Hinweis, daß jene Sprache nicht bloß »eine Neubelebung des Früheren darstellt, sondern daß hier das Moment des Zusammenbruchs einer höheren Organisation mit hineinspielt« (so W. Loch in einem Brief an mich vom 3. 6. 1977; dieser Aspekt wird besonders von G. Jappe, op. cit., unterstrichen).
50 K. Bühler, Sprachtheorie, Die Darstellungsfunktion der Sprache. Stuttgart ²1965, S. 69 ff. Hier heißt es: »Ein System vom Typus der Sprache baut jede ... Darstellung in zwei abstraktiv zu sondernden Schritten auf, sagen wir einmal kurz, wenn auch unscharf und mißverständlich: in Wortwahl und Satzbau« (S. 73).
51 Vgl. H.-M. Gauger, Zum Problem der Synonyme. Tübingen 1972.
52 E. Coseriu, Das romanische Verbalsystem. Tübingen 1976, S. 55 f.
53 Zitat ohne genaue Angabe bei W. Schneider, op. cit., S. 242 »Der Mensch ist dankbar für Gelegenheiten, ein paar Atemzüge lang seinem Käfig aus Logik und Grammatik zu entrinnen.« Hier gute Beispiele.
54 R. Jakobson, Linguistics and poetics, in: Th. A. Sebeok (ed.), Style in language. Cambridge (Mass.) 1960, S. 350-377. Deutsch: »Die Einstellung auf die Nachricht als solche, die Zentrierung auf die Nachricht um

ihrer selbst willen, ist die poetische Funktion der Sprache« (bei O. Ihwe, Literaturwissenschaft und Linguistik. Ergebnisse und Perspektiven. Frankfurt, 1971/72, S. 521). Hierzu H.-M. Gauger, Die Sehnsucht des Kuckucks nach dem Wald. Anmerkungen zum Thema »Sprache und Dichtung«, in: »Romania cantat, Lieder in alten und neuen Chorsätzen mit sprachlichen, literarischen und musikwissenschaftlichen Interpretationen«, Bd. II: Interpretationen, Herausgeber F. J. Oroz Arizcuren. Tübingen 1980, S. 629-639.

55 Hierzu G. Bittner, op. cit., S. 15-24. Bittner spricht in schöner Formulierung vom Ich überhaupt als »kentaurischer Doppelnatur« (Das andere Ich, Rekonstruktionen zu Freud. München 1974, S. 108).

»Der Zauberberg« – ein linguistischer Roman

Auf dem Bahnhof Davos-Dorf hört Hans Castorp, der eigentlich Davos-Platz als Ziel betrachtet, »plötzlich ... neben sich Joachim Ziemssens Stimme, seines Vetters gemächliche Hamburger Stimme, die sagte: ›Tag, du, nun steige nur aus‹ ...« (S. 5/6).[1] Der Erzähler gibt also einen diskreten Hinweis auf die mundartliche Färbung der Sprache Joachims, und es folgt, zu diesem ersten gesprochenen Satz des Buchs, in dem so viel gesprochen wird, gleich ein zweiter Hinweis sprachlicher Art: »aus Scheu vor zu großer Herzenswärme« hätten es die Vettern »von jeher vermieden«, sich mit dem Vornamen anzureden und sich auf das bloße ›Du‹ beschränkt; eine Gewohnheit, die der Autor »sonderbar« nennt (S. 6). Wenige Augenblicke später sagt Hans Castorp zu Joachim »Wie gelehrt du geworden bist« und bezieht sich dabei auf die stark fachsprachlich geprägte Auskunft, die Joachim von seinem Gesundheitszustand gegeben hat (etwa: »im zweiten Interkostalraum Geräusche«, S. 8). Wiederum kurz darauf bemerkt er »Du sprichst so sonderbar«; er meint damit, wie eigens hinzugefügt, »die Wendung ›Wir hier oben‹, die Joachim schon zum dritten- oder viertenmal gebraucht hatte« (S. 10). Auch auf Paralinguistisches, Gestik und Mimik, wird Hans Castorp aufmerksam; er bemerkt an Joachim »ein zugleich lässiges und heftiges Achselzucken, das ihm nicht gut zu Gesichte stand« (S. 2) und – bei einer bestimmten Äußerung – einen »Ausdruck des Ekels« auf seinem Mund, »der übertrieben und unbeherrscht wirkte und ihn wiederum nicht gut kleidete« (S. 10). Sodann ist in diesem ersten Abschnitt »Ankunft« von einer »flachen, geschweiften Flasche« die Rede, die Joachim mit sich trägt (»ich habe noch Sputum«) und für einen Augenblick vorzeigt: »›Das haben die meisten von uns hier oben‹, sagte er. ›Es hat auch einen Namen bei uns, so einen Spitznamen, ganz fidel ...‹« (S. 8). Diesen beziehungsvollen Namen erfahren wir aber nicht gleich, sondern erst später (S. 92), und verdanken dies der »unermeßlichen Gewöhnlichkeit« der Frau Stöhr; er lautet: »der blaue Heinrich«[2].

Aber bereits im »Vorsatz« auf der ersten Seite des Buchs war von Sprachlichem, sogar – im engeren Sinn – Grammatischem die Rede: die Geschichte, die der Autor zu erzählen sich anschicke, sei »sehr lange her« und daher »unbedingt in der Zeitform der tiefsten Vergangenheit vorzutragen«. In einer auch in Grammatiken gelegentlich zitierten Formel wird der Erzähler »raunender Beschwörer des Imperfekts« genannt, und es fällt auch der Terminus »Präsens«[3].

Mit diesen Hinweisen, die sich allein auf die ersten zehn Seiten beziehen, wollen wir andeuten, daß im »Zauberberg« immer wieder, in eigentümlich insistierender Weise, Sprachliches zum Thema wird, wobei sogleich anzumerken ist, daß diese Kommentare zum Sprachlichen, trotz ihrer Insistenz, auf den ersten Blick nicht auffallen. Ist man aber einmal darauf gestoßen, tritt einem die thematische Präsenz des Sprachlichen überall entgegen: es wird in diesem Roman nicht nur ungewöhnlich viel gesprochen, es wird in ihm auch ungewöhnlich Vieles und ungewöhnlich Genaues über Sprache und Sprechen gesagt. Nun ist ja jeder Roman insofern »sprachlich«, als er aus dem Stoff einer Sprache geschaffen ist. Es wäre jedoch ein Roman denkbar, auch gewiß als hohes »sprachliches Kunstwerk«, der an keiner Stelle Sprachliches thematisierte. Ein solcher Roman wäre dem »Zauberberg« konträr entgegengesetzt, denn dieser hat, unverkennbar, einen Zug ins Linguistische.

Mit »linguistisch« meinen wir natürlich nicht das Sprachwissenschaftliche. Wir meinen damit – für unseren Zweck – das Metasprachliche in einem vor- oder außerfachlichen Sinn. »Metasprachlich« heißt, daß über Sprechen gesprochen wird, oder allgemeiner und besser: daß Sprachliches in irgendeiner, vielleicht ganz impliziten Weise ins Thema kommt. Es sind, unter diesem Gesichtspunkt, zwei Arten des Sprechens zu unterscheiden. Es gibt einmal ein Sprechen, das – gleichsam selbstvergessen – ganz auf die außersprachlichen Dinge und Sachverhalte gerichtet ist, um die es ihm geht. Man könnte hier, wie dies gelegentlich geschieht, mit einem scholastischen Terminus von der »Geradeauseinstellung«, der *intentio recta* des Sprechens reden. Zum anderen gibt es ein Sprechen mit gleichsam »schräger« Einstellung, *intentio obliqua*, das – reflexiv – sich selbst oder überhaupt irgendein sprachliches Element der *langue*, des Sprachbesitzes, zum Thema macht.

Diese Möglichkeit eines Sprechens über das Sprechen oder über die Sprache ist alles andere als ein peripheres Phänomen: sie gehört zur menschlichen Sprache konstitutiv. Das Metasprachliche ist auch der sogenannten »Alltagssprache« (ein philosophischer, kein linguistischer Terminus: *ordinary language*) keineswegs fremd, obwohl es sich natürlich durch ›Bildung‹ verstärkt, differenziert, auch wohl deformiert. Es gibt eine Sprachreflexion vor oder außerhalb der Linguistik: gerade diese tritt uns im »Zauberberg« entgegen. Übrigens wäre es falsch, diese Sprachreflexion lediglich als eine ins Allgemeine abgesunkene und verdünnte fachliche Reflexion zu betrachten, obgleich diese Möglichkeit berücksichtigt werden muß. Für den »Zauberberg« muß hinsichtlich des Sprachlichen und Metasprachlichen von der »allgemeinen« Bildungssprache ausgegangen werden. Es ist aber hinzuzufügen, daß nicht wenige der linguistischen Elemente in diesem Roman deutlich in Richtung auf das Linguistische im fachlichen Sinne gehen und das Bildungssprachliche ein Stück weit verlassen. Im ganzen jedoch verbleiben sie im Bereich des diesem Bildungssprachlichen Zumutbaren. Dieser Bereich allerdings ist weit zu ziehen, denn der »Zauberberg« ist ein fast rücksichtslos ›elitärer‹ Roman. Noch einmal: wir meinen mit »linguistisch«, in bezug auf diesen Roman, das Sprachliche und Metasprachliche im Sinne einer außerfachlichen, aber äußerst differenzierten Bildungssprachlichkeit.

Hinsichtlich der Rolle des Linguistischen weicht, wie wir meinen, der »Zauberberg« von anderen Romanen ab, auch – mit Unterschieden des Grades – innerhalb des Werks von Thomas Mann (abgesehen vielleicht vom »Erwählten«; aber fremd ist dies Element Thomas Mann, von »Buddenbrooks« an, nie). Dies gilt nicht nur für das Quantitative, die Dichte des Linguistischen, es gilt auch für das Qualitative, die Insistenz und Präzision besonders der metasprachlichen Hinweise. Hier liegt ein signifikativer *écart* im Sinne jenes Stilbegriffs, der Stil in dem vom Üblichen, vom Erwarteten Abweichenden sucht: »besiegte Erwartung« (*defeated expectancy*), wie Roman Jakobson sagt. Womit wir uns diesem – sicher nicht schlechthin falschen – Konzept von Stil nicht anschließen. Aber Abweichung (*écart*) oder nicht (Stilistik des *écart*): wir wollen einige Elemente des Linguistischen im »Zauberberg« umreißen. Sie interessieren einmal als Elemente dieses Romans, die in ihm eine bestimmte Funktion haben; zum anderen aber auch für sich selbst. Es ist für den Linguisten interessant zu verfolgen, was ein literarischer Autor an Metasprachlichem einbringt in ein Werk. Jedoch soll der Schwerpunkt im Folgenden nicht auf dem Linguistischen liegen, weil uns hier – der Autor und sein Stil – vor allem der »Zauberberg« interessiert.[4]

Entwicklung des Sprechens im Roman

Worin liegt das Linguistische des »Zauberbergs«? Zuerst wird man gewiß daran denken, daß in diesem Roman außerordentlich viel geredet wird: »die entsetzlich langen Gespräche«, lautet ein stehender Einwand. Auf die Rolle des Redens im »Zauberberg« wollen wir zunächst eingehen. Es wird ja in diesem Roman nicht kontinuierlich und in gleichmäßiger Dichte geredet. Es ist da eine Entwicklung, die – im sechsten Kapitel – zu einem Höhepunkt führt; von diesem aus ergibt sich eine Rückbildung des Redens: es wird, in gewissem Sinn, geradezu negiert. Es sind da zunächst die Gespräche zwischen Hans Castorp und Joachim. Joachim gibt, gleich am Abend der Ankunft seines Vetters, »wiederholt seiner Genugtuung Ausdruck, daß jemand da sei, mit dem man ein vernünftiges Wort reden könne« (S. 16). Sehr bald tritt Lodovico Settembrini auf den Plan (S. 65), eine der sympathischsten Figuren des Romans, die auch ganz am Ende noch da ist und nicht nur insofern an Sesemi Weichbrodt in »Buddenbrooks« erinnert. Settembrini redet fortwährend (»riesig gesprächig«, bemerkt Hans Castrop gleich, S. 76). Er tut dies in überaus wohllautenden und wohlgesetzten, flammend appellierenden oder scherzenden oder anmutig lästernden Worten. Von seiner sprachlich-literarischen Weltsicht wird noch zu sprechen sein.

Aber auch unabhängig von Settembrinis humanistischen Weihen

– »die erlösende Macht der Sprache« (S. 633) – wird viel und in verschiedener Weise geredet: wir haben da die Gespräche bei den täglichen fünf Mahlzeiten, die analytischen Vorträge Dr. Krokowskis, das »Schwadronieren« des Hofrats Behrens. Auch das Verhältnis zwischen Hans Castorp und Clawdia Chauchat ist eigentlich sprachlicher, zum Teil fremdsprachlicher Natur; von einem Ereignis, einem singulären »Abenteuer im Fleische« (S. 871) abgesehen: aber von diesem gerade wird weder berichtet, noch nachher, mehr als andeutend, gesprochen. Wir kennen nur das fremdsprachige Vorspiel, und später ist, hinsichtlich jener Nacht, geradezu von einer »maskierten und fremdsprachigen Traumnacht« (S. 670) die Rede; in der Tat: die Fremdsprachigkeit war hier konstitutiv, sie war selbst Bestandteil der – Freiheit gewährenden – »Maskierung«. Hans Castorp überzeugt die »Kirgisenäugige« durch Sprechen, wenngleich durch – im Schutz jener Maskierung – sehr kühnes Sprechen (»Tu es en effet un galant qui sait solliciter d'une manière profonde, à l'allemande«, S. 414). Schließlich erfahren das Reden, die Gespräche und Diskussionen geradezu eine Institutionalisierung durch die Einführung Leo Naphtas in dem vielsagend »Noch jemand« überschriebenen Abschnitt (S. 449). Hier, im sechsten Kapitel, dem längsten des Romans, finden sich die großen Streitgespräche der beiden Widersacher.

Aber gerade auch hier, im Paroxysmus verbaler Ausschweifung, bereitet sich eine Verlagerung vor: in dem thematisch bedeutsamen Abschnitt »Schnee«, der den berühmten kursiv hervorgehobenen Satz enthält, verstummt das Reden. In der einsamen Schneewelt macht Hans Castorp eine Erfahrung, die zur Voraussetzung aller Erfahrungen und Erkenntnisse wird, von denen der Abschnitt berichtet. Er erfährt die Stille, das »bodenlose Schweigen« dieser allen Lebens entleerten Natur: »Die Stille, wenn er regungslos stehenblieb, um sich selbst nicht zu hören, war unbedingt und vollkommen, eine wattierte Lautlosigkeit, unbekannt, nie vernommen, sonst nirgends vorkommend. Da war kein Windhauch, der die Bäume auch nur aufs leiseste gerührt hätte, kein Rauschen, nicht eine Vogelstimme. Es war das Urschweigen, das Hans Castorp belauschte ...« (S. 574). Jetzt, in dem sich in solcher Stille eröffnenden Seelenraum, der – vorübergehend – einen Ausbruch aus dem Zauberberg erlaubt, erkennt er im Blick auf Settembrini und Naphta, deren kontradiktorisches

Reden ihm so viel Konfusion bereitete: »sie sind beide Schwätzer« (S. 598).

Die beiden Protagonisten der »Logomachie« (S. 717) um Hans Castorps Seele – damit das Reden im »Zauberberg« überhaupt – erfahren eine weitere, nachhaltigere Dämpfung durch eine erst im siebten Kapitel eingeführte Figur, die vielleicht die großartigste des Werkes ist und neue literarische Höhepunkte – *purple passages* – erbringt: Mynheer Peeperkorn. Zwar kommt es auch hier noch zu Gesprächen – jeweils zwei Gespräche Hans Castorps mit Clawdia Chauchat (S. 674–678; S. 720–728) und mit Peeperkorn (S. 699-703; S. 729–745) –, aber es sind Gespräche anderer Art, und vor allem bewirken die »großartigen Abgerissenheiten« (S. 699) der »verwischten Persönlichkeit« (S. 669) eine eigentümliche Umwertung: Peeperkorns vom Autor ironisch beschworene Aszendenz liegt ja nicht in dem, was er sagt, wenngleich einige seiner Motive eindrucksvoll sind, auch nicht in der Art, wie er formuliert, sondern, auf undeutliche Weise, in dem, was er ist, seinem »Persönlichkeitsrückhalt« (S. 690). Dies bewirkt, daß in seinem Sprechen gerade das sonst Akzessorische, Mimik und Gestik, das wenige, das er abgerissen artikuliert, ganz zur Seite drängen. Zur Kennzeichnung dieses Akzessorischen gelingen dem Autor großartig genaue, leitmotivisch wiederkehrende und stets variierte Formulierungen: die »weh zerrissenen Lippen« (S. 690), »das sybaritische Grübchen« (S. 691), »die delikat nuancierenden, gepflegten, genauen und reinlichen Kulturgebärden eines Dirigenten« (S. 666), der mit Daumen und Zeigefinger der »Kapitänshand« gebildete »Exaktheitsring« (S. 735), das »tanzende Gewänderraffen, die heilige Unsittsamkeit des Heidenpriesters« (S. 755). Es ist klar, daß Settembrini gegenüber solchem Neuankömmling allergisch reagiert: »Aber, in Gottes Namen, Ingenieur, das ist ja ein dummer alter Mann! Was finden Sie an ihm?« (S. 706).

Die (gewiß »ironisch« – im Sinne Mannscher Ironie zu nehmende) Negation des Sprechens durch die »wuchtige Persönlichkeit« (S. 678) erfährt ihren Höhepunkt in der Rede Peeperkorns vor dem tosenden Wasserfall: »Und plötzlich begann er zu sprechen. Der wunderliche Mann! es war unmöglich, daß er seine eigene Stimme hörte, geschweige daß die anderen eine Silbe hätten verstehen können von dem, was er verlauten ließ, ohne daß es verlautete. Er aber hob den

Zeigefinger, streckte, den Becher in der Rechten, den linken Arm aus, die flache Hand schräg erhoben, und man sah, wie sein Königsantlitz sich redend bewegte, sein Mund Worte formte, die tonlos blieben ...« (S. 755). Diese ins Unwirkliche gehende außerordentliche Szene ist eine Anspielung, ohne Zweifel, auch hinsichtlich des bevorstehenden Todes, auf den »alten Zecher«, den König in Thule, in Gretchens Lied.[5] Eine weitere Negation oder Zurückdrängung des Sprechens mag man in dem Abschnitt »Fülle des Wohllauts« erblicken, der – anläßlich der Anschaffung eines Grammophons – ganz der Musik gewidmet ist. Es ist vielleicht überinterpretiert, wenn wir in diesen Zusammenhang hereinnehmen, daß die spiritistische Séance in »Fragwürdigstes«, die den toten Joachim wiedererstehen läßt, von Hans Castorp genau in dem Augenblick jäh unterbrochen wird, als – durch Dr. Krokowski – die Aufforderung an ihn ergeht: »Reden sie ihn an!« (S. 829). Man hat aber, nach intensiver Lektüre, den Eindruck, daß in diesem Roman, in dem – auf den ersten Blick – alles zufällig anmutet, kaum etwas zufällig ist. Die letzte Äußerung, die wir von Hans Castorp, schon nach dem »Donnerschlag«, vernehmen, sind zwei – nicht aufeinanderfolgende – Verspaare eines »allvertrauten« Liedes (S. 791), Verse, die er »bewußtlos singt«, also ohne auf ihre Worte zu achten (S. 871). Aber beide Verspaare handeln – zufällig? – von Sprachlichem:

> Ich schnitt in seine Rinde
> So manches liebe Wort –
>
> Und sei-ne Zweige rau-uschten,
> Als rie-fen sie mir zu –

Jedenfalls sind in diesen Versen (man achte darauf, wie genau und diskret im zweiten Paar – nur in diesem – die Melodie durch die Striche notiert ist) *sprachlich* jene beiden Motive anwesend, die im ganzen Roman fast überall nebeneinanderstehen: *Liebe* (im weiten Sinn) und *Tod*. Denn das »Rauschen« der Zweige – »Du fändest Ruhe dort« – meint, wie das Lied überhaupt und wie in »Fülle des Wohllauts« dargelegt (S. 791–795), den Tod.[6]

Castorps sprachliche Entwicklung

Metasprachliches zeigt sich in dieser Entwicklung des Redens kaum; gleichwohl gehört sie zu dem linguistischen Charakter des Romans. Eine Entwicklung findet sich aber auch, in linguistischer wie in anderer Hinsicht, bei dem zunächst eher blassen, gleichsam als *tabula rasa* erscheinenden und allem offenen ›Helden‹ des Romans, Hans Castorp: auch dies ist ein linguistisches Element des »Zauberbergs«, und bei diesem tritt das Metasprachliche entschieden deutlicher hervor. Wir beschränken uns auf einige Hinweise. Zu Beginn – und bis in die Mitte des Romans hinein – benimmt sich Hans Castorp sprachlich ungeschickt, zuweilen geradezu tölpelhaft, wenn es um Höheres geht, so daß ihm Settembrini oft beispringen muß. Am Ende des Romans aber ist er ein gewandter, seine Worte differenziert und mit Sicherheit wählender Sprecher. Dieser sprachliche Lernprozeß wird, wie bei Thomas Mann zumeist, explizit hervorgehoben, und zwar wiederum in eigentümlich linguistischer Formulierung (Hinweis auf Intonation): »Neuerdings verwirrte und verhaspelte Hans Castorp sich nicht mehr bei solchen Expektorationen und blieb nicht stecken. Er sprach seinen Part zu Ende, ließ die Stimme sinken, machte Punktum und ging seines Weges wie ein Mann ...« (S. 708; nach einer solchen Äußerung – gewiß nicht zufällig – gerade Settembrini gegenüber). Interessant ist, daß er dabei eigenen Stil entwickelt und nicht etwa bloß Settembrini kopiert. Hans Castorp hat sich, indem er sich an den Zauberberg verlor, sprachlich emanzipiert. Auch dies ein Produkt jener »alchimistischen Transmutation« (S. 617), die er in der »hermetischen Pädagogik« (S. 618, S. 697) des »Berghofs« erfährt. So kann er jetzt zum Beispiel die »Abgerissenheiten« Peeperkorns, zur vollen Zufriedenheit des Königlichen, auf Begriffe bringen, ähnlich wie dies, zu Beginn seines Aufenthalts, Settembrini mit seinen unbeholfenen Versuchen, sich zu verbalisieren, getan hatte (vgl. S. 240, S. 684/685). Peeperkorn lobt sein »gewandtes« oder »behendes kleines Wort« (S. 732, S. 734, S. 741) und nennt ihn geradezu »Schwätzerchen« (S. 695), gibt ihm also – in diminutivischer Form – eben die Bezeichnung, die Hans Castorp Settembrini und Naphta zugedacht hat. Der sprachliche Lernprozeß Hans Castorps hat auch zur Folge, daß sich seine – schon von Anfang an gegebene –

Sprachempfindlichkeit später sehr gesteigert findet. Dafür nur ein Zitat, bei dem das Metasprachliche besonders deutlich wird. Eines Abends, nach der Rückkehr Frau Chauchats – zu einem Gespräch war es noch nicht wieder gekommen – tritt sie plötzlich an Hans Castorp, der lesend sitzt, von hinten heran und fragt: »›Und ihr Vetter, Monsieur?‹« Es folgt zunächst ein (sprachlicher) Hinweis auf die »herbsüße Verschleierung« ihrer »bezaubernden Stimme«, dann Hans Castorps Antwort: »›Er ist tot. Er hat Dienst gemacht in der Ebene und ist gestorben.‹« Dann heißt es: »Er selbst bemerkte, daß ›tot‹ das erste betonte Wort war, das wieder zwischen ihnen fiel (wieder jenes Nebeneinander der beiden Motive!). Er bemerkte zugleich, daß sie aus Mangel an Vertrautheit mit seiner Sprache zu leichte Ausdrücke des Mitgefühls wählte, als sie hinter und über ihm sagte: ›O weh. Das ist schade. Ganz tot und begraben? Seit wann?‹« (S. 676/677). In dem folgenden ungemein reizvollen, emotionell stark geladenen kurzen Gespräch (nur zweieinhalb Seiten) finden sich zumindest acht explizite metasprachliche Anmerkungen (darunter die zur Aussprache »mähnschlich« für »menschlich« von Frau Chauchat), wobei man meinen möchte, daß gerade in dieser Situation anderes im Vordergrund stehen könnte. Aber solche, übrigens diskrete, sich keineswegs aufdrängende, vielmehr wie selbstverständlich mitlaufende sprachliche Sensibilisierung gehört zur Atmosphäre, zum Stil dieses Romans.

Präzision und Insistenz des Metasprachlichen

Wir sprachen von der Präzision und Insistenz der metasprachlichen Angaben im »Zauberberg«. Beide zeigen sich besonders in den zahlreichen Bemerkungen zum Lautlichen. Es findet sich Metasprachliches zur Stimmqualität, zum Akzent, zum Rhythmus, zur Intonation, zum silbischen Bau der Wörter, zu Pausen, schließlich besonders zur Bildung einzelner Laute, wobei die Kennzeichnung sowohl vom Artikulatorischen als auch Akustischen her geschieht.

Zur Stimme. Bei Dr. Krokowski wird die »baritonale Stimme«

(S. 19), der »schleppende« oder »weich schleppende Bariton« (S. 149, S. 821), die »baritonale Milde« (S. 229) betont. Naphta hingegen hat eine »vom Schnupfen sordinierte Stimme, die beim Sprechen an den Klang eines gesprungenen Tellers erinnerte, an den man mit dem Knöchel klopft« (S. 452; vgl. S. 539, S. 839). Fräulein von Mylendonk hat eine »quäkende« Stimme und spricht »kreischend« (S. 199, S. 635). Bei Frau Chauchat ist es die »herbsüße Verschleierung« ihrer »bezaubernden Stimme« (S. 674), die es Hans Castorp, neben ihren Armen, besonders angetan hat. Sie gleicht natürlich der Stimme jenes früh bewunderten Knaben Pribislav Hippe (*nota bene*: »als Merkwürdigkeit kam hinzu, daß das r dieses Vornamens wie sch auszusprechen war: es hieß Pschibislav«), der sich in Clawdia reinkarniert und dessen Stimme »angenehm belegt, verschleiert, etwas heiser war« (S. 143). Über die Russin: »angenehme Stimme« (S. 609; so urteilt auch Frau Ziemssen), »ihre leicht verschleierte, angenehm heisere Stimme« (S. 402), oder zuvor: »Frau Chauchats angenehm verschleierte Stimme« (S. 258), »mit angenehm heiserer Stimme«. Diese leitmotivischen Kennzeichnungen erscheinen übrigens – dies ist dieser Erzähler sich schuldig – stets leicht variiert; ganz selten kehrt das Leitmotiv in völlig gleicher Formulierung wieder.

Zum Akzent. Damit ist gemeint ›Akzent‹ im linguistischen Sinn, also Hervorhebung einer Silbe durch Verstärkung des exspiratorischen Drucks (diese Art des Akzents gilt für die hier in Frage kommenden Sprachen). Zu dem eingestreuten italienischen Wort *cinematógrafo* heißt es in einer metasprachlichen Klammer: »Herr Settembrini sprach das Wort italienisch aus, mit dem Akzent auf der vierten Silbe« (S. 180). Zur »exotischen« Aussprache des Wortes »ehrgeizig« durch Frau Chauchat wird gesagt, daß sie – zu dem »fremden r und fremden, zu offenen e« hinzukommend – das Wort »auch noch auf der zweiten Silbe betonte, so daß es völlig fremdsprachig klang« (S. 402; so auch, S. 676, das Wort »hochmütig«). Natürlich findet sich daneben auch der alltagssprachliche Begriff von ›Akzent‹, der sich allgemein auf die ›Aussprache‹ bezieht (»er spricht mit Akzent«, »er hat keinen Akzent«); Gespräch Hans Castorps mit dem Schneider Lukaçek: »›Machen Sie Ärmel daran?‹ (Hans Castorps Fixierung auf die Arme ist bekannt.) ›Ja, Ärmel, es ist für eine Olte‹, antwortete Lukaçek mit stark böhmischen Akzent« (S. 473). Der Ausdruck wird auf den

Rhythmus bezogen: »mit ... etwas fremdländisch schleppenden Akzenten« (S. 19), »mit exotisch schleppenden Akzenten« (S. 795), oder auch: »der Gelehrte in seinem östlich schleppenden Tonfall« (S. 441). Diese rhythmische Kennzeichnung von Dr. Krokowskis Sprechen gilt interessanterweise auch für dasjenige Naphtas (S. 452). Zur Intonation, dem Wechsel der Tonhöhe, nur ein Zitat. Nach einer jener flammenden Allokutionen Settembrinis an seinen Schützling heißt es: »Hier schwieg Settembrini ... Es war ihm Ernst, nicht unterhaltungsweise hatte er geredet, hatte es verschmäht, seinem Partner Gelegenheit zur Anknüpfung und Gegenrede zu bieten, sondern am Ende seiner Aufstellungen die Stimme sinken lassen und einen Punkt gemacht« (S. 241; interessant ist hier die Parallelität zu der oben zitierten Stelle, S. 708, zu einer Äußerung des sprachlich schon emanzipierten Hans Castorp). Den silbischen Bau eines Worts läßt der Autor gelegentlich durch Striche hervortreten, wenn er auf dessen sorgfältige Artikulation durch den Sprechenden hinweisen will: »›Genie‹, sagte Settembrini. ›In-tu-i-tion!‹ sagte er« (S. 73), was genau richtig ist, denn das i nach dem t wird hier als j gesprochen, so daß die vier letzten Laute nur *eine* Silbe bilden. Oder, wieder Settembrini, Hans Castorp unterbrechend (die Funktion des Strichs ist hier verschieden): »›Ge-statten Sie mir ... Ich weiß, was Sie sagen wollen‹« (S. 116). Oder Peeperkorn: »›meine Herrschaften, ich *ap-pel-liere*‹« (S. 690, kursiv gedruckt). Pausen in der Äußerung, die etwa durch das Suchen oder das Hinauszögern eines Worts entstehen, werden durch drei Punkte markiert: »›Ich stelle eine Abneigung gegen die ... Freizügigkeit der Kategorien bei Ihnen fest, gegen das Absolute‹« (S. 453).

Bemerkenswert sind aber vor allem die artikulatorischen und akustischen Angaben zu einzelnen Lauten (bzw. Phonemen). Wieder über Settembrini: »›Placet experiri‹, sagte er, indem er das c von ›placet‹ weich, nach italienischer Mundart sprach« (S. 116), und, drei Seiten weiter: »›Ah, Decken, Liegekur‹, sagte Settembrini. ›So, so, so. Ei, ei, ei. In der Tat: Placet experiri!‹ wiederholte er mit italienischer Aussprache und verabschiedete sich ...« (S. 119). Die letztere Formulierung dieses phonetischen Tatbestands ist unanfechtbar, während die erstere sprachwissenschaftlich unhaltbar ist: erstens ist das ›tsch‹ nicht »weich« im Sinne von ›stimmhaft‹ (oder in irgendeinem

Sinne) gegenüber einem ›ts‹, das der Autor hier gewiß als normal betrachtet; zweitens folgt hier Settembrini nicht »italienischer Mundart«, die ja den ts-Laut kennt (zum Beispiel in *la piazza*), sondern der italienischen Tradition der Lateinaussprache. Diese entspricht hierin einfach dem, was sich, auf dem Weg zum Italienischen, aus dem ursprünglichen lateinischen k – plaket – in dieser Stellung »lautgesetzlich« ergab. Oder – wiederum akustisch gesehen – zu Settembrini: »›So, so, so‹, sagte er dreimal mit scharfem s«; dann artikulatorisch: »und schnalzte dann ebensooft mit der Zunge leise am oberen Gaumen«; und danach: »›Sieh, sieh, sieh‹, sagte er hierauf, ebenfalls dreimal mit scharfem S-Laut ...« (S. 68). Schließlich, noch am selben Tag abends: »wie heute morgen sagte er je dreimal ›so, so, so‹ und ›sieh, sieh, sieh‹, – spöttisch nachdenklich mit scharfem S-Laut« (S. 102). Nachher transkribiert der Autor, ohne Kommentar (setzt also die Erinnerung des Lesers voraus), den phonetischen Sachverhalt mit »sz«: »ob er (Settembrini) nun ›Szieh, szieh‹ oder ›Szo, szo‹ gesagt hatte, oder beides, oder ›Poveretto‹, das mußte ihm gleichgültig bleiben« (S. 511). Hier ist, in bezug auf Joachims Ausbruch aus dem Zauberberg, von den Gedanken Hans Castorps die Rede; gewiß nicht zufällig läßt der Autor, hundert Seiten später, Hans Castorp dies gerade in dem Augenblick aufgreifen, als er den Brief mit der Nachricht von Joachims Rückkehr liest: »Er nickte leise dazu, nicht nur mit dem Kopf, sondern mit dem ganzen Oberkörper, und sagte zwischen den Zähnen: ›Szo, szo, szo! Szieh, szieh, szieh! – Joachim kommt wieder!‹ durchfuhr ihn plötzlich die Freude« (S. 603). Hier ist es also Hans Castorp, der diese Aussprache, ohne daß Settembrini auch nur erwähnt würde, übernimmt: was zeigt, daß an diesem Metasprachlichen nicht nur Autor und Leser partizipieren, sondern auch der Protagonist. Das »scharfe« s läßt sich hier übrigens vom italienischen Substrat der Sprechweise Settembrinis nicht rechtfertigen, denn das Italienische kennt das stimmhafte s, wenngleich selten am Wortbeginn (*los degno, svegliare, snello*), vor allem jedoch steht diese Aussprache Settembrinis im Widerspruch zu dem, was allgemein von »ihrer unbedingten, von jeder Mundart freien Reinheit und Richtigkeit« (S. 74) gesagt wird: ein solches s wäre hochsprachlich, wenn denn gewertet werden soll, in der Tat »falsch« und entspräche etwa den süddeutschen Dialekten.

Noch größere Insistenz ist hinsichtlich des r bei Dr. Krokowski zu vermerken: »sein weich anschlagendes r« (S. 149); »mit einem exotischen Gaumen-r ..., das er jedoch nicht rollte, sondern durch ein nur einmaliges Anschlagen der Zunge gleich hinter den oberen Vorderzähnen erzeugte« (S. 229); »der Gelehrte ... mit seinem nur einmal anschlagenden Zungen-R« (S. 441). Zu Krokowskis – Hans Castorp sogleich schockierendem – Lieblingswort »Kamerad«: »das militärische Wort, dessen R-Laut er auf exotische Weise durch ein einmaliges Anschlagen der Zunge am vorderen Gaumen hervorbrachte« (S. 442; auch hier die sorgfältige Variation dieser Schilderung). Vom Akustischen her wird dies r – ganz zutreffend – als d gekennzeichnet, und Krokowskis eigenartiges »ich grüße Sie« wird als »ich gdiesse Sie« transkribiert (S. 443, S. 444); an einer Stelle ist von dem Analytiker kurzerhand als dem »gdiessenden Kameraden« die Rede (S. 604; vgl. S. 816, S. 818, S. 821). Diese Aussprache deutet, zusammen mit den genannten »östlich schleppenden Akzenten« und dem Ersatz von ü durch i, auf nordöstliches deutsches Sprachgebiet.

Für Präzision und Insistenz im Phonetischen ein weiteres, besonders eigentümliches Beispiel: in der »Walpurgisnacht« heißt es – Hans Castorp redet zu Clawdia – ohne jeden Kommentar: »›Nein, *du* hast noch nicht gezeichnet. Du mußt zeichnen‹, sagte er unter Auslassung des m von ›mußt‹ ...« (S. 403). Was soll diese Angabe? Das m ist ein Labiallaut wie p oder b, wird also bei geschlossenem Mund artikuliert. Es wird hier also ein Nachlassen der artikulatorischen Intensität angedeutet (der Mund bleibt geöffnet!), welches seinerseits psychisches Erschlaffen anzeigt. Dies Nicht-Artikulieren labialer Laute tritt später erneut auf; im Abschnitt »Schnee«, als sich Hans Castorp im Gestöber verirrt: »Das war des Teufels. Schwere Verwünschungen lösten sich, unter Auslassung der Labiallaute, von Hans Castorps erstarrten Lippen« (S. 588). Hier handelt es sich – im Unterschied zu Settembrinis s und Krokowskis r – um eine Bemerkung allein des Autors an den Leser: Hans Castorp partizipiert nicht an ihr. Deutliche, keinen Laut auslassende, »plastische« Artikulation – dies der Ausdruck Settembrinis für seine eigene Sprechweise (S. 74) – ist für den Autor Zeichen moralischer Energie. So heißt es umgekehrt, an wichtiger Stelle, von Peeperkorn: »Mynheer sprach in ungewöhnlich präzisem und geschlossenem Stil heute nachmittag ... Es fehlte fast jede Abgerissenheit ... und seine sommersprossige Kapitänshand, aufrecht stehend am Ende des Wollärmels, bildete den von den Fingerlanzen überragten Exaktheitsring, während sein Mund die Worte so scharf und genau, ja plastisch bildete, wie Herr Settembrini es nur hätte wünschen können, mit gerolltem Kehl-r in Wörtern wie ›wahrscheinlich‹ und ›aufgedrängt‹« (S. 735).

Diese Bemerkungen zum Lautlichen sind zum Teil Elemente der bekannten Leitmotivtechnik. Dasselbe gilt für andere linguistische Elemente des Romans. Thomas Mann hat hervorgehoben, daß er im »Zauberberg« diese Technik, gegenüber den früheren Werken, »in einem viel weiteren Rahmen auf die komplizierteste und alles durchdringende Art angewandt« habe, und zwar »in der symbolischen Art der Musik«[7]. Allerdings werden diese Elemente äußerst diskret verwendet. Sie fallen – bei aller Präzision und Insistenz – eigentlich nur dem als ein Abweichendes auf, der den Roman mit dem professionell deformierten Auge des Linguisten liest. Sie sind in unauffälliger Weise da, aber doch so, daß sie die Atmosphäre des Romans als unmerklich wirkendes Ingrediens mitbestimmen, und der »Zauberberg« – als Werk und als Vorwurf dieses Werks – ist ja zuerst und zuletzt »Atmosphäre«. Die Unauffälligkeit der Wirkung des Linguistischen im Roman entspricht der Wirkung des Zauberbergs selbst: seine »einspinnende Kraft« (so Thomas Mann in dem genannten Vortrag), die Herstellung jenes »wir hier oben« im Bewußtsein seiner Bewohner, vollziehen sich durch ein Geflecht unmerklich persuasiver Elemente, zu denen auch Sprachliches gehört. Die Unauffälligkeit, mit welcher der Autor Metasprachliches einbringt, wird vor allem dadurch erreicht, daß das Sprachliche stets in seiner »Einbettung« erscheint: es wird nicht künstlich isoliert, wie dies in der Linguistik unvermeidlich geschieht, sondern behält seinen »Sitz im Leben«. Ein Beispiel. Wie Behrens zum ersten Mal auftritt, heißt es sogleich: »Er sprach stark niedersächsisch, breit und kauend« (S. 53). »Niedersächsisch« ist einigermaßen präzis, es verallgemeinert und klassifiziert; aber »breit« und »kauend« sind – bei aller Anschaulichkeit – unpräzise, auch denkbar unfachliche Kennzeichnungen, und sie sind ausschließlich auf *diese* Figur bezogen. Dies ließe sich auch bei all den Stellen zeigen, die wir angeführt und übrigens allein dadurch – von der Intention des Werkes her – unzulässig gehäuft haben.

Die Träger des Metasprachlichen im Roman

Wer ist der Träger des Linguistischen, des Metasprachlichen in diesem Roman? Zunächst natürlich der Erzähler. Aber die Bemerkungen zum Sprachlichen sind, wie gesagt, keineswegs nur solche, die der Erzähler für den Leser macht, obwohl es viele dieser Art gibt: sie sind oft Bestandteil der Reflexionen oder Eindrücke des Protagonisten, der doch alles andere ist als ein Literat und im übrigen immer wieder als »einfach«, als »simpel« gekennzeichnet wird (so schon im ersten Satz des Buchs und dann wieder auf dessen letzter Seite). Sehr sprachbewußt – aber in anderer Weise – ist natürlich Settembrini. Wenn wir von ›Erzähler‹ sprechen, meinen wir natürlich nicht den ›empirischen‹ Thomas Mann zur Zeit der Niederschrift des »Zauberbergs«. Wir meinen vielmehr den vorgeschobenen fiktiven Erzähler. Daß sich dieser Erzähler nicht in greifbarer Person, wie Serenus Zeitblom, Clemens oder Felix Krull, verkörpert, ist zwar ein wichtiger Unterschied, aber schließlich bloß ein gradueller: auch im »Zauberberg« ist der, der – *im* Roman – erzählt, nicht identisch mit dem, der diesen Roman faktisch schrieb (natürlich sind beide auch nicht völlig verschieden). Es gilt also zu unterscheiden (was in der Kritik gelegentlich unterbleibt) zwischen dem faktischen und dem fiktiven Autor, und es ist der letztere, der uns hier interessiert. Dieser *ist*, als was sich Thomas Mann – innerhalb der Intention des Romans – *gibt*. Er wurde, bewußt oder unbewußt, mit bestimmten Eigenschaften ausgestattet: zu diesen gehört gerade jener Zug ins Linguistische.

Doch zunächst zu Hans Castorp und Settembrini. Hans Castorp ist sprachlich nicht nur sensibel, sondern geradezu reizbar. Daß etwa in »lyrisch« das y wie i ausgesprochen wird (durch Hermine Kleefeld), macht ihn sogleich »unwillig« (S. 805, S. 808). Seine Aufmerksamkeit auf Sprachliches gehört, was gerade dieses Beispiel zeigt, zu seiner Bildungsbeflissenheit allgemein, von der besonders der Abschnitt »Forschungen« (S. 322–344) berichtet. Er ist oder wird im Zauberberg wie ein Schwamm, der begierig aufsaugt, was an ›Bildung‹ an ihn herantritt. Der Unterschied zwischen Hans Castorps und Settembrinis Haltung zum Sprachlichen ist insofern bemerkenswert, als sich in ihnen paradigmatisch zwei verschiedene Ausprägungen zeigen, die das Sprachbewußtsein annehmen kann: man könnte von einem ›funktionellen‹ und einem ›schwebenden‹ Sprachbewußtsein sprechen. Das erstere ist dasjenige Settembrinis, des Literaten und *homo humanus* (S. 178). Das Wort, das schöne Reden steht im Zentrum seines linguistisch-rhetorischen Weltbilds: »Und er sprach vom ›Worte‹, vom Kultus des Wortes, der Eloquenz, die er den Triumph der Menschlichkeit nannte. Denn das Wort sei die Ehre des Menschen, und nur dieses mache das Leben menschenwürdig. Nicht nur der Humanismus, – Humanität überhaupt, alle Menschenwürde, Menschenachtung und menschliche Selbstachtung sei untrennbar mit dem Worte, mit Literatur verbunden ...« (S. 190/191, vgl. S. 134).[8]

Settembrinis Schönrednerei aber, der »Kultus des Wortes«, den Settembrini – man möchte sagen: in Wort und Tat – vertritt, ist praktisch motiviert: er ist *Politik,* um so mehr, als er den Unterschied von Politik und Nichtpolitik prinzipiell negiert (»Es gibt keine Nichtpolitik. Alles ist Politik«, S. 622). Er sagt selbst an der zuvor zitierten Stelle: die Politik »gehe hervor aus dem Bündnis, der Einheit von Humanität und Literatur, denn das schöne Wort erzeuge die schöne Tat« (S. 191). So sind also, zumindest von der Intention her, seine Sprachempfindlichkeit und bewußte Sprachkultur nicht Zweck in sich selbst, sondern Mittel im Dienst eines Zwecks. Das Wort ist ihm – wer könnte es schöner sagen als er – »das Werkzeug, die glänzende Pflugschar des Fortschritts« (S. 134). Demgegenüber ist Hans Castorps sich allmählich steigernde sprachliche Sensibilisierung unfunktionell, unpraktisch, ziellos schwebend: die sprachliche Reflexion gewinnt – in sich selbst verfangen – ein schwereloses Eigenleben. Gerade Hans Castorp wird hier, im Sinne von Kierkegaards »Entweder/Oder« und im Unterschied zu dem (freilich nicht ganz konsequenten) »Ethiker« Settembrini, mehr und mehr zum »Ästhetiker«: sein Sprachbewußtsein (wie seine Bildung überhaupt) »vollziehen sich pathisch als genießendes Wahrnehmen seiner selbst«[9]. Es gewinnt dabei interessanterweise eine spezifische Nähe zum Musikalischen, das sich gegen Ende des Romans nicht von ungefähr so stark vordrängt (bis zum »bewußtlosen Singen« der Lindenbaum-Verse); während umgekehrt, wiederum nicht von ungefähr, Settembrini die Musik »für politisch verdächtig« erklärt: »sie ist das halb Artikulierte, das Zweifelhafte, das Unverantwortliche, das Indifferente« (S. 134).[10]

Die gelegentlich tickhaft anmutende Insistenz auf dem Sprachlichen im »Zauberberg«, insbesondere auf dessen Äußerlichstem, dem Lautlichen, ist gewiß auch unter diesem Aspekt zu sehen: in ihr zeigt oder symbolisiert sich das ›Aushängen‹ des Handelns, der fortschreitende Verlust praktischen Bezugs, die Abkehr vom »Flachland«. Hinzu kommt, daß Hans Castorp im Zauberberg soziologisch zu einer ausgesprochenen *leisure group* mit spezifischer ›Gruppendynamik‹ (»wir hier oben«) gehört und daß gerade diese Situation – Selbstbeobachtung, Abgrenzung – eine hervorragende Voraussetzung für gesteigertes Sprachbewußtsein ist. Schließlich darf dies Sprachbewußtsein, besonders insofern es sich gerade auf das Lautlich-Äußere bezieht, auch im Zusammenhang mit der spezifischen, ziemlich ausschließlich aufs Körperliche gerichteten, erotischen Sensualität gesehen werden, die der Autor mehrfach, nicht nur im Blick auf Hans Castorp, verzeichnet (besonders deutlich, S. 276): das Sprachliche, das Lautliche besonders, ist ja das Körperliche, die Epidermis des Gedankens.

Nun zum Autor. Bei ihm tritt jene linguistische *intentio obliqua* überall hervor; sie ist ein wesentliches Element seiner Erzählhaltung insgesamt: humorig-ironisch teilnehmende, nur selten und dann stets diskret wertende, sich nirgends engagierende, Pathos vermeidende Distanziertheit – insbesondere gegenüber dem Helden. Dieser Autor ist überzeugt von der paradigmatischen Bedeutung dessen, was er erzählt, und er will – auf unterhaltende Weise – vor allem übrigen *registrieren*, und zwar, wie er gleich im »Vorsatz« präzisiert, »genau und gründlich«; denn er ist der Ansicht, »daß nur das Gründliche wahrhaft unterhaltend sei«. Innerhalb dieser Genauigkeit wird auch Sprachliches registriert, wobei die Selbstverständlichkeit wichtig ist, mit der dies geschieht. Der Autor mutet seine hohe, sich in urbaner Beiläufigkeit zeigende und nirgends prunkende Sprachkultur, seine Kultur überhaupt, mit Selbstverständlichkeit *seinem*, das heißt dem von ihm gemeinten, dem »impliziten« Leser zu: der fiktive Autor und der fiktive Leser hängen ja, als gleichermaßen vom faktischen Autor produzierte, in mehr als einer Hinsicht zusammen. Dieser Autor schreibt für seinesgleichen; und der Reiz des »Zauberbergs«, gerade für den »Gebildeten«, beruht gewiß auch darauf, daß er diesem das behagliche Gefühl vermittelt, dazuzugehören. Dies zeigt sich gerade sprachlich, zum Beispiel anläßlich einer Figur wie Frau Stöhr: es wird etwa mitgeteilt, daß sie das Wort »insolvent« gebrauchte, »wenn sie jemand Frechheit zum Vorwurf machte« (S. 359); wie das Adjektiv lautet, mit dem sie »insolvent« verwechselt, wird unbarmherzig vorausgesetzt. Auch über ihre Angabe, sie lese gerade »Benedetto Cenelli in der Übersetzung von Schiller«, sagt der Autor nur, daß sie »Herrn Settembrini in lang andauerndes Erstaunen setzte« (S. 359). Wichtiger als das »Elitäre« und fundamentaler ist im Sprachlichen das schiere Vergnügen, die staunende Freude am »Instrument« der Sprache, am genauen, nichts auslassenden, facettenreich differenzierten Ausdruck.

Hinsichtlich des Linguistischen, das sich beim Erzähler zeigt, muß zweierlei unterschieden werden: es kann sich entweder um (mehr oder weniger explizite) direkte Mitteilungen handeln, die er dem Leser macht, oder aber um Elemente, für die dies nicht gilt und die also, wenn überhaupt, die Textur des Romans, sein spezifisches Fluidum, auf eine verstecktere Weise mitbestimmen. Es liegt auf der Hand, daß die Unterscheidung zwischen beiden Arten von Linguistischem beim Autor nicht in jedem Fall klar zu treffen ist. Um die erstere Art geht es etwa bei den zahlreichen, gelegentlich insistierenden, gelegentlich flüchtigen Hinweisen, die den Leser dazu bringen wollen, auf bestimmte Wörter – als Wörter – zu achten. Zum Beispiel: »Ein Schlingel, dieser Hans Castorp. Oder, wie Herr Settembrini es mit schriftstellerischer Feinheit ausgedrückt hatte, ›ein Schalk‹« (S. 689); oder (Settembrini spricht): »›Wie viele Monate haben unsere Minos und Rhadamanth Ihnen aufgebrummt?‹ – Das Wort ›aufgebrummt‹ nahm sich in seinem Munde besonders drollig aus« (S. 67; nachher heißt es denn auch »zudiktiert«, S. 68; ›aufbrummen‹ bleibt aber eines der Leitworte); oder (über Hans Castorp in bezug auf seinen Onkel): »Er wickelte ihn ein, das war das Wort« (S. 525); oder viel diskreter: »Die Frauen trugen fast sämtlich eng anliegende Jacken aus Wolle oder Seide, sogenannte Sweater ...« (S. 52; der Autor entschuldigt sich quasi für das allzu neue, allzu praktische Wort); oder – sehr explizit: »Denn daß ... Frau Salomon ... den wulstlippigen Gänser vom Tische der Kleefeld unter ihre Fittiche genommen oder, wie Frau Stöhr es in einer Art von Kanzleistil, dabei aber nicht ohne Anschaulichkeit ausdrückte, ihn ›sich beigebogen‹ hatte, – das war sicher und bekannt ...« (S. 285); manchmal ist es nur ein Ausrufungszeichen, das ›Achtung auf dies Wort!‹ signalisiert (Hans Castorp redet, und hier geht es um seine sprachliche Prätention): »Auf der anderen Seite aber involviere (›involviere‹!) der Luxus an Bord doch auch einen Triumph des Menschengeistes ...« (S. 431). – Um ein linguistisches Element der zweiten, also versteckten Art handelt es sich, um auch hierfür ein Beispiel zu nennen, bei dem – nirgends explizierten, aber recht signifikativen – Wechsel zwischen den synonymischen Ausdrücken »Flachland« und »Tiefland«: »Flachland« (auch »flachländisch«) ist im »Berghof« der übliche, negativ getönte oder allenfalls neutrale Ausdruck für die Welt unten. Demgegenüber erscheint zuweilen, und nun mit klar positivem Merkmal, »Tiefland«; so in der Vision in »Schnee«: »Wie schön! Oh, Heimatodem, Duft und Fülle des Tieflandes, lang entbehrt!« (S. 592). Gleich nachher heißt es wieder »Flachland«: »Ich ... habe viel gelernt bei Denen hier oben, bin hoch vom Flachland hinaufgetrieben, so daß mir Armem fast der Atem ausging ...« (S. 598). Auch Settembrini sagt an entscheidender Stelle »Tiefland«: »Nur im Tiefland können Sie Europäer sein ...«« (S. 297).[11]

Art der ›linguistischen‹ Hinweise

Die Hinweise auf Sprachliches – versteckt oder explizit – sind außerordentlich zahlreich. Wir beschränken uns auf Folgendes: Wortbewußtsein, Namensgebung, literarische Verwendung der verschiedenen Formen der Anrede, Paralinguistisches und Rolle der deutschen Dialekte; sodann wollen wir besonders im Blick auf die Figur des Hofrats Behrens zeigen, daß dessen Porträt vorwiegend linguistisch angelegt ist (was sich auch für andere Figuren – Settembrini, Naphta, Peeperkorn, Stöhr – zeigen ließe); schließlich werden wir, etwas ausführlicher, die fremden Sprachen betrachten, die der Autor einführt: dabei interessiert uns, in welcher Weise und mit welcher Absicht dies geschieht.

Sprachbewußtsein realisiert sich vorzüglich im Blick auf die Wörter. Wir stellen, was sich im »Zauberberg« findet, kurz zusammen. An einer Stelle finden wir eine überaus treffende, an die Psychoanalyse deutlich anklingende Bemerkung zum Wort allgemein, zum Wort als Nennwort. Hans Castorp weigert sich unbewußt, sein Gefühl für Pribislav zu benennen: »... von Freundschaft konnte nicht gut die Rede sein, da er Hippe ja gar nicht ›kannte‹. Aber erstens lag nicht die geringste Nötigung zur Namensgebung vor, da kein Gedanke daran war, daß der Gegenstand je zur Sprache gebracht werden könnte, – dazu eignete er sich nicht und verlangte auch nicht danach. Und zweitens bedeutet ein Name ja, wenn nicht Kritik, so doch Bestimmung, das heißt Unterbringung im Bekannten und Gewohnten, während Hans Castorp doch von der unbewußten Überzeugung durchdrungen war, daß ein inneres Gut, wie dieses, vor solcher Bestimmung und Unterbringung ein für allemal geschützt sein sollte« (S. 144). Psychologisch sehr interessant, im Blick auf unser dumpfes, bloß halb bewußtes Gefühl für die Motiviertheit des Eigennamens, ist Castorps Reaktion, als er Frau Chauchats Vornamen erfährt: »Hans Castorp verstand nicht gleich. Er ließ sich den Namen wiederholen und buchstabieren, bevor er ihn auffaßte. Dann sprach er ihn mehrmals nach, indem er dabei mit rot geäderten Augen zu Frau Chauchat hinüberblickte und ihn ihr gewissermaßen anprobierte. ›Clawdia‹, sagte er, ›ja, so mag sie wohl heißen, es stimmt ganz gut.‹ Er machte kein Hehl aus seiner Freude über die intime Kenntnis und sprach jetzt nur noch von ›Clawdia‹, wenn er Frau Chauchat meinte« (S. 166).

Wir finden semantische Analysen, zum Beispiel des Verbs »warten«: »Man kann sagen, daß er die Woche konsumiert hatte, indem er auf die Wiederkehr derselben Stunde in sieben Tagen wartete, und Warten heißt: Voraneilen, heißt: Zeit und Gegenwart nicht als Geschenk, sondern nur als Hindernis empfinden, ihren Eigenwert verneinen und vernichten und sie im Geist überspringen« (S. 288; auch etwa »Liebhaber«, S. 134). Immer wieder wird, auf den Sprachbesitz reflektierend, auf Polysemien hingewiesen, zum Beispiel: »wenn er an seiner Balkontür stand ... flog plötzlich mit einer Art von Schrecken, dem neugieriges Ergötzen beigemischt war, jener Schwindel ihn an: ein Schwindel in des Wortes schwankender Doppelbedeutung von Taumel und Betrug, das wirbelige Nicht-mehr-unterscheiden von ›Noch‹ und ›Wieder‹, deren Vermischung und Verwischung (man beachte das Spiel mit diesem, wie die Phonologie sagt, »minimalen Paar«) das zeitlose Immer und Ewig ergibt« (S. 659); ähnlich, sehr ausführlich, »Liebe« (S. 728), »fehlen« (S. 145), »frisch« (S. 235) und das besonders auffällige, weil abweichende »umkommen« (S. 589). Auch das Spielen mit Synonymen ist immer wieder anzutreffen: »Lehrling«, »Grünling«, »Novize«, »Neophyt« (S. 618); »Grab«, »Gruft«, »Stätte der Verwesung« (S. 617).

Natürlich sind auch Analysen und Neubildungen von »durchsichtigen«, also abgeleiteten oder zusammengesetzten Wörtern bedeutsam. Wie von der Krokusblüte die Rede ist, heißt es: »Sie sahen es näher an, sie beugten sich staunend darüber, – das war kein Schnee, es waren Blumen, *Schneeblumen, Blumenschnee*, Kurzstielige kleine Kelche, weiß und weißbläulich, es war Krokus, bei ihrer Ehre, millionenweise dem sickernden Wiesengrunde entsprossen, so dicht, daß man ihn gut und gern hatte für Schnee halten können, in dem er weiterhin denn auch ununterscheidbar überging.« Eigentümlich, gerade bei diesem Autor, sind übrigens – durch das ganze Buch hindurch – die genauen Angaben der Blumennamen: Soldanellen, Primeln, Arnika, Glockenblumen, Schafgarbe, Pechnelken, Stiefmütterchen, Gänseblümchen, Margueriten. Schön und treffend ist die Prägung »lebenswürdig« in Anlehnung an »liebenswürdig«; Settembrini spricht: »›Lebenstüchtig‹ sage er? Und gebrauche dies Wort in einem abschätzig gemeinen Sinn? ›Lebenswürdig‹ Dieses Wort möge er dafür einsetzen, – und die Begriffe würden sich ihm zu wahrer und schöner Ordnung fügen. ›Lebenswürdigkeit‹: und sogleich auf dem Wege leichtester und rechtmäßigster Assoziation, stelle sich auch die Idee der Liebenswürdigkeit ein, so innig und nahe verwandt jener ersten, daß man sagen dürfe, nur das wahrhaft Lebenswürdige sei auch wahrhaft liebenswürdig. Beides zusammen aber, das Lebens- und also Liebenswürdige, mache das aus, was man das Vornehme nenne« (S. 560/561). Die Prägung »lebenswürdig« stammt von Goethe aus dem »Epilog zu Schillers Glocke«, den Thomas Mann gut kannte.

Zum Kapitel ›durchsichtige Wörter‹ gehören auch die Wortspiele heiterer und ernster Art, die sich nicht selten finden: »Ganz freiwillig kommen Sie also herauf zu uns Heruntergekommenen ...« (S. 68); oder: »Nun, so viel, meinte Hans Castorp, war absolut zuzugeben, daß innerhalb des Gegensatzes von Körper und Geist der Körper zweifellos das böse, teuflische Prinzip ... verkörperte, ha-ha, also verkörperte, insofern der Körper natürlich Natur war – natürlich Natur, das war auch nicht schlecht! – und also die Natur ...« (S. 550); oder: »... weil er (der Tod) löst und erlöst, weil er die Erlösung ist, aber nicht die Erlösung vom Übel, sondern die üble Erlösung. Er löst Sitte und Sittlichkeit, er erlöst von Zucht und Haltung, er macht frei zur Wollust« (S. 497).

Zur Wortbewußtheit gehört auch die assoziative Benutzung zufälliger lautlicher Anklänge, jener, wie Valéry sagt, »Freundesähnlichkeiten, die zwischen den Wörtern glänzen« (in dem Gedicht »Aurore«). So wird zum Beispiel der Name Stöhr, ohne daß dies expliziert würde, immer wieder mit »störrisch«, gelegentlich auch mit »stören«, in Beziehung gesetzt (»störrisch unwissende Miene«, S. 92; »störrisch schamloses Gesicht«, S. 175; »hochroten, störrischen Gesichts«, S. 207; »die Hasenzähne störrisch entblößt«, S. 384, S. 438). Auch Hans Castorps Verwechslung von Marusja mit Mazurka (Joachims »Freundin«) wäre hier zu nennen (S. 197).

Zur Namengebung bei Thomas Mann ist viel gesagt worden. Er erlaubt sich auch im »Zauberberg« bei den sekundären Nebenfiguren – interessanterweise nur bei diesen – onomastische Ausschweifungen: Dr. Leo Blumenkohl (aus Odessa), Frau Generalkonsul Wurmbrand (aus Wien), Staatsanwalt Paravant (aus Dortmund), Adriatica von Mylendonk (der Name wird, S. 71, kommentiert) und so weiter. Die Namen der primären Nebenfiguren und die der Hauptfiguren sind dagegen fast durchweg ›normal‹, wenngleich nicht ohne Ausstrahlung. Golo Mann, vom Biographischen her, zu den Namen bei Thomas Mann: »War das Modell ihm näher vertraut, so mochte er häufig nicht einmal auf den Namen verzichten, daß heißt, er erfand Namen, die denen der intendierten Figuren ähnlich waren, weil Person und Namen ihm innerlich verbunden schienen.«[12] Behrens, zum Beispiel, hieß in Wirklichkeit Jessen und aus Frau Plühr wurde Frau Stöhr. Daß Leo Naphta einiges mit Georg Lukács zu schaffen hat, ist bekannt: nun sind beide Nachnamen zweisilbig, beide Vornamen enthalten dieselben Vokale in derselben Folge, und schließlich wohnt Naphta in Davos bei einem »böhmischen« Schneider namens Lukaçek ... Wie steht es aber mit Pieter Peeperkorn, eine Figur, die bekanntlich Gerhart Hauptmann meint? Auf die eigentümliche Prägung »Kapitänshand«, die in bezug auf ihn immer wiederkehrt, sind wir schon gestoßen: *capitaine* heißt aber, nicht anders als *captain* oder *capitano*, akkurat »Hauptmann«, auch dies gehört zu den versteckten linguistischen Elementen dieses Romans. Erwähnen wir noch, daß »Chauchat« als »heiße Katze« zu übersetzen wäre ...

Ein durchgehendes, teils explizites, teils implizites linguistisches Element ist in der Anwendung der Anredeformen zu sehen. Der in dieser Hinsicht hauptsächliche Unterschied im Deutschen (auch im Französischen und Italienischen), der zwischen ›du‹ und ›Sie‹, spielt eine – weithin im Roman selbst thematisierte – Rolle zwischen Hans Castorp und Clawdia: jener benutzt das karnevalistische ›du‹ in der »Walpurgisnacht« und bleibt nachher, diese Form hartnäckig usurpierend, dabei, wogegen Frau Chauchat mehrfach protestiert (S. 676, S. 722). Sie geht aber schließlich, wenngleich nicht ganz konsequent, darauf ein (S. 724). Auch hierin zeigt sich der im wesentlichen ›sprachliche‹ Charakter dieses Verhältnisses. Settembrini verbittet sich als »liederliches Spiel mit dem Urstande« bereits das karnevalistische ›du‹: »Bedienen Sie sich der im gebildeten Abendlande üblichen Form der Anrede, der dritten Person pluralis, wenn ich bitten darf!«[13] Um so größer die Wirkung (»fast hätte er die Fassung verloren«) auf Hans Castorp, als er ganz am Schluß zum ersten Mal »die im gesitteten Abendland übliche Form der Anrede« (wieder die Variation!) fallen läßt (S. 367; vgl. S. 436). Einen weit stärkeren Schock hatte er erfahren, als Joachim, beim Abschied, ihn plötzlich mit »Hans« anredete: »– allmächtiger Gott! hatte sich etwas so Peinliches schon je in der Welt ereignet? Er redete Hans Castorp mit Vornamen an!« (S. 512; dies erscheint sogar in der Überschrift des Abschnitts: »Jähzorn. Und noch etwas ganz Peinliches«). Der Übergang vom ›Sie‹ zum ›du‹, das »brüderliche Du« (S. 685, S. 743), ist sodann zentral im Verhältnis zwischen Hans Castorp und Peeperkorn: hier wird klassisch deutsch »Schmollis getrunken« (S. 746). Aber Hans Castorp handelt in diesem Fall umgekehrt wie bei Frau Chauchat: er vermeidet »mit wunderlichen Behelfen« das ›du‹ (S. 746), und vor der Leiche Peeperkorns – »›Wir waren Duzfreunde‹« – schämt er sich dessen »in tiefster Seele« (S. 759). Er sagt dies gerade Frau Chauchat und redet dabei zu dieser nun wieder (ohne daß dies thematisiert würde) mit ›Sie‹. Auf Settembrinis Form der Anrede – Verwendung des bloßen Titels (»›Sie erwarten ebenfalls Briefschaften, Ingenieur?‹«) – kommen wir zurück und lassen Peripheres beiseite, zum Beispiel, daß der Bademeister Turnherr (!) alle Patienten mit der Zimmernummer anredet (S. 227). Nur eines noch: die für eine gewisse Lockerung charakteristische Form der Anrede mit bloßem Nachnamen und ›Sie‹ verwendet Behrens zum ersten Mal just in dem Augenblick, in dem er seine Diagnose stellt, und dieser Augenblick ist ja der gewichtigste des Buchs. Die Tatsache wird eigens hervorgehoben: »›Ja, Castorp, sagte er – und es geschah zum erstenmal, daß er den jungen Mann einfach mit Nachnamen nannte –, ›die Sache verhält sich so praeter – propter, wie ich sie mir schon immer gedacht hatte‹«. Danach wird die definitive Aufnahme durch den »herzhaften« Händedruck Dr. Krokowskis und dessen »kerniges« Lächeln besiegelt (S. 216, S. 219). Schon aus diesen Hinweisen geht hervor, daß der Autor dies pragmalinguistische Mittel bewußt einsetzt und ›funktionalisiert‹.

Das Paralinguistische, Gestik und Mimik, bietet sich bei zwei Figuren – mehr als bei den übrigen – aus freilich unterschiedlichen Gründen an: bei Settembrini und Peeperkorn. Die »anmutige«, die »freie, ja schöne Haltung« Settembrinis (S. 65, S. 66), seine »anmutigen Handbewegungen«, sein »Gestenspiel« (S. 72), sein »fein und spöttisch gekräuselter Mundwinkel« (S. 66, S. 100), sein »feines, trokkenes Lächeln«, sein »feines, nüchternes und kritisches Lächeln« (S. 178, S. 232, S. 391, S. 476), seine »gelungenen Arm-, Kopf- und Schulterbewegungen« (S. 389) werden von Anfang an und dann immer wieder genannt. Die Genauigkeit einiger dieser Angaben ist ohne Zweifel »abweichend«: »›Meine Herren!‹ fuhr Settembrini fort, indem er dicht vor die beiden jungen Leute hintrat, Daumen und Mittelfinger der Linken gabelförmig gegen sie spreizte, gleichsam, um sie zur Aufmerksamkeit zusammenzufassen, und den Zeigefinger der Rechten mahnend erhob ...« (S. 497). Bei Peeperkorn ist der Gegensatz bemerkenswert und erheiternd, der zwischen der verbalen Undeutlichkeit und der Genauigkeit im Gestischen und Mimischen besteht: er »versieht«, wie es in der Wasserfall-Szene heißt, »die Undeutlichkeit seines tauben Toastes mit dem bannenden Zeichen der Genauigkeit« (S. 755; gemeint ist wieder der »Exaktheitsring«). Dies gilt aber nicht nur hier: es gilt – wir wollen die Beispiele nicht häufen – für Peeperkorns Sprechen immer, fast immer. In Wirklichkeit ist ja seine Gestik – für sich selbst – nicht genau: es handelt sich eher darum, daß sie eine Genauigkeit im Verbalen vorspiegelt, die dort gerade nicht gegeben ist. Die humoristische Wirkung beruht auf dem Auseinanderfallen von außerordentlichem Anspruch im Gestisch-Mimischen und minimaler Einlösung im Verbalen.

Präzision und Insistenz auch im paralinguistischen Bereich sind aber keineswegs auf diese beiden Figuren beschränkt. Zur überstürzten Abreise der Frau Salomon aus Amsterdam: »War das klug gehandelt? Hofrat Behrens hob Schultern und Arme auf und ließ die letzteren geräuschvoll gegen die Schenkel zurückfallen. Spätestens im Herbst, sagte er, werde Frau Salomon wieder da sein ...« (S. 434/435). Hier sind Gestisches und Verbales klar komplementär; im Folgenden jedoch tritt das Gestische und Mimische als komplettes Substitut für Verbales auf. Auf die Frage Hans Castorps, wie lange der Hofrat ihn (mit seiner Erkältung) hätte liegen lassen, wenn er sich nicht gemeldet hätte (die Stelle steht, wohlgemerkt, signifikativ am Ende eines Abschnitts): »Joachim, gebrochenen Blickes, den Mund wie zu einem hoffnungslosen ›Ach‹ geöffnet, macht in die Luft hinein die Gebärde des Unabsehbaren« (S. 245). Gelegentlich erhält die Schilderung des Gestischen, gerade in dieser das Verbale substituierenden Funktion, einen eigentümlichen Zug ins Stilisierte, ins Maskenhafte (dieser findet sich auch sonst bei Thomas Mann). So, wenn es über den jungen Naphta heißt: »Er dachte und äußerte Dinge, die seine hinkränkelnde Mutter veranlaßten, den Kopf schief zwischen die Schultern zu ziehen und beide abgezehrten Hände emporzuspreizen« (S. 533). Es ist klar, daß Präzision und Insistenz im Bereich des Paralinguistischen in eins gesehen werden müssen mit dem, was im Bereich des Linguistischen zu beobachten ist: beides gehört zusammen.

Es mag überraschen, daß der Autor das – gerade hier so naheliegende – linguistische Element der Dialekte mit größter Sparsamkeit und Unaufdringlichkeit verwendet. Es spielt zum Beispiel bei einer so wichtigen Nebenfigur wie der Frau Stöhr, die aus Cannstatt kommt und also schwerlich bühnendeutsch gesprochen haben wird, gar nicht herein. Das Hamburgerische erscheint, wie gesagt, gleich zu Beginn. Etwas später dann noch deutlicher: Hans Castorp, der »mit einem Anflug von Platt« spricht (S. 35), sagt »›selbstvers-tändlich‹ mit dem getrennten st, während sein Vetter sich ... die verbreitetere Aussprache angewöhnt hatte« (S. 13); dies kehrt dann in James Tienappels »leiser, rascher und spitzig-höflicher Sprechweise« (S. 523) wieder. Auch das Schweizerdeutsche wird sogleich aufgegriffen (anläßlich des mit »großer Heiterkeit« aufgenommenen Ausdrucks »Saaltöchter« für Kellnerinnen, S. 16), dann später noch einmal, als Hans Castorp beim Spaziergang zwei »Holzknechte« reden hört: »›Nun, so leb wohl und hab Dank!‹ sagte der eine zum anderen mit tiefer, gaumiger Stimme ...« Und Hans Castorp bemüht sich – sehr beeindruckt –, »die gutturale und feierlich-unbeholfene Mundart des Gebirglers nachzuahmen« (S. 141; dies wird S. 225 ausführlich aufgenommen). Das »Niedersächsische« des Hofrats wurde erwähnt (S. 53). Das Österreichische erscheint kurz bei der Witwe des Herrenreiters (»ihre österreichisch schleppende und näselnde Sprechweise«, S. 353). Auch das Jiddische, wenn wir dies hier nennen können (denn es ist natürlich kein ›Dialekt‹), fehlt nicht (S. 531, S. 532). Schließlich – am interessantesten – das Plattdeutsche. Hier kommt nämlich ein sprachsoziologisches Element treffend herein. Hans Castorps Großvater spricht mit seinem Diener, dem alten Fiete, den er auch duzt, plattdeutsch, und zwar »nicht scherzender Weise – er war ohne humoristischen Zug –, sondern in aller Sachlichkeit, und weil er es überhaupt mit Leuten aus dem Volk, mit Speicherarbeitern, Postboten, Kutschern und Dienstboten so hielt« (S. 23). Zweierlei ist hierbei wichtig: einmal die sich in solch eindeutigem *code switching*, wie die Soziolinguistik sagt, sprachlich äußernde fraglose Distanzierung vom ›Volk‹ (so spreche ich nur mit Leuten wie dir, nicht mit meinesgleichen); zum andern aber zugleich die sich patriarchalisch herablassende Identifizierung nach unten hin (ich spreche jetzt so wie du, weil ich, wenn ich mit dir spreche, nicht anders sein will). Hier ist, auch sprachlich, die Welt in Ordnung. Daß das Platt, als Sprache des ›Volks‹, etwas Unheimliches hat für Hans Castorp, der die »Volksverbundenheit« seines Großvaters nicht mehr besitzt, zeigt sich an einer Stelle viel später: am Schluß des in »Schnee« geschilderten Traums. Die beiden Hexen, die ein kleines Kind zerreißen, »schimpfen stimmlos, aber mit letzter Gemeinheit, unflätig, und zwar im Volksdialekt (nota bene!) von Hans Castorps Heimat« (S. 597). Wir haben hier – was gerade im deutschen Bereich durchaus nicht so zu sein braucht – bezüglich des Dialekts eine klar vertikale Struktur. Es war bis vor kurzem viel von »Sprachbarrieren« die Rede. Diese wurden aber nur in *einer* Richtung gesehen: als Hindernis von unten nach oben. Es gibt aber auch die ›aristokratische‹ Barriere in der umgekehrten Richtung, und um diese, die wohl – psychologisch gesehen – ungleich größer, schwerer zu überwinden ist, geht es hier. Das »Volk« ist für Hans Castorp auch sprachlich das ganz Andere, Unzugängliche, Unheimliche.

Ein besonders interessantes Element des Linguistischen ist darin zu sehen, daß einige Figuren – offensichtlich bewußt – vorwiegend sprachlich porträtiert werden. Besonders deutlich tritt dies bei Frau Stöhr hervor. Ihre Sprache ist zunächst durch ihre »namenlosen Bildungsschnitzer« (S. 441) gekennzeichnet. Es handelt sich um Kontaminationen von Fremdwörtern oder Namen: »desinfiszieren«, »Sterilett« (S. 17), »Erotika« für »Eroica« (S. 651), um falsche Aussprache von Fremdwörtern: »Agonje« (S. 359), um Verwechslung von Fremdwörtern: »obskur« für »obszön« (S. 441), »insolvent« für »insolent« (S. 359), um Verwechslung von Klassischem: Tantalus statt Sisyphus (S. 179), Geschichtszahlen als ihr »Ring des Polykrates« (S. 499), »Benedetto Cenelli in der Übersetzung von Schiller« (S. 359). Sie ist aber auch gekennzeichnet durch ihre Vorliebe für »Redensarten, die dem jungen Hans Castorp, ihrer Abgeschmacktheit und modisch ordinären Verbrauchtheit wegen, auf die Nerven gingen« (S. 359; also wieder: Hans Castorp, nicht allein der Autor, fühlt so). Beispiele sind etwa: »Das ist die Höhe!«, »Du ahnst es nicht!«, »blendend«, »verheerend« (S. 359), »oberfaul« (S. 606). Interessant ist hierbei, daß es sich um Ausdrücke handelt, von denen man sagen möchte, daß sie nach sechzig Jahren – heute noch immer – für den Empfindlichen mit eben diesem »Merkmal« gebraucht werden; es ist ein Irrtum zu meinen, dergleichen sei in jedem Fall sehr kurzlebig. Aber wir wollen hier nur von Behrens sprechen und lassen die in soziologischer Hinsicht besonders interessante Frau Stöhr beiseite (sie ist diejenige Figur, die nicht hineinpaßt in Hans Castorps Welt: dies ist der tiefere Sinn ihrer »Bildungsschnitzer« und ihrer »unermeßlichen Gewöhnlichkeit«; Stöhr heißt sie nicht zufällig: sie stört in der Tat; auf Settembrini kommen wir, wenn wir vom Italienischen sprechen, zurück).

Hofrat Behrens: ein sprachliches Porträt

Das Porträt des Hofrats Behrens ist fast ganz vom Sprachlichen her angelegt. Der erste Satz schon, mit dem er die Szene betritt, kennzeichnet seine Art zu sprechen ganz – und die Art, wie einer spricht, ist ja stets mehr als nur eben dies. Hans Castorp und Joachim wären in der Tür beinahe mit ihm zusammengestoßen: »›Hoppla, Achtung die Herren!‹ sagte Behrens. ›Das hätte leicht schlecht ablaufen können für die beiderseitigen Hühneraugen‹« (S. 53). Unmittelbar folgt der (schon genannte) sprachliche Kommentar (»Er sprach stark niedersächsisch, breit und kauend«), und wiederum ist das erste, was Hans Castorp nach dieser Begegnung äußert, eine Bemerkung zum Sprachlichen: »›Sehr netter Mann ... So eine flotte Redeweise hat er, es machte mir Spaß, ihm zuzuhören‹« (S. 56); und sogleich nimmt er dann, in dem, was er zu Joachim sagt, zwei Ausdrücke von Behrens auf: »Biereifer« und »Lustwandel« (Behrens hatte – im Blick auf den vorgeschriebenen therapeutischen Spaziergang – kalauernd von »Luftwandel« gesprochen). Gegen Ende des Romans heißt es: »Noch einmal hören wir Hofrat Behrens' Stimme, horchen wir gut hin!« (S. 760), und der Autor weist darauf hin, »daß vielleicht keine Gelegenheit mehr unterkommen wird, den aufgeräumten Tonfall zu belauschen der Sprache des redensartlichen Rhadamanthys« (er tritt dann aber, S. 775, doch noch einmal auf). Dies zeigt, daß der Autor die Figur bewußt, wenngleich natürlich nicht ausschließlich, mit sprachlichen Mitteln zeichnet.

Welches sind nun die Merkmale der »Redeweise« des Hofrats? Als Kennzeichnung kehren die Adjektive »flott«, »forsch«, »aufgeräumt«, »redensartlich« leitmotivisch wieder. In der Tat spricht Behrens fast unausgesetzt in mehr oder weniger gängigen, fertigen Formeln, in Redensarten. Der Ausbruch im Abschnitt »Jähzorn. Und noch etwas ganz Peinliches« ist hierfür nur ein graduell gesteigertes Beispiel: »Ich bin kein Kuppelonkel! Ich bin kein Signor Amoroso auf dem Toledo im schönen Neapel, verstehen Sie mich wohl? Ich bin ein Diener der leidenden Menschheit! Und sollten Sie sich eine andere Auffassung gebildet haben von meiner Person, dann können Sie beide zum Kuckuck gehen, in die Binsen oder vor die Hunde, ganz nach beliebiger Auswahl! Glückliche Reise!« (S. 506). Diese Redensartlichkeit (Leser Thomas Manns kennen »Redensartlichkeit«, in ganz anderer Weise, schon von Imma Spoelmann aus der »Königlichen Hoheit«) ist spezifisch gekennzeichnet duch ihren »korpsstudentischen« Charakter (über seinem Schreibtisch hängen »eine Studentenmütze und gekreuzte Schläger«, S. 308). Zum Korpsstudentischen gehört die burschikose, Männlichkeit betont auftragende, überhaupt stark ›aufgesetzt‹ wirkende Humorigkeit seiner Sprache, an der sich Hans Castorp gelegentlich stößt (»warum er nur immer so unmäßig forsch daherredet!«, S. 210, auch S. 268). Er behält sie sogar an Joachims Totenbett bei oder kehrt sie gerade hier hervor: »Tja, der hat es hinter sich ... Toller Junge, toller Kerl ... Hat es zwingen wollen, wissen Sie, – natürlich war alles Zwang und Gewaltsamkeit mit seinem Dienst da unten, – febril hat er Dienst gemacht auf Biegen und Brechen. Feld der Ehre, verstehen Sie, – ist uns aufs Feld der Ehre echappiert, der Durchgänger. Aber die Ehre, das war der Tod für ihn, und der Tod – Sie können's nach Belieben auch umdrehen, – er hat nun jedenfalls, ›Hab die Ehre!‹ gesagt. Toller Bengel das, toller Kerl« (S. 651). Hinzu kommen, über das spezifisch Korpsstudentische hinaus, sich aber gut in dieses fügend, die zahlreich eingestreuten Bildungsbrocken, Zitate, lateinischen Einsprengsel und ein sich ironisch distanzierendes Mitthematisieren des Sprachlichen selbst: »dieser Myrmidon hier« (S. 54), »Sieh da, sieh da, Timotheus"« (S. 304), »Anch'io sono pittore, wie jener Spanier zu sagen pflegte« (S. 306), »Grün ist ja wohl des Lebens goldner Baum, aber als Gesichtsfarbe ist grün doch nicht ganz das Richtige« (S. 54), »ganz sine pecunia, wissen Sie« (S. 54), über Operationen: »öfters muß man doch mortis causa vorzeitig einpacken« (S. 208), »es gibt entschieden ein Prä« (S. 312), über das neu angeschaffte Grammophon: »›Letzte Errungenschaft, Kinder, Ia, ff, was Besseres gibt es nicht in dem Janger.‹ Er sprach das Wort urkomisch-unmöglich aus, wie etwa ein minder gebildeter Verkäufer es anpreisend getan haben würde« (S. 775). Zur Thematisierung des Sprachlichen gehört auch sein Kalauern. Zu Joachim: »dann sind Sie ein gemachter Mann, dann können Sie Konstantinopel erobern, dann können Sie vor lauter Markigkeit Oberbefehlshaber in den Marken werden –« (S. 504). Schließlich sind die fortgesetzten Sprachmischungen zu nennen, und zwar sowohl in dem Sinn, daß lexikalische Elemente verschiedener Sprachen nebeneinandergeraten, als auch in dem, daß Elemente verschiedener Sprachschichten des Deutschen komisch vermengt werden. Während der Untersuchung: »›Ja, ja, gentlemen, die verfluchte libido!‹ sagte er. ›Sie haben natürlich noch Ihr Vergnügen an der Chose, Ihnen kann's recht sein. – Vesikulär. – Aber so ein Anstaltschef, der hat davon die Neese plein, das können Sie mir – Dämpfung – das können Sie mir glauben. Kann ich dafür, daß die Phtise nun mal mit besonderer Konkupiszenz verbunden ist – leichte Rauhigkeit? Ich habe es nicht so eingerichtet, aber eh' man sich's versieht, steht man da wie ein Hüttchenbesitzer, – verkürzt hier unter der linken Achsel‹« (S. 503).

Zum wiederkehrenden Motiv des »Hüttchenbesitzers« übrigens ist – über das rein Sprachliche hinaus – festzustellen, daß Behrens' Reden oft einen erotischen Einschlag haben, was sich wiederum in das »Korpsstudentische« mühelos einfügt, denn auch hierbei fehlt ja, zur Abwehr latenter Homoerotik, ein Element bramarbasierend aufgelegter Männlichkeit keineswegs. Schon bei seinem ersten Auftritt betont der Hofrat: »Allerliebste Damen haben wir hier. Wenigstens von außen sind manche ganz malerisch.« Hier klingt natürlich, in dem Adjektiv »malerisch«, das später so bedeutsame von Behrens gemalte Ölporträt Frau Chauchats schon an (S. 54, S. 309), und wenn wir die Einschränkung »wenigstens von außen« hinzunehmen, haben wir – sehr diskret – wieder das Nebeneinander von Sexus und Tod. Über seine Zigarrensorte zum Beispiel spricht Behrens so: »Die hat Rasse ... Temperament, wissen Sie, Saft und Kraft. St.-Felix-Brasil ... brennt ein wie Schnaps, und namentlich gegen Ende hat sie was Fulminantes. Einige Zurückhaltung im Verkehr wird empfohlen, man kann nicht eine an der anderen anzünden, das geht über Manneskraft ...« (S. 305). Dies ist, ganz abgesehen vom evidenten Symbolcharakter der Zigarre, unmißverständlich. Zu erinnern wäre – neben vielem anderen – auch an die obszöne Kaffeemühle (»so ein Gerät für alleinstehende Herren«, S. 315), die er den Vettern in seinem Zimmer zeigt. Tatsächlich ist Behrens, in der Textur des Romans, nicht weit entfernt von dem, was er in jenem symptomatischen »Ausbruch« in verdächtiger Erregtheit von sich weist: ein »Kuppelonkel«, ein »Hüttchenbesitzer«. Alle genannten Elemente seiner Sprache – die Redensartlichkeit, das Korpsstudentisch-Forsche, die Bildungsbrocken, die internationale Sprachmischung, die Mischsprachigkeit innerhalb des Deutschen selbst (gelehrte, fachliche, populäre, dialekthafte Elemente), die Kalauerei, der erotische Anflug – sind nicht als einzelne Teile zu sehen, die sich zu einem Ganzen nach und nach zusammensetzen: sie sind vielmehr unter sich stimmige Äußerungen einer *zuvor* als ganzen *erschauten* Figur.

Welches ist die Funktion der spezifischen Sprache des Hofrats? Sie hat eine Funktion einmal im Blick auf ihn selbst, als fiktive Person, und gehört somit zu seinem Porträt; zum anderen hat sie aber auch eine Funktion im Roman. Was den Hofrat selbst angeht, so ist zu sagen, daß er tief melancholisch ist (Settembrini: »eine verworrene Seele«, S. 71) und also seine Sprache, so gesehen, gar nicht zu ihm paßt: ihre Funktion ist es, eben diese – latent stets drohende und gelegentlich hervorbrechende – schwere Düsternis, die man auch in Zusammenhang mit der Hilflosigkeit seiner ärztlichen Rolle sehen darf, vor den Patienten, gewiß auch vor sich selbst zu überspielen. Der Autor selbst nennt ihn, an gewichtiger Stelle, einen »melancholischen Schwadroneur« (S. 662); dies ist, gerade insofern »schwadronieren« das Sprachliche meint, eine recht vollständige Kennzeichnung: das sprachliche »Außen« entspricht dem seelischen »Innen« nicht. Der Stil ist, im Falle Behrens', gerade nicht »der Mensch selbst«, sondern allenfalls, was dieser Mensch gerne sein *will*; wodurch im übrigen, auch für diesen Fall, die Gültigkeit jenes Diktums nicht aufgehoben wird.

Was die Funktion der Redeweise des Hofrats, seines »Schwadronierens«, für den Roman als ganzen angeht, so muß man sich die Rolle von Behrens vor Augen halten, die Settembrini mit der mythologischen Bezeichnung »Rhadamanthys« genau trifft. Er ist hier in der Tat der (wenngleich joviale) »Totenrichter«, »die höchste Autorität« (S. 177), die entscheidet über Abreisen oder Verweilen und Monate »aufbrummt« (»fünf, sechs Manote – wissen Sie, daß man früher ›mânôt‹ sagte und nicht ›Monat‹? War eigentlich viel volltöniger. Ich habe mir vorgenommen, nur noch ›Manot‹ zu sagen –«, S. 504). Er ist die Spinne im Netz, der eigentliche Zauberer des Zauberbergs, und nur zu gut paßt hierzu, daß er gelegentlich in diese Richtung gehende Kunststückchen vorführt. Für Hans Castorp wird er direkt zur »väterlichen Autorität« (S. 177). Sein »Schwadronieren«, mit dem er den Patienten überfährt und einwickelt, sein »Kohlen«, sind *ein*

Element jener »einspinnenden Kraft« des Zauberbergs. Diese personalisiert und verbalisiert sich in der Figur des Hofrats. Immer wieder tritt es hervor. Zum Beispiel, wenn es heißt (es ist Hans Castorp, der dies denkt), daß Joachim »mit heldenmütiger Kraftanstrengung des Rhadamanthys zähes Gewebe von Rederei zerrissen« hat (S. 540), oder wenn, schon ziemlich zu Beginn, Settembrini, im Blick auf Behrens, zitiert: »Der Vogelfänger bin ich ja, stets lustig, heisa hopsassa« (S. 71). Das »heisa hopsassa« – »Zauberflöte«, »Zauberberg« – des »stets lustigen« Hofrats ist also nicht ein zusätzliches humoristisches Element: es gehört konstitutiv zur Atmosphäre. Übrigens ist die Sprechweise von Behrens' Gehilfin, Adriatica von Mylendonk, mit ihrem »Schnickschnack« und »Menschenskind« (»noch dazu mit einem s in der Mitte«, S. 202), nur eine Variante derjenigen des Hofrats. Einen anderen Fall freilich, auch in sprachlicher Hinsicht, stellt Dr. Krokowski dar, dem Settembrini den Namen Minos gibt; dieser ist der Bruder von Rhadamanth (was man übrigens wissen oder nachschlagen muß: im »Zauberberg« steht es nicht).

Die fremden Sprachen

Die Welt des »Internationalen Sanatoriums Berghof« (S. 11) – so sein voller Name – ist vielsprachig; auf seine »internationale Sphäre« (S. 466) wird immer wieder hingewiesen. Dies spiegelt sich in der Leitung des Instituts: Hofrat Behrens beherrscht »alle Sprachen, auch Türkisch und Ungarisch« (S. 529), und Fräulein von Mylendonk begrüßt Hans Castorp so: »On me dit, que vous avez pris froid, I hear, you have caught a cold, Wy kaschetsja, prostudilisj, ich höre, Sie sind erkältet? Wie soll ich reden mit Ihnen?« (S. 199). In der Reihenfolge ihrer Bedeutung für den Roman, die natürlich nicht mit der innerhalb des »Berghofs« zusammenfällt, sind folgende Sprachen zu nennen: das Französische, das Italienische und Russische, das Lateinische, das Spanische. Auffallend – selbst für die Verhältnisse vor dem »Donnerschlag« – ist die mindere Rolle des Englischen. Es kommt aber vor (z. B. S. 70, S. 88, S. 769), und Hans Castorp ist einmal – analog zum Fall »lirisch« – »maßlos irritiert«, weil jemand »das Wort

›Flirt‹ ... nicht richtig, das heißt nicht englisch, sondern mit deutschem i ausgesprochen« hat (S. 365), was übrigens – woran wir uns nicht stoßen wollen – eine sehr dilettantische (und inkorrekte) Formulierung ist. Gelegentlich erscheinen auch das Dänische (Ellen Brand, das spiritistische Medium in »Fragwürdigstes«, spricht »spitz, hoch und fein« und sagt »Fleich« und »ents-chuldigen Sie«, S. 797), das Tschechische (Settembrini versucht, »die vornehme Hilflosigkeit seiner Latinität an dem wilden Lautgestrüpp«, der »krausen Konsonantenfolge« eines tschechischen Familiennamens »heiter zu erproben«, S. 514); sogar Esperanto (»künstliches Kauderwelsch«, S. 769) kommt vor.

Das *Französische* hat insofern eine Sonderstellung, als *ein* Gespräch, das – gewiß zentrale – Walpurgisnacht-Gespräch zwischen Hans Castorp und Clawdia (S. 401–414), mehr und mehr in diese Sprache hineingleitet und schließlich ganz – und zwar seitenlang – in ihr geführt wird. Auch hierin liegt, ohne Zweifel, eine »Abweichung«: ein deutscher Roman, der fremdsprachliche Kenntnisse voraussetzt (dies gilt übrigens nicht nur, wenn auch besonders, für das Französische). Die Sprache wird nicht gekennzeichnet, aber ihre Funktion im Roman liegt auf der Hand: sie repräsentiert das Erotische und bleibt, gewiß nicht zufällig, ganz auf diese Repräsentanz, der eine traditionelle Gedankenverbindung zu Hilfe kommt, beschränkt. Der Abschnitt »Er versucht sich in französischer Konversation« (S. 125–130), in dem es um Tod geht, weist auf »Walpurgisnacht« voraus, womit Liebe und Tod wieder nebeneinanderstehen. Das Französische ist – für den Hamburger und die Russin – das Medium, in dem sie sich treffen. Wie es hier gehandhabt wird, ist es übrigens, wenngleich es recht deutsch und übersetzt klingt, nicht schlecht; viel zu gut und besonders im Wortschatz viel zu differenziert für Hans Castorps Verhältnisse. Für ihn bietet das Französische bei dieser Gelegenheit den Vorteil, daß er sich verwegener, träumerischer offenbaren kann: »car pour moi, parler français, c'est parler sans parler, en quelque manière, – sans responsabilité ...« (S. 407). Die Beobachtung ist psychologisch durchaus richtig, träfe aber für jede fremde Sprache zu, in der man nicht wirklich zu Hause ist. Was man in solchem Fall an *inhaltlich* Verfehltem sagt, wird – und der Sprechende weiß dies vielleicht und zählt darauf – der mangelhaften *sprachlichen* Kompetenz zugute gehalten. So gewährt hier gerade sprachliche Unfreiheit eine Freiheit, die in der wirklich ›beherrschten‹ Sprache nicht verfügbar ist: die psychisch-soziale Normierung des Sprechens ist, gerade wegen der mangelhaft internalisierten sprachlichen Norm, hinsichtlich des Sagbaren gelockert.

Auf gleicher Stufe, aber konträr und in Spannung zueinander stehen im Roman das *Russische* und *Italienische*: die Sprache Clawdias und die Settembrinis. Was diese Figuren an ›Welt‹ repräsentieren, ist identisch mit dem, was – in der Hermetik des Zauberbergs – in Hans Castorps phlegmatischer Seele streitet; einerseits: »westliche« Zivilisation, Freiheit, Verantwortlichkeit, Fortschritt et cetera, andererseits: »asiatische« Weite, Formlosigkeit, Unfreiheit, oder, mit Settembrini: »Dschingis-Khan, Steppenwolfslichter, Schnee und Schnaps, Knute, Schlüsselburg und Christentum« (S. 290). Settembrini ist hierin konsequent; er nimmt, gegenüber einem Russen – »so ein Iwan Iwanowitsch« – den Staatsanwalt Paravant (aus Dortmund) in Schutz: »Er ist zwar ein Esel, aber er versteht wenigstens Latein« (S. 290). An einer Stelle ist von Rußland einfach als »lateinlosem Halbasien« (S. 865) die Rede: Gesittung und Latein fallen für den Humanisten schlechthin zusammen. Des Hofrats stehende Wendung vom »sibirischen Bergwerk« (z. B. S. 215, S. 290), das der »Berghof« nicht sei, gewinnt so tiefere Bedeutung.

Man könnte den Gegensatz, um den es hier geht und von dem der »Zauberberg« weithin lebt, auch ›linguistisch‹ formulieren: Menschlichkeit gegen Mähnschlichkeit. Was immer, im »Zauberberg«, zu jenen beiden Sprachen gesagt wird, ist unter diesem Aspekt zu sehen: das Russische ist, mit Proust gesagt, »du côté de chez Clawdia«, das Italienische »du côté de chez Settembrini«. Es ist auch hier nichts zufällig. Die Gegensätzlichkeit beider Sprachen, ihre gegensätzliche Repräsentanz, ist ein Element der immer wieder hervorgehobenen Gegensätzlichkeit der »Welten« Settembrinis und Clawdias: hier »Zivilisation«, »Menschenwürde«, »schöne Literatur«; dort »Clawdia Chauchat, – schlaff, wurmstichig und kirgisenäugig; und ... die nebeldurchsponnene Mondnacht der östlichen Himmel« (S. 192). Der Gegensatz kommt nirgends so greifbar – und wiederum ›linguistisch‹ – zum Ausdruck wie dort, wo in der Walpurgisnacht, wie es später bezeichnend heißt, Hans Castorp von Settembrini »Abschied nahm« (S. 432) und sich Frau Chauchat zuwandte mit der frühen Pribislav-Frage: »Hast *du* nicht vielleicht einen Bleistift?«[14] Hier erscheint nun auch – sicher nicht zufällig – das Italienische, und zwar breiter als je im ganzen Roman; Settembrini ruft Hans Castorp »wohllautende ausländische Worte« nach: »Eh! Ingegnere! Aspetti! Che cosa fa! Ingegnere! Un po di ragione, sa! Ma è matto questo ragazzo!« (S. 401). Gerade hier wäre es doch, mehr als je sonst, darauf angekommen, daß Hans Castorp, der nicht italienisch kann, *versteht*. Das Italienische steht hier – allein als solches – für das, was in Hans Castorp selbst »du côté de chez Settembrini« ist; wir können auch sagen: für sein Gewissen. Denn Settembrini *ist* sein Gewissen und darum spricht es »italienisch«. Und so heißt es mit der für das Gewissen traditionellen vokal-akustischen Metapher: »Aber er übertönte diese Stimme mit der seinen ...« (S. 401). Pribislav (Pschibislav!) Hippe, auf dem »Klinkerhof« der Schule zu Hamburg – erneut ist gerade an dieser Stelle von jenem Hof die Rede – ist stärker.[15] Natürlich geht es, wenn wir von Gewissen sprechen, nicht um das »Abenteuer im Fleische« als solches: gegen dieses hätte Settembrini, der unbekannten jungen Mädchen »schwerenöterhaft« nachträllert (S. 72/73), zumindest im Sinn seines *placet experiri*, kaum etwas vorzubringen: es geht darum, daß Pribislav-Clawdia, das »Russische«, gerade dasjenige in Hans Castorp ist, was ihn festhält auf dem Zauberberg. Darum beschwört Settembrini das »Sorgenkind« in klassisch-mittelländischen Worten: »Nur im Tiefland können Sie Europäer sein, ... Ich dringe in Sie: Halten Sie auf sich! Seien Sie stolz und verlieren Sie sich nicht an das Fremde! Meiden Sie diesen Sumpf, dies Eiland der Kirke, auf dem ungestraft zu hausen Sie nicht Odysseus genug sind« (S. 297). Und rät ihm zu augenblicklicher Abreise. Hans Castorp sieht die Alternative überaus deutlich: »Da war ein Pädagoge, und dort draußen war eine schmaläugige Frau« (S. 298). Nicht zufällig landet er übrigens, im siebten Jahr, am »Schlechten Russentisch« (S. 859) ...

Wie läßt der Autor die beiden Sprachen auftreten? Zunächst zum *Italienischen*. Settembrini spricht ja deutsch, und dies in unwahrscheinlicher Perfektion: im Lautlichen (sein s ausgenommen – aber dies sieht der Autor nicht so), im Grammatischen und besonders in der überaus registerreichen und mit spielerischer Treffsicherheit gehandhabten Wahl der Wörter. Aber das Italienische ist in seinem Sprechen anwesend als dessen lautliches Substrat: er spricht deutsch auf italienische Weise, aber so, daß – wiederum unwahrscheinlicherweise – gerade dadurch das Deutsche ganz zu sich selber kommt. Hierauf beziehen sich die immer wiederkehrenden Adjektive: »prall«, »plastisch«, »klar«, »wohllautend«, und etwa die Kennzeichnung: »wie er die Worte springen und rollen läßt ... so elastisch wie Gummibälle« (S. 120). Hans Castorp läßt dies »immer an frische Semmeln denken« (S. 119). All dies gilt – als Eindruck (nur um diesen geht es) – unmittelbar für das Italienische selbst, jedenfalls für dessen hochsprachliche Form. Diesem lautlichen Äußeren entspricht im Semantischen die mediterrane Heiterkeit und Helle der Formulierung. Dies kommt an einer Stelle symbolisch dadurch zum Ausdruck, daß Settembrini, beim Eintritt in Hans Castorps Zimmer, das Licht einschaltet, so daß sich der Raum »im Nu mit zitternder Klarheit überfüllte« (S. 231; vgl. S. 863).[16] Zum zweiten erhält Settembrinis Sprechen – sehr geschickt – dadurch italienische Färbung, daß immer wieder italienische Brocken eingestreut werden. Es handelt sich dabei fast durchweg um Dinge, die ohne weiteres deutsch zu sagen wären: »O dio, drei Wochen!« (S. 68), »sicuro«, »per esempio«, »si o no« (S. 431), »›Puh! andate, andate!‹ wehrte der Italiener fast weinend ab« (S. 455), »Ebbè, nun also!«, »Benissimo« (S. 484), »Addio, Padre!« (S. 489), »Sapristi, Ingenieur ...« (S. 115), »Per Baccho« (S. 190, richtig wäre: Bacco), »Poveretto« (S. 511), »All'incontro!« (S. 851). Diese italienischen Einsprengsel sind so gewählt, daß sie – noch dazu im Kontext – auch dem alleroberflächlichsten Kenner des Italienischen schon verständlich sind.

Psychologisch sind diese Einsprengsel, von Settembrini her, dadurch motiviert und gerechtfertigt, daß sie mehr oder weniger interjektiven Charakter haben: gerade bei solchen Elementen geschieht ja ein ›Rückfall‹ in die Muttersprache leicht. Aber es gibt, bei Settembrini, auch muttersprachliche Regressionen *anderer* Art als die genannten, von denen man doch sagen muß, daß sie, wenngleich zurückhaltend, ein Element des Stilisierten haben. Eine, die wichtigste italienische Stelle *anderer* Art (»Walpurgisnacht«), haben wir genannt. An vier oder fünf markanten Stellen insgesamt, wenn Settembrini – in der Erregung – sich verursprünglicht, bricht die zweite Natur seiner ersten Sprache unwillkürlich hervor. An Joachims Totenbett: »Un giovanotto tanto simpatico, tanto stimabile!« (S. 652); auf dem Höhepunkt des (nun nicht mehr verbalen) Streits mit Naphta: »Distruttore! Cane arrabiato! Bisogna ammazzarlo« (S. 849); nachdem sich Naphta erschossen: »›Infelice!‹ rief er. ›Che cosa fai per l'amor di Dio‹«[17]; und, ganz am Ende, beim Abschied von Hans Castorp im Getümmel des Bahnhofs: »›E cosi in giù‹, sagte er, – ›in giù finalmente! Addio, Giovanni mio!‹« (S. 867). Das letzte, was wir überhaupt von Settembrini hören, ist »Addio«. An diesen Stellen wird, obwohl das Gesagte keineswegs unwichtig ist, nirgends übersetzt: das bleibt unvermittelt stehen, wie es gesagt wird. Eine nicht unwichtige Rolle spielt übrigens das – semantisch und atmosphärisch wichtige – Wort ›guazzabuglio‹ (Mischmasch), das Hans Castorp in sein aktives Vokabular übernimmt (S. 559, S. 598, S. 707, S. 726).

Anwesend ist schließlich das Italienische in Settembrinis Sprechen durch dessen paralinguistische Begleitung: besonders in der Gestik. Sie wird im Fall Settembrinis mit besonderer Genauigkeit, zuweilen unter ausdrücklicher Bezugnahme auf ihren spezifisch italienischen Charakter beschrieben: »indem Settembrini dies Wort (›Zivilisation‹) von den Lippen ließ, warf er seine kleine Rechte empor, wie jemand, der einen Toast ausbringt« (S. 191; vgl. S. 864); oder: »Herr Settembrini beschrieb mit Kopf, Schultern und Händen eine einheitliche Gebärde, die die Frage ›Nun, und? Was weiter?‹ heiter und artig anschaulich machte« (S. 239); oder, an der besonders wichtigen – ›italienischen‹ – Walpurgisnacht-Stelle: »und so sah man Herrn Settembrini, eine Hand mit gespreiztem Arm über den Kopf geworfen – eine in seiner Heimat übliche Gebärde, deren Sinn nicht leicht auf ein Wort zu bringen wäre, und die von einem langgezogenen ›Ehh-!‹ begleitet war – die Fastnachtsgesellschaft verlassen« (S. 401).

Schließlich ist, was den meisten Lesern freilich verborgen bleibt, an Settembrinis Sprechen die von ihm durchweg eingehaltene Form der Anrede italienisch, nämlich der Gebrauch des bloßen Titels ohne Namen oder »Herr«: »Kennen Sie Leopardi, Ingenieur, oder Sie, Leutnant?« (S. 118); zuweilen gebraucht er für »Leutnant« direkt das italienische Wort: »Haben Sie je eine Schiffsreise gemacht, Tenente, oder Sie, Ingenieur?« (S. 430). Italienisch ist übrigens auch, daß er

Joachim antizipierend mit »Leutnant« tituliert, obwohl er erst Fähnrich ist (S. 67). Wie Joachim zum zweiten Mal im »Berghof« und nun wirklich als Leutnant erscheint, nennt Settembrini ihn konsequent »Capitano« (S. 611). Hier zeigt sich am Italienischen, das der Humanist ja über das Sprachliche hinaus repräsentiert, ein anderes Element: das – von Hans Castorp schon bei der ersten Begegnung festgehaltene – Motiv vom »Drehorgelmann« (S. 66), nämlich ein Mangel an Seriosität, etwas von Windbeutelei (»Das ist ja ein rechter Windbeutel, dachte Hans Castorp...«, S. 73). Diese andere gelegentlich hervortretende Seite Settembrinis und des Italienischen sei nur erwähnt: daß sie – vom Deutschen und nicht allein von diesem her gesehen – einem verbreiteten, toposhaften Urteil (»welscher Tand«) entspricht, bedarf keiner Hervorhebung (»italienische Drehorgelmänner« übrigens werden in »Buddenbrooks«, VIII, 8, schon erwähnt). Mit den genannten Mitteln also – spezifisch italienische, »pralle« Lautgebung im Deutschen, italienische Einsprengsel, italienisch oder doch meridional geprägte Gestik (auch hierin gibt es ja, wie im Sprachlichen, Norm) – gelingt es dem Autor auf ganz unauffällige Weise, dieser Figur, die doch ständig und wahrhaft perfekt deutsch redet, auch gerade sprachlich italienisches Kolorit zu geben.

Das *Russische* erscheint als Substrat des Sprechens kaum: da ist zunächst das berühmte »mähnschlich« (auch »mänschlich«) der Frau Chauchat; der Autor spricht von »einer gewissen trägen und schwärmerischen Dehnung« (S. 675/676), die dann, was bemerkenswert ist, auch Hans Castorp übernimmt: »Unwillkürlich dehnte auch er das Wort auf schläfrige Weise« (S. 676; hier wieder – im Vergleich zu vorher – die Variation). Dies ist sprachlich interessant, weil das Wort in der Tat in *dieser* lautlichen Form, und wie Frau Chauchat es situationell gebraucht, auch inhaltlich zu einem anderen, neuen Wort wird: hierin liegt der eigentliche Sinn der Übernahme der »Dehnung« durch Hans Castorp. Zu »mähnschlich« gehört lautlich auch die Variante »Konfäktchen« für »Konfekt« im Munde der russischen Großtante (S. 422, S. 436). Die »Dehnung« ist – unter dem Ton – vom Russischen her leicht verständlich. Schwieriger auszumachen ist der Ersatz von e durch ä, denn die »Palatalisierung«, die für das Russische hier kennzeichnend ist (etwa Kanfjekt), führt ja nicht notwendig zu dem Eindruck von ä anstelle eines e: vielleicht bringt umgekehrt gerade der Versuch der Russinnen, die Palatalisierung hier zu vermeiden, das Ergebnis ä »kompensatorisch« zustande. Ein anderer, klarerer Fall ist Clawdias »Muoskau« (»eine ähnlich träge Dehnung wie die von ›mähnschlich‹«, S. 677). Russisch lautet der Name ja Maskwá; aber das uo ist insofern durch das russische Substrat berechtigt, als es im Russischen die Tendenz gibt, das betonte kurze o zum Diphthongen uo werden zu lassen (etwa Duoktar gleich Doktor), was Clawdia hier auf die deutsche Form des Namens überträgt und Russen in der Tat, wenn sie deutsch sprechen, unwillkürlich oft tun: Buodensee. Ein Zeichen dafür, daß Thomas Mann entweder genau hingehört oder sich genau informiert hat.

Im Unterschied zum Italienischen wird das Russische explizit gekennzeichnet: »verwischte Sprache« (S. 88), »weiche, gleichsam knochenlose Sprache« (S. 137), »wildfremde Sprache ... deren knochenloser Charakter an einen Thorax ohne Rippen erinnerte« (S. 275); Hans Castorp läßt sich direkt – ausdrücklich ist von »pädagogisch verbotenem Gebiet« die Rede – von Anton Karlowitsch Ferge, dem sympathischen Versicherungsbeamten, russisch vorsprechen (»Ferge« meint übrigens »Fährmann«, eine Anspielung, also, auf Charon, den Totenfergen): »rasch, verwaschen, wildfremd und knochenlos ging das östliche Idiom unter Herrn Ferges gutmütigem Schnurrbart ... hervor« (S. 376). Diese Kennzeichnung meint, wie man sieht, das genaue Gegenteil von »prall« oder »plastisch«. Zwei Charaktere sind wichtig: einmal die Fremdheit (man kann die »lateinlosen« russischen Wörter nicht an schon Bekanntes anknüpfen wie die italienischen); zum anderen der Eindruck der »Verwaschenheit«, der »Knochenlosigkeit«. Daß dieser Eindruck sich bei einem Deutschen, einem Norddeutschen insbesondere, einstellen kann, ist unbestreitbar. Er wäre zu erhärten durch die viele Konsonanten in vielen Stellungen »aufweichende« Palatalisierung (Jot-Artikulation), durch das – im Deutschen nicht vorkommende – stimmhafte sch (wie in französisch *jour*), auch wohl durch den charakteristischen Vokal »Ы« (dumpfes ü), der den vertrauteren europäischen Sprachen fremd ist. Ein Wort wie *abjiwljenjije* (Bekanntmachung) mag jene »Verwaschenheit« veranschaulichen (natürlich ließen sich Gegenbeispiele mühelos finden). Es ist dies ja keine sprachwissenschaftliche, wohl nicht einmal eine vernünftige Fragestellung. Wichtig ist allein, daß jene Kennzeichnung – als *Eindruck* vom Deutschen aus – nicht schlechthin unsinnig, sondern ein Stück weit zu rechtfertigen ist, und daß der Autor gerade *diese* Kennzeichnung für den Roman ›funktional‹ braucht: er will – von der Konstellation der Figuren her – das Russische als dem Italienischen konträr entgegengesetzt begreifen, weshalb er diese – durchaus europäische – Sprache und ihre Sphäre noch weiter nach Osten, ins Asiatische hinein (»Dschingis-Khan«!) zu schieben sucht. Für Settembrini beginnt ja Asien schon in Wittenberg, bei Martin Luther: »Was sind das für Backenknochen, was für ein seltsamer Augensitz! Mein Freund, das ist Asien« (S. 624). Wenn man es *so* sieht, gehört allerdings »Muoskau« dazu.

Asien ist für Settembrini vor allem dort, wo kein *Latein* ist. Schlimm genug, daß die Russen im »Berghof«, zumindest die vom »Schlechten Russentisch«, »mit dem Messer aßen« und »die Toilette auf nicht wiederzugebende Weise besudelten«; schlimmer noch ist ihre Lateinlosigkeit: ein russischer Mediziner, gar »in hoheren Semestern«, empört sich Settembrini, habe »sich des Lateinischen vollkommen unkundig erwiesen« (S. 275). Das Lateinische erscheint im »Zauberberg« ambivalent: einmal als lebensfreundliche Sprache der Antike, der Menschlichkeit, als »Bildungslatein«; zum anderen als »Sakrallatein, Mönchsdialekt, Mittelalter«; es gibt, so Hans Castorp, »freies« und »frommes« Latein. Er, der Protestant, erklärt im Anschluß an die liturgischen Formeln »Requiescat in pace«, »Sit tibi terra levis«, »Requiem aeternam dona ei, Domine« – zum »frommen« Latein: »wenn es sich um den Tod handelt und man zu Toten spricht oder von Toten, so tritt auch wieder das Latein in Kraft, das ist die offizielle Sprache in solchen Fällen ...« (S. 354). Dies Latein spielt natürlich bei dem Jesuiten Naphta eine wichtige Rolle und erscheint in seinem Sprechen in vielen Einsprengseln. »insignes esse«, »ex supererogatione«, »rebellio carnis«, »agere contra«, »resistere«, »amor carnalis«, »commoda corporis«, »in statu degradationis« usw. (S. 541 ff., S. 453). Das andere, lebensfreundliche und natürlich von Settembrini ausschließlich gemeinte Latein ist das heidnisch-klassische, dasjenige Virgils: »Ah, Virgil, Virgil! : ... Ich glaube an den Fortschritt, gewiß. Aber Virgil verfügt über Beiwörter wie kein Moderner sie hat ...« (S. 72). Mit (Dantes) Vergil vergleicht er sich später – in bezug auf Hans Castorp – selbst (S. 627). Dies »humanistische« Latein ist auch das der Medizin, die ihre anatomischen Gegenstände »nobler – und galanterweise« mit »lateinischen Namen« benennt, weshalb sie Hans Castorp zusätzlich schätzt und als bloße »Abschattung des humanistischen Geistes« beurteilt (S. 337). So deutet das Lateinische, kraft seiner beiden Ausprägungen, der »freien« und »frommen«, auf jene Zwillingsmotive des »Zauberbergs«: *Liebe* – als sinnlich heitere Lebensfreundlichkeit – und *Tod*.

Das Spanische erscheint an zwei Stellen: einmal in Gestalt einer Mexikanerin, die mit den wenigen französischen Brocken, über die sie verfügt, ständig den Verlust ihrer beiden Söhne beklagt und daher von den Berghof-Insassen »Tous-les-deux« genannt wird (S. 47); zum anderen kurz bei Naphta, der als Jesuit, im Blick auf den Gründer seines Ordens, »sich spanischer Ausdrücke öfters bediente« (S. 540, hier werden einige genannt). Bei »Tous-les-deux« tritt das Spanische nur als Substrat des Französischen auf; sie sagt: »›Tous les dé, vous comprenez, messiés ...‹« (S. 373, auch S. 129), was richtig beobachtet ist, da der Spanier (wie der Italiener) den ö-Laut nicht kennt und ihn, wenn er fremd redet, zum geschlossenen e macht. Die Aussprache des Französischen durch die Mexikanerin – auch die ihres schönen moribunden Sohnes Lauro – wird, wiederum ganz zutreffend oder jedenfalls vertretbar, als »rasselnd« und »rollend« geschildert (»rasselnde Aussprache«, S. 129; »rasselnde Worte«, »in rollenden, rasselnden und unerträglich hochtrabenden Redereien«, S. 373). Der Eindruck – wieder geht es nur um diesen – entsteht durch das nicht mit dem Zäpfchen, sondern der Zungenspitze erzeugte und oft sehr langgezogene r, sowie durch den ganz allgemein »harten«, von der Intonation her recht monotonen Charakter des Spanischen (hier liegt ein beträchtlicher Unterschied zum eher »singenden« Charakter des Italienischen). Das »Hochtrabende«, die »Rodomontaden« entsprechen, was das Inhaltliche angeht, bezüglich des Spanischen einem gängigen Topos. Im übrigen repräsentiert das Spanische im »Zauberberg« das Todesmotiv: die Mexikanerin, »eine ältere Dame von düsterem, ja tragischem Aussehen«, erscheint in dieser Funktion gleich zu Beginn, und unmittelbar nach ihrem ersten Auftritt – wieder das Nebeneinander – hört Hans Castorp vom Nebenzimmer herüber die »anstößigen« Geräusche des Ehepaars vom »Schlechten Russentisch« (S. 45). Spanien, das Spanische ist für Hans Castorp, im Vergleich zum Russischen, »nicht Formlosigkeit, sondern Überform, der Tod als Form, sozusagen, nicht Todesauflösung, sondern Todesstrenge, schwarz vornehm und blutig, Inquisition, gestärkte Halskrause, Loyola, Eskorial ...« (S. 609; hierzu gehört, was Frau Chauchat von ihrer Reise nach Spanien berichtet, S. 677). So steht, zwischen der »Formlosigkeit«, der »Todesauflösung« der russischen Sphäre und der »Überform«, der »Todesstrenge« der spanischen, die Sphäre des Italienischen in der humanen, lebensfreundlichen Mitte.[18]

Soviel zu den Fremdsprachen im »Zauberberg«, wobei noch anzumerken wäre, daß bei *einer* Figur, bei Peeperkorn, das Fremdsprachliche überhaupt nicht erscheint, obwohl er doch Holländer, genauer: »Kolonial-Holländer«, ist (S. 662). Das »Abgerissene« seiner Äußerungen ist nicht durch mangelnde Sprachbeherrschung bedingt: er beherrscht das Deutsche in unwahrscheinlicher Weise (sogar die deutsche Bibelsprache, S. 690, S. 691) und gehört überhaupt, neben Hans Castorp, Settembrini und Behrens, zu den sprachbewußten Personen des »Zauberbergs«; der Autor läßt im dunkeln, wie Peeperkorn zu dieser Sprachbeherrschung kam. Dies zeigt, daß Thomas Mann eine Fremdsprache nicht um ihrer selbst willen einführt, sondern nur, wenn er sie funktional braucht (immerhin paßt zur gängigen Vorstellung von Holland das Genießerische Peeperkorns, die Notwendigkeit, sich zu »laben«, der er sich ständig ausgesetzt sieht).

Was wir an linguistischen Elementen im »Zauberberg« aufgezeigt haben (es wäre vieles hinzuzufügen), macht – wieder einmal – deutlich, mit welchem Maß an bewußtem Kunstverstand, an Energie, Gewissenhaftigkeit, an subtilem und souveränem Geschick dieser Roman »gemacht« wurde. Das Merkwürdige ist, daß, was er erzählt, zumindest bei erster Lektüre, dennoch den Eindruck des Zufälligen macht: es hat die richtungslose, diffuse Kontingenz – es kam so, es hätte auch anders kommen können – der aus Vielem und aus Verschiedenem »zusammengewachsenen«, der *konkreten* Wirklichkeit selbst. Der Roman mag sogar, namentlich gegen sein Ende, den Eindruck des Unorganisierten, des formlos Zerfließenden machen. Erst eine zweite oder dritte Lektüre zeigt, daß hier kaum etwas, kaum ein Detail zufällig ist. Doch wäre dies ein anderes Thema.[19]

Es ist, im Falle Thomas Manns, nicht leicht, sich dem starken Sog der Selbstinterpretation zu entziehen. Treffend bemerkt Rudolf Hartung: »Allzuleicht, so scheint mir, folgen die Interpreten der Selbstauslegung Thomas Manns und wiederholen mit schwächeren Worten und geringerer Intelligenz, was bereits deutlich im Werk steht.«[20] Indem wir die linguistischen Elemente des »Zauberberg« in ihrer Bedeutung für Struktur und Atmosphäre dieses Romans hervorkehren, stehen wir jedenfalls nicht in jenem Sog. Was hier hervorgehoben wurde, steht zwar »deutlich im Werk«, aber so, daß es erst herausgeholt werden muß. Das ›Linguistische‹ prägt – auf versteckte Weise – den Stil dieses Romans. Daher ist er, neben anderem, ein linguistischer Roman.

Anmerkungen

1. Ich zitiere nach der Sonderausgabe des »Zauberberg« (Berlin 1972).
2. Als Faschingsfigur tritt der »blaue Heinrich«, vorgeführt von Herrn Albin, im Abschnitt »Walpurgisnacht« an entscheidender Stelle auf, und zwar zusammen mit der »stummen Schwester«, dem Thermometer ohne Markierung. Wieder ist es gerade Frau Stöhr, die über beide Figuren »maßlos und ordinär nach Herzenslust lacht« (S. 394/395).
3. »Imperfekt« ist hier terminologisch nicht glücklich; besser wäre »Präteritum«. Das Deutsch kennt kein Imperfekt im Sinne des Lateinischen oder der romanischen Sprachen. Auch kann das Perfekt die hier dem »Imperfekt« zugeschriebene Funktion ebenfalls erfüllen; so ist es nicht überraschend, daß der Autor gerade hier auch das Perfekt, mit dem Präteritum synonymisch, gebraucht: »Sie (die Geschichte) spielt, oder um jedes Präsens geflissentlich zu vermeiden, sie spielte oder hat gespielt, vormals, ehedem, in den alten Tagen...« Übrigens kommt dann gleich doch wieder auch das Präsens: »Vorher also spielt sie...«
4. Da der Verfasser nicht zur literarhistorischen Zunft gehört, hielt er sich für berechtigt, sich nur auf eigene Beobachtungen zu beziehen und die Literatur zum »Zauberberg« beiseite zu lassen.
5. Bei Peeperkorn ist es ein »silberner Becher«. Die Anspielungen auf Goethes »Faust« sind überhaupt sehr zahlreich. Die »wuchtige Persönlichkeit« übrigens findet sich erneut in der Figur des Theologieprofessors Ehrenfried Kumpf im »Faustus«. Dort finden sich überraschenderweise auch Peeperkorns »senkrechte Hosentaschen«, und Kumpfs »gepolsterte Hände« erinnern an Peeperkorns »Kapitänshände«.
6. Zu den Versen aus dem »Lindenbaum« Thomas Mann an Julius Bab (22. 11. 25): »Sie sind, außer Ernst Bertram, der dieselbe Rührung an den

Tag legte, der Einzige bisher, der von dem Wiederauftauchen jenes Lieds am Schluß ergriffen worden ist, wie ich es war, als ich es dem guten Hans auf die Lippen legte. Ja, ein Stückchen von einem Dichter hat man am Ende doch in sich, trotz allem Intellektualismus ...« (Briefe, I, S. 234).

7 Th. Mann, Einführung in den Zauberberg. Für Studenten der Universität Princeton (1939); abgedruckt in der Sonderausgabe, nach der wir zitieren (S. XIII).

8 Dieser sprachlich-literarische Imperialismus wird später ausführlich erörtert. Naphta erklärt hier – und dies läßt an bestimmte Äußerungen nach 1968 denken – »den rhetorisch-literarischen Geist des europäischen Schul- und Erziehungswesens und seinen grammatisch-formalen Spleen« für »nichts als ein Interessenzubehör der bürgerlichen Klassenherrschaft« (S. 630).

9 W. Schulz, Sören Kierkegaard, Existenz und System, Pfullingen 1967, S. 9.

10 »Politisch verdächtig!« erscheint sogar als Überschrift des betreffenden Abschnitts (S. 130).

11 »Tiefland« ist der Titel einer vormals sehr bekannten Oper von Eugen d'Albert (1903) nach dem Drama »Terra baixa« (1896) des katalanischen Schriftstellers Angel Guimerà: das mag hier anklingen.

12 G. Mann, Mein Vater Thomas Mann, Lübeck 1970, S. 12; von diesem Gefühl einer ›innerlichen Verbundenheit‹ ist prinzipiell auszugehen.

13 Dies ist mehrfach inkorrekt: erstens ist die dritte Pluralis nur die deutsche Lösung (im Französischen ist es die zweite Pluralis, im Italienischen – weithin – und im Spanischen die dritte Singularis); zweitens kennt das (ebenfalls abendländische) Englische eine analoge Form gar nicht; drittens ist gerade im Deutschen die Kluft zwischen »du« und »Sie« weit tiefer als in den romanischen Sprachen; viertens ist diese Zweiteilung der Anrede historisch eben nicht »abendländisch«; sie war der klassischen Welt unbekannt und geht wohl, über Byzanz, gerade auf östlichen Einfluß zurück.

14 Der Symbolcharakter des Bleistifts – noch dazu gerade *dieses* Bleistifts (»C'est à visser, tu sais«, S. 402) – liegt auf der Hand. Freud selbst, der ja gewiß in Krokowski anwesend ist (einige seiner Formulierungen sind direkte Zitate aus Freud), nennt den Bleistift ausdrücklich als männliches Symbol: Clawdias allerletztes Wort, unmittelbar vor dem »Abenteuer«, lautet: »N'oubliez pas de me rendre mon crayon« (S. 414). Wir möchten jedoch daran erinnern, daß der Bleistift an sich zum Schreiben und also der *sprachlichen* Mitteilung dient, auch wenn hier, in der Walpurgisnacht, – zunächst mit ihm gezeichnet wird, und zwar ... ein Schweinchen. Thomas Manns Freud-Bild muß sich später stark ins Positive verwandelt haben.

15 Daß der Nachname von Frau Chauchats Urbild – Hippe – das Attribut des Todes meint (Duden: »sichelförmiges Messer«), bedarf keiner Hervorhebung. Übrigens ist Hans Castorp zur Zeit Hippes gerade dreizehn (S. 142): die Zahl spricht für sich und markiert zudem die beginnende Pubertät. Zur Aussprache »Pschibislav« S. 143; der Name erhält so – Zufall? – eben den Laut sch, den Frau Chauchats Name zweimal enthält.

16 Settembrini wird, in Anlehnung an Carducci, auch »Satana« genannt. Ein anderer Name für diesen ist Luzifer, was ja etymologisch »Lichtbringer« heißt. Übrigens ist der Teufel im »Berghof« anwesend, und zwar in der (unauffälligen) Gestalt des »hinkenden Concierge«, »ein Bediensteter von französischem Typus« (S. 11): er ist – von Anfang an – immer dabei und bildet das erste Gesprächsthema (S. 6) zwischen den Vettern.

17 Hier wird (»fai«) Naphta interessanterweise plötzlich und zum erstenmal in der zweiten Singularis angeredet. Der inhaltliche Gegensatz beider Äußerungen zu Naphta ist hier natürlich wichtig, auch die Berufung auf Gott (dies ist ebenfalls eine Regression).

18 An einer Stelle irrt Thomas Mann bezüglich des Spanischen: die Zusammenstellung »Doña Perez« (S. 605; auch das hier notwendige Akzentzeichen – Pérez – fehlt) ist unmöglich: »Don« bzw. »Doña« können, wie das englische »Sir«, nur im Verein mit dem Vornamen, nicht dem Nachnamen, verwendet werden. Falsch ist übrigens auch die Schreibung »Fénélon«, ebenso: »á l'espagnol« statt »á l'espagnole« (S. 373).

19 Th. Mann: »Wer aber mit dem Zauberberg überhaupt einmal ans Ende gekommen ist, dem rate ich, ihn noch einmal zu lesen, denn seine besondere Machart, sein Charakter als Komposition bringt es mit sich, daß das Vergnügen des Lesers sich beim zweitenmal erhöhen und vertiefen wird, – wie man ja auch Musik schon kennen muß, um sie richtig zu genießen« (in dem genannten Vortrag, S. XIII).

20 Notizen zu Thomas Mann, in: Neue Rundschau 86 (1975), S. 185.

Der Mann im Kind
Zum Stil von Sartres »Wörtern«

Das Buch »Die Wörter«, »Les Mots«, erschien 1964 als erster Teil einer Autobiographie. Die Fortsetzung, nach Sartres Erblindung nicht mehr möglich, wird im Buch selbst noch in Aussicht gestellt (»Später werde ich erzählen«, »Je raconterai plus tard ...«, S. 210). So gehört auch dies – in sich selbst recht geschlossene – Werk zu den nicht wenigen Arbeiten des Autors, die, aus diesem oder jenem Grund, nicht zum Ende kamen oder die geplante Fortsetzung nicht fanden. Das Buch ist eingeteilt in zwei fast gleich lange Teile, deren komplementäre Überschriften sich auf den Titel zurückbeziehen: »Lesen« (109 Seiten) und »Schreiben« (97 Seiten). Woraus sogleich, von Sartre nicht thematisiert, dies hervorgeht: die Wörter, das Sprachliche, erscheinen von vorneherein und exklusiv im Kontext von Schriftlichkeit, von »Literatur«.

Das Buch berichtet von Sartres Kindheit, besonders der frühen. Dieser Bericht ist nicht Zweck in sich selbst. Sartre will den Mann erklären, der aus dem Kind, von dem er berichtet, wurde. Er will zeigen, was den erwachsenen Mann bedingte, denn: »alle Züge des Kinds sind bei den Fünfzigjährigen noch da« (S. 211/212). Insofern – auch insofern – ist der Ansatz, wie in der sieben Jahre später erscheinenden (ebenfalls nicht vollendeten) Flaubert-Monographie, in einem ungefähren Sinn »psychoanalytisch«. Aber der Satz »Grattez l'homme et vous trouverez l'enfant«, »Kratzt am Mann (am Menschen?), und ihr werdet das Kind finden«, war in Frankreich längst vor Freud geläufig. Ich wähle für die Interpretation den ersten durch einen deutlichen, mehrere Zeilen umfassenden Absatz markierten Abschnitt des Buchs. Gewiß hat der Autor selbst diese acht Seiten als eine Untereinheit betrachtet. Ihre inhaltliche Einheit liegt darin, daß sie die *Vorgeschichte* enthalten, dasjenige, was vor der *eigentlichen* Geschichte ist und zu dem Kind hinführt, um das es geht. Diese Seiten bilden so etwas wie einen Text im Text. Sie lauten (ich übersetze selbst):

»Im Elsaß, um das Jahr 1850 herum, fand ein Volksschullehrer, den die große Zahl seiner Kinder niederdrückte, sich dazu bereit, Krämer zu werden. Der Abtrünnige wollte eine Kompensation: da er darauf verzichtete, die Köpfe zu bilden, sollte einer seiner Söhne Seelen bilden; die Familie sollte einen Pfarrer bekommen, und Charles würde es sein. Charles entzog sich, folgte lieber auf Landstraßen den Spuren einer Reiterin. Man drehte sein Bild gegen die Wand und verbot, seinen Namen auszusprechen. Wer war nun an der Reihe? Auguste beeilte sich, es dem Opfer seines Vaters gleichzutun: er wurde Geschäftsmann und stand sich gut dabei. Blieb noch Louis, der keine ausgeprägte Neigung zeigte: der Vater bemächtigte sich des ruhigen Knaben und machte ihn im Handumdrehen zum Pfarrer. Später trieb Louis den Gehorsam so weit, daß er seinerseits einen Pfarrer hervorbrachte, Albert Schweitzer, dessen Karriere man kennt. Charles indessen hatte seine Reiterin nicht wiedergefunden; die edle Geste des Vaters hatte ihn gezeichnet: sein ganzes Leben hindurch bewahrte er die Freude am Erhabenen und setzte seinen Eifer darein, aus kleinen Ereignissen große Begebenheiten zu machen. Er suchte keineswegs, wie man sieht, der Berufung der Familie auszuweichen: es war sein Wunsch, sich einer gemilderten Form der Geistigkeit anheimzugeben, einem Priestertum, das Reiterinnen zuließ. Der Beruf des Gymnasiallehrers bot sich an: Charles entschloß sich, das Deutsche zu unterrichten. Er schrieb eine Dissertation über Hans Sachs, entschied sich für die direkte Methode, als deren Erfinder er sich später bezeichnete, veröffentlichte, unter der Mitwirkung von Monsieur Simonnot, ein ›Deutsches Lesebuch‹, das allgemein geschätzt wurde, machte eine rasche Karriere: Mâcon, Lyon, Paris.

In Paris, anläßlich der Preisverleihungen zum Abschluß des Schuljahres, hielt er eine Rede, der die Ehre widerfuhr, als Sonderdruck herauszukommen: ›Sehr verehrter Herr Minister, meine

Damen und Herren, meine lieben Kinder, niemals würden Sie erraten, worüber ich heute zu Ihnen sprechen will! Über die Musik!‹ Er war hervorragend, wenn es darum ging, Gelegenheitsgedichte zu machen. Bei den Familienzusammenkünften pflegte er zu sagen: ›Louis ist der Frömmste von uns, Auguste der Reichste, ich bin der Intelligenteste.‹ Die Brüder lachten, die Schwägerinnen verzogen die Lippen. In Mâcon hatte Charles Schweitzer Louise Guillemin geheiratet, Tochter eines katholischen Anwalts. Mit Grauen erinnerte sie sich an ihre Hochzeitsreise: bevor das Mahl zu Ende war, hatte er sie hinausgeschleift und in einen Zug geworfen. Noch mit siebzig sprach Louise von dem Lauchsalat, den man ihnen in einem Bahnhofsrestaurant serviert hatte: ›Er nahm sich alles Weisse und ließ mir das Grüne.‹ Sie verbrachten vierzehn Tage im Elsaß, ohne sich vom Tisch zu erheben; die Brüder erzählten sich in ihrem Dialekt obszöne Geschichten; von Zeit zu Zeit wandte der Pfarrer sich an Louise und übersetzte sie ihr aus christlicher Liebe. Bald ließ sie sich Gefälligkeitsatteste ausstellen, die sie von der ehelichen Pflicht befreiten und ihr das Recht auf ein eigenes Zimmer zugestanden; sie sprach von ihren Migränen, gewöhnte sich daran, im Bett zu bleiben, und begann den Lärm, die Leidenschaftlichkeit, die Begeisterungsstürme, das ganze grobe, rohe und theatralische Leben der Schweitzers zu hassen.

Diese lebhafte, boshafte, aber kühle Frau dachte geradeaus, aber schlecht, weil ihr Mann gut, aber verbogen dachte; weil er unwahrhaftig und leichtgläubig war, zweifelte sie an allem: ›Man sagt, daß sich die Erde dreht. Woher will man das wissen?‹ Von tugendhaften Schauspielern umgeben, haßte sie die Schauspielerei und die Tugend. Diese feine Realistin, in eine Familie grober Spiritualisten hineingeraten, wurde voltairianisch aus Trotz, ohne Voltaire gelesen zu haben. Niedlich und rund, zynisch, munter, wurde sie die pure Verneinung; mit einem Heben der Augenbrauen, einem kaum wahrnehmbaren Lächeln, verwandelte sie, für sich selbst und ohne daß irgend jemand es bemerkte, all die großen Gebärden zu nichts. Ihr verneinender Stolz und ihr ablehnender Egoismus verzehrten sie. Sie verkehrte mit niemandem, denn sie war zu stolz, um den ersten Platz zu erkämpfen, zu eitel, um sich mit dem zweiten zu begnügen. ›Ihr müßt Euch‹, sagte sie, ›begehren lassen.‹ Man begehrte sie viel, dann immer weniger, schließlich, da man sie niemals sah, vergaß man sie. Sie verließ kaum noch ihren Sessel oder ihr Bett.

Die Schweitzers, sinnlich und puritanisch – die Verbindung beider Tugenden ist weniger selten, als man denkt – liebten die groben Wörter, die, indem sie den Körper sehr christlich herunterdrückten, doch ihr breites Einverständnis mit den natürlichen Funktionen erkennen ließen; Louise liebte die verdeckenden Wörter. Sie las viel schlüpfrige Romane, wobei sie weniger deren Handlung schätzte als die durchsichtigen Schleier, die diese umhüllten: ›Das ist gewagt, das ist gut geschrieben‹, sagte sie mit feinem Ausdruck. ›Gleitet, Sterbliche, drückt nicht auf!‹ Diese Frau, kühl wie der Schnee, glaubte, vor Lachen zu sterben bei der Lektüre der ›Tochter des Feuers‹ von Adolphe Belot. Es gefiel ihr, Geschichten von Hochzeitsnächten zu erzählen, die stets schlimm endeten: da brach der Ehemann in seiner brutalen Hast der Frau das Genick, indem er sie gegen das Holz des Betts drückte, ein anderes Mal fand man die junge Braut am nächsten Morgen auf dem Schrank, wohin sie sich geflüchtet hatte, nackt und von Sinnen. Louise lebte im Halbdunkel; Charles trat in ihr Zimmer, riß die Jalousien hoch, zündete alle Lampen an, sie stöhnte auf, die Hand vor ihre Augen haltend: ›Charles! Du machst mich blind!‹ Aber ihr Widerstand überschritt nicht die Grenzen einer konstitutionellen Opposition: Charles machte ihr angst, ging ihr ungeheuer auf die Nerven, zuweilen, unter der Voraussetzung, daß er sie nicht anrührte, empfand sie auch Freundschaft für ihn. Sobald er zu schreien begann, gab sie ihm in allem nach.

Er machte ihr, sie überrumpelnd, vier Kinder: eine Tochter, die früh starb, zwei Söhne, noch eine Tochter. Aus Gleichgültigkeit oder aus Respekt ließ er es zu, daß man sie katholisch erzog. Louise, obwohl selbst ungläubig, erzog sie religiös aus Ekel vor dem Protestantismus. Die beiden Jungen ergriffen die Partei der Mutter; sie trennte sie auf sanfte Weise von diesem voluminösen Vater; Charles merkte es nicht einmal. Der Älteste, Georges, ging aufs Polytechnikum; der zweite, Emile, wurde Deutschlehrer. Er verwirrt mich: ich weiß, daß er Junggeselle blieb, daß er aber sonst seinen Vater in allem nachahmte, obwohl er ihn nicht mochte. Schließlich überwarfen sich Vater und Sohn; es gab denkwürdige Versöhnungen. Emile verbarg sein Leben; er betete seine Mutter an und bewahrte bis zum Ende die

Gewohnheit, sie heimlich, ohne sich anzumelden, zu besuchen; er bedeckte sie mit Küssen und Liebkosungen, dann begann er, vom Vater zu sprechen, ironisch zunächst, schließlich mit Wut und verließ türenschlagend das Haus. Sie liebte ihn, glaube ich, aber er machte ihr angst: diese beiden rauhen und schwierigen Männer ermüdeten sie, und sie zog ihnen Georges vor, der immer weg war. Emile starb 1927, verrückt vor Einsamkeit: unter seinem Kopfkissen fand man einen Revolver; in seinen Koffern hundert Paare durchlöcherte Socken, zwanzig Paare abgelaufener Schuhe.

Anne-Marie, die zweite Tochter, verbrachte ihre Kindheit auf einem Stuhl. Man lehrte sie, sich zu langweilen, sich gerade zu halten, zu nähen. Sie war begabt: man hielt es für vornehm, diese Begabung brachliegen zu lassen; sie sah glänzend aus: man sorgte dafür, daß es ihr verborgen blieb. Diese einfachen und stolzen Bürger betrachteten die Schönheit als über ihren Verhältnissen oder unter ihrem Stand; den Marquisen und Nutten gestanden sie sie zu. Louise hatte einen völlig sterilen Stolz: aus Angst, getäuscht zu werden, verkannte sie bei ihren Kindern, bei ihrem Mann, bei sich selbst, sogar die unbestreitbarsten Qualitäten; Charles war außerstand, die Schönheit bei anderen zu erkennen; er verwechselte sie mit der Gesundheit: seit der Erkrankung seiner Frau tröstete er sich mit kräftigen Idealistinnen, mit Schnurrbart und frischen Farben, die sich guter Gesundheit erfreuen. Fünfzig Jahre später, in einem Familienalbum blätternd, entdeckte Anne-Marie, daß sie schön gewesen war.

Ungefähr um die Zeit, als Charles Schweitzer Louise Guillemin begegnete, heiratete ein Landarzt die Tochter eines reichen Grundbesitzers aus dem Périgord und richtete sich, dem Apotheker gegenüber, in der tristen Hauptstraße von Thiviers mit ihr ein. Am Tag nach der Hochzeit stellte sich heraus, daß der Schwiegervater so gut wie gar nichts besaß. Doktor Sartre war außer sich, vierzig Jahre richtete er kein Wort an seine Frau; bei Tisch drückte er sich durch Zeichen aus, ›mein Kostgänger‹, nannte sie ihn schließlich. Dennoch teilte er ihr Bett, und, von Zeit zu Zeit, ohne ein Wort, schwängerte er sie: sie schenkte ihm zwei Söhne und eine Tochter; diese Kinder des Schweigens hießen Jean-Baptiste, Joseph und Hélène. Hélène heiratete spät einen Kavallerieoffizier, der verrückt wurde; Joseph diente bei den Zuaven und zog sich früh zu seinen Eltern zurück. Er hatte keinen Beruf: hineingeraten zwischen die Stummheit des einen und das Gezeter der anderen, wurde er zum Stotterer und verbrachte sein Leben damit, sich mit den Wörtern herumzuschlagen. Jean-Baptiste wollte auf die Marineschule, um das Meer zu sehen. Im Jahr 1904, in Cherbourg, als Marineoffizier, schon vom Kochinchina-Fieber geschwächt, machte er Bekanntschaft mit Anne-Marie Schweitzer, bemächtigte sich des großen einsamen Mädchens, heiratete sie, machte ihr im Galopp ein Kind, mich, und suchte, sich in den Tod zu flüchten.

Sterben ist nicht leicht: das Fieber in den Eingeweiden stieg ohne Eile an, gelegentlich ging es zurück. Anne-Marie pflegte ihn mit Hingabe, ohne die Unschicklichkeit bis zur Liebe zu treiben. Louise hatte sie über das eheliche Leben aufgeklärt: nach blutiger Hochzeit, eine endlose Folge von Opfern, unterbrochen, gelegentlich, von nächtlichem Schmutz. Nach dem Beispiel ihrer Mutter zog auch sie die Pflicht dem Vergnügen vor. Sie hatte meinen Vater kaum kennengelernt, weder vor der Hochzeit noch danach, und mußte sich manchmal fragen, warum dieser Fremde ausgerechnet in ihren Armen zu sterben wünschte. Man brachte ihn auf einen Pächterhof wenige Meilen von Thiviers entfernt; sein Vater besuchte ihn täglich mit der Kutsche. Die Nachtwachen und die Sorgen erschöpften Anne-Marie, die Milch versiegte ihr, man gab mich dort in der Nähe einer Amme, und auch ich bemühte mich zu sterben: an Darmentzündung und vielleicht an Verbitterung. Mit zwanzig Jahren, ohne Erfahrung und ohne guten Rat, zerriß sich meine Mutter zwischen zwei Sterbenden, die ihr unbekannt waren; ihre Vernunftehe fand ihre Wirklichkeit in Krankheit und Trauer. Was mich betraf, so kam mir diese Lage zustatten: damals stillten die Mütter selbst und lange Zeit hindurch; ohne das Glück jener doppelten Agonie wäre ich den Schwierigkeiten einer späten Entwöhnung ausgesetzt gewesen. Krank, mit neun Monaten entwöhnt durch den Zwang der Umstände, hinderten mich Fieber und Dumpfheit daran, den letzten Schnitt der Schere zu spüren, der das Band zwischen Mutter und Kind zertrennt; ich tauchte ein in eine verworrene Welt, bevölkert von einfachen Halluzinationen und verwitterten Idolen. Als mein Vater starb, erwachten wir, Anne-Marie und ich, aus einem gemeinsamen Alptraum; ich wurde gesund. Aber wir waren Opfer eines

Mißverständnisses: sie fand voller Liebe einen Sohn wieder, den sie nie wirklich verlassen hatte; ich kam erneut zu Bewußtsein auf den Knien einer Fremden.

Ohne Geld und Beruf, entschloß sich Anne-Marie, zu ihren Eltern zurückzukehren. Aber der freche Tod meines Vaters hatte die Schweitzers verstimmt; er ähnelte allzu sehr einer Zurückweisung. Da meine Mutter nicht imstande gewesen war, ihn vorauszusehen oder zu verhindern, hielt man sie für schuldig: aufs Geratewohl hatte sie einen Mann geheiratet, der sich als untauglich erwies. Alle verhielten sich zu der großen Ariadne, die nun, ein Kind auf dem Arm, nach Meudon zurückkehrte, tadellos: mein Großvater hatte die Pensionierung eingereicht, ohne ein Wort des Vorwurfs nahm er die Arbeit wieder auf; sogar der Triumph meiner Großmutter blieb diskret. Aber Anne-Marie, gelähmt vor Dankbarkeit, erriet den Tadel unter dem guten Verhalten: natürlich ziehen die Familien die Witwen den ledigen Müttern vor, aber nur knapp. Um Vergebung zu erlangen, verausgabte sie sich, ohne nachzurechnen, führte das Haus ihrer Eltern, in Meudon, dann in Paris, wurde Gouvernante, Krankenschwester, Haushofmeisterin, Begleiterin, Dienstmädchen, ohne je den stummen Ärger ihrer Mutter entwaffnen zu können.

Louise fand es lästig, jeden Morgen den Speisezettel zu machen und jeden Abend die Rechnungen durchzugehen, aber sie vertrug es schlecht, wenn ein anderer dies an ihrer Stelle tat; sie ließ sich von diesen Verpflichtungen entlasten, ärgerte sich jedoch gleichzeitig über den Verlust ihrer Vorrechte. Diese alternde und zynische Frau hatte nur eine Illusion: sie hielt sich für unentbehrlich. Die Illusion zerrann: Louise begann, auf ihre Tochter eifersüchtig zu werden. Arme Anne-Marie: hätte sie sich passiv verhalten, hätte man ihr vorgeworfen, eine Last zu sein; da sie aktiv war, verdächtigte man sie, das Haus kommandieren zu wollen. Um der ersten Klippe zu entgehen, bedurfte sie all ihres Muts, um der zweiten zu entgehen, ihrer ganzen Demut. Es brauchte nicht lange, und die junge Witwe wurde ein zweites Mal minderjährig: eine Jungfrau mit Makel. Man verweigerte ihr nicht das Taschengeld: man vergaß, es ihr zu geben; sie trug ihre Kleidung auf bis aufs letzte, ohne daß mein Großvater auf den Gedanken kam, sie zu erneuern. Kaum erlaubte man ihr, allein auszugehen. Wenn ihre früheren Freundinnen, zumeist verheiratet, sie zum Abendessen einluden, mußte man dazu lange vorher um Erlaubnis bitten und versprechen, sie vor zehn zurückzubringen. Mitten in der Mahlzeit erhob sich der Hausherr, um sie im Wagen nach Hause zu begleiten. Während dieser Zeit ging mein Großvater, im Nachthemd, mit langen Schritten in seinem Zimmer auf und ab, die Uhr in der Hand. Beim letzten Schlag, um zehn Uhr, donnerte er los. Die Einladungen wurden seltener, und meine Mutter verlor die Lust an einem so kostspieligen Vergnügen.

Der Tod von Jean-Baptiste war das große Geschäft meines Lebens: er führte meine Mutter zu ihren Ketten zurück, mir schenkte er Freiheit.«

Die Vorgeschichte endet also mit einem Sartreschen Schlüsselwort: »liberté«. Hier ist es mit etwas Vorsicht zu nehmen: gewiß schenkt der Tod des Vaters dem Kind Freiheit. Es ist nicht eingeengt durch die Wünsche, Enttäuschungen, Vorurteile, Ängste eines Vaters und die daraus resultierenden Zwänge. Dies gilt um so mehr, als in diesem Fall der Großvater, wie der Autor später darlegt, die Vaterrolle nicht mehr spielen mag. Jene Freiheit ist jedoch schlechte Freiheit: sie ist Freiheit innerhalb eines Zwangs. Eben diesen will das Buch insgesamt verdeutlichen. Ich gehe zunächst auf diesen Aspekt ein, da gerade er die Vorgeschichte in ihrer inhaltlichen und formalen Funktion präzisiert.

Ich suche somit, diese Vorgeschichte nicht aus sich selbst heraus, sondern von dem her zu begreifen, was ihr folgt; von dem her, worauf sie vorbereitet. Die Frage soll dabei lauten: was *will* dieser Text? Wie ist er *gemacht*? Ich hebe drei Arten von Elementen an diesem Text hervor: inhaltliche, die also vorwiegend sein *Was* betreffen, und formale, die sich auf sein *Wie* beziehen. Unter den formalen Elementen wiederum unterscheide ich nichtsprachliche und sprachliche. Es ist klar, daß sich das Was und das Wie eines Textes nicht in jeder Hinsicht trennen lassen: was ein Text sagt (dies gilt besonders für den literarischen Text), ist gewiß auch ein Element seines Wie. Letztlich geht es stets um die Frage: *wie* ist dieser Text? Innerhalb dieser Fragestellung muß auch das Sprachliche an dem Text – als ein Element des Formalen – thematisiert werden. Es ist dies eine schlichte, keineswegs aber einfache Fragestellung. Sie ist jedenfalls ohne theoretischen

Ehrgeiz. Simone de Beauvoir, um im Umkreis unseres Autors zu bleiben, »La Grande Sartreuse« – ein ungerechtes, aber geniales Wortspiel –, hat einmal ziemlich vollständig umrissen, um was es mir geht: »Hineinzutauchen in ein Werk, aus ihm die eigene Welt zu machen, seine Kohärenz und Vielfalt zu entdecken, in seine Absichten einzudringen, seine Verfahrensweise ans Licht zu ziehen, heißt aus sich selbst herausgehen, von sich selbst loskommen, und jede Veränderung dieser Art entzückt mich« (Tout compte fait, Paris 1972, S. 137).

Inhaltliche Elemente

Der letzte Abschnitt des Buchs, wie der erste, den ich zitierte, vom übrigen Text deutlich abgesetzt, enthält sein Resümee: er gibt für das Inhaltliche der Vorgeschichte den passenden Einstieg. Sartre faßt sein Leben als Kind unter dem Stichwort »Flucht« zusammen: »Voilà – in diesem Wort steckt das zurückblickend Resümierende – mon commencement: je fuyais...« (S. 207). »Dies also mein Beginn: ich floh...«. Es ist eine Flucht vor der Wirklichkeit in die Kultur, genauer: in eine »abgetane Auffassung der Kultur« (S. 207). Dieser Kulturbegriff ist für den Sartre, den der Autor in dieser Autobiographie destruiert, an der Sprache, an den Wörtern festgemacht (interessant, daß Sartre, dem vorlinguistischen, naiven Sprachbewußtsein folgend, in den Wörtern das Eigentliche der Sprache erblickt, daß er die Sprache einfach gleichsetzt mit ihren Wörtern). Die Wörter stellten sich dem sieben- und achtjährigen Poulou – so wurde das Kind genannt – vor die Wirklichkeit, werden ihm zur Wirklichkeit selbst: »ich hielt die Wörter für die Quintessenz der Dinge« (S. 117); »da ich die Welt über die Sprache entdeckt hatte, hielt ich lange die Sprache für die Welt« (S. 151).

Der »abgelebte« Charakter jenes Kulturbegriffs (»conception périmeé«) liegt, neben anderem, gerade an seiner humanistischen Fixiertheit auf das Wort, die Sprache, die Literatur.

Das Entscheidende ist nun aber dies: die Kultur, in die Sartre flieht vor der Wirklichkeit, ist Religionsersatz, Ersatz für gestorbene Religion. Sie teilt deren Fluchtcharakter. Witzig heißt es: »dem Katholizismus entzogen ließ sich das Heilige in der Literatur nieder, und es zeigte sich der Mann der Feder als Ersatz des Christen, der ich nicht sein konnte ...« (S. 207). Durchgehend erscheinen nun zur Kennzeichnung jenes »Manns der Feder« religiöse, ja, im engen Sinn kirchliche Bezeichnungen: »Heil«, »Glückseligkeit nach dem Tod«, »ewiges Leben«, »ich trat in die Weihen ein«, »Prädestination«, »auserwählt«, »Ich war ein Mann der Kirche«, und »ich wurde nicht abtrünnig: ich schreibe noch immer« (S. 208, 209, 211). Das Verfallen an die Wörter, die Flucht zu ihnen, ist Religion, genauer: deren Ersatz; Ersatz also eines Ersatzes: »Ich verwechselte die Dinge mit ihren Namen: eben dies heißt glauben«, »je confondis les choses avec leurs noms: c'est croire« (S. 209). Eine knappe, vermutlich brüchige, gewiß aber witzig nachdenkenswerte Bestimmung: Glauben als Hängenbleiben, sich Verfangen im Wort; das Sprachliche, so Sartre, wird nicht als bloße Namensanhäufung erkannt ...

Dies Motiv – Kultur als Religionsersatz – erscheint nun bereits im ersten Satz unseres Abschnitts, also im ersten Satz des ganzen Buchs: der nicht namentlich genannte Urgroßvater, der, um seine Familie materiell besserzustellen, seinen geistigen Beruf opfert und Lebensmittelhändler wird, wird beiläufig als »Abtrünniger«, als »défroqué« bezeichnet. Das Opfer (»sacrifice«) dieses Mannes, seine »schöne Geste« (*beau geste*), ist gleichsam die grundlegende Urtat, die jene geistig-geistliche Berufung der Familie Schweitzer (»la vocation familiale«) stiftet, die dann, nach Fehlschlägen – bei Auguste, bei Charles –, schließlich mit Louis und gar Albert Schweitzer zum Durchbruch kommt. Aber eigentlich ist es doch erst der Großvater, Charles, der erste namentlich Genannte, der das charakteristische, für Poulou paradigmatische Ersatz-Arrangement vornimmt. Indem er Lehrer wird, wird er Pfarrer und doch auch wieder nicht: der Lehrer wird von Charles, in einer Art Doppelstrategie, als ein Pfarrer konzipiert, dem Reiterinnen nicht versagt sind. Charles gelingt, gegenüber seinen Brüdern, dem »frommen« Louis und dem »reichen« Auguste, die glückliche, von ihm selbst mit dem Prädikat »intelligent« versehene Synthese, die Einseitigkeit in dieser oder jener Richtung meidet. Also: die Tat des Urgroßvaters – ein wirklicher »founding father« – und die vom Großvater an deren strengem Imperativ vorgenommene Modifikation hat in dem Kind, dessen Geschichte erzählt werden soll, den Mann produziert, der Jean-Paul Sartre wurde: »Äussere Kräfte haben mich gemacht«, »Des forces extérieures ... m'ont fait« (S.207). Der Mann ist bedingt durch das Kind, das Kind durch seine ... Familie.

Sartre will hiermit ein Doppeltes andeuten. Einmal den durch quasi religiöse Weihe gekennzeichneten, vorzugsweise am Sprachlichen, am Buch festgemachten Begriff von Kultur als das prägende Ferment der Familie, in die das Kind eintritt. Die Nähe zwischen einer (nicht mehr gelebten) Religiosität und diesem Kulturbegriff ist nicht zuletzt durch dessen Fixierung auf das Sprachliche bedingt: auch im Religiösen, in dessen protestantischer Form besonders – »das Wort sie sollen lassen stahn« –, herrscht Sprachliches vor: das Wort, der Name, das Buch, die Schrift. Zum anderen will Sartre die Unentrinnbarkeit jener Familienbestimmung für ihn selbst deutlich machen. Dies gilt besonders für die eigentlich prägende Zeit, wie er es sieht, nach dem (frühen) Tod des Vaters und der dadurch bedingten Rückkehr der Mutter ins elterliche Haus: nun wird er unmittelbar zum Gegenstand von Charles, der seinerseits schon ein Opfer ist. Das Individuum erscheint hier – darum geht es – von vornherein als völlig aufgesogen von seiner Familie. Dies wird indirekt auch durch die – bei aller Witzigkeit – schockierend beiläufige Art suggeriert, mit welcher das Individuum eingeführt wird, das im Zentrum des Buchs steht: »heiratete sie, machte ihr im Galopp ein Kind, mich, und suchte, sich in den Tod zu flüchten«, »l'épousa, lui fit un enfant au galop, moi, et tenta de se réfugier dans la mort.« Dies ist der Sinn der vorgeschalteten, bis zum Urgroßvater zurückgreifenden und so viele Verwandte einbeziehenden Vorgeschichte, in der das Kind »badet«: Charles, Auguste, Louis, Albert, Louise, Georges, Emile, Anne-Marie, le docteur Sartre, Joseph, Hélène, Jean-Baptiste. Man halte dagegen das berühmte, das Individuum vom ersten Satz an in den Mittelpunkt stellende: »Am 28. August 1749, mittags mit dem Glockenschlag zwölf, kam ich in Frankfurt am Main auf die Welt.« Aber wir brauchen nicht so weit zu gehen. Simone de Beauvoir beginnt ihre Erinnerungen mit dem individualistisch-bürgerlichen, nahezu Goetheschen Satz: »Je suis née à quatre heures du matin, le 9 janvier 1908, dans une chambre aux meubles laqués de blanc, qui donnait sur le boulevard Raspail« (»Mémoires d'une jeune fille rangée«, 1958).

Der inhaltliche Aufbau der Vorgeschichte folgt dem chronologischen Verlauf und stellt die Familie Schweitzer ganz in den Vordergrund: von Sartres väterlichem Großvater (»le docteur Sartre«) erfahren wir nicht einmal den Namen, von seiner väterlichen Großmutter nur, daß sie die Tochter eines, wie es bei der Heirat schien, »reichen Besitzers aus dem Périgord« war. Zu achten ist auf die Unauffälligkeit der thematischen Übergänge, die den Eindruck des locker von einem zum anderen assoziierenden Erzählens erhöht: die Hochzeit von Charles leitet unauffällig über von seinem Porträt zu dem der Louise; das Thema Kindererziehung leitet ebenso unauffällig über von Louise zu ihren Kindern: zu dem merkwürdigen Emile (von Georges wird eigentlich nur gesagt, daß er »nie da war«), zu Anne-Marie. Das Porträt der Mutter (»ma mère« sagt der Autor erst auf der nächsten Seite, und auch dann sagt er meist »Anne-Marie«) ist schon äußerlich klar abgesetzt und zeichnet sich inhaltlich durch große Bitterkeit aus. Besonders in dem durch seine prägnante Kargheit packenden Schlußsatz (»Anne-Marie entdeckte, daß sie schön gewesen war«, »Anne-Marie s'aperçut qu'elle avait été belle«) tritt dies hervor: ein durch fremde Schuld um das Glück, das ihm möglich gewesen wäre, gebrachtes Leben. Im vorletzten Abschnitt der Vorgeschichte, der wiederum der Mutter gewidmet ist, wird jene Bitterkeit ebenfalls deutlich. Anne-Marie ist denn auch die einzige Figur, die fast in jeder Beziehung gut wegkommt. Selbst das Gefühl eigener Schuld ihr gegenüber klingt an (S.23).

Inhaltlich bedeutsam ist der zwischen Louise und Charles gesehene Unterschied. Es sind geradezu zwei gegensätzliche Welten, die sie repräsentieren; mit Marcel Proust zu sprechen: »du côté de chez Charles, du côté de chez Louise.« Die Welt von Charles, die der Schweitzer überhaupt, ist elsässisch, deutsch zumindest infiziert (trotz Charles' persönlicher, auf Entschluß beruhender Deutschfeindlichkeit: »Karl« läßt er sich gleichwohl nennen); sie ist protestantisch, spiritualistisch, theatralisch, grob (»les Schweitzer aimaient les mots crus«). Die Welt der Louise ist französisch, rein französisch, katholisch (beinahe im Sinn des berühmten – von Maurice Barrès – »ich bin Atheist, aber ich bin katholisch«, »je suis athée, mais je suis catholique«), realistisch, fein (»Louise aimait les mots couverts«). Diese Gegensätzlichkeit gilt, obwohl beide, in anderer Hinsicht, doch auch wieder eine Einheit bilden: was der gemeinsame Doppelname »Karlémami« anschaulich illustriert (»er evozierte durch die innige Verbindung dieser vier Silben die völlige Übereinstimmung der Personen«, S. 25). Das Porträt der Louise ist im übrigen ambivalent: es ist positiv im Vergleich zu Charles, recht negativ im Blick auf ihre Tochter.

Inhaltlich bedeutsam ist an einem Text nicht nur das darin Gesagte, sondern auch, was in ihm nicht gesagt wird, von dem man aber erwarten könnte, daß es gesagt würde. In dieser Hinsicht ist an unserem Text auffällig, daß kaum etwas über Äußeres mitgeteilt wird. Wir finden keine eingehende Milieuschilderung, etwa die des großväterlichen Hauses. Die zeitliche und räumliche Fixierung (»En Alsace, aux environs de 1850 ...«) bleibt ebenfalls ungenau. Es kommt dem Autor nicht auf atmosphärische Evokation der äußeren Umstände an, sondern allein auf die innere Geschichte, die vor allem an Bücher gebunden ist. Es fehlen ihm, wie er selbst bemerkt, »die dichten Erinnerungen und die süße Unvernunft einer ländlichen Kindheit« und: »die Bücher sind meine Vögel gewesen, meine Nester, meine Haustiere« (S. 37).

Zwei weitere inhaltliche Züge sind hervorzuheben. Einmal, was man als Entlarvungstendenz bezeichnen könnte: die Tendenz, Posen, Illusionen, Selbstlügen als solche aufzudecken. Was den Autor besonders irritiert, ist jenes »gut, aber verbogen denken«, »penser bien et de travers« bei Charles (»unwahrhaftig«, »leichtgläubig«, »Schauspieler«, »menteur«, »crédule«, »comédien«), und er macht sich in dieser Hinsicht die Haltung von Louise zu eigen, die gleichfalls auf solches Entlarven aus ist: »sie verwandelte all diese großen Gebärden zu nichts«, »elle réduisait en poudre toutes les grandes attitudes«. Hier mag man an die moralistische Tradition der französischen Literatur denken, wo es ja weithin auch gerade darum geht, eine sich idealistisch gebende Haltung als von niedrigeren Motiven bestimmt zu entlarven. Immer wieder tritt dies im Text hervor; nicht bloß im Blick auf Charles, sondern auch auf Louise (»sie hielt sich für unentbehrlich«) und schließlich im Blick auf das Kind Poulou selbst, dessen Kern als Lüge ausdrücklich aufgezeigt wird. Das ganze Buch ist ja – hierin liegt das Originelle dieser Autobiographie – Entlarvung, Destruktion eines Kindes. Dem Autor geht es hier um das ihm zentrale Problem der Identität, der Persönlichkeit: diese Menschen halten sich für etwas anderes als das, was sie faktisch sind. So heißt es später witzig zu Charles: »Er war ein Mann des 19. Jahrhunderts, der sich, wie so viele andere und wie Victor Hugo selbst, für Victor Hugo hielt«, »C'était un homme du XIXe siècle qui se prenait, comme tant d'autres, comme Victor Hugo lui-même, pour Victor Hugo.« In dem schönen letzten Satz des Buchs tritt – als dessen Fazit – dies Motiv signifikant wieder auf. Sartre hat nun, viele Jahrzehnte später, gelernt, wer er ist, nämlich: »Ein Mensch, ganz Mensch, aus dem Stoff geschaffen, aus dem alle geschaffen sind, und soviel wert wie alle anderen und dem nächstbesten gleich«, »Tout un homme, fait de tous les hommes et qui les vaut tous et que vaut n'importe qui«. Nun gibt es nichts mehr zu entlarven. Oder doch? Es ist die Frage. Quaeritur.

Zum anderen ist eine eigentümliche, ziemlich durchgehende Insistenz auf dem Sexuellen zu beobachten, und zwar in einem eher unangenehmen, gleichfalls destruktiven Sinn: man mag gleich das »niedergedrückt durch Kinder«, »accablé d'enfants« des ersten Satzes hierzu zählen, dann die Reiterin, die »écuyère«, aus der Übersetzer Hans Mayer – woher weiß er's? – flugs eine »Zirkusreiterin« macht, dann die abrupte, sich auf Tischgelage konzentrierende Hochzeitsreise ins Elsaß mit den »histoires scatologiques«, der Dispens vom »commerce conjugal«, das allgemeine »breite Einverständnis«, »large consentement aux fonctions naturelles« der Schweitzer (wovon das Sexuelle natürlich nur *ein* Element – und nicht das primäre – ist), dann die merkwürdigen prima-nox-Geschichten der Louise und ihre gewagte Lektüre (»beaucoup de romans lestes«), schließlich, nachdem auch das harte Wort »putain« gefallen ist, die »fortes idéalistes, moustachues et colorées«, mit denen sich Charles tröstet und die »trivialités nocturnes«, aus denen, Louise zufolge, die Ehe, neben der »suite infinie de sacrifices«, besteht. Nota bene: »la trivialité« ist nicht, wie Hans Mayer übersetzt, »Trivialität«, »trivial« heißt französisch (rien n'est simple) »obszön«. Dies ist viel (und noch einiges wäre zu nennen) für so wenige Seiten. Hierbei ist zu beobachten, daß die spezifisch getönte Insistenz auf dem Sexuellen nicht nur in gleicher Weise für die beiden – sonst so unterschiedlichen – Figuren Charles und Louise gilt: sie gilt auch für den Autor selbst. Er trifft wenige Seiten später, im Blick auf seinen Vater, die gewiß packende, aber auch eigentümlich abstoßende Formulierung: »ein Toter hatte die wenigen Tropfen Sperma ausgeschüttet, die der gewöhnliche Preis eines Kindes sind«, »un mort avait versé les quelques gouttes de sperme qui font le prix ordinaire d'un enfant« (S. 14).

Diese Formulierung ist für Art und Weise, wie das Sexuelle in »Les Mots« erscheint, kennzeichnend: es wird von ihm unmotiviert insistierend und mit einem – ebenfalls nicht recht motivierten – angewiderten Ausdruck gesprochen. Gewiß »paßt« dies inhaltliche Element ungefähr zu der hervorgehobenen Entlarvungstendenz, auch entfernt und zumindest im Sinn des gängigen Mißverständnisses zu dem »psychoanalytischen« Ansatz, aber es bleibt merkwürdig und hinsichtlich seiner Funktion nicht leicht einzuordnen. Warum jedoch sollte es unbedingt eingeordnet werden? Jedenfalls ist da nicht Kohärenz, sondern etwas anderes, leicht Fremdes: il y a quelque chose qui cloche, wie die Franzosen sagen; da stimmt was nicht.

Nicht-sprachliche formale Elemente

Hinsichtlich der formalen nicht-sprachlichen Elemente ist zunächst die spezifische Erzähl- oder Schreibhaltung des Autors zu kennzeichnen. Es geht hier um die Haltung, die ein Autor, bewußt oder unbewußt, gegenüber dem, was er erzählt und gegenüber seinem Leser, dem »impliziten Leser« (Wolfgang Iser), angenommen hat. Natürlich ist es aber nicht so, daß dasjenige, *was* gesagt werden soll, unabhängig von der Haltung schon fertig vorläge: vielmehr ist, was gesagt wird, zu einem größeren oder geringeren Teil gerade durch diese Haltung bedingt. Die Haltung ist, im Inhaltlichen und Formalen, auch im engeren Sinne Sprachlichen, die eigentliche Basis, der Quellpunkt, die »Origo« des Textes, und sie ist selbst ein Bestandteil von ihm.

Wie ist die Haltung des Autors zu kennzeichnen, die das Spezifische dieses Textes stiftet? Wir können sie nur aus dem fertigen Text, der durch sie bedingt ist, rekonstruieren: hier ergibt sich ein dem Verhältnis von Sprachbesitz (»langue«) und Sprachäußerung (»parole«) in der Sprachwissenschaft analoges Problem.

Die Haltung des durch Sartre hier ›vorgeschobenen‹ fiktiven Autors ist vor allem übrigen gekennzeichnet durch Distanz. Es ist durchweg die Sicht des Erwachsenen, der, was er war, von außen beobachtet und schildert. Es geht dem Autor um nichts weniger als um ein behagliches oder wehmütiges sich Hineinversenken in das »Paradies«, das »Unsägliche der Kindheit, das einmal alles sagte« (Adorno, Notizen zur Literatur, II, Frankfurt 1961, S. 131). Diese Distanz ist gewiß nicht Unbeteiligtheit, aber sie schließt doch Wärme aus (allenfalls in dem zur Mutter Gesagten ist da ein Bruch): es handelt sich um ein bitteres, grimmiges, denkbar ungemütliches, dominierend intellektuell sich äußerndes Engagement. Hinzu kommen – den Ingrimm zudeckend, aber nicht mildernd – Witz, Spott, eine spezifische Form von Ironie und eine Respektlosigkeit, die etwas Abweichendes hat: man spricht so nicht von Eltern und nächsten Verwandten. Hinzu kommt schließlich, klar hervortretend, die literarische Absicht und das literarisch motivierte Vergnügen am Schreiben dieses Berichts: es soll ein, wenn nicht ›schöner‹, so doch gut gemachter Text vorgelegt werden. Aus solcher Haltung ergibt sich ein literarisches Produkt, das ziemlich genau das Gegenteil dessen ist, was ein vormals in bürgerlichen Hausbibliotheken überaus geläufiger Titel bezeichnet: »Besonnte Vergangenheit« (Carl Ludwig Schleich, 1920). Darum in der Tat geht es Sartre am wenigsten.

Die spezifische Form von Ironie, von der ich sprach, ist komplex. Sie besteht jedenfalls in einer Verstellung: entweder es wird scheinbar eingegangen auf die Denkweise der Figuren (»der freche Tod meines Vaters«, »l'insolent trépas de mon père«), oder es wird Ernst vorgespiegelt, der plötzlich aufgehoben wird (»manchmal auch Freundschaft, unter der Voraussetzung, daß er sie nicht berührte«, »parfois aussi de l'amitié, pourvu qu'il ne la touchât pas«; »sie zog ihnen Georges vor, der immer weg war«, »elle leur préférait Georges qui n'était jamais là«). Diese Ironie ist zu unterscheiden von dem schieren Spott, der ebenfalls häufig erscheint: »entschied sich für die direkte Methode, als deren Erfinder er sich später bezeichnete«, »opta pour la méthode directe dont il se dit plus tard l'inventeur«.

Der vielleicht bemerkenswerteste formale Zug dieses Texts ist sein ungewöhnliches *Tempo*. Hier wird nichts ausgemalt, sondern jeweils nur angetippt und rasch von einem zum anderen fortgeschritten. Die

Kürze im Stil dieses Texts ist nicht die geballte, prägnante aphoristisch-epigrammatische Kürze, die den Leser festhält und mehr sagt als die Worte, die sie verwendet. Hier bleibt nichts im dunkeln. Alles ist ausgeleuchtet. Daher gibt ›Tempo‹ die Sache besser wieder als ›Kürze‹. Jenes Fortschreiten von einem zum anderen geschieht auf eine keineswegs atemlose, vielmehr locker assoziierende, beschwingte Weise (dies ist jedenfalls der vom Autor erzeugte Schein), so daß der Text insgesamt etwas Schwereloses und insofern Wirklichkeitsfernes erhält. Das Tempo dieses Texts ist das Allegro, aber nicht ein Allegro furioso, sondern grazioso (mit Brüchen). Der Text hat auch in dieser Hinsicht etwas vom Stil Voltaires, der ja ausdrücklich – in bezug auf Louise – genannt wird (ich denke etwa an den Beginn des »Candide«). Auch im Formalen also – nicht allein in der inhaltlichen Tendenz zur Entlarvung – macht sich der Autor das Motto der Louise zu eigen: »Gleitet, Sterbliche, drückt nicht auf!«, »Glissez, mortels, n'appuyez pas!« – ein Zitat übrigens aus einem vormals ziemlich bekannten Gedicht von Pierre-Charles Roy (ebenfalls aus dem 18. Jahrhundert) über das Schlittschuhlaufen, durch ein Gemälde von Lancret, »Le Patinage«, inspiriert.

Ein weiterer formaler Zug ist die immer wiederkehrende *Klauseltechnik*: der Schluß des Satzes oder auch einer satzübergreifenden Einheit bringt entweder das Entscheidende oder doch einen überraschenden Keulenschlag: »bemerkte sie, daß sie schön gewesen war«, »s'aperçut qu'elle avait été belle«, »und suchte in den Tod zu flüchten«, »et tenta de se réfugier dans la mort«, »nackt und von Sinnen«, »nue et folle«, »den Marquisen und Nutten«, »aux marquises et aux putains«. Es ist dies gleichsam die Technik des nachkommenden dicken Endes. Verbunden mit der Klauseltechnik, der inhaltlichen Oxytonalität, findet sich immer wieder die *Antithese*: »er führte meine Mutter zu ihren Ketten zurück; mir schenkte er Freiheit«, »elle rendit ma mère à ses chaînes et me donna la liberté«.

Ein für den Text sehr kennzeichnendes formales Element, das eng mit seinem Allegro zusammenhängt, ist die Technik der sprechenden, oder (sehr häufig) entlarvenden *Momentaufnahme*. Der Autor schildert nicht umständlich atmosphärisch Einzelheiten, sondern umreißt mit zwei, drei Strichen eine Szene, die – für sich allein – auf eine allgemeine Situation ein bezeichnendes Schlaglicht wirft, so daß es weiterer Worte nicht bedarf: »Man drehte sein Bild gegen die Wand«, »On retourna son portrait contre le mur«, »er hatte sie vor dem Ende der Mahlzeit hinausgeschleift und in einen Zug geworfen«, »il l'avait enlevée avant la fin du repas et jetée dans un train«. Oder Charles beim Eintritt ins Zimmer von Louise. Oder wieder Charles im Nachthemd mit der Uhr in der Hand. Hierher gehören auch die sehr zahlreichen stehenden oder einmaligen Äußerungen, die der Autor zitiert: auch sie haben die Funktion, für sich selbst schon die Elemente einer Situation oder eines Charakters mit einem Schlag aufzudecken: Charles' einleitende Worte bei der Preisverteilung, seine Kennzeichnung der Brüder und seiner selbst, oder besonders drastisch: »Er nahm sich alles Weiße und ließ mir das Grüne«, »Il prenait tout le blanc et me laissait le vert«. Von Louise werden in dem Passus allein fünf solcher stehenden Sätze genannt. Nicht alle im Sinne jener Momentaufnahmen mitgeteilten Details sind signifikant: zum Beispiel die Einzelheiten von Emiles trauriger Erbschaft oder etwa, daß sich Doktor Sartre in Thiviers »dem Apotheker gegenüber«, »en face du pharmacien«, niederließ. Wären alle genannten Details so zeichenhaft geladen wie viele von ihnen, erhielte der Text etwas Künstliches und verlöre seine (scheinbare) Spontaneität: hierin zeigt sich das »gut Gemachte«, ja Raffinierte an ihm.

Mit der Technik der kommentarlos hingesetzten Momentaufnahme hängt ein weiteres formales Element eng zusammen. Man könnte es *Groteskisierung* nennen: es besteht darin, daß einzelne Züge an Personen und Situationen ins Groteske hinein überzeichnet und stilisiert werden. Beispiele: das umgedrehte Bild; die in den Zug geworfene Braut; der schematische Ablauf der Besuche Emiles bei der Mutter; die vierzig Jahre, während derer der Doktor Sartre mit seiner Frau nicht gesprochen haben soll; der Kampf mit den Wörtern als ausschließlicher Lebensinhalt des stotternden Joseph; Karl im Nachthemd die Tochter erwartend und Punkt zehn losdonnernd. Diese Figuren erhalten, wie sie der Autor präsentiert, etwas Marionettenhaftes: es sind in der Tat »puppets on the string«.

Der Autor reduziert karikierend die Zusammengesetztheit des Lebendigen auf einige wenige Elemente, bei Joseph gar nur auf eines. Dies wird im Porträt des Großvaters besonders deutlich. Bei Emile, der sowohl durch starke Vater- als auch Mutterbindung geprägt ist, gelingt dem Autor die Reduzierung nicht (»Er verwirrt mich«, »Il m'intrigue«): hier wird von jener Zusammengesetztheit, also der Wirklichkeit, etwas sichtbar. Solche durch Groteskisierung herbeigeführte Entfernung vom Lebendig-Wirklichen ist zunächst einmal, wie sie hier praktiziert ist, komisch; übrigens fast ganz im Sinne Bergsons. Sie hat aber einen tieferen Sinn: sie entspricht der Festgefahrenheit dieser Figuren in Rollen; ein Ausbruch aus diesen Rollen, irgendein Spontanes erscheinen als unmöglich. So will es jedenfalls der Autor. Hier läßt sich die Frage schwer unterdrücken: ist eine solch reduktionistische Darstellung von ganzen Lebensschicksalen erlaubt? Man sollte, finde ich, darüber ein wenig erschrecken: der Text hat hier etwas Unheimliches, beinahe Unmenschliches.

Natürlich sind solche Reduktionen nicht *wahr*. Ein Beispiel: Anne-Marie; auch sie erscheint in solcher Groteskisierung: »verbrachte ihre Kindheit auf einem Stuhl«, »passa son enfance sur une chaise«. Der Autor sagt, daß ihr drei Dinge – und nur drei – beigebracht wurden: »sich zu langweilen, sich gerade zu halten, zu nähen«, »à s'ennuyer, à se tenir droite, à coudre«. Später erfahren wir, daß sie eine recht gute Pianistin war: »sie setzte sich ans Klavier und spielte die Balladen von Chopin, eine Sonate von Schumann, die symphonischen Variationen von Franck« (S. 103). Diese doch gewiß nicht unwichtige, ihr gerade durch die Familie vermittelte Lebensbereicherung unterschlägt der Autor, weil sie sich *einer* der Intentionen seines Textes nicht fügt. Über Anne-Marie, später – nach ihrer Wiederverheiratung – Mme Mancy, teilt Simone de Beauvoir einiges mit, zum Beispiel: »D'une famille de musiciens, jouant très bien du piano et douée d'une belle voix, elle avait souhaité faire une carrière de cantatrice« (Tout compte fait, S. 104). Simone de Beauvoir zufolge erklärte Mme Mancy, die erst nach der Veröffentlichung von »Les Mots« in hohem Alter starb: »C'est seulement maintenant, à quatre-vingt-quatre ans, que je me suis vraiment affranchie de ma mère«.

Insofern ist das Porträt der Mutter unwahr. Andererseits: was hier in einem engeren Sinn Unwahrheit ist, ist in einem allgemeineren und tieferen doch wieder Wahrheit, denn das Erlernen des Klavierspiels liegt ja – als durchaus ›systemimmanente‹ bürgerliche Übung – auf der Linie der genannten drei Dinge: es erbringt, da nur als Ornament begriffen, nicht jene Befreiung des Lebens zu sich selbst, die Sartre meint. Diese Art Erziehung insgesamt befreit das Leben nicht zu den Möglichkeiten, auf die es ein Anrecht hat. Viele der Reduktionen – nicht alle – lassen sich analog rechtfertigen. Aber ist hinsichtlich der groteskisierenden Reduktionen die Frage ›erlaubt oder unerlaubt‹ überhaupt zulässig? Sie ist jedenfalls problematisch wegen der prinzipiell gegebenen Spannung zwischen dem Literarischen und dem Moralischen. »Aber es waren ja nur Nebenpersonen«, läßt aus vergleichbarem Anlaß Thomas Mann seinen fiktiven Autor im »Erwählten« sagen (Kapitel »Der Zweikampf«). Ich finde nur – allein darum geht es mir –, daß über der evidenten Komik, dem beträchtlichen literarischen Reiz dieser Reduktionen das Erschreckende dieser im Grund gewalttätigen Art der Präsentierung von Menschen nicht verborgen bleiben darf. Auch in dieser Hinsicht, scheint mir, ist anzumerken: »il y a quelque chose qui cloche.«

Sprachlich formale Elemente

Als formale Elemente dieses Texts können unter den im engeren Sinne sprachlichen nur diejenigen betrachtet werden, die *in* ihm und *für* ihn eine bestimmte Funktion haben und somit etwas beitragen zu seiner spezifischen Signatur. Es muß sich, linguistisch gesprochen, um Elemente des allgemeinen Sprachbesitzes, der »langue« im Sinne Saussures handeln, die in diesem Text mit *spezifischer* Funktion – bewußt oder unbewußt – ›zum Einsatz gebracht‹ worden sind. Letzteres ist natürlich eine schiefe Ausdrucksweise. Es sind also, von hier aus, in einem Text zwei Arten von sprachlichen Elementen zu unterscheiden: spezifische und nicht-spezifische. Die Initialstellung von »Restait« auf der ersten Seite »Blieb noch Louis«, »Restait Louis« (dies wiederholt sich kurz nachher S.14: »Restait le patriarche …«), die Verwendungen von ›imparfait‹ und ›passé simple‹, das heißt das Wechseln von der einen Tempusform zur anderen, die Korrespondenz von »paternel« (»le sacrifice paternel«) und »du père« (»le beau geste du père«), die Verwendung von spezifisch französischen Wörtern wie »défroqué«, »leste«, »enjoué«, »mignon«, »délicat«, »intriguer«, denen im Wortschatz des Deutschen mehr oder weniger

Lücken entsprechen, die Verwendung der Synonyme »circonstance« und »événement« in einem, wie ich sagen würde, »nicht-synonymischen Kontext« (H.-M. Gauger, Zum Problem der Synonyme, Tübingen 1972, S. 65–119), sind – neben vielen anderen – vom Standpunkt der Linguistik aus interessante grammatische, derivationelle, lexikalische Elemente dieses Texts. Es sind sprachliche Elemente *dieses* Texts, insofern sie in ihm *vorkommen*. Im Blick auf die Interpretation gerade *dieses* Texts sind sie aber uninteressant, weil unspezifisch. Die spezifischen sprachlichen Elemente dieses Texts – dies ist zunächst hervorzukehren – sind nicht zahlreich. Einige lassen sich unter dem Begriff ›Klassizität der Sprache‹ zusammenfassen. Zweitens und vor allem ist in diesem Zusammenhang die Segmentierung zu nennen; drittens die zahlreichen Satzellipsen oder verkürzten Sätze; viertens ein abweichend häufiger Gebrauch des Doppelpunkts, worauf schon Ludwig Söll hingewiesen hat (L. Söll, Der Doppelpunkt als Stilphänomen und Übersetzungsproblem. Bemerkungen zu »Les Mots« von Jean-Paul Sartre, in: Germanisch-Romanische Monatsschrift, XVIII, 1968, S. 422–431). Dies ist, soweit ich sehe, bereits alles. Es liegt daher auf der Hand, daß, was die Signatur dieses – gewiß markanten – Texts prägt, zum allergeringsten Teil sprachlich ist: was diesen Text prägt, ist das Inhaltliche und das (nichtsprachlich) Formale. Zu diesen vier Elementen einige Anmerkungen.

Erstens. Zur ›Klassizität‹ der Sprache dieses Texts ist zunächst zu bemerken, daß es nicht die Sprache ist, die hier ›klassisch‹ ist, sondern das Sprechen, die Sprechweise, der »Diskurs«. Hier von ›Sprache‹ zu reden, ist zwar üblich, aber schief: es geht – im Sinne des französischen »langage« – um spezifisches *Sprechen* innerhalb einer bestimmten Sprache, nicht um eine spezifische *Sprache* innerhalb dieser bestimmten Sprache. Es gibt ja nicht, wie strukturalistische Linguisten, etwa Coseriu, um nur den bedeutendsten zu nennen, dies darstellen, so etwas wie ein Subsystem ›klassischer Sprache‹ innerhalb des gegenwärtigen Französischen. Worum geht es? Sartre vermeidet – negativ gesprochen – Elemente, die aus dem ›Klassischen‹ herausfallen könnten (von einigen Elementen ist dabei abzusehen: ich komme darauf zurück); positiv gesagt: der Autor fügt sich sprachlich – nur sprachlich – einem bestimmten traditionellen Texttypus, einer spezifischen Diskurstradition. Darum, nicht um eine besondere Sprache, geht es hier. ›Klassisch‹ ist das Sprachliche dieses Texts im Sinne des Gekonnten, Meisterlichen, sich an Vorbildern, einem impliziten Kanon ›guter‹ Texte Orientierenden. Ein Text ist, nach dieser Auffassung, vorbildlich, weil und indem er sich seinerseits an anerkannten Vorbildern orientiert. Es gibt auch im Sprachlichen und Stilistischen den »Brauch der Väter«, »mos maiorum«. Wieder einmal tritt hier der Unterschied zwischen Frankreich und Deutschland hervor: ein solcher, durch stillschweigenden Konsens sanktionierter Kanon ›guter‹ Texte (»les bons auteurs«, »les maîtres«) ist bei uns zumindest nicht in gleicher Weise vorhanden. Bei Sartre kommt – im Fall von »Les Mots« – die mühelose, geradezu heitere Selbstverständlichkeit hinzu, mit der er sich der Tradition des ›guten‹ französischen Texts einfügt. Es fehlt dabei auch nicht – unterschwellig, aber kaum zu verkennen – die kokette Geste: aber seht doch, das kann ich auch; ich brauch ja nur zu wollen!

Von dem spezifischen Verhältnis zur Sprache, das Sartre hier meint und für sich selbst mit ironischer Brechung aufnimmt, wird etwas deutlich in den Worten, mit denen er seines Großvaters Sprachhaltung, dessen *Sprachbewußtsein* zu Beginn des zweiten Teils (»Schreiben«) kennzeichnet: »Charles Schweitzer hat sich nie für einen Schriftsteller gehalten, aber die französische Sprache erstaunte und entzückte ihn noch mit siebzig, weil er sie mit Mühe erlernt hatte und weil sie ihm nicht völlig gehörte: er spielte mit ihr, die Wörter gefielen ihm, er liebte es, sie auszusprechen, und seine unbarmherzige Diktion ließ keine Silbe aus; wenn er Zeit hatte, ordnete seine Feder sie zu Sträußen«, »Charles Schweitzer ne s'était jamais pris pour un écrivain mais la langue française l'émerveillait encore, à soixante-dix ans, parce qu'il l'avait apprise difficilement et qu'elle ne lui appartenait pas tout à fait: il jouait avec elle, se plaisait aux mots, aimait à les prononcer et son impitoyable diction ne faisait pas grâce d'une syllabe; quand il avait le temps, sa plume les assortissait en bouquets« (S. 115). Wir finden hier das Staunen vor der Sprache, das Spielen mit ihr und vor allem – sehr bedeutsam und kennzeichnend – ihre Verdinglichung: Wörter werden wie Blumen zu Sträußchen gebunden. Psychologisch liegt hier eben das vor, was die Wendung »il se plaisait aux mots« nicht im ›eigentlichen‹ Sinne, aber dem (unsprachlichen) Wortsinn nach meint; nicht: die Wörter gefielen ihm, sondern er selbst gefiel sich im

Blick auf die Wörter, die ihm jetzt – nach den Mühen des Zweiterwerbs – zu Gebote standen. Und wieder dies Motiv, von Sartre für sich selbst als konstitutiv erachtet: Nicht-Unterscheidung zwischen Dingen und Wörtern; Zerfließen jedenfalls dieser Unterscheidung, der zwischen der Rose und ihrem Namen ...

Insofern – auch insofern – gehört für die Auffassung von Schriftstellerei, von »Belles Lettres«, die Sartre hier sowohl destruiert als auch ironisch zelebriert, das »Lire« als notwendige Voraussetzung zum »Ecrire«. Wichtig sind in dieser Hinsicht dann aber besonders die von Charles nicht akzeptierten, weithin geheim gepflogenen »mauvaises lectures« des Kindes (dies ist Charles' eigener, S. 120 zitierter Ausdruck); diese andere Lektüre führt, da die erste neben ihr weiterläuft, zu jener bleibenden charakteristischen Spaltung: »Ich, das prophetische Kind, die junge Wahrsagerin, Eljakim der Schönen Literatur, zeigte eine wilde Neigung für das Infame ... ich setzte friedlich mein Doppelleben fort. Es hat nie aufgehört: noch heute lese ich lieber die ›Schwarze Serie‹ als Wittgenstein«, »Moi, l'enfant prophétique, la jeune Pythonisse, l'Eliacin des Belles-Lettres, je manifestais un penchant furieux pour l'infamie ... je continuai paisiblement ma double vie. Elle n'a jamais cessé: aujourd'hui encore, je lis plus volontiers les ›Série Noire‹ que Wittgenstein« (S. 60/61). Sartre selbst gebraucht hier für die beiden durch die verschiedenen Lektüren repräsentierten Welten die Ausdrücke »bordel« und »temple«. Von der »Verpöbelung«, dem »encanaillement«, von dem er dabei charakteristischerweise ebenfalls redet (»je m'encanaillais«), ist auch in unserem Passus einiges spürbar.

Die Klassizität des Textes ist nämlich auch sprachlich porös: »Nutten«, »putains«, markiert einen der nicht seltenen, gerade wegen der sonst ›guten Sprache‹ besonders wirksamen Brüche, wenig später auch »emmerder« (»Et puis mon grand-père se plaît à emmerder ses fils ...«, S. 20)., *emmerder* meint nicht, analog zum Deutschen, »betrügen«, sondern »belästigen«; oder: »die Erwachsenen sollen die Klappe halten«, »les adultes n'ont qu' à la boucler« (S. 43). Das Merkmal des sprachlich ›klassischen‹ Texttyps ist ja im wesentlichen negativ: bestimmte Elemente dürfen *nicht* auftreten. In positiver Hinsicht sind zu vermerken: einige besonders gewählte Wörter (z. B.: »scatologique«, »fruste«, »trépas«), aber zum Klassischen gehört, daß gerade auch nach dieser Richtung nicht übertrieben wird; sodann natürlich die zahlreichen Formen des »imparfait du subjonctif« (sie erscheinen besonders in den konditionalen Gefügen). Über das Sprachliche hinaus tragen auch nicht wenige klassisch-antike Namen und Anspielungen (»la longue Ariane qui revint à Meudon«) zu dem klassischen, mit humanistischer Bildung gesättigten Kolorit des Textes bei.

Zweitens. Die ›Segmentierung‹, schon von Charles Bally in »Linguistique générale et linguistique française« eindringlich, aber nicht in jeder Hinsicht vollständig analysiert, ist im Sinne der »stylistique de la langue« dieses Autors – jede Sprache vertritt, rein als solche, unter den übrigen einen bestimmten Stil – ein Stilzug der französischen Sprache als solcher. Es ist kein Zweifel, daß sie in diesem Text besonders ausgiebig zur Anwendung kommt, und zwar – entsprechend dem ›klassischen‹ Charakter des Texts – nur in quantitativer Hinsicht: qualitativ könnte hier, von den Möglichkeiten der französischen Sprache her, ungleich weiter gegangen werden. Es sind zumeist Umstandsbestimmungen (Ort, Zeit, Art und Weise), die durch dies Verfahren, indem sie dem Satz häppchenartig vorausgeschickt werden, als gleichsam aus ihm herausgenommen erscheinen. Dem Komma in der Schrift entspricht ein bestimmtes intonatives Muster, auf das hier nicht eingegangen werden kann: Pause bei Erhöhung der Melodie; tieferer Neueinsatz nach der Pause. Einige Beispiele: »En Alsace, aux environs de 1850, un instituteur ...«; »Cependant, Charles n'avait pas retrouvé son écuyère ...«; »la jeune épousée qu'on retrouvait, au matin, réfugiée sur l'armoire, nue et folle«; »et, de temps à autre, sans un mot, l'engrossait ...«. Wörtlich übersetzt hieße dies: »Im Elsaß, um das Jahr 1850 herum, ein Volksschullehrer ...«; »Indessen, Charles hatte seine Reiterin nicht wiedergefunden ...«; »die junge Braut, die man wiederfand, morgens, geflüchtet auf den Schrank, nackt und verrückt«; »und, von Zeit zu Zeit, ohne ein Wort, schwängerte er sie ...« Die Segmentierung bewirkt, der Tendenz nach, daß der eigentliche Satz nur noch in der Verbindung von Subjektkern und Verbum besteht: die übrigen Elemente, besonders die des Prädikats, erscheinen als zusätzlich und jeweils für sich – außerhalb des eigentlichen Satzes – gegebene Elemente. Es ist klar, daß dies sprachliche Verfahren stark zu dem Eindruck des Schlanken,

Leichten, Schwebenden (»Glissez, mortels ...«) beiträgt und auch zum Eindruck von Kürze und Tempo.

Die deutschen Sätze haben – verglichen mit dem Original – etwas wurmartig Langes, Langsames, Schwerflüssiges: aus heiterem Allegro wird gravitätisches Andante. Auch in meiner Übersetzung, in der ich versucht habe, nahe am Französischen zu bleiben. Nietzsche, zu Beginn seiner Schrift gegen Wagner: »Was sich am schlechtesten aus einer Sprache in die andere übersetzen läßt, ist das Tempo ihres Stils ... Es gibt ehrlich gemeinte Übersetzungen, die beinahe Fälschungen sind, als unfreiwillige Vergemeinerungen (sic!) des Originals, bloß weil sein tapfres und lustiges Tempo nicht mit übersetzt werden konnte ... Der Deutsche ist beinahe des presto in seiner Sprache unfähig ...« Gewiß ist dies alles andere als schlechthin richtig, es ist aber etwas dran: der deutsche Übersetzer kann hier – aufgrund der Norm des Deutschen selbst – nicht mitziehen. Eine solche Segmentierung – »Im Elsaß, um das Jahr 1850 herum ...« – erbrächte im Deutschen etwas Outriertes: ein atemlos unruhiges, gerade nicht leichtes, sondern eher gequältes Staccato. Strukturell ist hier natürlich im Deutschen die Inversion nach einleitender Umstandsbestimmung bzw. die Zweistellung des Verbs im Aussagesatz bedeutsam: »Im Elsaß, um das Jahr 1850 herum, ein Volksschullehrer von Kindern niedergedrückt, stimmte zu ...« Dies geht auch strukturell, nicht allein von der stilistischen Norm her, nicht. Interessanterweise kommt die englische Übersetzung hierin dem französischen Original besonders nahe: »In Alsace, round about 1850, a schoolmaster, burdened with children, agreed to become a grocer« (I. Clephane, Penguin Books 1967. Zur Segmentierung: L. Söll, Gesprochenes und geschriebenes Französisch, Berlin 1974, S. 123–131).

Drittens. Unter die Stichworte Leichtigkeit, Tempo (und formal mit der Segmentierung zusammenhängend) gehören auch die zahlreichen Ellipsen: Satzellipsen, die nur aus einem Wort – oft einem Adjektiv – bestehen und in der Übersetzung ebenfalls aufgelöst werden müssen, während das Original den logischen Status dieser Ellipsen bloß impliziert; adversativ: »Incroyante, Louise les fit croyants par dégoût du protestantisme« (vielleicht der abgründig witzigste Satz dieses Passus): »Obwohl sie selbst ungläubig war ...«;

konditional und – im zweiten Fall – kausal: »passive, on l'eût accusée d'être une charge; active, on la soupçonnait ...«, »wenn sie sich passiv verhalten hätte ...«; kausal: »Outré, le docteur Sartre resta quarante ans ...«; oder einfach präzisierend: »Naturalistes et puritains ... les Schweitzer aimaient les mots crus«. Auch hier haben wir die quantitativ auffällige, wenn auch nicht *sehr* abweichende Verwendung eines ›Stilzugs‹ der französischen Sprache selbst. Sehr spezifisch ist auch dies Stilmerkmal nicht.

Viertens. Ausgesprochen abweichend ist dagegen die Verwendung des Doppelpunkts: allein auf der ersten Seite findet er sich fünfmal. Ein besonders eindrückliches Beispiel steht im Porträt der Mutter: »Elle avait des dons: on crut distingué de les laisser en friche; de l'éclat: on prit soin de le lui cacher«. Dem Doppelpunkt entspricht, wenngleich nicht ganz einheitlich, ebenfalls ein bestimmtes Intonationsmuster. Inhaltlich ist er, wie gerade das letzte Beispiel zeigt, eine Wortellipse, er enthält oder steht für ein unterdrücktes Wort oder gar einen ganzen Satz: »aber«, »nämlich«, »denn«, »weil,«, »er dachte sich nämlich« (z. B.: »Ce défroqué voulut une compensation: puisqu'il renonçait ...«), »dies äußerte sich darin, daß« (z. B.: »le beau geste du père l'avait marqué: il garda toute sa vie ...«). Auch der Doppelpunkt, von dem Adorno sehr treffend sagt, daß er die sprachliche Entsprechung des Dominantseptimakkords sei, steht in unserem Text (nicht anders als Segmentierung und Satzellipse) im Dienst von Leichtigkeit, Kürze und Tempo. Dies geschieht auch dadurch, daß er, wie die Segmentierung, ein parataktisches Mittel ist und also hilft, die Hypotaxe, die Leichtigkeit, Kürze und Tempo entgegensteht, zu meiden. Es ist kein Zweifel, daß Segmentierung, Satzellipse und Doppelpunkttechnik in unserem Text zusammengehören: sie stehen im Dienst einer identischen Wirkung.

Noch einmal: natürlich ließen sich unter linguistischem Gesichtspunkt zahlreiche Elemente dieses Texts untersuchen. Nur würde dann die Interpretation *dieses* Texts in seiner Besonderheit verlassen. Ich trage zur Beschreibung *dieses* Texts so gut wie gar nichts bei, wenn ich zum Beispiel den Gebrauch des Imperfekts (›imparfait‹) und des Perfekts (›passé simple‹) in ihm erläutere, denn dieser Gebrauch ist hier nicht spezifisch; er ist der durch die französische Sprache selbst vorgegebene. Der Text, der hier Gegenstand wurde, ist nun einmal – rein sprachlich gesehen – wenig oder gar nicht »abweichend«.

Sein Reiz liegt, insgesamt, nicht zum geringsten Teil gerade in der Spannung, die er realisiert, zwischen dem unkonventionellen Inhalt – eine ihren Gegenstand destruierende Autobiographie – und der auf raffinierte Weise *konventionellen*, der, bei aller Raffiniertheit, mühelos erscheinenden *klassischen* Form.

Jean-Paul Sartre ist mit »Les Mots« – über den großen Erfolg des Buchs hat er sich, wie es scheint, beinahe geärgert – ein außerordentliches Werk geglückt. Nur Weniges ist ihm zur Seite zu stellen, und man müßte sehr hoch greifen: Voltaires »Candide« in der Tat; Klassizität, eine Art von Entrücktheit, wie sie dem Klassischen eignet. Hier wurde das Erleben einer Kindheit, das damalige und dasjenige, das die Niederschrift begleitete, Kunst. Andererseits – und hier stellt sich ein grundsätzliches Problem – zeigt dies Werk, bei genauem Hinsehen, often die latente Spannung zwischen Wahrheit und Kunst, denn die äußerste Stilisierung, mit der die Kunst in diesem Fall einhergeht – aber heißt Kunst nicht immer Stilisierung? –, setzt sich in Widerspruch, *muß* sich in Widerspruch setzen zur Wirklichkeit. Solche Stilisierung kann der Zusammengesetztheit des Wirklichen, auf die die Schilderung zielt, nicht gerecht werden. Sie *ist* ungerecht. Freilich, wie angedeutet: diese Stilisierung entspricht einer *anderen* Wirklichkeit und ist *deren* Produkt, die Wirklichkeit dessen nämlich, der hier schreibt; die eines Sechzigjährigen, der sich zu durchschauen glaubt und nun herfällt, mit distanzierter Rage, über das Kind, das er war und noch immer in sich lebendig spürt. Die Destruktion des Kinds geschieht nun in eigentümlicher Mischung: da ist federnde Genauigkeit, heiterer Ingrimm und klassische, also nicht ausufernde, sondern knappe, nicht insistierende, sondern schwebende Zierlichkeit. Es fehlt aber auch nicht die Erdenschwere; die Wirklichkeit, der dieser Text entrissen wurde, aus der er sich, wie auch immer, löste, ist doch noch in ihm, er zeigt noch die Bangigkeit des Erlebens. So ist die Wirkung erheiternd und beängstigend zugleich: »il y a quelque chose qui cloche.« Ästhetisch also, literarisch, ein Meisterwerk, das schiere Vergnügen. Ethisch jedoch, im Blick auf Wahrheit, lassen sich Bedenken, die sich nach einiger Zeit einstellen, nicht unterdrücken, dann jedenfalls, wenn man sich nicht zu beruhigen versteht durch die

Auskunft, daß das Ästhetische seine eigene Wahrheit habe. Bleibt nicht schließlich doch bestehen, daß hier, mit welch glänzendem Erfolg auch immer, der Kunst geopfert wurde zu Lasten der Wahrheit, die zu sagen wäre über die Wirklichkeit, die in Rede steht?

Mitzuteilen bleibt noch dies: Simone de Beauvoir zufolge (Tout compte fait, S. 107) erklärte Sartres Mutter, Anne-Marie Mancy, geborene Schweitzer, die, erneut verheiratet und dann wieder Witwe geworden, in hohem Alter starb, sie habe sich über dies Buch gefreut, freilich, setzte sie hinzu: »Von seiner Kindheit hat er gar nichts verstanden«, »Il n'a rien compris à son enfance.«

Der Stil Golo Manns

Einleitendes

Als Golo Mann im Jahr 1968 den, wie man weiß, auf *schöne* Literatur bezogenen Georg-Büchner-Preis der »Deutschen Akademie für Sprache und Dichtung« erhielt, sagte er zu Beginn seiner Dankesrede, diese Ehrung habe ihn nicht nur gefreut, sondern auch überrascht: »Es geschieht ja wohl zum erstenmal, daß kein Poet, sondern ein trocken historisierender Schriftsteller erwählt wurde.«[1] In dieser Äußerung zeigt sich bereits ein Element des Stils von Golo Mann. Man darf es Koketterie nennen: daß er kein »trockener Schriftsteller« ist, auch nicht im Vergleich zu einem »Poeten«, weiß Golo Mann, und er weiß auch, daß seine Leser es wissen.

Golo Manns »Wallenstein« erschien drei Jahre nach dieser Preisverleihung, 1971. In einem Aufsatz »Pro domo sua oder Gedanken über Geschichtsschreibung« wehrt sich Golo Mann gegen eine Rezension, die im »Wallenstein« nichts anderes sah als eine »wohlkomponierte Flucht in die Literatur«. Das Buch habe, so der (damals) junge Kritiker, mit dem »gegenwärtigen Stand und mit den derzeit verfügbaren Mitteln der geschichtswissenschaftlichen Reflexion« nichts zu schaffen: »das sachliche Erkenntnisproblem wird artistisch überlagert, nicht der Historiker, sondern der Literat weist der Darstellung die Richtung«[2]. Zu diesem harten Vorwurf sagt Golo Mann: »Hier müßte man sich darüber einigen, was denn eigentlich, innerhalb des geschichtswissenschaftlichen Bereichs, ›Literatur‹ sei ... Meine Antwort: ›Literatur‹ ist hier zunächst Stil. Sie ist der Wille, oder doch der Versuch, durch die Organisierung des chaotischen Stoffes, durch die Energie der Sprache, durch Spannung und Farbe den Leser zu interessieren.« So gesehen, fügt der Autor hinzu, seien

»viele, wenn nicht die meisten schöpferischen Historiker ›Literaten‹ gewesen«.[3]

In der Tat: Golo Mann ist als historischer Schriftsteller (und auch in seinen anderen Arbeiten) von einem bewußten Willen zum Stil bestimmt. Der Stoff des Historikers, an sich »chaotisch«, muß für die Darstellung »organisiert« werden; der Ausdruck »Energie der Sprache« meint eine bewußte, auf ein Ziel orientierte Verwendung von Sprache; das Ziel ist die Gewinnung des Leserinteresses; diesem Ziel dienen die Erzeugung von »Spannung« (durch Gliederung) und von »Farbe« (durch sprachliche Gestaltung). Diese Bestimmung ist interessant, aber nicht ausreichend. »Stil« ist hier ausschließlich im Blick auf die Intentionen definiert, die ein Autor hinsichtlich seiner Leser verfolgt. Beim Stil geht es aber auch um Elemente, die auf anderem Weg zustande kommen und etwa in den Text geraten, ohne daß der Autor es beabsichtigt hätte. In diesem Sinn schreibt Golo Mann selbst im Blick auf Bismarck: »Ewig bleibt wahr, daß der Stil der Mensch ist; in dem, was einer schreibt, ist sein Geist, sein Wille, seine Seele – alles. Eben damit hängt zusammen, daß, wenn man viel in Bismarcks Schriften liest, man auch wohl von ihnen befremdet, ja manchmal fast abgestoßen werden mag. Es ist etwas Schroffes, Trockenes in der Präzision seines Ausdrucks, etwas Kaltbeherrschendes in der Kunst seiner Satzrhythmen.«[4] Jedenfalls gehören zum Stil, um in der Terminologie des Sprachtheoretikers Karl Bühler zu sprechen, nicht nur Elemente der »Appellfunktion«, die sich auf den Hörer oder Leser beziehen und an die Golo Mann bei seiner Stilbestimmung ausschließlich dachte, sondern auch Elemente der »Ausdrucksfunktion«, Elemente des Textes also, die etwas ausdrücken von dem, was im Schreibenden oder Sprechenden über das Gesagte hinaus (aber mit ihm zusammenhängend) ist. Die dritte Funktion, die Bühler unterscheidet, ist die »Darstellungsfunktion«. Diese bezieht sich auf außersprachliche »Gegenstände und Sachverhalte« und ist natürlich die dominierende Funktion. Wer sich sprachlich äußert, äußert sich immer über etwas.[5] Stil wäre also, was zur reinen »Darstellung«, sei es im Sinne des »Appells« oder des »Ausdrucks«, hinzukommt. Damit übernehme ich Bühlers Modell nicht pauschal als richtig und beanspruche auch nicht, das Phänomen ›Stil‹ vollständig bestimmt zu haben. Im Blick auf den Autor »fiktionaler Texte«, den Dichter oder

Schriftsteller im engeren Sinn, wäre eine solche Bestimmung ganz unangemessen, denn Stil kann natürlich auch in den »Gegenständen und Sachverhalten« selbst liegen, von denen der Dichter oder Schriftsteller (wenn man auf diese Unterscheidung Wert legt) redet.

Bühlers Unterscheidung macht jedoch gerade den Unterschied deutlich, der zwischen dem Historiker und dem Autor »fiktionaler Texte« besteht. Der Historiker ist nicht frei im Blick auf seine »Gegenstände und Sachverhalte«. Flauberts »Madame Bovary« zum Beispiel beruht auf einer wahren Geschichte. Genauer: der Roman wurde durch eine tatsächlich vorgefallene Geschichte angeregt, die der Delphine de la Mare, einer Arztfrau aus dem normannischen Dorf Ry; Flauberts Freunde Bouilhet und Du Camp hatten ihn auf diese Geschichte hingewiesen. Gegenüber dieser Geschichte verfuhr nun Flaubert, wie dies ein Dichter, nicht jedoch ein Historiker, darf: Er schuf sich die in seinem Roman dargestellten »Gegenstände und Sachverhalte«, wozu hier in erster Linie die Personen gehören, selbst. Zum Beispiel schuf er die spezifische Prägung der Figur des Charles Bovary, die Jean Améry in seinem letzten Buch – sehr zu Unrecht – kritisiert hat. Und er schuf Monsieur Homais ...[6]

Der Historiker dagegen muß die »Gegenstände und Sachverhalte« so nehmen, wie sie ihm von der Wirklichkeit vorgegeben sind. Ein Historiker, der diese Absicht nicht hätte und dies erkennen ließe, wäre von vornherein disqualifiziert, und zwar schon lange vor der modernen Geschichtswissenschaft. Bereits Livius wäre nicht ernst genommen worden, hätte vielmehr höchstes Befremden erregt, hätte er eingangs erklärt, daß, was er erzähle, nur zum Teil stimme: es gehe ihm mehr darum, den Leser patriotisch zu erbauen, als tatsächlich Vorgefallenes mitzuteilen. Den Anspruch, wahr zu sein, haben auch die alten Schriftsteller, die von Geschehenem berichteten, erhoben, und diejenigen theologischen Exegeten, die sagen, dies habe für die Erzähler (wer immer sie waren) der Evangelien keine entscheidende Rolle gespielt, machen es sich zu leicht. Die Beteuerung, das Erzählte sei wahr, wurde in der älteren (und dann auch der neueren) Literatur interessanterweise gerade in den »fiktionalen Texten« zu einem regelrechten Topos. So läßt Cicero, was er über das Alter zu sagen hat, den älteren Cato sagen, denn: »eine bloße Erzählung hätte doch zu wenig Gewicht« (»parum enim esset auctoritatis in fabula«). Hunderte von

Beispielen ließen sich nennen. »Es genügt«, heißt es im ersten Kapitel des »Don Quijote«, »daß wir uns in keinem Punkt von der Wahrheit entfernen.« Dieser oft spielerisch in Anspruch genommene Topos zeigt überaus deutlich den Respekt, den auch die ältere Zeit der Wahrheit des Erzählten zollte. Beim Historiker kann sich Stil also wesentlich nur in dem zeigen, was sich in seinem Text von seiner Person her – ihm selbst bewußt oder nicht – äußert, oder in dem, was er beim Schreiben seines Textes in bezug auf dessen imaginierte Leser beabsichtigt.

Eben hierauf beruft sich Golo Mann in der erwähnten Gegenrezension: »erfunden wurde nichts« (gerade dies sagt er übrigens auch über Tacitus: »er erfindet nichts«). Wohl aber, fährt er fort, habe er im »Wallenstein« beweisen wollen, »daß Historie und Kunst einander nicht ausschließen; daß in der vergangenen Wirklichkeit epische Stoffe liegen; daß man, nichts erfindend, aus vielen Hunderten von Dokumenten und jeweils sie nachweisend, Erzählung aufbauen kann, die von der unterliegenden Arbeit sich nichts anmerken läßt, sondern fließt, sondern interessiert, als ob alles zum Zwecke des Interessierens erfunden wäre«[7]. Diese Sätze machen die spezifische Spannung deutlich, in der der historische Schriftsteller steht, wie Golo Mann ihn – und also sich selber – sieht: auf der einen Seite die vorgegebene, mühsam zu eruierende geschehene Wirklichkeit, auf der anderen Seite das Gestaltenwollen im Formalen und im Sprachlichen. Im »Wallenstein« ist Golo Mann, wie er selbst konzediert, zugunsten des Gestaltens zweimal ausgebrochen, und zwar in jenen beiden Stücken, insgesamt acht Seiten, die er »Nachtphantasien« nennt: innere Monologe des schlaflosen Wallenstein, von denen Peter de Mendelssohn sagt, sie seien »so vollständig gelungen, daß man die Frage, ob derlei erlaubt ist, nicht hören mag«[8]. Freilich war Mendelssohn kein Historiker, keiner, jedenfalls, der Zunft.

Von den letzteren und von anderen wird Golo Mann wegen seines Literarisierens oft kritisiert. Der genannte Kritiker ist da bloß ein besonders ungeschickter Exponent. Ich halte diese Kritik für wenig überzeugend. Überzeugen würden mich nur zutreffende Einwände gegenüber dem Inhaltlichen. Man müßte zeigen können, daß Golo Mann Dinge als geschehen nennt, die tatsächlich nicht geschehen sind; oder umgekehrt Dinge, die tatsächlich geschehen sind, verschweigt. Man müßte zeigen, daß er in der Beschreibung und in den Erklärungsversuchen falsch akzentuiert, daß er tatsächlich Unwichtiges als wichtig und tatsächlich Wichtiges als unwichtig erscheinen läßt. Man müßte zeigen, daß er die modernen Möglichkeiten der Fakteneruierung nicht zureichend nützt. Oder man müßte nachweisen, daß er, zum Schaden seiner Beschreibungen und Erklärungen, das gegenwärtige »Reflexionsniveau« der Geschichtswissenschaft nicht erreicht. Letzteres hatte jener Kritiker übrigens behauptet; nur hat er seinen Vorwurf nicht konkretisiert (Golo Mann vermutet nicht zu Unrecht, daß er mit jenem Reflexionsniveau eine ungefähr marxistische Geschichtsphilosophie meint). Zu sagen, Golo Mann sei kein Historiker, weil er schön schreibe, erschiene mir für die Geschichtswissenschaft als Armutszeugnis. Das Wissenschaftliche läge dann in etwas Negativem: in der Vermeidung schönen Stils. In anderen Worten: das Wissenschaftliche läge vornehmlich in einer bestimmten Redeweise, einem bestimmten Stil (nur eben keinem schönen).

Hierzu ein Beispiel. Der »Wallenstein« beginnt mit dem Satz: »Das Dorf Hermanitz liegt im Osten des schönen Landes Böhmen, an der Elbe oder Labe, dort, wo sie nach Süden fließt.« Kennzeichnend in diesem Satz ist das Adjektiv »schön«. Ein Doktorvater würde den Kandidaten gewiß auffordern, es zu streichen, eben weil man so etwas in eine Dissertation nicht hineinschreibt: es wäre, von der akademischen Redeweise her gesehen, ein Stilbruch. Was aber ist – in einem Buch wie dem »Wallenstein« – sachlich dagegen einzuwenden? Unzutreffend ist diese Kennzeichnung ja nicht, wenn sie auch für die meisten Länder in irgendeiner Hinsicht gälte. Für den Autor des »Wallenstein« ist dieses Adjektiv, gleich im ersten Satz seines Werks, so etwas wie eine Absichtserklärung: er will nicht nur über Geschehenes *berichten*, Geschehenes, soweit es angeht, *erklären*, sondern er will auch – und zwar mit »Stil« – *erzählen*. Zu kritisieren, noch einmal, wäre dies nur, wenn gezeigt werden könnte, daß der Erzähler in ihm den Historiker überwältigt, daß er statt historischer Erkenntnisse »die Labsal seiner Worte« bietet, wie dies Karl-Heinz Janssen in einer Besprechung (Die Zeit, 15. 10. 1971, S. 20) insinuierte. Aber eben: es müßte *gezeigt* werden, und dies wäre eine inhaltliche Aufgabe. Im übrigen ist Golo Manns Stil – in rein sprachlicher Hinsicht – eher durch Sparsamkeit gekennzeichnet.

Zu Tacitus, über den Golo Mann einen besonders eindringlichen, sympathisierenden Essay geschrieben hat, sagt er: »Seine Sprache ist sparsam, ohne doch, wie die Julius Caesars, nüchtern zu sein; Kunstsprache, mehr von sich selber als von der Sache bestimmt; in seltenen Momenten sich zum Poetischen, Prophetischen erhebend.«[9] Trifft diese Kennzeichnung – *salva distantia* – nicht auch die Schreibweise Golo Manns? Poetisches und Prophetisches fehlen in ihr nicht. Um »Kunstsprache« handelt es sich auch bei seiner durch persönliche Prägung und den Willen zu solcher Prägung gekennzeichneten Schreibweise. Es ist hier zu beachten, daß die Sache selbst, um die es geht, nie unmittelbar die Sprache bestimmt, in der über sie geschrieben wird. Eine solche Bestimmung geht immer über ein Subjekt. Dieses kann sich dann in seinem Schreiben bemühen, die Sprache der jeweils behandelten Sache anzupassen, wie dies gerade im »Wallenstein« gut zu beobachten ist. Kein Zweifel, daß auch die Sprache Golo Manns stark »von sich selber« bestimmt ist. Diese Sprache ist nun aber – in einem bestimmten Sinne dieses Begriffs – keineswegs schön. Es fehlt ihr das glatt Gefällige, auch das prunkend Ausladende. Um »schöne Schreibe« geht es hier keineswegs; dazu ist diese Sprache zu kantig, zu abweichend, eben: zu sparsam.

Wenn im folgenden vom Stil Golo Manns die Rede ist, so meine ich – dem allgemeinen, bildungssprachlichen Gebrauch des Wortes folgend – spezifisch geprägte Schreibweise. ›Stil‹ ist, so verstanden, in einem weiten Sinn zu nehmen: er ist keineswegs eine ausschließlich sprachliche, nicht einmal eine *vorwiegend* sprachliche Erscheinung. Dies gilt jedenfalls, wenn man, wie dies in der Tat geboten ist, unter ›sprachlich‹ dasjenige – und nur dasjenige – versteht, was aus der spezifischen Verwendung einer Einzelsprache, hier des Deutschen, folgt. Zum Stil gehören also sprachliche, dann aber auch formale Elemente *nicht-sprachlicher* Art, wie zum Beispiel Ironie oder Pathos. Solche Elemente sind unabhängig von einer Einzelsprache; darum stellen sich bei ihnen keine Übersetzungsprobleme. Solche ergeben sich nur bei den an der Einzelsprache hängenden Elementen eines Textes. Leichte Übersetzbarkeit gibt also ein gutes Kriterium, eben weil es bei der Übersetzung um Einzelsprachen, einzelsprachlich Geprägtes geht. Es gilt also zu sehen, daß es nicht-sprachliche formale Elemente eines Textes gibt, die zu seinem Stil beitragen.

Freilich sind auch diese von der Einzelsprache unabhängigen Elemente, da es um Texte geht, im Text selber mit Sprachlichem verbunden. Schließlich gehören zum Stil *inhaltliche* Elemente. Der Begriff des Stils bezieht sich zwar auf das Wie des Geschriebenen, aber zu diesem Wie tragen auch inhaltliche Züge bei. Was den Historiker betrifft, so läßt sich, wie gesagt, bei ihm das Inhaltliche seiner Darstellungen von deren Wie leichter trennen als beim ›freien‹ Schriftsteller, auch bei ihm gehört Inhaltliches zu seiner spezifischen Schreibweise, schon allein deshalb, weil er auswählen kann – und muß – aus dem »chaotischen Stoff«, der sein Gegenstand ist: zum Stil eines Historikers gehört nicht zuletzt, was er auswählt, worauf er sich konzentriert. Es gibt aber auch subtilere Fälle. Ein Beispiel. Das Kapitel »Unterwerfung Deutschlands« im »Wallenstein« beginnt so: »Schnee auf den Feldern, den Straßen und Saumpfaden, auf den Dächern, auf dem Haupte der Venus-Statue im Park«[10]. Das stilistisch Abweichende – darauf kommt es mir an – liegt hier fast ausschließlich im Inhaltlichen: die Erwähnung, daß sich Schnee angesammelt hatte auf der Statue der Schaumentsprungenen im Park des Palais in Prag, ist ja gewiß inhaltlicher Art.

Ich will im folgenden zunächst zwei inhaltliche, dann einige nichtsprachlich formale, schließlich einige sprachliche Züge des Stils von Golo Mann zusammenstellen. Es kann sich nur um wenige, bloß ansatzweise systematisierende Hinweise handeln.

Inhaltliche Stilelemente

Ein inhaltliches Stilelement nicht nur des Historikers, sondern des Schriftstellers Golo Mann überhaupt ist sein Insistieren auf der Unsicherheit der Wirklichkeitserkenntnis, seine Neigung, die Darstellung, wo immer es ihm geboten scheint, in der Schwebe zu lassen. Beinahe möchte man weitergehen und sagen, es komme ihm darauf an, die Ansicht über das Wirkliche, wo immer es angeht, in die Schwebe zu bringen: vielleicht so, oder vielleicht eher so; genau weiß man es nicht. Einige Beispiele. Der besonders schöne, Vergangenes um Wallenstein und Aktuelles aus dem alltäglichen Prager Sozialismus reizvoll verbindende Reisebericht »Auf Wallensteins Spuren« (1966) beginnt mit den überaus typischen, einerseits affirmierenden, andererseits offenhaltenden Sätzen: »Furth im Wald ist der Ort, bis zu dem Wallenstein, Anfang Dezember 1633, seine letzte Kavalkade unternahm. Ihr Ziel, wirklich oder angeblich, war das unlängst durch Bernhard von Weimar eroberte Regensburg gewesen; in Furth kehrte Wallenstein wieder um, sei es, weil weder seine Truppen noch sein eigener gebrochener Körper einem Winterfeldzug gewachsen waren, sei es aus anderen Gründen.«[11] Typisch ist hier übrigens auch der abrupte Einsatz *medias in res*; worauf zurückzukommen sein wird. Oder nach der Darlegung von Wallensteins Verhältnis zur Astrologie, abschließend: »So muß es nicht, so könnte es doch gewesen sein.«[12] Oder, im Blick auf ein kleines Detail, in der Mordszene: »Er hatte sich ans Fenster geschleppt, weil das Sturmheulen ihn ängstigte oder erst, als der Aufruhr im Haus begann.«[13] In der Tat: dies sind die beiden hier denkbaren Möglichkeiten, wenn man weiß – hierfür gibt es einen Beleg –, daß Wallenstein, als die Mörder ins Zimmer drangen, am Fenster stand. Interessant ist, daß sich diese Haltung nicht nur bei den großen Alternativen, etwa Verrat am Kaiser oder nicht, findet, sondern daß sie noch – wie hier – in den geringfügigen Details hervortritt. Dieses ständige Zurücktreten vom Geschehen – so war es, so war es nicht, konnte es gar nicht gewesen sein, so war es möglicherweise – und besonders diese im Schweben lassende Darstellung bewirken, daß das Buch, trotz der durchaus dominierenden erzählenden Haltung, schließlich doch nicht als Roman, sondern als spezifisch *historische* Darstellung erscheint. Wir haben hier gerade nicht den allwissenden Erzähler oder den, der künstlerisch-künstlich sein Wissen reduziert, sondern einen, den das Maximum des Wißbaren und damit auch gerade dessen genaue Grenzen interessieren: entschieden die Haltung des *Historikers*, von jedem denkbaren Typ des Romanautors prinzipiell verschieden.

Ein anderer, mit dem zuerst genannten eng zusammenhängender Zug ist die durchgehende Insistenz auf dem komplexen, aus Vielem und oft Widersprüchlichem zusammengesetzten, schwer oder gar nicht entwirrbaren Charakter des Wirklichen. *Wirrsal* ist eines der archaisierenden Lieblingswörter Golo Manns. Hierher gehört auch die Betonung des Zufälligen und Irrationalen in der Geschichte, das

Wissen oder das Nicht-Verdrängen des Wissens, daß neben Ananke die für alle Historie, auch für das Individuum, entscheidende Tyche steht (Goethe, »Urworte Orphisch«: »Die Lampe harrt der Flamme, die entzündet.«). Hierher gehört die Insistenz auf dem Widersprüchlichen, besonders im Menschlichen: »Ein Nest von Widersprüchen wird jede lebende Seele, sobald man sie beschreiben will.«[14] Die Formulierung trifft, obwohl, oder gerade weil sie logisch nicht einwandfrei ist, denn die Widersprüche sind ja nicht erst Produkte eines Beschreibungsversuchs. Oder, wieder anläßlich des »Geheimportraits« von Pater Valeriano Magni – einer der *purple passages* des Buchs: »Den Widerspruch lassen wir gelten; es ist ein lebendiger.«[15] Schließlich gehört hierher die Abneigung gegen jede Art eines – in einem weiteren und nicht ganz zutreffenden Sinn – »hegelischen« Geschichtsdenkens, das er freilich – dies ist kennzeichnend – auch wieder nicht schlechthin verwirft: »eine höchst unsichere, mitunter aufleuchtende, dann wieder versinkende Halbwahrheit«[16]. Hierzu der Abschnitt über Hegel, den »Philosophen, der in der bunten Rinde des Geschehens den Kern entdeckt«, in der »Deutschen Geschichte«, und die treffenden, knappen Bemerkungen in »Georg Büchner und die Revolution« über »Aufklärer« und »Hegelianer«. Gänzlich fehlt bei Golo Mann jener »fureur des systèmes«, den bereits Rousseau an den Historikern seines Jahrhunderts kritisierte mit Worten, von denen man meinen möchte, sie wären bereits gegen Hegel (und dessen Folgen) gerichtet, um so mehr, als sich schon diese Historiker – Montesquieu, Voltaire – nicht so sehr für die Fakten, sondern für die »causes lentes et progressives de ces faits« interessierten: »Je doute que la vérité gagne à leur travail. La fureur des systèmes s'étant emparée d'eux tous, nul ne cherche à voir les choses comme elles sont, mais comme elles s'accordent avec son système.«[17] Eines jedoch ist hinzuzufügen: es geht Golo Mann um das Anerkennen der »Wirrsal« des Wirklichen, dort und nur dort, wo nichts anderes als eben dies übrigbleibt; es geht ihm nicht um die genießende oder genüßliche Freude an der bunten Fülle des Wirklichen, am »goldnen Überfluß der Welt«. Gewiß spielt, ohne Zweifel, auch dies hinein. Es ist aber nicht alles. »Wirrsal« ist ja ein Wort mit negativer Konnotation. Golo Mann will die Wirklichkeit, in der Erzählung, nicht nur zeigen in ihrer Zusammengesetztheit: er will sie entwirren, soweit ihm dies, im

Sinne der Redlichkeit, als möglich erscheint. Über Tacitus (und da denkt er auch an sich): »Immer sucht er so genau zu wissen, wie man wissen kann.«

Ich füge zwei Sätze Golo Manns hinzu, die in ihrem Inhalt, aber auch in ihrer sprachlichen und nicht-sprachlichen Form für den Stil dieses Autors aufschließend sind. Aus dem »Wallenstein«: »Zum Krieg kann überhaupt alles führen. Zum Krieg muß überhaupt gar nichts führen.«[18] Aus dem Aufsatz »Schloß Arenenberg« über die Kaiserin Eugénie: »Eugénies Schmerz war von der Art, die Menschen nicht zugemutet werden sollte und es dennoch wird, und die auch, weil nichts anderes übrig bleibt, ertragen wird ...«[19]

Nicht-sprachliche formale Elemente

Was diese Stilelemente betrifft, ist zunächst eines zu nennen, das auch inhaltlich genannt werden könnte. Es ist eine Art Melancholie, Schwermut, Resignation und Müdigkeit, die in den Arbeiten Golo Manns immer wieder hervortritt, sie gleichsam »informiert«, und wieder – trotz klar verschiedener Akzentuierung – an Tacitus erinnert. Hierher gehört auch das häufige Betonen des Altseins. So schon 1966, vor über zwanzig Jahren also, in der Büchner-Rede: »Er starb jung, sein Leben war ein kurzer Feuerbrand; ich bin alt.« Allenfalls gegenüber dem neunzigjährigen Adenauer fühlt er sich – in demselben Jahre – jung. In dem humorig stimmungsvollen Bericht über den Besuch in Cadenabbia heißt es: »Auch fühlte ich mich mit meinen siebenundfünfzig Jahren jung ihm gegenüber, er hätte – sapienti sat – mein Vater sein können ...«[20] (Adenauer war ein knappes Jahr jünger als Thomas Mann).

Übrigens verbinden sich diese Melancholie und Müdigkeit mit Energie. Von dem »nicht ungeschickt drapierten Vorhang der melancholischen Müdigkeit«, mit der er seine Energie verberge, würde ich aber nicht so kurzerhand zu sprechen wagen, wie dies, vor fünf Jahren, ein Kritiker tat[21]. Jedenfalls: evident – eher indirekt als direkt – ist die Energie (»a fructibus eorum cognoscetis eos ...«); evident – in den Texten immer wieder, direkt und indirekt – ist die Schwermut.

Ohne Kommentar seien hier die Sätze zitiert, mit denen Golo Mann, 1966, eine Rede über die Geschichte der deutschen Juden beschloß: »Wer die dreißiger und vierziger Jahre als Deutscher durchlebt hat, der kann seiner Nation nie mehr völlig trauen, der kann der Demokratie so wenig völlig trauen wie einer anderen Staatsform, der kann Menschen überhaupt nicht mehr völlig trauen und am wenigsten dem, was Optimisten früher den ›Sinn der Geschichte‹ nannten. Der wird, wie sehr er sich auch Mühe geben mag und soll, in tiefster Seele traurig bleiben, bis er stirbt.«[22] Diese sich immer wieder ethisch aufraffende, sich gleichsam zusammennehmende Schwermut des Autors prägt auch das bedächtige Tempo seines Stils, das mit »Andante« wohl nicht unzutreffend gekennzeichnet ist. Mit ihr hängt auch zusammen – oder jedenfalls: zu ihr paßt – das Unglatte, Stokkende, Schwerflüssige seiner Schreibweise.

»Schwermut« ist – sicher nicht ungewollt und jedenfalls signifikant – das beinahe letzte Wort seines *opus magnum*, das ihn von früh an begleitete, des »Wallenstein«. Der Autor bezieht es auf einen Vers des sogenannten Ecclesiasticus (nicht, wie er sagt, des Ecclesiastes, Prediger oder Kohelet; es handelt sich um das apokryphe Buch des Jesus Sirach). Der Vers (17,31) wurde 1934, zum dreihundertsten Todestag Wallensteins, in Münchengrätz, Mnichovo Hradiště, in der St. Anna-Kapelle, über die Gruft geschrieben: »Quid lucidius sole? et hic deficiet. Was leuchtet heller als die Sonne? und auch sie weicht der Finsternis – ein Vers, in dem etwas mitschwingt wie Böhmens Schwermut.« Dann, deutlich und sprechend abgesetzt, der letzte Satz des Buchs, der melancholisch zurückbiegt zu seinem ersten, zu den Eltern des im Leben, schließlich auch in der Erinnerung der Nachwelt Gescheiterten: »Es ist einsam in der St. Anna-Kapelle; um die Gedenkstätte des Sohnes kümmern die Lebenden sich so wenig wie um die Grabsteine der Eltern zu Hermanitz.«[23] Das beinahe erste Wort des Buchs, ein Name, *Hermanitz*, ist also auch wieder das letzte.

Neben dem, was hier mit »Schwermut« angedeutet wurde und gleichsam den *cantus firmus* bildet, findet sich auch eine Art von Humor oder Humorigkeit. Dieser Humor ist nie exuberant, stets von *gravitas* beherrscht, auch nicht durchweg oder eigentlich gemütlich, oft eher ungemütlich, der Ironie nahestehend, zuweilen bitter. In dem Aufsatz »Schloß Arenenberg« wird berichtet, daß Eugène Beauharnais, Sohn der Joséphine und Bruder der Königin Hortense, nach 1815, von seinem Bodensee-Exil aus den Zaren Alexander gelegentlich »um eine mildere Behandlung dessen bat, ›der der Gatte meiner Mutter war und mich die Kunst des Krieges und der Verwaltung lehrte‹«. Golo Manns Zusatz – dergleichen meine ich mit »Humorigkeit« –: »ein würdiges Minimum des Ausdrucks«[24]. Sie bewährt sich besonders in der oft scharfen Polemik und wird hier oft bitter. Gegen Hannah Arendts Darstellung der Judenvernichtung (Mitwirkung der »Ältesten-Räte«): »Noch ein Schritt, und die Juden haben sich selber verfolgt und selber ausgemordet, und nur zufällig waren auch ein paar Nazis mit dabei.«[25]

Ein weiteres formales Element besteht eigentlich aus zwei verschiedenen, aber eng zusammenhängenden Elementen. Es ist da einmal durchgehend das Streben nach einer unfachlichen Redeweise, die Abneigung gegen jede in einem modisch jargonhaften oder in einem akademisch pinseligen Sinne fachliche Ausdrucksweise (das Modische und das Pinselige können sich bekanntlich – sehr harmonisch – verbinden). Beides haßt Golo Mann offensichtlich; das erste noch mehr als das zweite. Er erscheint demgegenüber beinahe als ein Nachfahr des »honnête homme« aus dem 17. Jahrhundert und dies genau im Sinn der klassischen Definition von La Rochefoucauld: »Der wahre ›honnête homme‹ ist derjenige, der sich (was Kenntnis und Können angeht) auf nichts etwas zugute tut« (»Le vrai honnête homme est celui qui ne se pique de rien«). Dessen Gegentyp ist nun wieder, was Golo Mann keinesfalls sein will, nämlich – im französischen oder romanischen Sinn des Worts – der »Pedant«, derjenige, der mit seinem Wissen und seinem Können, gerade auch indirekt, durch fachlich angepaßte Ausdrucksweise prahlt.

Man wird also Wendungen oder Wörter wie die folgenden, die heute den Wissenschaftler der philosophischen Fakultäten ausweisen, bei Golo Mann nicht finden: »daraus erhellt«, »es erhebt sich die Frage«, »die vorliegende Arbeit« (welches Vorwort welcher Arbeit beginnt nicht so?), oder das, wie es scheint, ganz unvermeidliche »die Behandlung dieser Frage würde den Rahmen der Arbeit sprengen« (unausgesetzt, offensichtlich, die Sorge um Verhinderung von Rahmensprengung). Oder dann: »Inkompatibilität«, »Ambiguität« (mit dem zugehörigen Adjektiv »ambig«), »Relevanzstrukturen«, »Reflexionsniveau«, »theoriegesteuerte Hypothesen«, »soziokulturelle Rahmenbedingungen«, »Diskurs«, »Lektüre«, »einschreiben«.

Zum anderen – damit zusammenhängend, aber sich nicht notwendig daraus ergebend (es wäre dies ein Unterschied etwa zu dem ebenfalls bewußt unfachlichen Parlando-Stil Freuds) – die Tendenz, besonders in den späteren Werken hervortretend, sich in betont persönlichem Tonfall zu äußern. Dies zeigt sich dann auch inhaltlich, etwa im Herausstellen des persönlichen Eindrucks. Zu Beginn des mehrfach genannten, besonders runden Aufsatzes »Schloß Arenenberg« (nach einer kurzen Schilderung des Blicks vom Schloß auf die Umgebung): »Wenn schon Exil, habe ich mir auf der Terrasse zwischen Schloß und Kapelle stehend, oft gedacht, dann würde ich mir Arenenberg als Exil gefallen lassen.« Hierher gehört auch die zumeist einfache, in der Nähe des Sprechens bleibende Schreibweise, die nur in bestimmten Arbeiten, vor allem – durch den Gegenstand bedingt – im »Wallenstein«, einer gewissen, zum Teil starken archaisierenden Stilisierung weicht. Eine Nähe zum Sprechen, die Parlando-Schreibweise, bleibt aber auch hier.

Auffällig hervortretend, sich in den späteren Arbeiten steigernd – der Vergleich mit dem »Gentz« ist hier lehrreich – ist die Tendenz zur Knappheit des Ausdrucks. Der Autor liebt das breite Ausmalen oder Auswalzen nicht, sondern eher die suggestiv offenhaltende Andeutung. Aus dem Bericht über den Besuch in Cadenabbia, bei Adenauer: »Besonders eine Gruppe von vier Zypressen liebte er, aber auch die Ölbäume und anderes, und genoß den Duft der blühenden Büsche. Als die Rede auf die Gärtnerei kam: ›Gärtner, das ist ein schöner Beruf. Die Bäume und Blumen danken es einem doch wenigstens, was man für sie tut.‹ Worin wohl lag, daß gewisse andere Lebewesen weniger dankbar seien.«[26] Der Autor verschmäht es – was hier naheläge –, daraus mehr zu machen. Er rühmt den Stil Bertrand Russells, indem er ihn mit dem Voltaires vergleicht: »Beiden fiel das Schreiben leicht, das zeigt ihr Œuvre. Das zeigt ihr Stil, der trotzdem, oder eben darum, höchste Kunst ist in seiner Entspanntheit, Knappheit, Klarheit. Beide brauchten sie wenig Worte, um zu sagen, was sie sagen wollten.«[27] Knappheit und Klarheit kennzeichnen auch den Stil Golo Manns; nicht jedoch Entspanntheit. Seine Knappheit ist nicht die leicht und anmutig fließende Voltaires, sondern weit eher die angestrengte des Tacitus (freilich ohne dessen artifizielle, gleichsam gedrechselte Syntax). Sie hat zwei Aspekte: einen inhaltlichen (Andeuten statt Ausmalen) und einen sprachlichen (kurze, im etymologischen Sinn prägnante, »schwangere« Formulierungen). Knappheit heißt hier übrigens nicht Schmucklosigkeit oder Kargheit (davon nachher). Zuweilen gerät die Knappheit in die Nähe der Dunkelheit; man muß manchmal, was man bei Voltaires anders gearteter Knappheit nie muß, zurücklesen, um den Sinn zu erfassen.

Kennzeichnend sind sodann die abrupten Einsätze *medias in res*; der Autor verschmäht langatmige Einleitungen und beginnt sofort mit der Sache. Ein Beispiel ist der zitierte Beginn des »Wallenstein«, der zudem keine »Vorrede« oder dergleichen aufweist: »Das Dorf Hermanitz...« Aber dies Verfahren findet sich wieder bei fast jedem einzelnen Kapitel des Werks; so beim zweiten (der Satz ist auch ein Beispiel für Knappheit): »Pharao, ›das große Haus‹, Herr der Länder, Erbauer der Pyramiden, in grauer Vorzeit; ›Ich und mein Haus‹, ›Ich und mein hochlöbliches Erzhaus‹ jetzt.« Oder, der Beginn des »Versuchs über Tacitus«: »Der Letzte unter Roms großen Historikern hat von zweien seiner Vorgänger gelernt; auch erwähnt er sie rühmend, Sallust, Livius.« Diese abrupten Einsätze sind wohl im Zusammenhang mit dem Willen zur unfachlichen Redeweise zu sehen, denn gerade für die fachliche ist ja die Allmählichkeit des Zur-Sache-Kommens kennzeichnend: »Bevor wir uns dem im Titel vorliegender Abhandlung genannten Thema zuwenden, ist es unerläßlich...« (im Bereich des Romans ist übrigens für solch abrupten, gleichsam mittendrin beginnenden, zu zurückkehrender Lektüre zwingenden Einsatz das erste *deutsche* Beispiel der Anfang von »Buddenbrooks«; Vorlage war hier wohl die »Renée Mauperin« der Brüder Goncourt.)

Ein weiterer formaler Zug ist die Technik der Aufzählung. Viele der schon zitierten Beispiele belegen die außerordentliche Häufigkeit dieses Verfahrens in der Schreibweise Golo Manns, denn das Besondere, Abweichende ist hier die Häufigkeit, dann auch die Vorliebe für die reine Zusammenstellung, ohne den »Junktor« *und*. Zu dem Portrait Wallensteins im Museum zu Eger: »Alles ist stark und hart, im Tiefen glühende, unterwühlte Augen unter geschwungenen Brauen, hohe, zerfurchte Stirn, hagere Wangen, starke Backenknochen, über den dicken Lippen den Zwirbelbart.«[28] Hier handelt es sich jeweils um verschiedene Wirklichkeitselemente; es gibt aber auch die retuschierende, präzisierende Aufzählung. Auf derselben Seite des »Wallenstein« (der Satz leitet ein Kapitel ein und ist wieder ein Beispiel für das *medias in res*): »Wir haben wenig authentische, sprechende Portraits von ihm.« Diese Technik – wir verzichten auf weitere Beispiele, denn sie finden sich auf jeder Seite – ist wohl in Zusammenhang zu bringen mit jener Durchdrungenheit vom zusammengesetzten Charakter des Wirklichen; sie ist gleichsam eine Widerspiegelung dieser Wirklichkeitserfahrung: die Elemente der Aufzählung wollen Vollständigkeit; sie sind wie einzelne Mosaiksteinchen, einzelne Pinselstriche, die insgesamt das Bild machen. In einem Brief schreibt Golo Mann, er halte es mit jenem Impressionisten, der, nach seiner Technik gefragt, geantwortet habe: »Man setzt auf die Leinwand, was man sieht. Si ça y est, ça y est. Si ça n'y est pas, on recommence. Tout le reste est de la blague.«[29] Auf den – im engeren Sinn – sprachlichen Aspekt der Aufzählung soll nachher, unter dem Stichwort »Segmentierung«, eingegangen werden.

Daß sich in den Texten Golo Manns Stellen finden, die sich durch Poesie, durch poetische Stimmung auszeichnen, ist schon angeklungen. Ich kann auch hier nur wieder einige Stellen gleichsam vorzeigen. Etwa den Eingang von »Schloß Arenenberg« der zugleich ein erneutes Beispiel wäre für den abrupten Einsatz und die Technik der Aufzählung: »Schön ist der Blick durch die Spiegelfenster des Schlosses Arenenberg, am schönsten im Herbst: der weitgegliederte See mit seiner Insel, die Waldberge des deutschen Ufers, die Hegau-Kegel; Dörfer und Klostertümer; Fruchtbäume und Wein. Uralte, mit der Landschaft vermählte Zivilisation; nordisches Italien.« Oder, im »Wallenstein«, nach der Schilderung der »ungeheuren Vorrechte« des Adels (nota bene: auch hier wieder Aufzählung und jene spezifische melancholisch weiche Ironie): »Vorrecht blieb ihnen noch im Tod. Da lagen sie in ihren eigenen Kapellen, Gemahl und Gemahlin nebeneinander, in weißen Stein gehauen, die Gesichter streng und klar, mit betend emporgereckten Händen die Ewigkeit erwartend, die ihnen noch vollere Herrlichkeit bescheren würde.«[30] Golo Mann hat, was zum Poetischen gehört, auch einen starken Sinn für das Atmosphärische, namentlich wenn es Personen betrifft. Über den Fürsten Karl Max Lichnowsky, den er ungefähr fünfzehnjährig, eingeladen vom Sohn des Fürsten, der sein Mitschüler war, auf Schloß Kuchelna bei Ratibor besuchte: »Um die Art, in der er sein Monokel adjustierte, in der er nach beendeter Mahlzeit seine Serviette auf den Boden warf, um seine Aaa's und Hähä's, um das zart näselnde Organ, in dem er Anekdoten von Hof und Diplomatie erzählte, hätte ihn der ausgepichteste Salonschauspieler beneiden können.«[31] Zum Poetisch-Literarischen von Golo Manns Stil tragen natürlich auch die Metaphern bei, die er immer wieder, wenngleich insgesamt sparsam, verwendet. Zur Behauptung im schon genannten »Geheimportrait« des Kapuzinerpaters Valeriano Magni, Wallenstein wolle geradezu römischer Kaiser werden: »Der Kurfürst Maximilian glaubte solches augenblicklich, Kaiser Ferdinand glaubte es sechs Jahre später, nachdem man seines Geistes spärlichen Garten sorgsam in diesem Sinne zerwühlt, bepflanzt und gewässert hatte.«[32] Doch nunmehr zu den – im engeren Sinn – sprachlichen Elementen im Stil Golo Manns.

Sprachliche formale Elemente

Die Sprache Golo Manns ist sparsam im Syntaktischen; sie ist es nicht im Lexikalischen. Er scheut sich nicht vor starken, eigenwilligen, hohen, der klassischen Sprache entnommenen, auch direkt altertümlichen Wörtern und neuen, zum Teil kühnen Komposita. Hinzu kommen lexikalische Vorlieben, zum Beispiel für das Adjektiv (und Adverb) *arg*: die Fassade des Schlosses in Münchengrätz ist »arg verwahrlost«, auch die Kapuzinerkirche dort, in deren Kapelle sich Wallensteins Reste befinden, ist »in arg verwahrlostem Zustand«; Octavio Piccolomini ist, während des berühmten Pilsener Banketts, »arg fröhlich«, und Keplers Mutter ist eine »arge Schlumpe«[33]; der »Gentz« ist, wie Golo Mann 1972 findet, »ein arg europäisches Buch« (Vorwort). Auch das Adjektiv *wunderlich* liebt Golo Mann. Auf das archaische *Wirrsal*, eine Art Schlüsselwort für ihn, wurde schon hingewiesen: »Er tat so, Andere taten anders, Wirrsal war das Ergebnis.«[34] Überhaupt liebt er Archaisches und – was oft dasselbe ist – Volkstümliches; beides bietet sich besonders im »Wallenstein« an. Zu zwei Porträts des Generalissimus: »Was van Dyck auf nobel machte, hat ein unbekannter Maler auf grimm, ja häßlich gemacht...«[35] Zu Kepler: »immer mißtrauisch, immer verknorzt und auf seinen Nachteil bedacht, indem er nach seinem Vorteil zu spähen sich einredete«[36]. Über Rudolf II.: »der geisteskranke Tückebold auf dem Hradschin«[37].

Mit den sogenannten Fremdwörtern ist er vergleichsweise zurückhaltend, was gewiß mit der Abneigung gegen Fachsprachliches zusammenhängt. Im »Wallenstein« fehlt es natürlich nicht an Zeitkolorit gebenden, französischen und »welschen« Einsprengseln; »man hörte Insulten lallen und gierig belacht werden«[38]. Besonders gilt dies – aber hier spricht ja nicht der Autor – für die beiden »Nachtphantasien«: »Der Dohna behandelt sich mit zuviel Glimpf, weil er das Fürstentum ambitioniert«; »Wird jetzt Zeit, daß ich so unschämliche Briefe refüsiere...«; »Dann hat's der Pieroni kalkuliert, aber des Keplers Iudicium ist berühmter. In Sagan mag er mir's explicieren, aber nicht obscure, wie's sein Brauch ist...«[39] Außerhalb des »Wallenstein« also Zurückhaltung. Gelegentlich finden sich – man kann dies elitär nennen – übersetzte Fremdwörter, aber so, daß man die Eindeutschung nur versteht, wenn man das unterliegende Fremdwort kennt. Über Kurt Hahn: »Er kannte nur ein Reales, den Menschen; dessen Fahrzeug zum Guten Nation und Nationalstaat zeitweise sein mochten. Nur das Fahrzeug.« Zuvor hieß es »Vehikel«: »Hahn hat immer humanistisch gedacht, nicht nationalistisch, auch als die Nation ihm noch zum Vehikel für das Humane taugte.«[40] Bemerkenswert, weil sie biographisch nahelägen, ist die Seltenheit von Anglizismen. Auf anderer Ebene liegt die Übernahme der englischen Gepflogenheit, in den Abhandlungen Namen im Verein mit dem Titel »Professor« zu nennen; Golo Mann tut dies nicht selten, aber – im Unterschied zum neutralen Gebrauch im Englischen – ironisch: »Professor Polišensky meint, der Friedländer sei überhaupt nie in Friedland gewesen...«[41] Aus der Verwendung, allein, von »Professor« kann man bereits schließen, daß Golo Mann dies keinesfalls meint.

Archaisches, Klassisches finden sich auch in der Syntax. Zu nennen ist hier besonders die – überaus häufige – Voranstellung des Genitivs, die kennzeichnend für unsere klassische Sprache ist und vor allem etwas spezifisch Schillerisches hat. Aus dem »Wallenstein«: »Böhmens Schwermut«, »Des Kaisers Generalissimus hatten des Kaisers Offiziere jederzeit zu gehorchen«, »des Landes Freiheiten«. So aber auch, sehr häufig, bei einem durch ein Adjektiv bestimmten Substantiv: »des Todes riesiges Zackenmesser«, »van Dycks routinierte Meisterhand« (in einem Aufsatz über Napoleon früher: »Davids korrupte Meisterhand«). So auch vor Zahlen und Zahlbezeichnungen: »da waren der Orchester vier«, »von Schwängerungsfällen, ausgearteten Trinkgelagen, blutigen Händeln sind der Protokolle viel«. Auch die – sehr abweichende – Voranstellung des Verbs findet sich gelegentlich; so – mit stark dramatisierender Wirkung – in der Mordszene: »Aufsprang der Kämmerling und gestikulierte: Was für ein Lärmen, um Gottes willen, der Herzog schlafe. Den machten sie nieder.«[42]

Hier, im letzten Satz dieser Stelle, ist ein weiterer kennzeichnender Zug der Syntax unseres Autors; die demonstrative Verwendung des bestimmten Artikels, genauer: die stark abweichende *Häufigkeit* dieser Verwendung, besonders am Satzbeginn und nicht nur in solch dramatischem Kontext. Dies gilt auch für das Relativum *der, die, das*. Noch zwei Beispiele. Über Tacitus: »Am liebsten handelt er vom Tod. Der ist nun unter dem Principat recht vielfältig.«[43] Zu Wallenstein, kurz vor dessen Ende (auch ein Beispiel für Golo Manns Knappheit): »Träumer taugen nicht zum Unterhandeln. Sie verwirklichen ihre Träume durch Tat und Befehl, wenn sie die Kraft dazu haben. Die hatte er einmal gehabt; Friedland bewies es. Jetzt?«[44] Diese Verwendung hat einerseits etwas Altertümliches, andererseits ist sie Ausdruck jener mehrfach betonten Nähe zum Gesprochenen oder trägt zu dieser Nähe bei. Das Reflexivum »sich« übrigens rückt Golo Mann, wie wir dies besonders aus Adorno und seiner Nachfolge kennen, mit dem Golo Mann sonst wenig verbindet, nahe an das Verb heran: »Um die Holländer mußte er bald sich kümmern; um Java und Manhattan nie.«[45] Ein schwer zu bewertender Zug; natürlich ist er abweichend vom normalen Gebrauch. Abweichend im Sinne klassischer Sprache wiederum ist der sehr häufig verwendete elativische Superlativ – Superlativ, also, mit der Bedeutung »sehr«: »... dort importuniert uns jetzt ein kleiner Zigeuner mit den zartesten Gebärden um einen Almosen.«[46]

Sehr abweichend, sehr frei von den Regeln und also stilistisch relevant ist Golo Manns Interpunktion. Eine besondere Vorliebe gilt dem Semikolon, wobei es hier zu weit führen würde, den subtilen Unterschieden zu Komma einerseits, Punkt andererseits nachzugehen. Jedenfalls ist das Semikolon bei Golo Mann sehr häufig. Zu der Vielfalt der Todesarten unter dem Principat: »Man kann im Bett sterben, an Krankheit oder Alter, das kommt noch vor, ohne den Historiker zu ausführlicher Darstellung zu verlocken; auf dem Schlachtfeld, das kommt auch noch vor; durch Selbstmord, sogenannten freiwilligen oder ganz unfreiwilligen, da kennt unser Autor Arten und Abarten; durch Mord; durch Exekution, wenn man den rechtzeitigen Selbstmord versäumte.«[47] Ein anderes, ähnlich gelagertes Beispiel: »Jeder Staat konkurrierte mit jedem, und um so intensiver, je näher sie einander lagen; wogegen gemeinsamer Glaube, gemeinsame Gegnerschaften, Gefährdungen und daraus fließende Bündnisse nicht aufkamen. Um begehrte Territorien; um Handels-Schiffahrt, Fischereirechte, Handel überhaupt; um Vorherrschaft zur See, welche dem Handel, der Sicherheit, der Größe schlechthin diente; um Titel und Formen, welche der Größe Ausdruck gaben. So England und Spanien; England und die Niederlande, trotz des alten Bündnisses; so Dänemark–Norwegen und Schweden.«[48] Der Zusammenhang von Interpunktion und Aufzähltechnik, auch mit der Tendenz zur Knappheit, ist evident. Mir scheint diese Interpunktion, speziell die Vorliebe für das Semikolon – bei aller Vorsicht, die hier angebracht ist – Ausdruck jener Neigung zum Offenhalten im Inhaltlichen zu sein. Der Punkt schließt ab, markiert ein Ende: »un point, c'est tout«, sagen die Franzosen. Das Semikolon schließt zwar, verglichen mit dem Komma, ebenfalls ab; aber nicht so stark. Die zuvor zitierte Stelle zeigt, daß Golo Mann einerseits den Punkt zu vermeiden und ihn durch das Semikolon zu ersetzen sucht (das heißt: er vermeidet hier neu anhebende Sätze), daß er aber andererseits oft, wenn er doch einen Punkt gesetzt hat, diesen gleichsam nicht als solchen behandelt, sondern einfach, als wäre der Satz nicht beendet worden, weitermacht, also etwa, sogar ohne Verbum, in dem soeben angeführten Satz, der mit »So England und Spanien« beginnt.

Die Interpunktion Golo Manns ist Ausdruck, ist *ein* Aspekt des ohne Zweifel interessantesten sprachlichen Zugs in seinem Stil, der starken syntaktischen Segmentierung. Wir meinen damit die Auflösung des Satzes in relativ kleine, aneinandergereihte Elemente, oder besser einfach dies, daß ein Satz aus solchen aneinandergereihten, ziemlich kleinen Elementen besteht, was natürlich auch für die Sprechmelodie, die dann immer wieder abbricht und neu einsetzt, seine Folgen hat. Es kommt weder melodisch noch inhaltlich zu den großen, Vieles umspannenden Bögen, die für die eigentliche Periode kennzeichnend sind. Hinzu kommt, daß die Sätze Golo Manns ohnehin meist kurz, oft sehr kurz sind. Ein Beispiel: »Dafür hatte er ein ungefähres Programm sich ausgedacht. Schwer, über alle Beschreibung schwer, es zu realisieren. Ein Einzelner konnte das überhaupt nicht. Viele, viele konnten es, wie später sich zeigte, geriebene Unterhändler, in langen Jahren sich aneinander reibend, Tag für Tag«[49] (gemeint, natürlich, sind die zum »Westfälischen Frieden« führenden Verhandlungen). Interessant an dieser Stelle ist übrigens auch – Sprachempfindlichkeit verratend – die reizvolle Remotivierung des Adjektivs *gerieben* durch das folgende »sich aneinander reiben«.

Die Segmentierung besteht oft auch darin, daß einem Substantiv explizierende oder determinierende Adjektive nachgeschoben werden, die üblicherweise *vor* dem Substantiv zu stehen hätten: es gibt ja im Deutschen, im Unterschied etwa zu den romanischen Sprachen, kaum noch – allenfalls altertümlich, idiomatisiert und unflektiert – die Nachstellung des attributiven Adjektivs (»Röslein rot«, »Hänschen klein«, »Brüderlein fein«). Zwei Beispiele: »Nun wurde es still auf Arenenberg; blieb still, auch als Louis Napoléon nach so vielen Abenteuern, galanten und politischen, nach so mannigfachen harten Erfahrungen ... endlich sein Ziel erreicht hatte ...«[50] Oder, noch deutlicher, weil die Adjektive den Satz beschließen und die ganze Stelle ohnehin stark segmentiert ist: »Die Reiche, mit denen er es am intensivsten zu tun hatte, Schweden, Spanien, betrat Wallenstein niemals, sah nie mit eigenen Augen jene, die dort herrschten, die Könige, die Minister. Da gab es nur anderer Leute Erzählungen, vielfältige, vage.«[51] Hier werden also auch zweimal zwei Substantive explizierend nachgeschoben: Schweden, Spanien; Könige, Minister. Schreiben wir, zur Verdeutlichung, den Satz um in eine unsegmentierte, also weniger abweichende, *normalere* Form! Dann hieße er etwa: Schweden und Spanien, die beiden Reiche, mit denen er es am intensivsten zu tun hatte, betrat Wallenstein niemals. Er sah nie mit eigenen Augen die Könige und die Minister, die dort herrschten. Da gab es nur vielfältige und vage Erzählungen anderer Leute. – Oder die oben zitierten Sätze: Ein Einzelner konnte das überhaupt nicht. Dies konnten nur sehr viele und geriebene Unterhändler, wie sich später zeigte, indem sie sich in langen Jahren Tag für Tag aneinander rieben. Zwei Dinge, meine ich, zeigen diese Umformungen: erstens, daß diese – auf solche Weise geglätteten – Sätze keineswegs zerstört, sondern noch immer gut sind; zweitens, daß sie gegenüber dem Original doch an Energie und Charakteristischem, an Stil also, verlieren.

Die Segmentierung, wie sie Golo Mann praktiziert, steht erstens im Zusammenhang mit der Tendenz zur Knappheit. Auch die zuvor genannte Technik der Aufzählung tritt nun in ihrem Zusammenhang hervor: sie ist eigentlich bloß eine Radikalisierung der Segmentierung. In der Aufzählung haben wir gleichsam eine Auflösung des Syntaktischen, eine Reduktion der Sprachäußerung auf das Lexikalische. Man kommt oder käme schließlich auf dem Weg der Segmentierung zur bloßen Aneinanderreihung von Wörtern, zur »asyntaktischen, gleichsam zyklopischen Fügung der Worte«. Hermann Ammann, dessen hervorragendem, leider sehr vergessenem, Buch ich diese Formulierung entnehme, sagt, daß man sich eine solche Sprache »recht wohl vorstellen könnte«[52]. Nun, bis zur Auflösung der Syntax geht Golo Mann keineswegs. Gleichwohl hat er mit der Segmentierung, wie sie besonders seine jüngeren Arbeiten und besonders der »Wallenstein« zeigen, etwas sprachlich Originelles erreicht. Jedenfalls wüßte ich nicht, wer hierin mit ihm vergleichbar wäre im Bereich des Deutschen. Denn dies ist hier anzumerken: Segmentierung ist an sich ein Kennzeichen des *Französischen*, besonders des neueren: Sie gehört gleichsam zum Stil der französischen Sprache als Ganzer. Ich schlage aufs Geratewohl eine Seite von Jean-Paul Sartres »Les Mots« auf und finde sogleich: »Et, bien entendu, je refuse, *moi*, de fuir en Angleterre; méconnu, délaissé, quelles délices de redevenir Grisélidis.« Der Versuch einer diese Abfolge wahrenden Übersetzung zeigt sogleich das Outrierte eines solchen syntaktischen Verfahrens im Deutschen: »Und, natürlich, ich lehne es ab, ich, nach England zu fliehen; verkannt, verlassen, was für eine Lust, wieder Grisélidis zu werden.«[53] Das Interessante und Erstaunliche ist, daß die Segmentierung bei Golo Mann beweist: ein gutes Stück weit geht dies im Deutschen auch. Andererseits: im Französischen ist Segmentierung, zumindest seit Voltaire, ein Stilzug der Sprache selbst (für einen solchen – nicht unproblematischen – Stilbegriff hat sich in der Linguistik besonders Charles Bally interessiert); bei Golo Mann erweist sich Segmentierung als eine *Möglichkeit*, auch im Deutschen, *individuellen* sprachlichen Stils. Zu diesem Stilelement sei hier nur das Folgende festgehalten.

Erstens. Die von Golo Mann praktizierte Segmentierung geht einher, nicht mit zierlicher Leichtigkeit, wie oft im Französischen, aber doch mit Flüssigkeit und sehr beträchtlicher Lesbarkeit. Dies ist dadurch bedingt, daß der Autor sich genau an die syntaktischen Möglichkeiten hält, sie bis zur Grenze ausnützt und die Unmöglichkeiten insgesamt respektiert: stilistische oder Stil ermöglichende Freiheit innerhalb der durch Grammatik gesetzten Grenzen. Interessant, aber hier nicht zu verfolgen, ist dabei die abwechselnd akzentuierte Balance zwischen Parataxe und Hypotaxe, wie sie Golo Mann sorgfältig beobachtet.

Zweitens. Der Stil Golo Manns erhält auch und vor allem durch Segmentierung etwas Stockendes, Unglattes, Unrhetorisches, denn zum Rhetorischen gehört das Ausladende, Schwellende, der große Bogen, die Suada (Settembrini im »Zauberberg« wäre hierfür ein Beispiel). Das Rhetorische – ihm durchaus nicht fremd – liegt bei Golo Mann fast ganz in der Wortwahl. Die Segmentierung trägt entscheidend bei zu jenem lockeren Parlando in Golo Manns Schreibweise: es ist aber – graduell wechselnd – ein stilisiertes Parlando. Da seine Schreibweise gerade in der Segmentierung dem Rhythmus des Sprechens oder jedenfalls dem eines *möglichen* Sprechens folgt, wirkt sie nicht stockend im störenden Sinn. Dies rhythmische Stocken hat vielmehr etwas Musikalisches und ist vergleichbar der kurzen Zurücknahme des Tempos, dem Beinahe-Innehalten und dem dann beschleunigenden, wie durchbrechenden Weitergehen, wie es auch – und hier besonders unauffällig – in klassischer Klaviermusik zu hören ist: als ob die Töne durch eine kurze Enge hindurch müßten.

Drittens. Die Segmentierung bewirkt, daß das Wort, das einzelne Wort als solches, stärker zur Geltung kommt. Golo Manns Stil ist stark wortorientiert; er hat etwas vom Vorweisen einzelner Wörter. Hier kommt nun wieder das Malende, kommen die einzelnen, durch das einzelne Wort gegebenen Pinselstriche herein, mit denen der Erzähler, was er weiß und sieht, nach und nach ins Bild zu bringen sucht.

Viertens. Es gibt, was die Segmentierung angeht, einen starken Unterschied zwischen dem frühen und dem späteren Golo Mann. Im 1942 vollendeten »Gentz« kündigt sich, vom »Wallenstein« her gesehen, die Segmentierung allenfalls an: »Zu den Ancillons und Lombards paßt gut ein junger Schwede, Gustav von Brinckmann, der Deutschland bereiste, um die Bekanntschaft berühmter Schriftsteller zu machen, sehr gesellschaftsbegabt, charmanter Versifex in vier oder fünf Sprachen, liebenswürdig, etwas windig.«[54] »Er ist sehr feinfühlig in sprachlichen Dingen«, sagt Golo Mann von Gentz[55]. Natürlich gilt dies für ihn selbst. Immer wieder zeigt sich Sprachbewußtheit und Sprachempfindlichkeit. Gelegentlich – wir haben schon ein Beispiel genannt – remotiviert er spielerisch und durchsichtig gewordene Wörter: Rudolf II. zögert achtzehn Jahre, die ihm angebotene Tochter Philipps II., Isabella Clara Eugenia, Regentin in Brüssel, zu ehelichen; schließlich erhält »die überreife Tochter« sein Bruder Erzherzog Albrecht, und nun war Rudolf »verbittert über des Bruders Gewinn, den er sich selber verscherzt hatte durch achtzehnjähriges Scherzen«[56]. Oder, in einem Zeitungsartikel: »Die Herren sollten ihre tiefgefühlte Entrüstung nun abrüsten ...«[57]

Auch Sprachwissen zeigt sich bei Golo Mann, was unmittelbar freilich nicht mehr zum Stil gehört. Großartig, weil psychologisch überaus treffend, ist der Einfall, Wallenstein, wie dieser vor seinen Mördern steht, ein tschechisches Wort, ein Wort also seiner *ersten* Sprache, noch denken zu lassen: »Er wußte nur: Konec. Da ist es endlich.« Hier also – *in extremis* – fällt der, der sich auch sprachlich so völlig von seinem Ursprung gelöst und distanziert hatte – »ich will nicht, daß bei der Kanzelei was böhmisch sollte tractiert werden« – in die zweite Natur seiner ersten Sprache zurück: Rückkehr, auch hier, am Ende, zum Frühen. Zu Wallensteins Handhabung des Deutschen sagt Golo Mann treffend: »Dies schreibt er nun besser, nämlich knapper, plastischer, witziger (nota bene: die Pinselstriche!) als irgendein deutschgeborener Anführer seiner Zeit.«[58] Nicht gelten lassen kann ich aber – als Linguist darf ich dies nicht ungesagt lassen – auch nur die Frage, »ob sein Geist eine natürliche Affinität zum Deutschen« hatte, denn es gibt hier keine »natürliche Affinität« im Sinne des Natürlichen, des Biologisch-Hereditären; es kann hier nur historisch-biographische, psychische, soziale Gründe geben, und die liegen, was sein Verhältnis zum Deutschen angeht, bei Wallenstein auf der Hand. Sprache ist ein historisches Phänomen, und die mögliche »Affinität« eines Menschen zu einer bestimmten Sprache auch. Ebensowenig glaube ich, daß es »sein ungeduldiges, ganz den Sachen zugewandtes Ingenium war, das ihn jede Sprache hätte meistern lassen«, denn ein solcherart praktischer Weltbezug ist weder hinreichende noch notwendige Bedingung für das, was man »Sprachbegabung« nennt. Diesen Einwand mache ich auch, weil, wie Golo Mann einmal bemerkte, »nur loben mangelndes Interesse verrät«[59]. Was jedoch der Autor des »Wallenstein« mitteilt an Äußerungen Wallensteins selbst, ist so reizvoll, sprachlich und inhaltlich, daß man eine kleine, knapp kommentierte Sammlung seiner Briefe zum dringlichen Desiderat erklären muß.

Thomas Mann wurde bisher nicht genannt. Es wäre künstlich, ihn nicht zu nennen. Zumindest darf gefragt werden, ob es im Stil Golo Manns Väterliches gibt. Wird gezaubert? Die Antwort kann nur lauten: es gibt in dieser Hinsicht so gut wie nichts. Die für Golo Mann kennzeichnenden formalen nicht-sprachlichen und sprachlichen Stilelemente sind nicht diejenigen, die für Thomas Mann gelten. Allenfalls wäre zu reden von einem bewußt-unbewußten Anschreiben gegen Thomas Mann. Wie immer aber es sich psychologisch damit verhalten mag: der kurze Satz Golo Manns und die Segmentierung seiner Sätze stehen der Prosa Thomas Manns konträr entgegen. Kurze Sätze und Segmentierung finden sich dagegen bei dem, wie man weiß, stark und in jeder Beziehung durch Französisches bestimmten Heinrich Mann. In dem späten »Ein Zeitalter wird besichtigt« (1946) heißt es zum Beispiel über die vom Autor so sehr bewunderte Sowjetunion: »Die Filme zeigten uns, wie die Revolution zusehends fruchtbar wurde. Rationalisierte Produktion. Arbeit, die Elend nicht bedingt, sondern es einschränkt. Die technische Erziehung eingeordnet einer gehobenen Bildung der Menschen. Daher: Freude. Der freudige Stolz der Dörfer, die ihre Maschinen in Empfang nehmen – ich sehe es noch. Die Freudigkeit der proletarischen Studenten, der Arbeiter, die eine selbstgebaute Untergrundbahn als ihr eigen bejubeln: wer vergißt das?«[60] Diese Sätze – in dem Buch keine Ausnahme – stehen Golo Mann stilistisch näher als irgendeine Seite Thomas Manns. Ich will damit keinen »Einfluß« postulieren im Sinne eines »Vom Onkel hab ich die Statur«. Einfluß ist hier ohnehin nicht Gegenstand; nur Ähnlichkeit und Verschiedenheit von Thomas Mann sollten festgestellt werden. In einem Aufsatz von 1974, anläßlich der Neuausgabe, stellt Golo Mann jenes – vorsichtig geurteilt, ziemlich uneinheitliche – Buch Heinrich Manns zurückhaltend vor. Auf seine Sprache geht er aber nicht ein.[61]

Natürlich finden sich bei Golo Mann im Blick auf den »Zauberer« – eine Zufallsbezeichnung bekanntlich, aber keine unzutreffende – gelegentlich mehr oder minder versteckte Andeutungen oder Reminiszenzen. Ich greife zwei nicht uninteressante heraus.

Erstens. Der Thomas-Mann-Leser merkt auf, wenn er in »Schloß Arenenberg« liest: »Auf einer Barke kam Hortense dem Bruder über die hüpfenden Wellen entgegen.«[62] Im Blick auf denselben See ist gleich zu Beginn des »Zauberbergs« von »springenden Wellen« die Rede: Die Reise von Hamburg nach Davos, teilt uns der Erzähler mit, »geht durch mehrerer Herren Länder, bergauf und bergab, von der süddeutschen Hochebene hinunter zum Gestade des Schwäbischen Meeres und zu Schiff über seine springenden Wellen hin, dahin über Schlünde, die früher für unergründlich galten«. Signifikant hier die kleine Veränderung: der Ersatz von *springend* durch das Synonym *hüpfend*. Ist dies nicht ein – winziger – Beleg für das, was ich das ›Anschreiben gegen‹ nannte? Denn wozu die Veränderung? Warum nicht Reminiszenz, Anspielung ohne Veränderung? Quaeritur, pflegt Golo Mann bei solcher Gelegenheit zu sagen.

Zweitens. Daß die beiden »Nachtphantasien« im »Wallenstein« durch das berühmte siebte Kapitel von »Lotte in Weimar« angeregt worden sein könnten, ist eine Vermutung, die sich schwer unterdrücken läßt. In der ersten »Nachtphantasie« und in dem inneren Monolog Goethes findet sich nun – eine starke Stütze für die Vermutung – ein identisches Detail. Es ist aber atmosphärisch bei Golo Mann ganz verändert. Im Monolog des erwachenden, einem erotischen – übrigens durch ein Gemälde vermittelten – Traume nachhängenden

Goethe geht es um eine physiologische Veränderung; sie kommt so zur Sprache: »Wie, in gewaltigem Zustande? In hohen Prachten? Brav, Alter! So sollst du, muntrer Greis, dich nicht betrüben ... Und ists denn ein Wunder? Welche herrlichen Glieder!« Kurz darauf spricht Thomas Manns Goethe von »so schöner Erweiterung unseres Wesens«. Bei Golo Mann heißt es (die Punkte sind schon im Text): »Des wird die Maximiliana zufrieden sein und mein Weib ... Isabella versteht ein lauter gar nichts vom Handel. Sie ist treu und lieb ... Da ist es gleichsam wieder, wie als ich ein Kind war. Wie lang hat es gedauert, im Ganzen? Dreißig Jahre, fünfunddreißig? Auf Koschumberg fing es an. Was es auf sich hatte, lehrte mich der Albrecht Slawata; dann noch der Prediger, mit geschämigen Worten, und ich tat, als wüßte ich nichts. Des Lebens Hauptstrecke; vorbei. Die vorher ist kurz, und die danach, die kennt man nicht und die Zähne fallen aus, die Füße schmerzen, die Leute müssen ihre Stimmen heben, daß man sie versteht ...«[63] Interessant und kennzeichnend ist hier nicht die Übernahme, sondern die völlige Veränderung, was die Stimmung angeht, des Motivs. Frischer Aufbruch, Hochgestimmtheit dort; müde und abschließend zurückblickende Melancholie hier. Beinahe Prosperos »And my ending is despair«. Übrigens hat Peter de Mendelssohn, der auf »Lotte in Weimar« ebenfalls hinweist, zu den »Nachtphantasien« angemerkt, sie seien »in ihrer außerordentlich gedrängten, geschlossenen Sprache, wenn man's recht bedenkt, in ihrem gänzlich unspielerischen, unartistischen, fahlen Todesernst Heinrich Mann wesensverwandter«[64]. Ich glaube dies auch, wenngleich ich der Kennzeichnung »außerordentlich gedrängte, geschlossene Sprache« nicht zustimmen würde: Golo Manns Sprache ist nicht eigentlich »gedrängt«, sondern, wenn auch – wie hier – auf stark stilisierte Weise, locker; sie ist nicht »geschlossen«, sondern offen, weil sie, wie dies Golo Manns Haltung insgesamt entspricht, stets den Eindruck vermittelt: es hätte auch anders gesagt werden können.

Die beiden Spannungen

Der Stil Golo Manns enthält in sich selbst die beiden – natürlich auch sonst erkennbaren – fruchtbaren Spannungen, unter denen seine Arbeiten stehen, denen sie sich, zu einem Teil, verdanken. Da ist einmal die Spannung zwischen dem Betrachtenden und dem Handelnden; zum andern – innerhalb der eingenommenen betrachtenden Haltung – die zwischen dem Historiker und dem Erzähler.

Zur ersten Spannung. Golo Manns Haltung ist, wie oft explizit von ihm betont, die des Betrachters; es ist aber doch in ihm etwas wie Nostalgie im Blick auf den Handelnden, den die Wirklichkeit – potentiell zumindest – *Verändernden*, den Politiker. Übrigens deutet darauf schon die Wahl der beiden Figuren, denen seine beiden umfangreichen Biographien gelten: Gentz war Schriftsteller mit politischem Einfluß, dann wirklich eine Art Staatsmann (»Geschichte eines europäischen Staatsmannes«, lautet der Untertitel des »Gentz«); Wallenstein ist der kaum Betrachtende, der fast bloß Handelnde; gerade darum fasziniert er den Betrachtenden: »Es ist nichts Beschauliches im Wallenstein...«; er ist, sagt Golo Mann, ein »vor sich selber ganz ins Äußere flüchtender Geist«[65]. Was ich – gewiß ungeschickt – Nostalgie im Blick auf den Handelnden nannte, bewirkt nun gerade, was Golo Mann als Betrachter, als Historiker und tagespolitischen Schriftsteller, interessant macht. Zudem stand ja im bisher Gesagten der Historiker zu sehr im Vordergrund. Nicht zu unterschätzen sind, in ihrem politischen Gewicht und faktischen Einfluß, die zahlreichen tagespolitischen Beiträge Golo Manns von den fünfziger Jahren an: sein Beitrag etwa zur Ermöglichung – in der öffentlichen Meinung – der schließlichen Anerkennung dessen, was der kultivierte Kanzler der großen Koalition seinerzeit als »Phänomen« bezeichnete (er meinte die DDR), oder sein Beitrag insgesamt zur Vorbereitung im Atmosphärischen der »Ostpolitik« Brandts und Scheels. Gewiß ist solch ein Einfluß nicht meßbar; er ist aber, in diesem Fall, nicht zu bestreiten. Von vielen, die damals jung waren, weiß ich, was etwa Golo Manns Auseinandersetzung mit dem Freiherrn zu Guttenberg – in Art und Inhalt – für ihre ›Bewußtseinsbildung‹ bedeutet hat. Daß im Blick auf politisches Handeln in Golo Mann etwas wie Nostalgie ist, hat vielleicht, im Gespräch, auch der uralte Adenauer gespürt, denn, wie Golo Mann berichtet, sagte er ihm, »mit einer gewissen Feierlichkeit«, zum Abschied, als Allerletztes, in der bekannt unnachahmlichen Schlichtheit der Formulierung (da war nie, wie beim »Enkel«, Babbel-Vollmundigkeit): »Etwas möchte ich Ihnen noch sagen. Schriftsteller haben gerade in Deutschland eine sehr wichtige Aufgabe.«[66] Golo Mann nennt dies »rührend«, und dies war es in der Tat.

Die zweite Spannung, die zwischen dem Historiker, dem seine Inhalte von der Wirklichkeit vorgegeben sind, und dem gestaltenden Erzähler, der sich die Wirklichkeit selber schafft, die er schildert, kennzeichnet Golo Mann *den Historiker* und macht ihn – zusätzlich zur ersten Spannung – gerade nicht nur als Historiker interessant. Einerseits hält er sich, wie etwa die 1177 Anmerkungen – durchweg Belege – zum »Wallenstein« zeigen, streng an die Wirklichkeit: »erfunden wurde nichts«. Er hält die Darstellung in der Schwebe, wo immer eine zureichend sichere Erkenntnis des Tatsächlichen nicht mehr möglich ist. Kein Vergleich, was dies angeht, mit Emil Ludwig, Stefan Zweig, André Maurois, oder auch mit dem literarisch außerordentlichen, in Deutschland leider kaum bekannten Lytton Strachey (»Eminent Victorians«, 1918, und besonders »Queen Victoria«, 1921). Mit Strachey, übrigens, verbindet ihn einiges in der erzählenden Grundhaltung; es trennt ihn aber auch einiges von ihm; bei Golo Mann fehlt das Element »debunking«; auch ist Strachey weit mehr – Literatur. Andererseits will Golo Mann, wo dies auch dem Historiker möglich ist, durchaus gestalten: durch *Stil*. Er nützt die Mittelstellung, welche die Historie – als Historiographie – einnimmt zwischen epischer Dichtung und Wissenschaft. Klio ist – man sollte es nicht vergessen – eine Muse. Genauer: die einzige Wissenschaft, der eine Muse zugeordnet ist, ist die Geschichtswissenschaft (eben weil die Historie früher, im spätantiken und mittelalterlichen Kanon der Disziplinen, keine Wissenschaft, keine »ars« war). Das ›Musische‹ der Geschichtswissenschaft liegt in der spezifischen Möglichkeit von Stil, die sie eröffnet. Diese Möglichkeit von Stil bezieht sich, wie gezeigt, nicht nur auf das Sprachliche. »Den Dingen einen Stil zu geben, Spannung, Drama bieten – anders konnte er es nicht.« So Golo Mann, 1959, über »Schiller als Geschichtsschreiber«[67]. Und was das Sprachliche angeht, so weiß auch er, wie Schiller, von der »Zauberkraft des

Wortes«. Auch der Verpflichtung zur Sprache, zu ihrem Reichtum, ist er sich bewußt: »Der Reichtum der Sprache muß bewahrt werden. Diesem Gebot habe ich bewußt zu dienen gesucht, in ›Wallenstein‹ und in der ›Deutschen Geschichte‹.«[68] Die Sätze, mit denen Golo Mann den genannten Aufsatz über Schiller beschließt, zeigen, wo für ihn die Auflösung der Spannung liegt zwischen dem freien Erzähler und dem Erzähler vergangener Wirklichkeit, dem Historiker. Sie zeigen, in ihrem verhaltenen Pathos, auch wieder etwas von jener Melancholie, die Golo Manns Stil durchzieht. Schiller habe gewußt, »daß Erzählen selbst dessen, was sich wirklich begeben, immer auch Dichtung ist, weil es so, wie es wirklich gewesen, in seiner formlosen Unendlichkeit, sich ja doch nicht ergreifen läßt; daß, wer etwas erzählen will, es schön erzählen muß, und sein eigenes Ich mit einsetzen, und Worte zu Rhythmen fügen und so den Chaosdrachen bannen für eine Zeit«. Dies hat auf andere, auf *seine* Weise Golo Mann getan. Und tut es noch immer.

Anmerkungen

1 Georg Büchner und die Revolution, in G. Mann, Zwölf Versuche. Frankfurt 1973, S. 293.
2 R. Landfester, Wohlkomponierte Flucht in die Literatur. Kritische Bemerkungen zu Golo Manns Wallenstein-Biographie, in: Badische Zeitung, 27./28. Nov. 1971, S. 15.
3 G. Mann, Pro domo sua oder Gedanken über Geschichtsschreibung, in: Neue Rundschau, 1972, S. 231/232.
4 G. Mann, Deutsche Geschichte des neunzehnten und zwanzigsten Jahrhunderts. Frankfurt, Wien, Zürich 1958, S. 313. Der folgende begründende Satz zielt wieder eher auf den »Appell«: »Er schrieb für Leser, die er nicht liebte, selten auch nur hochachtete ...«
5 K. Bühler, Sprachtheorie. Die Darstellungsfunktion der Sprache. Stuttgart ²1965 (erstmals 1934), S. 24-33.
6 Hierzu, zusätzlich zum Beitrag »Der vollkommene Roman. Oder: Stil als Inhalt. Flaubert: »Madame Bovary«, in diesem Band, auch H.-M. Gauger, Gustave Flaubert und Charles Bovary, Zum letzten Buch von Jean Améry in: Neue Rundschau, 1975, S. 120-127.
7 G. Mann, Pro domo sua ..., S. 234 (vgl. Anm. 3); Versuch über Tacitus, in: Neue Rundschau, 1976, S. 275.

8 P. de Mendelssohn, Golo Mann/Wallenstein, in: Neue Rundschau, 1972, S. 349.
9 G. Mann, Versuch über Tacitus, in: Neue Rundschau, 1976, S. 249. Zu diesem erweiterten Stilbegriff vgl. die Einleitung von H.-M. Gauger, Der Mann im Kind, Notizen zu Sartres »Les Mots«, in: Zeitschrift für französische Sprache und Literatur, Beiheft, Neue Folge, 5, 1977, S. 17 ff. und den Beitrag über Nietzsches Stil in diesem Band.
10 G. Mann, Wallenstein, Frankfurt 1971, S. 451.
11 G. Mann, Auf Wallensteins Spuren, in: Neue Rundschau, 1966, S. 349.
12 Wallenstein, S. 673.
13 Wallenstein, S. 1125.
14 Wallenstein, S. 543.
15 Wallenstein, S. 544.
16 Neue Rundschau, 1972, S. 237.
17 J.-J. Rousseau, Emile, Livre IV.
18 Wallenstein, S. 45.
19 Schloß Arenenberg, in: Zwölf Versuche, S. 277.
20 Ein Gespräch mit Konrad Adenauer, in: Zwölf Versuche, S. 134.
21 F. Weigend, in: Stuttgarter Zeitung, 27. 3. 1974, S. 27.
22 Zur Geschichte der deutschen Juden, in: Neue Rundschau, 1966, S. 573.
23 Wallenstein, S. 1177.
24 Schloß Arenenberg, in: Zwölf Versuche, S. 267.
25 Hannah Arendt und der Eichmann-Prozeß, in: Neue Rundschau, 1963, S. 632; diese Rezension führte, wie in »Erinnerungen und Gedanken« geschildert, zum Bruch mit Karl Jaspers.
26 Ein Gespräch mit Konrad Adenauer, in: Zwölf Versuche, S. 142.
27 Bertrand Russell, in: Zwölf Versuche, S. 252.
28 Wallenstein, S. 287.
29 Brief an H.-M. Gauger (20. 4. 1974).
30 Wallenstein, S. 13.
31 Fürst Lichnowsky, in: Geschichte und Geschichten. Frankfurt 1961, S. 518; sehr ausführlich jetzt in »Erinnerungen und Gedanken« geschildert.
32 Wallenstein, S. 542.
33 Auf Wallensteins Spuren, in: Neue Rundschau, 1966, S. 352, S. 354; Wallenstein, S. 1024, S. 673.
34 Wallenstein, S. 665.
35 Wallenstein, S. 287.
36 Wallenstein, S. 674.
37 Wallenstein, S. 83.
38 Wallenstein, S. 1024.
39 Wallenstein, S. 665-667.

40 Kurt Hahn als Politiker, in: Neue Rundschau, 1965, S. 621, S. 592.
41 Auf Wallensteins Spuren, in: Neue Rundschau, 1966, S. 358.
42 Wallenstein, S. 1125. Bei Schiller lautet der Satz des Kammerdieners: »Wer darf hier lärmen, still, der Herzog schläft!«
43 Versuch über Tacitus, in: Neue Rundschau, 1976, S. 249.
44 Wallenstein, S. 1050.
45 Wallenstein, S. 46.
46 Auf Wallensteins Spuren, in: Neue Rundschau, 1966, S. 367.
47 Versuch über Tacitus, in: Neue Rundschau, 1976, S. 249.
48 Wallenstein, S. 50.
49 Wallenstein, S. 1050.
50 Schloß Arenenberg, in: Zwölf Versuche, S. 272.
51 Wallenstein, S. 670.
52 H. Ammann, Die menschliche Rede, Sprachphilosophische Untersuchungen, Darmstadt, 1962 (erstmals 1925), S. 45.
53 J.-P. Sartre, Les Mots, Paris, 1964, S. 146; hierzu den Aufsatz »Der Mann im Kind. Zum Stil von Sartres ›Wörtern‹« in diesem Band.
54 Friedrich von Gentz, Geschichte eines europäischen Staatsmannes, Frankfurt 1972, S. 19.
55 Friedrich von Gentz, S. 8.
56 Wallenstein, S. 47.
57 Lassen wir doch das Gespenst von Weimar ruhen, in: Die Zeit, 10. 12. 1976, S. 3. Zur Erscheinung selbst vgl. H.-M. Gauger, Durchsichtige Wörter, Zur Theorie der Wortbildung. Heidelberg 1971, S. 182 ff.
58 Wallenstein, S. 290.
59 Der Bruder zur Linken, Neuauflage von Heinrich Manns »Ein Zeitalter wird besichtigt«, in: Frankfurter Allgemeine Zeitung, 21. 9. 1974.
60 H. Mann, Ein Zeitalter wird besichtigt, Stockholm 1946, S. 112.
61 Vgl. Anm. 59.
62 Schloß Arenenberg, in: Zwölf Versuche, S. 267.
63 Wallenstein, S. 666/667.
64 P. de Mendelssohn, Golo Mann/Wallenstein, in: Neue Rundschau, 1972, S. 349.
65 Wallenstein, S. 269.
66 Ein Gespräch mit Konrad Adenauer, in: Zwölf Versuche, S. 147.
67 Schiller als Geschichtsschreiber, in: Geschichte und Geschichten, Frankfurt 1962, S. 82.
68 Zit. bei K.-H. Janssen, Eine deutsche Kassandra, in: Die Zeit, 22. 3. 1974, S. 9.

Helmut Schmidt über Sprache und Redestil

Zwar ist es, will uns scheinen, schon lange her, aber Helmut Schmidt, der Redner, ist noch präsent (abgesehen davon, daß er ja noch immer redet). Da ist zunächst die klar artikulierende, modulationsfähige Stimme. Sie konnte metallen und schneidend sein, zum Beispiel, wenn er sagte »Herr Doktor Kohl...« Da wurde – ein subtiler Beitrag zum Instrumentarium der Polemik – allein durch den Stimmklang eine ironische Brechung, beinahe eine Infragestellung herbeigeführt. Aber diese Stimme verstand sich auch, besonders im Fernsehgespräch, auf den verbindlichen Kammerton. Dann die zupackende, schnörkellose Nüchternheit der Sprache: wenig »Schmuck«, wenig »ornatus«. Nüchternheit, aber gepaart mit Temperament. Kaum je war er langweilig. Die Bemühung sodann, meist erfolgreich, um Präzision: ein Sprechen, das – ungeneralistisch – aus der Kenntnis der Sache kam. Dann, unter philologisch sprachkritischem Blick betrachtet, eine reinliche Sprache überhaupt, mit dem Gesagten fast immer im Einklang. Auch Sprachempfindlichkeit, über die bloße Bemühung um Deutlichkeit hinausgehend, ist zu verzeichnen (»eine pluralistische Gesellschaft ... aber das Wort müßte wohl eigentlich ›plural‹ lauten ...«; es störte ihn also das negativ akzentuierende *-istisch*, denn er wollte das Wort sehr positiv verstanden haben). Bestimmte altväterliche Elemente fehlen seiner Sprache nicht (an Genscher gerichtet, in der allerletzten Phase der sozial-liberalen Koalition: »Ich bin Mal um Mal ohne eine klare Antwort geblieben«). Schließlich das Lehreroder Schulleiterhafte, durchaus auch im positiven Sinn: Lehrer oder Schulleiter sind ja nichts Schlimmes (es kommt darauf an). Übrigens spricht er von seiner eigenen Schule, einer Reformschule, der Lichtwark-Schule in Hamburg, beinahe mit Liebe: von Leiden an der Schule offenbar nichts. Dort habe er diskutieren gelernt: nämlich sei der Geschichtslehrer meist schlecht vorbereitet gewesen, die Geschichtsstunden seien auf diese Weise »Diskussionsstunden« geworden. Dann das Wohlerzogene, Überhöfliche, beinahe schon wieder Umkippende (»ich möchte noch eine Anmerkung machen dürfen zu...«). Daneben aber auch, wenn es ihm danach war oder zweckmäßig schien – dies ist, für einen Politiker, beinahe dasselbe –, das Derbe, gar Vulgäre (über Strauß seinerzeit: »mal sagt er so, mal so – wie der Bulle pißt...«). Er ist gar nicht der Typ des feinen Herrn, aber er kann dies *auch* sein, er kann aber auch, ohne Mühe und ohne Herablassung, zu Arbeitern sprechen. Viel Sinn, natürlich, für Wirksamkeit beim »Publikum« (er liebt dies Theaterwort). Dann aber doch – und insofern um so bemerkenswerter – eine emotionale und intellektuelle Scheu vor bloßen Richtigkeiten, vor aufgedonnerten zumal, vor politischem Kitsch. »Kinder und Kinderlachen, Zukunft und Zuversicht, das gehört zusammen.« Solch ein Satz (man mag erraten, von wem er stammt) war von ihm nicht zu hören. Man kann sich den Gesichtsausdruck nicht vorstellen, mit dem er ihn gesprochen hätte. Glanz dann besonders in der analytischen Darlegung, zumal wenn sie sich verbinden konnte mit kühl abservierender Polemik. In einem hämischen Artikel der F. A. Z. (es gibt ja nicht nur die Spiegel-Häme) unmittelbar nach seinem Sturz äußerte Friedrich Karl Fromme, in der Polemik – man hört da förmlich das Knirschen der Zähne – habe sich bei Helmut Schmidt »das souverän beherrschte Handwerk der Kunst genähert«. Das läßt sich hören, in der Tat. Höchst eindrucksvoll, zum Beispiel, unter diesem Gesichtspunkt, die Rede, mit der er, am 17. September 1982, die Koalition zerriß; Sätze, die hämmern: höflich, kräftig, präzis. Es geht jetzt nicht, natürlich nicht, um die Erigierung – sogleich hätte er sich da verbessert: die Errichtung – eines Denkmals. Aber es ist doch so, daß heute viele von denen, die damals gegen ihn waren, in der SPD und außerhalb, sagen: ja, zugegeben, das war doch etwas anderes... Übrigens meinen dies nicht bloß »Intellektuelle« (was immer Frau Noelle-Neumann darunter versteht).

Ich hatte ihm geschrieben, daß ich die Absicht hätte, über seine Sprache, seinen Redestil eine Arbeit zu schreiben. Ob er Zeit habe für ein Gespräch: es würde die Vorbereitung erleichtern. Bald kam aus dem »Büro Bk a. D. Helmut Schmidt« im Bundeshaus die Antwort: gerne sei er bereit, »über die angesprochene Thematik ein Gespräch zu führen«.

Der Beginn des Gesprächs war aber dann von jener Ruppigkeit, die den Süddeutschen hilflos macht. Ein beiläufiges »Guten Tag«, danach aber, noch im Stehen, und im Ton gar nicht beiläufig: »Ein unmögliches Thema, das Sie da haben. Das ist Vivisektion! Warum warten Sie nicht, bis ich gestorben bin?« – So lange, sagte ich betreten, wolle ich nicht warten, außerdem wolle ich ja reden mit ihm. Er sieht meine Benommenheit, lenkt ein. »Na, schön ... Wir setzen uns hierher ... Kaffee?« Rasch taut er auf, antwortet liebenswürdig und in konzentrierter Entspanntheit auf meine Fragen. Zunehmend fand er, schien mir, an dem Thema Interesse.

Ich müsse zunächst, betont er (vielleicht hatte er sich doch etwas vorbereitet, kurz jedenfalls über das Thema nachgedacht), auf die Unterschiede achten zwischen den verschiedenen Anlässen des Redens und Schreibens, die bei einem Politiker gegeben seien. Sie bedingten eine jeweils verschiedene Sprache. Dies sei freilich nicht bei allen Politikern so, manche – er nennt Adenauer als Beispiel – sprächen immer gleich. Dann aber, was ihn selbst betreffe, sei auf die Unterschiede zu achten zwischen Schmidt und Schmidt: der fünfunddreißigjährige Abgeordnete der Opposition – »noch nicht voll ausgereift«, setzt er hinzu – habe anders gesprochen als später der Innensenator von Hamburg, wieder anders der Fraktionsvorsitzende einer Regierungspartei, dann der Verteidigungsminister, der Finanzminister, schließlich der Bundeskanzler, und bei diesem seien, in den achteinhalb Jahren, wohl wieder Veränderungen im »Sprachtemperament, im Stil des Arguments« zu verzeichnen. Er vermute dies, setzt aber sogleich – wie abwehrend – hinzu: »Ich habe mich nie dafür interessiert.« Der Weg also von Schmidt-Schnauze (er gebrauchte diesen Ausdruck nicht) zum Staatsmann.

Ich gebe zu bedenken, ob nicht, bei allem Wechsel, manches vom späten Schmidt schon beim frühen sei und sich umgekehrt beim späteren noch einiges vom frühen finde. Damit ist er sehr einverstanden. Der Wechsel betreffe mehr das Temperament. Wie ich ihn frage, ob man seine Redeweise als nüchtern bezeichnen könne, braust er beinahe auf: »Sie sind zu jung ... Sie kennen mich nur aus den letzten anderthalb Jahrzehnten.« Dann aber unterscheidet er (überhaupt: er unterscheidet sehr gern, und man spürt, auch in diesem sprachkritischen Gespräch, daß ihm das Unterscheiden Vergnügen bereitet), also er unterscheidet: in der Substanz sei er nüchtern, *immer* nüchtern gewesen. Er präzisiert: »Nüchternheit ist angelegt in den Genen, und sie ist anerzogen durch die Umwelt. Bei mir kommt wahrscheinlich beides zusammen. Die Hamburger sind nüchtern ... Aber diese gedankliche Nüchternheit wird eben zum Teil garniert von, je jünger ich war, desto temperamentvollerem Rankenwerk.«

Streng unterscheidet er sodann die Substanz der Rede von ihrer Einkleidung. »Das Wichtigste an einer Rede ist die Substanz, Problemstellung, Lösungsangebote, kurz: die Konzeptionskraft.« Dies Wort gebraucht er oft und mit Nachdruck. Danach erst komme – und dies sei dann allerdings äußerst wichtig – die Art der Darbietung. Da müsse aber alles stimmen: »nicht nur die Sprache, auch die Gestik, die Mimik, müssen stimmen. Vor allem aber ist die Variabilität der Sprache wichtig: laut, leise, schnell, *staccato* oder *moderato* oder *ritardando* oder *Fermaten* – um mich musikalisch auszudrücken.« Und er führt dies, während er es darlegt, unwillkürlich vor. Später kommt er darauf zurück: »Wenn Ihr Thema die Sprache ist, sollten Sie es ausweiten auf die Rede und klarmachen: Sprache ist ein wichtiges Medium der Rede, aber nicht das ausschließliche Medium. Und es bleibt ein Medium und ist nicht die Substanz. Und Sie können in ganz einfacher Sprache, wie Wilhelm Kaisen, sehr viel Substanz bringen. Und Sie können manchmal in sehr komplizierter, den ganzen Bildungsfundus Europas darbietender Rede wenig Substanz bringen. Und die Sprache kann die Substanz nicht ersetzen.« Zwei Punkte, also: Sprache ist nur ein (allerdings wichtiges) Medium einer Rede, und sie ist bloße Einkleidung; die Substanz einer Rede ist von ihr unabhängig.

Daß die Substanz das Wichtigste sei, sei natürlich, präzisiert er nun, *sein* Kriterium für die Bewertung einer politischen Rede. Beim »Publikum« – ja, sicher, da sei es anders: »Der unglaubliche Erfolg von Ronald Reagan ...« Für ihn selbst gibt es, bei allem Sinn für Wirksamkeit, den er sich selbst ohne Zögern konzediert, Grenzen. Ich hätte wohl recht mit meiner Vermutung, daß da in ihm so etwas wie eine »emotionale Bremse« sei, bedingt möglicherweise auch durch den Mißbrauch der Sprache, der Rede im Dritten Reich ... »Man darf sich niemals von der eigenen Rede fortreißen lassen oder von der Zustimmung einer Massenversammlung.« Hier nennt er Beispiele: Seebohm seinerzeit, »einer der Sonntagsredner des Herrn Adenauer«, dann die »Schlesienredner der letzten Monate«. In seinen Anfängen sei ihm dies ebenfalls gelegentlich passiert.

Dies aber müsse man sich klarmachen: »Demokratie ohne Rede gibt es nicht.« Und dann: »Demokratie hat viele Schattenseiten, die nicht in der Schule gelehrt werden, wenn Demokratie unterrichtet wird. Zu den Schattenseiten gehört, daß sie Demagogie prämiert. Das war schon zur Zeit des Herrn Demosthenes ...« Übrigens – er zögert erneut – es gebe auch Diktatoren, die ihre Macht gefestigt hätten durch Rede, durch Demagogie ... In unseren Jahrzehnten aber erlebe die Demokratie, »beginnend in Europa mit den sechziger Jahren, beginnend in den USA schon mindestens zehn Jahre früher, eine Qualitätsverwandlung«. Heute werde prämiert, »wer die Hausfrau, die morgens um sieben Uhr dreißig in ihrer Wohnküche ihre *scrambled eggs* vorbereitet, wer die richtig anzusprechen weiß ...« Diese Äußerung zeigt, nebenbei, im kleinen, Helmut Schmidts Fähigkeit, konkret, also anschaulich zu schildern: nicht einfach »morgens«, sondern »sieben Uhr dreißig«, nicht »Küche«, sondern »Wohnküche«, nicht »Frühstück«, sondern »*scrambled eggs*«. Er macht dies also genau so, wie es in den guten alten Sprachlehrbüchern, im »Rahn-Pfleiderer« etwa, empfohlen wurde. Nun aber, auch dies kennzeichnet ihn, formuliert er, was er an einem (auf Reagan zielenden) Beispiel veranschaulicht hatte, in begrifflicher Form: »Demokratie verändert sich von der Wirksamkeit des Redners zu einer steigenden und überragenden Wirksamkeit des Fernsehredners. Das schauspielerische Element im Redner gewinnt gewaltig an Bedeutung, und die Einfachheit, die Digestibilität seiner Rede gewinnen an Bedeutung. Der Redner muß« – er sagt es englisch – »*digestible* sein. Die Einfachheit seiner Bilder, die Plausibilität seiner Bilder, das gewinnt größte Bedeutung.« Er habe – und nun wird er sehr ernst – vor jener »Qualitätsveränderung« große Sorge: »Mir hat das Fernsehen zwar nur gutgetan in meiner politischen Karriere. Aber ich war ein erbitterter Gegner der Zulassung der Fernsehkameras im

Bundestag. Aus dieser Sorge heraus. Ich habe das bekämpft, heute vor zwanzig Jahren. Ich war dagegen, weil ich ganz allgemein eine Gefahr, eine Gefährdung der Demokratie durch das Fernsehen zu erkennen glaubte. Und darin fühle ich mich heute bestätigt.«

Ich spüre, wie er dies darlegt, in ihm eine Spannung: er bewundert einerseits, in einem gleichsam technischen Sinn, die Fähigkeit, zum Beispiel Ronald Reagans, sich selbst »über die Rampe, also auf den Schirm zu bringen«; das Gefühl, selbst über diese Fähigkeit zu verfügen, macht ihm Vergnügen; dann aber ist da andererseits ein intellektueller Widerwille davor, bedingt durch die Sorge, daß sich, auf dem Fernsehschirm, das Schauspielerische verabsolutiere auf Kosten der Substanz, daß »Digestibilität« schließlich alles werde. Das Schauspielerische ist ihm doch nur als ein Hinzukommendes akzeptabel: »Das Wichtigste ist die Substanz ...« Ich hatte mir vorgenommen, ihn zu fragen, ob er sich für schauspielerisch begabt halte. Aber da sagt er, ohne daß ich ihn gefragt hätte, schon von sich aus: »Ein Politiker muß ein Schauspieler sein.« Und er fügt, wie ich lächle, sogleich mit erhobenem Finger hinzu: »Aber das Wort ›Schauspieler‹ dürfen Sie nicht abwerten!« »Nein«, sage ich und zitiere Nietzsche: »Ehret mir die Schauspieler und sucht die besten ja nicht auf der Bühne.« Da lächelt *er* und findet den Satz ausgezeichnet. »Ich kannte dies nicht. Dies ist sehr gut.« Aber noch einmal: das Schauspielerische ist ihm, wie auch die Sprache, nur Medium, nicht die Substanz. Es darf nur der Vermittlung dessen dienen, was er »Konzeptionskraft« nennt. In anderen Worten: es darf überhaupt nur dienen ...

Ich frage nach den rednerischen Vorbildern. Als Redner, sagt er, habe er keine Vorbilder gehabt. »Irgendwann in den fünfziger Jahren« habe er festgestellt, daß er dies ganz gut könne ... Für ihn sei Kurt Schumacher »der bedeutendste Redner der Nachkriegszeit«. Er sagt es ohne jedes Zögern: »Eine äußerst präzise und leidenschaftliche Sprache und sehr viel Substanz, eine vielleicht etwas einseitige, national verengte Substanz ...« Adenauer? »Ein ganz trockener, für mich als Norddeutschen schwer konsumierbarer Redner, langweilig, aber holzschnittartig praktisch ...« Ob er, frage ich ihn im Blick auf Carlo Schmid, eine Abneigung gegen das Schönrednerische habe? »Ich will nicht sagen Abneigung, sondern: das liegt mir nicht.« Nein, er habe

Carlo – er sagt nur »Carlo« – immer gern gehört. Wir sprechen von Erler, Kiesinger (»König Silberzunge«), Schiller, Strauß, Heinemann... Großartig sei gelegentlich der letztere gewesen; gern habe er »mit Bibeln um sich geworfen, die aber kleine Widerhaken hatten«; Heinemanns Ausbruch, damals im Bundestag »... weil Christus nicht gegen Karl Marx gestorben ist, sondern für uns alle« habe er sehr bewundert. »Was sollste da noch sagen? Da kannste dich doch bloß noch hinsetzen!« (er sagt es drastischer, scheut überhaupt Drastisches nicht in diesem Gespräch). Als ich ihn frage, ungefähr in der Mitte, wie er die Sprache seines Nachfolgers beurteile, lächelt er trocken und sagt (und dabei blieb's): »Da bin ich bevorurteilt.« Ein Wort, übrigens, das nicht im »Duden« steht.

Lebensbericht – sprachlich

Unsere Mutter sprach anders, denn sie kam aus Westfalen. Anders, ähnlich zum Teil wie die Mutter, sprachen sodann die Evakuierten, die, kurz vor Ende des Kriegs, einbrachen in das oberschwäbische Städtchen. Wir nannten sie »Norddeutsche«, obwohl sie zumeist aus dem Ruhrgebiet kamen. Ihr Sprechen empfanden wir, verglichen mit unserem, als lauter und feiner zugleich; es erschien uns als aggressive Angeberei. Wir fühlten uns, ohne uns dies wirklich einzugestehen, unterlegen. Für mich war der Zusammenstoß, der über das Sprachliche weit hinausging, aber sich an ihm kristallisierte, ein traumatisch nachwirkender Schock.

Nach den Evakuierten aber kam, auch sprachlich, das ganz Andere. Die Sirenen heulten an jenem Nachmittag länger als sonst. »Kein Fliegeralarm«, hieß es, »das ist Panzeralarm.« Der Zehnjährige hatte große Angst; viel zu ruhig für den Anlaß, beinahe leichtsinnig, schien ihm die Mutter. Dann, im Keller sitzend, in Wolldecken gehüllt, hörten wir, von der Straße her, das Unheimliche: ein polterndes Rollen und Rasseln, dazwischen, immer wieder, Krachen und Knattern von Schüssen. Als sich, endlich, das Lärmen gelegt hatte, sagte die Mutter: »Ich gehe jetzt hinauf.« –»Aber wenn du einen Soldaten triffst...«, sagte ich, »du kannst doch nicht amerikanisch.« – »Die Amerikaner«, sagte sie, »sprechen englisch.« Welcher Zehnjährige, heute, wüßte dies nicht?

Es waren aber nicht Amerikaner, die gekommen waren, sondern Franzosen; nicht richtige Franzosen, zumeist, sondern Tunesier. Sie hatten fremde, dunkle, scharf geschnittene Gesichter, und hohe Mützen aus rotem Filz saßen ihnen schief auf dem Kopf. Es waren die ersten Ausländer, die ich sah. Nun war, mit einem Schlag, das Französische überall, und mir verband sich sein Klang, für immer, mit dem Weichen der Angst, die zuvor überall war und die mich, noch einmal, wie abschiednehmend, ergriff, als ich, am Morgen nach jener Nacht, wenige Schritte vom Haus entfernt, einen toten Soldaten sah: seine Augen waren geöffnet, und staunend sah ich, daß sein Gesicht, das unbeteiligt starrte, Entsetzen nicht spiegelte.

Die Tunesier – man nannte sie »Les Spahis« – waren unerwartet freundlich, besonders zu uns Kindern, und sie sprachen, neben anderem, das sie auch sprachen und das sehr heiser klang, französisch. Aber es waren unter den Ankömmlingen auch richtige Franzosen, und bald wohnte in unserem Haus ein Offizier, fast so vornehm wie der »Königsleutnant« Thoranc, damals, im Großen Hirschgraben in Frankfurt. Er hieß aber bloß Dupont. Am Französischen gefiel mir der Klang und das merkwürdige Auseinanderfallen von Laut und Schrift. »Rhin et Danube« – dies war nun überall zu lesen, auf Plakatsäulen und Hauswänden: die Proklamation, in blau-weiß-roter Umrandung, an die Truppe, unterschrieben »Général de Gaulle« (aber der Name eines anderen Generals gefiel mir weit besser: Général de Lattre de Tassigny). Es war eine sinnliche Anziehung durch den Klang, durch die lautliche Epidermis dieser Sprache und – damit zusammenhängend – der ständige Wunsch, das auf so komplizierte Weise überschüssig Geschriebene zum richtigen, genau abgehörten Klang zu befreien.

Ende der vierziger Jahre keimte, was man »Völkerverständigung« nannte. Die Regierung in Paris setzte für die französischen Schulen, die sie ihrer Besatzungsmacht eingerichtet hatte, Stipendien für einige deutsche Schüler aus. Mein Vater, Studienrat für Französisch – dies freilich kam hinzu –, hörte davon, und so geschah es, daß ich drei Jahre in einem französischen Internat verbrachte, in einem »lycée«, das zwar in Deutschland lag, aber wie irgendeines in Frankreich war. Dies war nun für mich die totale Immersion. Es war aber auch die Rettung vor der Norm, welche die Evakuierten, dann die Flüchtlinge, repräsentierten und der nicht zu genügen war, durch den Ausweg, die Flucht ins Fremde.

Früh erlebte ich so das Glück, dem des Schauspielers, denke ich, sehr verwandt, in der Aneignung des Fremden seiner selbst ledig zu werden. Gewiß ist ja der Erwerb einer lebenden fremden Sprache – in einem freilich ganz unpaulinischen Sinn – auch so etwas wie »das Anziehen eines neuen Menschen« (Eph 4,24). Das Französische wurde mir nun Teil eines größeren Zusammenhangs: der Sprung, 1949, vierzehnjährig, intensiv und staunend erlebt, aus materieller Knappheit in relativen – besonders kulinarischen – Luxus, die Natürlichkeit, die anmutige Lebhaftigkeit meiner Altersgenossen, der weiblichen zumal, die lässige Eleganz der Lehrer, die distanzierte, zum Teil sehr ansehnliche, kosmetisch wirksam gestützte Feinheit der Lehrerinnen. Es war »la douce France« – mitten in Württemberg. Viele Jahre später mußte ich daran denken, als mir, irgendwo in den Pyrenäen, vor dem Übertritt nach Spanien, ein französischer Zöllner, in meinem Paß blätternd, nostalgisch und bedeutsam sagte: »Tubingen, Monsieur? Ah, c'est un beau pays, le Wurtemberg; j'aimerais bien y retourner.« Ich verstand – unwillkürlich – anderes, als was er meinte, denn ich dachte, als er dies sagte, an das Frankreich, mein Frankreich, damals, am Rand der Schwäbischen Alb. Ich sagte ihm, worauf er lächelte: »Je vous ai compris.«

Spanien war mehr als eine Erweiterung. Es war eine Verschiebung des seelischen Akzents. Von der »douce France«, also, zur »claire Espagne la belle«: zwei feste Wortverbindungen, die sich schon finden im altfranzösischen Rolandslied, in welchem der heroische Weg mühevoll in umgekehrter Richtung, von Spanien nach Frankreich, führt. Zu meiner Beziehung zum Spanischen, dieser einfachsten, klarsten, kartesianischsten Sprache, kann ich hier nichts sagen, denn ich könnte dazu nur Vieles und Umständliches sagen. Diese Beziehung ist bedingt durch die Verbindung mit einer Spanierin, durch die Berührung, jeden Sommer erneuert, mit ihrer verzweigten Familie, durch das zweisprachige Heranwachsen der Kinder.

Man muß, sagt Lichtenberg, um eine fremde Sprache gut zu sprechen, »ein kleiner Geck« sein. Gewiß ist daran etwas Richtiges. Es gehört zum Beherrschen einer fremden Sprache ein Element von Spiel, auch ein Stück Eitelkeit und ein wenig Hybris. Zwar gilt von der fremden Sprache, was Francis Bacon von der Natur behauptet: »Man kann sie nur besiegen, indem man ihr gehorcht«, »nisi parendo non vincitur«; aber in der Hingabe an die fremde Sprache, in dem sich öffnenden Angebot an sie – oder genauer, denn darum geht es: an bestimmte: anders sprechende Menschen –, in dem Angebot also an das Fremde, einzuziehen ins *eigene* »Gehege der Zähne«, ins *eigene* Bewußtsein, verbirgt sich doch – und oft sehr schlecht – psychologisch gesehen ein Stück Eitelkeit. Und was die Hybris angeht, liegt sie natürlich darin, daß der Versuch, das Fremde hereinzuholen, nie wirklich, nie in *jeder* Hinsicht gelingt. Vielleicht haben auch darum die sonst so beweglichen und neugierigen Griechen, da sie Hybris scheuten, sich für fremde Sprachen kaum interessiert. Mir war es beruhigend zu erfahren, daß selbst einer der demütigsten Menschen, die es gab, nicht frei war von jener selbstgefällig spielenden Hybris.

Eigentlich hieß er ja Giovanni, Giovanni Bernardone. Sein Vater jedoch, ein Kaufmann, aus Frankreich von einer Reise zurückgekehrt, nannte ihn, man weiß nicht recht warum, *Francesco*, was ja »Franzose« heißt und also ein Spitzname war; erst nach ihm wurde daraus ein richtiger Name. War es nun väterliche Prägung, ein Rest von Bindung an den Vater, von dem er sich so sehr getrennt hatte, oder nicht, jedenfalls wird berichtet, daß Franz von Assisi sehr gern, aber nicht sehr gut, französisch sprach (mit »französisch« ist dabei wohl »provenzalisch« gemeint). Einmal, wird erzählt, ging er in Rom zum Portal der Peterskirche, lieh sich von einem der Bettler, die dort saßen, dessen Lumpen, legte die eigenen Kleider ab und bettelte auf den Stufen der Kirche. Und zwar bettelte er auf französisch. Auch sprachlich also der Wechsel des Gewands ... Warum aber bettelte er auf französisch? In der Erzählung heißt es nur: »Er liebte es nämlich, französisch zu sprechen, obwohl er es eigentlich nicht konnte.«

Veröffentlichungsnachweise

»Schreibe, wie du redest!«, Geschichte und Berechtigung einer stilistischen Anweisung;
In: Sprachnormen in der Diskussion, Beiträge, vorgelegt von Sprachfreunden. G. Drosdowski zum 60. Geburtstag. Berlin, New York 1986, S. 21–40.

Dialekt als Muttersprache, Johann Peter Hebel: »Die Vergänglichkeit«, ein alemannisches Gedicht;
In: Romanistische Zeitschrift für Literaturgeschichte – Cahiers d'Histoire des Littératures Romanes, herausgegeben von Erich Köhler (†) und Henning Krauss, In memoriam Erich Köhler, Heidelberg 1984, S. 80–94.

Der intensive Roman – Stendhal: »Le Rouge et le Noir«;
in: Merkur, 38. Jahrgang (1984), S. 145–150.

Der vollkommene Roman – Flaubert: »Madame Bovary«. Oder: Stil als Inhalt;
Veröffentlichungen der Carl Friedrich von Siemens Stiftung, Themen XXXVII, mit einem Vorwort von Hans Egon Holthusen.

Nietzsches Stil, Beispiel: »Ecce homo«;
in: Grundfragen der Nietzsche-Forschung, herausgegeben von Mazzino Montinari und Bruno Hillebrand, Internationales Nietzsche-Seminar, Wissenschaftskolleg zu Berlin 1982, Nietzsche-Studien, Internationales Jahrbuch für die Nietzsche-Forschung, Band 13 (1984), Berlin, New York, S. 332–355.

Sprachbewußtsein in Fontanes »Stechlin«;
in: Bild und Gedanke, Festschrift für Gerhart Baumann zum 60. Geburtstag, herausgegeben von Günter Schnitzler in Verbindung mit Gerhard Neumann und Jürgen Schröder, München 1980, S. 311–323.

Sprache und Sprechen im Werk Freuds;
in: Der Mensch und seine Sprache. Schriften der Carl Friedrich von Siemens Stiftung, herausgegeben von Anton Peisl und Armin Mohler. Berlin 1979, S. 48–80; und in: Freiburger literaturpsychologische Gespräche, herausgegeben von Johannes Cremerius, Wolfram Mauser, Carl Pietzcker und Frederick Wyatt, 2. Folge besorgt von Johannes Cremerius, Frankfurt 1982, S. 169–212.

»Der Zauberberg« – ein linguistischer Roman;
in: Hans-Martin Gauger, Sprachbewußtsein und Sprachwissenschaft, München 1976, S. 196–241.

Der Mann im Kind. Zum Stil von Sartres »Wörtern«;
in: Zeitschrift für französische Sprache und Literatur, herausgegeben von Helmut Stimm und Alfred Noyer-Weidner, Beihefte, neue Folge, Heft 5, Festausgabe für Julius Wilhelm zum 80. Geburtstag, herausgegeben von Hugo Laitenberger. Wiesbaden 1977, S. 17–39.

Der Stil Golo Manns;
in: Was die Wirklichkeit lehrt. Golo Mann zum 70. Geburtstag, herausgegeben von Hartmut von Hentig und August Nitschke, Frankfurt 1979, S. 313–349.

Helmut Schmidt über Sprache und Redestil;
in: Süddeutsche Zeitung, 10./11. Mai 1986.

Lebensbericht – sprachlich;
in: Jahrbuch 1982 der Deutschen Akademie für Sprache und Dichtung, Heidelberg 1982, S. 101–104 (»Vorstellung neuer Mitglieder«).

Alle Aufsätze wurden für diesen Band überarbeitet; die Übersetzungen der fremdsprachigen Stellen stammen vom Verfasser.

Über Sprache und Literatur

Marcel Reich-Ranicki
Thomas Mann und die Seinen
288 Seiten

Lauter Verrisse
207 Seiten

Lauter Lobreden
207 Seiten

Harald Weinrich
Wege der Sprachkultur
384 Seiten

Mario Wandruszka
Das Leben der Sprachen
296 Seiten

DVA